Springer-Lehrbuch

Harald Wiese

Mikroökonomik

Eine Einführung in 379 Aufgaben

Vierte, überarbeitete Auflage
Mit 188 Abbildungen

 Springer

Professor Dr. Harald Wiese
Universität Leipzig
Wirtschaftswissenschaftliche Fakultät
Lehrstuhl für Volkswirtschaftslehre, insb. Mikroökonomik
Marschnerstraße 31
04109 Leipzig
E-Mail: wiese@wifa.uni-leipzig.de

Bibliografische Information Der Deutschen Bibliothek
Die Deutsche Bibliothek verzeichnet diese Publikation in der Deutschen Nationalbiblio-
grafie; detaillierte bibliografische Daten sind im Internet über *http://dnb.ddb.de* abrufbar.

ISBN 3-540-24203-1 4. Auflage Springer Berlin Heidelberg New York
ISBN 3-540-43485-2 3. Auflage Springer Berlin Heidelberg New York

Springer ist ein Unternehmen von Springer Science+Business Media
springer.de

© Springer-Verlag Berlin Heidelberg 1994, 1999, 2002, 2005
Printed in Germany

Umschlaggestaltung: Erich Kirchner
Herstellung: Helmut Petri
Druck: Strauss Offsetdruck
SPIN 11372257   Gedruckt auf säurefreiem Papier – 42/3130 – 5 4 3 2 1 0

Für Corinna, Ben, Jasper und Samuel

Vorwort

Die Mikroökonomik untersucht Entscheidungen Einzelner und das Zusammenwirken dieser Entscheidungen auf Märkten, in Unternehmen, bei Wahlen und allgemeiner in Kooperations- und Konfliktsituationen. Traditionellerweise zählt die Mikroökonomik zur Volkswirtschaftslehre. Dafür gibt es jedoch keine sachliche Rechtfertigung. Sie ist für Studenten der Betriebswirtschaftslehre ebenso relevant wie für Studenten der Volkswirtschaftslehre. Darüber hinaus ist sie grundlegend für alle Sozialwissenschaften.

Die nunmehr vierte Auflage unterscheidet sich von der dritten nicht wesentlich. Hinzugekommen sind lediglich das Ertragsgesetz und für Entscheidungen bei Unsicherheit die Konzepte des Sicherheitsäquivalentes und der Risikoprämie.

Erfahrungsgemäß ist mikroökonomische Analyse anstrengend. Deshalb ist die Grundidee der bisherigen Auflagen beibehalten worden: Lehrtext und Aufgaben sind eng verzahnt. Dadurch sollen die Studenten motiviert werden, sich aktiv mit dem Lehrstoff auseinander zu setzen. Gerade die Mikroökonomik eignet sich für ein solches Vorgehen, weil die wichtigsten Prinzipien in einer Vielzahl von Anwendungen immer wieder auftauchen und die dadurch möglichen Analogien genutzt werden können. Nur durch die aktive Auseinandersetzung mit dem Stoff macht Mikroökonomik Spaß und wird der Lernerfolg dauerhaft.

Der Hauptteil des Buches besteht also aus Lehrtext und Aufgaben, die die Leser immer tiefer in die Materie eindringen lassen. Fortgeschrittene und Wiederholer können den Lehrtext überspringen und sich direkt an die Lösung der Aufgaben machen. Zu allen Aufgaben finden sich am Ende des Kapitels Lösungen oder zumindest Lösungshinweise. Dabei wird zwischen zwei Aufgabenarten unterschieden. Aufgaben der ersten Art sind für das Verständnis unumgänglich und gehören eng zum Lehrtext. Sie sollten beim ersten Durchgang auf jeden Fall bearbeitet werden. Die Lösungen zu diesen Aufgaben sind recht ausführlich gehalten. Aufgaben der zweiten Art sind Übungsaufgaben. Sie festigen das Verständnis. Bei Einsatz des Lehrbuches im universitären Lehrbetrieb können die Übungsaufgaben außerhalb der Vorlesung (z.B. in Übungsgruppen) durchgearbeitet werden. Diese Übungsaufgaben sind in einem eigenen Abschnitt am Ende der jeweiligen Kapitel zusammengestellt. Die Lösungen zu den Übungsaufgaben sind in der Regel sehr kurz und ermöglichen eine Erfolgskontrolle, ohne dem Leser die Arbeit abzunehmen. Dozenten können beim Autor auch für diese Aufgaben ausführlichere Lösungen erhalten.

Natürlich kann man den Autor leicht überlisten, indem man die Aufgaben nicht selbst rechnet, sondern lediglich die Lösungen durchliest. Wer ein solches Vorgehen wählt, sollte jedoch lieber zu anderen Lehrbüchern greifen, nämlich zu denjenigen, die das lästige Hin- und Herblättern ersparen. Nehmen Sie also Papier und Bleistift zur Hand und schreiben Sie die Lösung hin, bevor Sie kontrollieren, ob Sie richtig liegen (oder ob noch Fehler in den Aufgaben versteckt sind). Im Übrigen gilt auch für die Mikroökonomik, was SAVAGE (1972) in seinem Vorwort über die Mathematik schreibt: „Serious reading of mathematics is best done sitting bolt upright on a hard chair at a desk."

Eine zusätzliche Kontrolle bieten die neuen Begriffe, die am Ende der Kapitel aufgelistet sind. Zur Orientierung ist das Buch zusätzlich mit einer Sammlung der wichtigsten Formeln und mit einem Index versehen. Die Formeln können auch zur knappen Wiederholung des bereits Gelernten verwendet werden.

Ich habe einer Vielzahl von Personen zu danken. Einige Studentengenerationen an der Wissenschaftlichen Hochschule für Unternehmensführung Koblenz haben zur Entwicklung dieses Buches beigetragen, indem sie meine ersten didaktischen Gehversuche ertragen mussten. Spätere Generationen in Koblenz und Leipzig haben (hoffentlich) weniger gelitten; ihr Beitrag liegt in der erschreckenden Vielzahl von Hinweisen, mit denen sie Verbesserungen bewirkt haben.

Auch um die weiteren Auflagen haben sich viele verdient gemacht. Der Abschnitt über Entscheidungen bei Unsicherheit im Rahmen der Haushaltstheorie ist im Wesentlichen von Dirk Bültel geschrieben worden (insbesondere die axiomatischen Teile), während der Abschnitt über externe Effekte und Umweltökonomik zu einem großen Teil von André Casajus verfasst wurde. Die Idee zu Abb. E.13 auf S. 111 verdanke ich Tobias Ravens. Markus Wimmer hat in einem frühen Stadium für die Übertragung in ein anderes Textverarbeitungssystem gesorgt und eine Vielzahl von guten Anregungen gegeben. André Casajus hat auch bei der hier vorliegenden vierten Auflage dafür gesorgt, dass das Buch auch äußerlich einen guten Eindruck macht. Matthias Maul hat den Index für die zweite Auflage erstellt, während Achim Hauck ihn für die dritte Auflage überarbeitet hat. Die Überarbeitung der Übungsaufgaben hat Matthias Maul ebenfalls erledigt. Um die lästigen Korrekturlesearbeiten für die vierte Auflage haben sich Hilke Niediek und Markus Wagner verdient gemacht. Wertvolle Hinweise verdanke ich Lothar Tröger.

Leipzig, im September 2004

Harald Wiese

Inhaltsverzeichnis

Teil II. Unternehmenstheorie

Teil III. Vollkommene Konkurrenz und Wohlfahrtstheorie

Teil IV. Marktformenlehre

Teil V. Externe Effekte

A. Einführung

A.1 Überblick

Die Mikroökonomik hat die Entscheidungen einzelner Menschen (z.B. Kaufentscheidungen, Investitionsentscheidungen, Wahlentscheidungen) und das Zusammenwirken dieser Entscheidungen auf Märkten (mittels Preisen), in Organisationen (mittels Hierarchien) und in politischen Institutionen (mittels Abstimmungen) zum Gegenstand. Mithilfe der Mikroökonomik versucht man, Kooperations- und Konfliktsituationen zu beschreiben, zu analysieren und zu bewerten. Im Rahmen der in diesem Buch präsentierten Mikroökonomik geht es vorrangig um die Behandlung „wirtschaftlicher" Sachverhalte, insbesondere um die Analyse von Märkten. Unter anderem werden wir untersuchen,

- wie Mindestlöhne Arbeitslosigkeit hervorrufen können,
- warum Mindestlöhne in bestimmten Situationen die Beschäftigung erhöhen können,
- wie Produktionstechnologien und Kosten zusammenhängen,
- warum Umweltverschmutzung ineffizient sein kann,
- warum die „optimale" Umweltverschmutzung nicht bei null liegt und
- warum die Spieltheorie für ernsthafte Angelegenheiten wichtig ist.

Die Akteure in diesem Buch sind „Haushalte", „Unternehmen" und der „Staat". Haushalte sind dadurch definiert, dass sie konsumieren, und Unternehmen dadurch, dass sie produzieren. Haushalte und Unternehmen sind über Märkte miteinander verbunden. Die von den Haushalten konsumierten Produkte werden von den Unternehmen produziert. Diese wiederum verwenden zur Produktion die so genannten Produktionsfaktoren (z.B. Arbeit und Kapital), die von den Haushalten geliefert werden. Mit diesen Worten sind die Güter- und Faktorströme

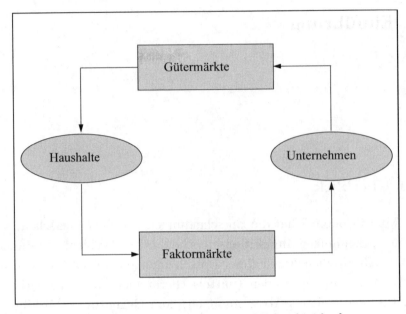

Abbildung A.1. Der Güter- und Faktorkreislauf

zwischen den Haushalten auf der einen Seite und den Unternehmen auf der anderen Seite beschrieben. Der Leser betrachte dazu Abb. A.1. Den dargestellten realwirtschaftlichen Strömen entsprechen Geldströme in jeweils umgekehrter Richtung. So werden beispielsweise die Haushalte von den Unternehmen Lohn für geleistete Arbeit erhalten.

Der Staat spielt in diesem Buch eine kleinere Rolle als Haushalte und Unternehmen. Bisweilen untersuchen wir, wie die von ihm erhobenen Steuern das Verhalten der Haushalte und Unternehmen beeinflussen. Im letzten Teil des Buches wenden wir uns zudem der Frage zu, ob der Staat die Marktverhältnisse, wie sie sich ohne sein Zutun ergeben würden, verbessern kann.

Diese Einführung gibt einen Überblick über den behandelten Stoff. Dabei ist es unvermeidlich, dass der Anfänger nicht alles verstehen oder einordnen kann. Von daher mag es angebracht sein, auf diese Einführung zu einem späteren Zeitpunkt zurück zu kommen.

Die Inhalte des Lehrbuchs lassen sich anhand von Abb. A.2 erläutern:

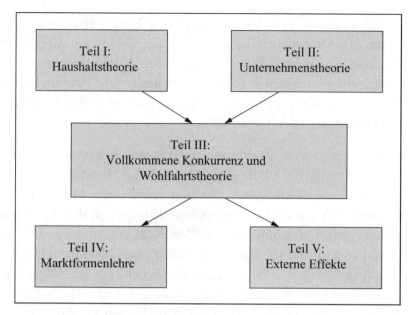

Abbildung A.2. Die Mikroökonomik im Überblick

1. Im ersten Teil des Buches analysieren wir das Verhalten von Haushalten und leiten die Nachfragefunktion für Güter und die Angebotsfunktion für Produktionsfaktoren her.

2. Anschließend analysieren wir im zweiten Teil das Verhalten von Unternehmen und leiten die Angebotsfunktion für Güter und die Nachfragefunktion für Produktionsfaktoren her.

3. Im dritten Teil führen wir die Nachfrage- und Angebotsfunktionen, deren Herleitung wir in den ersten beiden Teilen betrachtet haben, zusammen und stellen das Modell der vollkommenen Konkurrenz dar. Vollkommene Konkurrenz setzt u.a. voraus, dass auf beiden Marktseiten sehr viele Marktteilnehmer sind und dass keine externen Effekte bestehen. Wir zeigen, dass in einem System vollkommener Konkurrenzmärkte Pareto-Effizienz herrscht.

4. Pareto-Effizienz ist nicht garantiert, falls der Markt durch nur wenige Marktteilnehmer auf (mindestens) einer der beiden Marktseiten gekennzeichnet ist. Im vierten Teil betrachten wir Märkte mit nur einem Anbieter (Monopol), einem Nachfrager (Monopson) oder einigen wenigen Anbietern (Oligopol).

5. Zu den Bedingungen der vollkommenen Konkurrenz gehört weiterhin die Abwesenheit externer Effekte. Diese sind Gegenstand des fünften und letzten Teils des Buches. Neben den (negativen) Wirkungen der externen Effekte wird untersucht, wie und ob der Staat den externen Effekten entgegensteuern und Pareto-Effizienz garantieren kann.

Im Zentrum unserer Überlegungen steht das Koordinationsinstrument „Markt", das die Pläne einer Vielzahl von Haushalten und Unternehmen „zusammenbringt". Ein funktionierender Markt hat den Vorteil, dass sich die Wirtschaftssubjekte lediglich an den Preisen auf dem Markt orientieren müssen, um ihre Konsum- und Produktionsentscheidungen zu treffen. Bei Abwesenheit eines Marktes müssen die Wirtschaftssubjekte sich Tauschpartner suchen, ein im Allgemeinen zeitraubendes und kostspieliges Verfahren. Der Leser tut jedoch gut daran, sich während der Lektüre darüber im Klaren zu sein, dass Preise und Tausch alternative Koordinationsverfahren sind. Ein zentrales Ergebnis der Theorie ist das erste Wohlfahrtstheorem: Unter bestimmten („schönen") Umständen ist das Marktergebnis nicht durch Tausch „verbesserbar".

A.2 Die mikroökonomische Trickkiste

Mikroökonomische Analyse kommt dem Anfänger zunächst seltsam und geheimnisvoll vor. Dabei ist sie sehr einfach gestrickt. Die mikroökonomische Trickkiste enthält nur drei wesentliche Dinge: das Rationalitätspostulat, das Gleichgewichtskonzept und die komparative* Statik.

A.2.1 Rationalität

Rationalität meint zielentsprechendes Verhalten. Operationalisiert wird Rationalität eines Agenten dadurch, dass er das aus seiner Sicht Beste bewirkt. Hat man eine Nutzenfunktion gegeben, bedeutet dies die Maximierung seines Nutzens auf der Basis seiner Einschätzungen über die Umwelt bzw. über andere Agenten. In Situationen ohne Unsicherheit bedeutet Rationalität, dass ein Agent eine solche Aktion wählt, die ihm einen mindestens so hohen Nutzen garantiert wie irgendeine andere wählbare Aktion. In Situationen der Unsicherheit ist Rationalität ein komplizierterer Begriff. Wir werden in Kap. G die Entscheidungstheorie unter Unsicherheit von von Neumann und Morgenstern einführen. Dabei ist die Frage egoistischen Verhaltens unabhängig von der Frage der Rationalität; in die Zielfunktion eines Agenten kann durchaus der Nutzen anderer Agenten in positiver Weise eingehen. Typischerweise nimmt man jedoch an, dass die Nutzenfunktionen unabhängig voneinander sind.

Rationalität bedeutet also, dass die Individuen im Rahmen ihrer Möglichkeiten „das Beste herausholen" möchten. Die Individuen entscheiden sich aufgrund der Möglichkeiten, die ihnen offenstehen, und aufgrund der Wünsche, die sie hegen. So werden die Möglichkeiten von Haushalten häufig allein durch das Budget (Einkommen), das sie zum Kauf von Gütern und Dienstleistungen zur Verfügung haben, modelliert. Die Wünsche werden durch Rangfolgen von Güterbündeln (Präferenzen) bzw. durch den Nutzen dieser Güterbündel dargestellt. Rationales Verhalten bedeutet für Haushalte, innerhalb des Budgets das nutzenmaximierende Güterbündel auszusuchen. Für die Unternehmen nimmt man typischerweise an, dass ihre Handlungsmöglichkeiten durch technologische Sachverhalte, Marktbedingungen und staatliche Regulierung beschränkt sind. Wir wollen annehmen, dass die Unternehmen diejenige Preis- oder Mengenpolitik betreiben, die den Gewinn zu maximieren verspricht.

A.2.2 Gleichgewicht

Der Erfolg der mikroökonomischen Theorie wäre ohne einen zweiten, etwas subtileren Trick, das Gleichgewicht, nicht möglich gewesen. Mit seiner Hilfe schränkt man die Vielzahl möglicher Situationen ein, die aus den gleichzeitigen Handlungen der Individuen (Haushalte und Unternehmen) resultieren. Nach der ökonomischen Theorie sind dann diese ausgesonderten Situationen die „Lösungen", d.h. die vorausgesagten Ergebnisse. Im günstigsten Fall gibt es nur eine „Gleichgewichtslösung".

Allgemein gesprochen sind Gleichgewichte Situationen, in denen kein Individuum Anlass hat, sein Verhalten bei den gegebenen Beschränkungen zu ändern. Handelt es sich um Ein-Personen-Entscheidungen, Robinson-Crusoe-Situationen, dann bedeutet ein Gleichgewicht lediglich die optimale Anpassung an die Umweltzustände. Das Haushaltsoptimum in der Mikroökonomik ist ein Beispiel dafür; das Gewinnmaximum eines Monopolunternehmens ein anderes.

Bei Mehr-Personen-Entscheidungssituationen sind nicht nur die Umweltzustände, sondern zusätzlich die Interaktionen zwischen den Beteiligten in Rechnung zu stellen. In interaktiven Entscheidungsproblemen hängen die so genannten Auszahlungen (Gewinn, Nutzen) für ein Individuum nicht nur von dessen eigenen Aktionen ab, sondern auch von denen anderer Individuen. Die interaktiven Entscheidungsprobleme nennt man Spiele, und die interaktive Entscheidungstheorie, also die Theorie zur Beschreibung, Erklärung und Prognose interaktiver Entscheidungsprobleme, heißt Spieltheorie. Der Gleichgewichtsbegriff der Spieltheorie wird in Kap. P erläutert. In den Teilen IV und V dieses Buches werden wir die Spieltheorie kennen und anwenden lernen.

A.2.3 Komparative Statik

Zentral für ökonomische Analysen ist die Unterscheidung zwischen endogenen Variablen und exogenen Parametern. Die Parameter beschreiben die ökonomische Situation, z.B. die Präferenzen von Haushalten oder Eigenschaften von Produktions- oder Kostenfunktionen für Unternehmen. Die Parameter sind Input für die ökonomischen Modelle.

Die theoretischen Voraussagen mithilfe des Gleichgewichtskonzepts liefern Werte für die endogenen Variablen. Sie sind der Output. Der Hauptzweck eines theoretischen Modells besteht in der Untersuchung, wie eine endogene Variable von exogenen Parametern abhängt. Beispielsweise hängt die von Konsumenten nachgefragte Menge eines Gutes (endogene Variable) vom Preis des betreffenden Gutes, von anderen Preisen und vom Einkommen (exogene Parameter) ab. Variiert man nun diese Parameter, erhält man jeweils ihnen entsprechende Nachfragemengen.

*1 innerlich wachsend
*2 von außerher wirkend
*3 Eingangsenergie
*4 Ausgangsleistung

Allgemein führt eine Variation von Parametern zu entsprechenden Gleichgewichten, die man vergleichen (lat. comparare) kann. Wie man von einem Gleichgewicht zu einem anderen gelangt, wird dabei jedoch nicht untersucht; auch ein Hintereinanderreihen von Gleichgewichten ist noch keine dynamische (zeitbezogene) Analyse. Hierauf deutet das Wort „Statik" hin. So erklärt sich also die Bezeichnung „komparative Statik" für die Analyse der Abhängigkeit der endogenen von den exogenen Größen.

A.3 Haushaltstheorie (Teil I)

Die Haushaltstheorie (Teil I dieses Buches) befasst sich mit den konsumierenden Wirtschaftseinheiten. Diese verfügen über Einkommen oder haben für Einkommen zu sorgen, das sie für Konsumzwecke verwenden. Im Idealfall sollte man die Einkommens- und Konsumseite simultan optimieren. Aus Vereinfachungsgründen spalten wir dieses eine Optimierungsproblem in zwei getrennte auf. Zunächst betrachten wir (im Grundmodell der Haushaltstheorie) nur die Konsumentscheidung des Haushalts, wobei ein gegebenes Einkommen vorausgesetzt wird. Später behandeln wir dann die Einkommensseite bzw. die Faktorbereitstellung.

Im Grundmodell der Haushaltstheorie entscheiden die Haushalte auf der Basis des gegebenen Einkommens über die von ihnen zu konsumierenden Güterbündel. Dabei erstehen sie ein Güterbündel, das sie sich einerseits leisten können und das ihnen andererseits aus der Menge aller leistbaren Güterbündel am besten gefällt. In diesen Worten ist das Vorgehen der Haushaltstheorie auch schon beschrieben. Zum einen wird die Menge der Güterbündel formal und graphisch bestimmt, die sich der Haushalt leisten kann. Diese Menge nennt man das Budget. Die Budgetanalyse ist Gegenstand von Kap. B. Zum anderen hat man anzugeben, welche Güterbündel ein Haushalt anderen Güterbündeln vorzieht oder präferiert. Diese Präferenzanalyse wird uns in Kap. C beschäftigen. Indem man die Budgetanalyse und die Präferenzanalyse gleichzeitig betrachtet, löst man das Optimierungsproblem des Haushaltes: Aus dem Budget ist dasjenige Güterbündel auszuwählen, das der Haushalt gegenüber allen anderen Güterbündeln innerhalb des

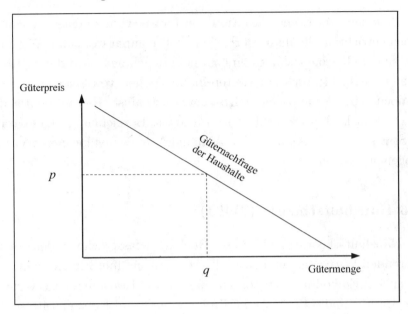

Abbildung A.3. Eine aggregierte Nachfragekurve

Budgets präferiert. Das auf diese Weise bestimmte Güterbündel nennt man das Haushaltsoptimum. Wie dieses Haushaltsoptimum bestimmt wird und wie es von den Güterpreisen und vom Einkommen abhängt, werden wir in den Kap. D und E erfahren.

Die Haushaltstheorie lehrt uns, wie das Haushaltsoptimum vom Einkommen und von den Güterpreisen abhängt. Konzentrieren wir uns dabei auf die Abhängigkeit eines Gutes von seinem eigenen Preis, so sprechen wir auch von der Nachfragefunktion. Zunächst liefert uns das Haushaltsoptimum die (individuelle) Nachfragefunktion eines Haushaltes. Durch Aggregation der Nachfragefunktionen aller Haushalte erhalten wir dann die Marktnachfragefunktion. Sie ist in Abb. A.3 wiedergegeben. Bei einem Marktpreis von p ergibt sich die nachgefragte Menge q. Die Herleitung und Analyse der Nachfragefunktion ist der Gegenstand von Kap. H. Mit der Herleitung dieser Nachfragefunktion ist ein vorläufiger Höhepunkt unserer mikroökonomischen Analyse erreicht. Denn es sind Märkte, die wir hauptsächlich analysieren wollen. Und Märkte sind der Ort des Zusammentreffens von Angebot und Nachfrage. Die Nachfrageseite für Gütermärkte haben wir somit bereits analysiert.

Wunderbarerweise kann das Grundmodell der Haushaltstheorie auch dazu verwendet werden, Entscheidungen unter Unsicherheit zu modellieren (Kap. G). Außerdem ist es für die Analyse des Faktorangebots des Haushalts geeignet. In Bezug auf den Faktor Arbeit betrachten wir einen Haushalt, der Freizeit konsumieren möchte. Die Nachfrage nach Freizeit hängt jedoch unmittelbar mit dem Angebot an Arbeit zusammen (denn der Tag hat 24 Stunden!). Auf diese Weise leiten wir aus der Nachfrage nach Freizeit das Angebot an Arbeit ab. (Vielleicht kommt dieses Vorgehen dem Leser wie ein Taschenspielertrick vor. Nach der Lektüre von Kap. F wird es hoffentlich weniger mysteriös scheinen.) Die Haushaltstheorie dient somit zur Herleitung der Nachfragefunktion für Güter und der Angebotsfunktion für Faktoren.

A.4 Unternehmenstheorie (Teil II)

Neben den Haushalten sind die Unternehmen die zweite Gruppe der Wirtschaftssubjekte, die wir analysieren wollen. Dies erfolgt in Teil II des Lehrbuchs. Unternehmen sind als die produktiven Einheiten definiert. Dabei ist Produktion jener Vorgang, bei dem durch die Kombination von Produktionsfaktoren (Kapital, Arbeit) Endprodukte entstehen. Die Beschreibung der Kombinationsmöglichkeiten erfolgt durch eine Produktionsfunktion. Diese gibt an, welcher Output (Endprodukt) bei bestimmten Produktionsfaktoreinsätzen erfolgt. Die Produktionstheorie ist Gegenstand von Kap. I.

Die „Präferenzen" der Unternehmen sind denkbar einfach definiert; wir nehmen an, dass Unternehmen ihren Gewinn zu maximieren suchen. Der Gewinn ist als Differenz von Erlösen und Kosten definiert. Wir werden in Kap. J sehen, wie man aus der Produktionsfunktion mithilfe der Faktorpreise (z.B. Lohn für den Faktor Arbeit) eine Kostenfunktion herleiten kann. Der Gewinnmaximierungskalkül wird dann in Kap. K dargestellt.

Mit Blick auf die Produktionsfunktion können wir nun die Unternehmen aus zweierlei Blickpunkten betrachten. Entweder sehen wir die Unternehmung als eine Wirtschaftseinheit an, die Produktionsfaktoren

einsetzt, oder wir betrachten sie als eine Wirtschaftseinheit, die Endprodukte herstellt. In der ersten Betrachtungsweise werden wir auf die
Nachfrage nach Produktionsfaktoren geführt und in der zweiten auf
das Angebot von Gütern.

A.5 Vollkommene Konkurrenz und Wohlfahrtstheorie (Teil III)

In den ersten beiden Teilen des Buches werden die Nachfrage nach
bzw. das Angebot an Konsumgütern bzw. Produktionsfaktoren erläutert. Man gelangt dabei zu der Zuordnung, wie sie in der folgenden
Übersicht wiedergegeben ist:

	Konsumgüter	Produktions-faktoren
Nachfrage	Haushalts-theorie	Unternehmens-theorie
Angebot	Unternehmens-theorie	Haushalts-theorie

Sind die Angebotskurven positiv und die Nachfragekurven negativ
geneigt (dafür gibt es Anhaltspunkte), kann man diese Übersicht auch
wie in Abb. A.4 zusammenfassen. Sie stellt alternativ einen Güter-
markt oder einen Faktormarkt dar.

Bei der Ableitung der Angebots- und Nachfragefunktionen haben
die Haushalte und Unternehmen die Güter- und Faktorpreise als gegeben angenommen. In Anbetracht dieser Preise haben die Haushalte
unter den erreichbaren das „beste" Güterbündel ausgesucht und die
Unternehmen die gewinnmaximale Faktoreinsatzmengenkombination.
Man nennt die Annahme, dass die Wirtschaftssubjekte in Anbetracht
der gegebenen Preise optimieren, Preisnehmerschaft. Unter dieser Annahme der Preisnehmerschaft analysieren wir in Teil III das Zusammentreffen von Angebot und Nachfrage. Dabei steht die Frage im Vor-

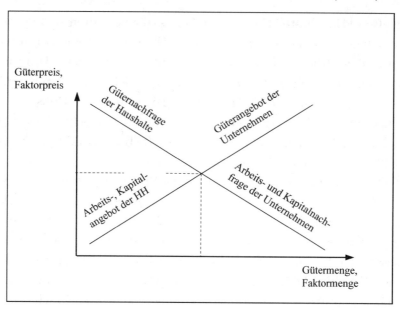

Abbildung A.4. Ein Güter- bzw. Faktormarkt

dergrund, welche der unendlich vielen möglichen Preise (bei mehreren Märkten: Preiskombinationen) sich einstellen werden.

Bei der Lösung dieser Frage bedient sich die Mikroökonomik des Konzepts des Gleichgewichts. Ein Zustand befindet sich im Gleichgewicht, wenn keiner der Akteure Anlass hat, sein Verhalten zu ändern. Insofern stellen auch das Haushaltsoptimum in der Haushaltstheorie und das Gewinnmaximum in der Unternehmenstheorie Gleichgewichte dar: Die Haushalte bzw. Unternehmen würden sich schlechter stellen, wenn sie ihr Verhalten in Anbetracht der gegebenen Preise änderten. Bei einer Vielzahl von Akteuren ist ein Gleichgewicht natürlich ein viel komplizierteres Konzept. Bei wenigen Akteuren werden wir auf das Nash-Gleichgewicht der Spieltheorie geführt. Dieses ist Gegenstand von Teil IV.

Bei der vollkommenen Konkurrenz bedeutet die Suche nach dem Gleichgewicht die Suche nach Preisen, bei denen die Haushalte und Unternehmen die Gütermengen, die sie konsumieren bzw. absetzen wollen, tatsächlich realisieren können. Dies bedeutet, dass die nachgefragten und die angebotenen Mengen gleich sein müssen. Wäre die Nachfrage größer als das Angebot, kämen einige Haushalte nicht zum

Zuge. Diese Haushalte hätten dann Anlass, ihr Verhalten zu ändern, indem sie beispielsweise versuchten, durch Überbieten der anderen Haushalte in den Besitz der angestrebten Güter zu kommen. Umgekehrt kann man sich überlegen, dass im Gleichgewicht das Angebot nicht größer als die Nachfrage sein darf. Der gleichgewichtige Preis bzw. die gleichgewichtige Absatzmenge ist in Abb. A.4 am Schnittpunkt von Angebots- und Nachfragekurve ablesbar. In Kap. L führen wir diese Analyse u.a. für den Wohnungsmarkt durch.

Unter welchen Bedingungen ist jedoch Preisnehmerschaft eine plausible Annahme? Man wird vermuten, dass Preisnehmerschaft eine Vielzahl von Marktteilnehmern auf beiden Marktseiten (Nachfrage und Angebot) voraussetzt. Dann hat der einzelne Marktteilnehmer einen verschwindend geringen Einfluss auf den Preis und nimmt den Preis als gegeben hin. Diese Annahme werden wir in Teil IV des Buches aufheben und uns mit Monopol- und Oligopolmärkten beschäftigen.

Das Modell der vollkommenen Konkurrenz ist neben der Preisnehmerschaft durch weitere Annahmen gekennzeichnet, insbesondere durch die Abwesenheit von externen Effekten, durch vollkommene Information und Transaktionskosten von null. Die externen Effekte sind Gegenstand von Teil V. Vollkommene Information bedeutet, dass die Marktteilnehmer über die Preise informiert sind und keine Suchkosten aufzuwenden haben. Bei Abwesenheit von Transaktionskosten entstehen den Marktteilnehmern keine Kosten für die Durchführung von Transaktionen (von Käufen und Verkäufen). Mit der Aufhebung der Annahmen vollkommener Information und fehlender Transaktionskosten beschäftigen wir uns nicht im Rahmen dieses Buches.

Das Modell der vollkommenen Konkurrenz ist das wohl wichtigste Marktmodell in der Ökonomik. Der Grund liegt zum einen darin, dass es tatsächlich Märkte gibt, bei denen das Verhalten Einzelner kaum eine Rolle spielt. Märkte für Rohstoffe und landwirtschaftliche Produkte bieten gutes Anschauungsmaterial. Ein weiterer wichtiger Grund liegt darin, dass vollkommene Märkte in einer bestimmten Weise „gute" Ergebnisse produzieren. Man kann nämlich zeigen, dass sie Pareto-optimale wirtschaftliche Zustände hervorbringen.

Pareto-Optimalität bedeutet, dass es nicht möglich ist, jemanden besser zu stellen, ohne irgend jemand anders schlechter zu stellen. Eine

Änderung, bei der jemand besser gestellt wird, ohne dass es irgend einem anderen schlechter geht, nennt man eine Pareto-Verbesserung. Ist keine Pareto-Verbesserung möglich, hat man einen Pareto-optimalen Zustand erreicht. Die Konzepte der Pareto-Optimalität und der Pareto-Verbesserungen hängen unmittelbar mit dem Konzept des Tausches zusammen. Ist ein Zustand nicht Pareto-optimal, ist es also möglich, mehrere Beteiligte besser zu stellen. Diese haben dann Anreiz, durch Tausch ihre Situation zu verbessern. Nur in einer Pareto-optimalen Situation gibt es keine profitablen Tauschmöglichkeiten mehr.

Es ist ein sehr bemerkenswertes Ergebnis ökonomischer Theorie, dass das Gleichgewicht bei vollkommener Konkurrenz durch Pareto-Optimalität gekennzeichnet ist. Dies ist die Aussage des ersten Wohlfahrtstheorems, das wir in Kap. M ausführlich erläutern. Man mag dieses Theorem als eine theoretische Bestätigung dafür ansehen, dass Märkte ein gutes Instrument der Koordination sind.

Wir schließen Teil III mit Kap. N über die monetäre Bewertung von ökonomischen Situationen. In diesem Kapitel wird der Leser mit den Konzepten der Konsumenten- und Produzentenrente vertraut gemacht und lernt sie auf eine Vielzahl von Situationen anzuwenden.

A.6 Marktformenlehre (Teil IV)

Die Teile IV und V des Buches befassen sich mit Abweichungen vom Modell der vollkommenen Konkurrenz. In Teil IV wird die Annahme aufgehoben, es gäbe sehr viele Marktteilnehmer auf beiden Marktseiten. Insbesondere werden wir uns mit dem Monopol und dem Oligopol beschäftigen.

Beim Monopol (Kap. O) steht ein Anbieter einer Vielzahl von Nachfragern gegenüber. Der Anbieter, so nehmen wir an, kennt die Nachfragefunktion und seine eigenen Kosten. Sein Optimierungsproblem besteht darin, den gewinnmaximalen Punkt auf der Nachfragekurve zu identifizieren. Eine Angebotskurve kann es daher für den Monopolisten nicht geben.

Die Analyse des Oligopols (wenige Anbieter stehen vielen Nachfragern gegenüber) ist ein wenig komplizierter. Der Gewinn eines Anbieters hängt nämlich nicht nur von seiner Mengenentscheidung (oder

Preisentscheidung) ab, sondern auch von der Mengenentscheidung der Konkurrenten. Zur Lösung des Oligopols verwenden wir spieltheoretische Konzepte, die wir in Kap. P bereitstellen. Mit ihrer Hilfe können wir dann im Falle des Mengenwettbewerbs das Gleichgewicht bestimmen (Kap. Q).

A.7 Externe Effekte (Teil V)

Externe Effekte sind Beeinflussungen zwischen Wirtschaftssubjekten außerhalb von Marktbeziehungen. Ein Wirtschaftssubjekt beeinflusst ein anderes in positiver oder negativer Weise, ohne dass dafür ein Entgelt entrichtet wird. Negative externe Effekte liegen beispielsweise bei ungewolltem Mitrauchen vor, positive bei der Freude an schönen Häusern. Aus ökonomischer Sicht besteht das Problem darin, dass bei negativen externen Effekten „zu viel" Aktivität und bei positiven externen Effekten „zu wenig" Aktivität erfolgt. Die „schönen" Aussagen des ersten Wohlfahrtstheorems (Kap. M), gelten bei externen Effekten also nicht mehr. Tatsächlich werden wir uns in Kap. R hauptsächlich mit der Frage beschäftigen, wie die durch externe Effekte verursachte Verfehlung der Pareto-Optimalität durch privates oder staatliches Handeln korrigiert werden kann.

Ein Beispiel für externe Effekte sind öffentliche Güter. Sie sind dadurch gekennzeichnet, dass der Konsum eines solchen Gutes die Konsummöglichkeiten anderer nicht beschneidet. Die Bereitstellung eines öffentlichen Gutes führt also zu positiven externen Effekten. Wie kann man sicherstellen, dass das öffentliche Gut in effizienter Weise bereitgestellt wird?

A.8 Noch einmal: Was ist Mikroökonomik?

Es mag für den Leser hilfreich sein, mikroökonomische Modelle unter dem Gesichtspunkt von vier Grundkategorien zu betrachten, die in Abb. A.5 angedeutet werden. Die erste Grundkategorie sind die Akteure. In diesem Buch sind die Akteure die Haushalte und die Unternehmen. Auch das Verhalten von Politikern, Wählern, Eltern, Liebhabern

Abbildung A.5. Grundkategorien der Mikroökonomik

etc. kann jedoch mikroökonomisch analysiert werden, wenn auch (leider) nicht in diesem Buch. (Am Ende dieses Kapitels und am Ende einiger anderer Kapitel des Buches werden Literaturempfehlungen gegeben.)

Die zweite Kategorie ist das Verhalten der Akteure. In der Regel nimmt man an, dass sie wissen, was für sie gut ist (d.h. sie kennen ihre Präferenzen) und danach streben, für sich das Bestmögliche zu erreichen. Diese Annahme des „homo oeconomicus" wird viel diskutiert. Sie erleichtert die formale Analyse und sie ist weniger einschränkend, als sie auf den ersten Blick scheint. Wir werden sie im Buch durchgängig verwenden. Eine befriedigende Alternative ist bisher nicht gefunden. Häufig beschreiben wir die Präferenzen mithilfe einer Nutzenfunktion. Dann entspricht das Streben nach dem Bestmöglichen der Maximierung des Nutzens. Für Unternehmen nehmen wir vereinfachend an, dass sie den Nutzen maximieren, indem sie den Gewinn maximieren.

Die Handlungsmöglichkeiten von Menschen werden von Institutionen, unserer dritten Kategorie, bestimmt. Eine solche Institution ist der Markt. Für das Angebots- und Nachfrageverhalten von Unternehmen und Haushalten ist es wichtig, welchen Regulierungen der be-

treffende Markt unterliegt. Gibt es beispielsweise Mindestqualitäts-
standards, gibt es Mindest- oder Höchstpreise? Ist ein Quotenkartell
(bei dem die Unternehmen die anzubietenden Mengen untereinander
absprechen) verboten? Bestimmte Wahlverfahren sind weitere Institutionen, die das Verhalten der Wähler und Politiker bestimmen.

Formale Wirtschaftswissenschaft ist ohne das Konzept des Gleichgewichts, der vierten Kategorie, nicht denkbar. Ein Gleichgewicht liegt
vor, wenn die Akteure keinen Anlass haben, ihr Verhalten zu ändern.
Dies ist bei rationalen Akteuren dann der Fall, wenn sie sich durch
andere Handlungen nicht besser stellen können. Beispiele für Gleichgewichte sind das Haushaltsoptimum (Kap. D), der Cournot-Monopol-
Punkt (Kap. O), das Marktgleichgewicht bei vollkommener Konkurrenz (Kap. L) oder das Nash-Gleichgewicht der Spieltheorie (Kap. P).

Es ist dem Leser sicherlich schon klar, dass mikroökonomische
Theorie Modelltheorie ist: Wir versuchen, wichtige Aspekte eines uns
interessierenden Problems in einem Modell einzufangen. Die weniger
relevanten Aspekte stellen wir dabei so einfach wie möglich dar. Daher
sind die Modelle immer „unrealistisch". Das Ziel unserer theoretischen
Überlegungen ist auch ein anderes: Wir wollen interessante Beziehun-
gen zwischen Konzepten, die bei der Analyse von Kooperations- und
Konfliktsituationen relevant scheinen, herleiten. Der Leser wird sich
oft daran stören, dass unsere Modelle Aspekte unbeachtet lassen, die
seiner Meinung nach wichtig sind. Dieses Störgefühl, so hofft der Autor, wird der Leser produktiv zu beseitigen suchen: Er wendet sich
fortgeschrittener Lektüre zu oder er produziert selbst bessere Modelle
als diejenigen, die er in diesem Buch findet.

Einige wichtige wirtschaftliche Aspekte, die dieses Buch unberücksichtigt lässt, sollen zum Abschluss dieses Kapitels angesprochen werden:

1. Wir sprechen von den Wirtschaftssubjekten bzw. den wirtschaftli-
   chen Einheiten „Haushalt" und „Unternehmen". Dabei blenden
   wir das Innere dieser Wirtschaftssubjekte aus. Natürlich bestehen Haushalte häufig nicht nur aus einer Person. Wer trifft dann
   im Haushalt welche Konsumentscheidung? Diese Frage ist für das
   Marketing von größter Bedeutung. Unternehmen sind intern viel-

fältig strukturiert, mit mehr oder weniger tiefgeschachtelten Hierarchieebenen und Koordinationsverfahren. In der Personalwirtschaft und in der Organisationstheorie beschäftigt man sich vermehrt mit den Problemen, die daraus erwachsen. Damit soll keinesfalls angedeutet werden, die Mikroökonomik hätte hier nichts beizutragen. Das Gegenteil ist der Fall. Die Behandlung dieser Aspekte sprengt nur den Rahmen dieses Lehrbuches für das Grundstudium.

2. Wir betrachten den Staat in einer fast unverzeihlich naiven Weise. Entweder tritt er als Steuererheber auf oder als Institution, die für Pareto-Optimalität sorgt. Dabei ist die Rolle des Staates wesentlich komplizierter:

- Er schützt Eigentumsrechte und ermöglicht dadurch Transaktionen;

- er greift in das Marktgeschehen in vielfältiger Weise regulierend ein: Durch das Setzen von Qualitätsstandards, durch Marktzutrittsbeschränkungen oder durch staatlicherseits organisierte Produktion (wie im Hochschulbereich);

- die Agenten des Staates (Politiker, Bürokraten) haben im allgemeinen nicht Pareto-Optimalität oder Gemeinwohl im Sinn, sondern lassen sich wie andere Agenten von eigenen Interessen leiten.

3. Geld spielt in der Mikroökonomik eine sehr untergeordnete Rolle. Wir benutzen zwar durchgängig (und in naiver Weise) die Existenz von Geld und von Geldeinheiten. Allerdings sind nur die realen Austauschverhältnisse von Bedeutung.

Wir haben schon mehrere Anläufe gemacht, Mikroökonomik zu definieren. Nicht ungebräuchlich ist diese: Mikroökonomik ist, was Mikroökonomen tun. Fangen wir also an!

A.9 Literaturempfehlungen

Mikroökonomen behaupten, sie könnten jedes menschliche Verhalten mit ihrem Instrumentarium analysieren. Sie haben Recht. Der Leser kann sich durch die Lektüre von LANDSBURG (1993) und FRIEDMAN

(1996b) selbst davon überzeugen. Beide Bücher argumentieren mikroökonomisch, benutzen dabei jedoch keinen mathematischen Formalis-
mus. Sie sind daher auch für Anfänger (aber nicht nur für diese) be-
stens geeignet. Das Buch von BECKER (1993) hat dieselbe Botschaft,
ist jedoch erst nach der Lektüre dieses Lehrbuchs zu empfehlen. Auch
Kriminalisten sollten Mikroökonomik studieren, wie die Kriminalge-
schichte von William Breit und Kenneth Elzinga verdeutlicht, unter
dem Pseudonym JEVONS (1993) veröffentlicht.

In geschäftsschädigender Weise sei schließlich auf sehr gute ande-
re mikroökonomische Lehrbücher hingewiesen: das englischsprachige
Lehrbuch von VARIAN (2004), dessen deutsche Übersetzung VARI-
AN (2003) oder das ebenfalls deutschsprachige Lehrbuch von LIN-
DE (1996). Das vorliegende Lehrbuch ist für das Grundstudium ge-
dacht und vom Schwierigkeitsgrad mit diesen beiden vergleichbar. Auf
Hauptstudiumsniveau befindet sich dagegen das Lehrbuch von VARIAN
(1992) bzw. dessen deutsche Übersetzung VARIAN (1994).

Teil I

Haushaltstheorie

Die Haushaltstheorie beschäftigt sich mit den Entscheidungen von Individuen, typischerweise mit Kaufentscheidungen. Diese werden als Entscheidungen über Güterbündel (die für bestimmte Güter deren Mengen angeben) modelliert. Die folgende Abbildung gibt einen Überblick über die Haushaltstheorie.

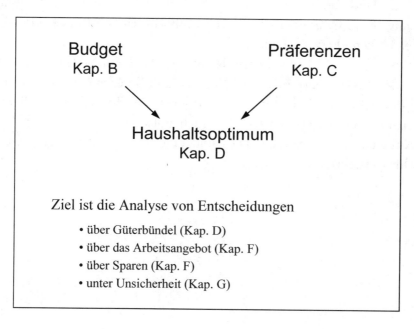

Überblick über die Haushaltstheorie

Einerseits beruhen solche Entscheidungen auf dem so genannten Budget, das in Geldeinheiten oder in einer Menge von Güterbündeln angibt, was sich der Haushalt leisten kann (Kap. B). Andererseits sind für die Entscheidungen die Präferenzordnungen wichtig. Diese geben an, welche Güterbündel der Haushalt anderen Güterbündeln vorzieht (Kap. C). Das Haushaltsoptimum ist eines derjenigen Güterbündel aus dem Budget, die den Haushalt am besten stellen. Es wird in Kap. D für einige spezielle Präferenzordnungen bzw. Nutzenfunktionen hergeleitet. Das Haushaltsoptimum ist im Wesentlichen eine Funktion der Preise der beiden Güter und des Einkommens. Wie variiert das Optimum bei Änderungen dieser Parameter? Dieser Frage werden wir ausführlich in Kap. E nachgehen und dabei u.a. individuelle Nachfragekurven herleiten.

Nachdem wir die Haushaltstheorie für zwei Güter so weit entwickelt haben, können wir ohne große zusätzliche Mühe eine Theorie des Arbeitsangebots und eine Theorie des intertemporalen Konsums entwickeln. Dies tun wir in Kap. F. Größere intellektuelle Anstrengung verlangt Kap. G, in dem wir die Haushaltstheorie auf Entscheidungen unter Unsicherheit anwenden.

Ein Ziel der Mikroökonomik ist die Analyse von Märkten, die als Orte des Zusammentreffens von Angebot und Nachfrage definiert sind. Die Haushaltstheorie bietet uns die Möglichkeit, die Nachfrage genauer zu bestimmen. Dazu ist es lediglich notwendig, die individuellen Nachfragen zu aggregieren. Dies und eine Analyse der aggregierten Nachfragefunktion leistet Kap. H.

B. Das Budget

Wir entwickeln die Budgettheorie für zwei verschiedene Fälle. In Abschnitt B.1 bezeichnen wir als Budget das Einkommen oder den Geldbetrag m eines Haushaltes, mit dessen Hilfe bestimmte Güter gekauft werden können. Im dann folgenden Abschnitt ist das Budget als Anfangsausstattung gegeben. Dies bedeutet, dass der Haushalt ein bestimmtes Güterbündel besitzt. In beiden Fällen (Budget als Geldeinkommen und Budget als Anfangsausstattung) nennt man auch die Menge der Güterbündel, die mithilfe des Geldeinkommens bzw. mithilfe der Anfangsausstattung erstanden werden können, Budget oder Budgetmenge.

Der Einfachheit halber nehmen wir an, dass in der Volkswirtschaft nur zwei Güter, Gut 1 und Gut 2, erworben werden können oder dass die betrachteten Haushalte sich nur für zwei Güter interessieren. Die Mengen dieser beiden Güter werden mit x_1 und x_2 (oder mit y_1 und y_2) bezeichnet, die Preise mit p_1 bzw. p_2. Wir gehen im Folgenden von der Annahme aus, dass die Preise für beide Güter konstant sind. Es ist üblich, beliebige Teilbarkeit der Gütermengen (und auch der Geldeinheiten) vorauszusetzen. Diese Annahme ist bei Gütern wie Butter harmlos, bei Kühlschränken einschränkend. Sie vereinfacht die Analyse jedoch erheblich.

B.1 Das Budget als Geldeinkommen

B.1.1 Die Budgetbeschränkung

Im Falle des Budgets als Geldeinkommen ist die Budgetmenge die Menge aller Güterbündel (x_1, x_2), für die

$$p_1 x_1 + p_2 x_2 \leq m \tag{B.1}$$

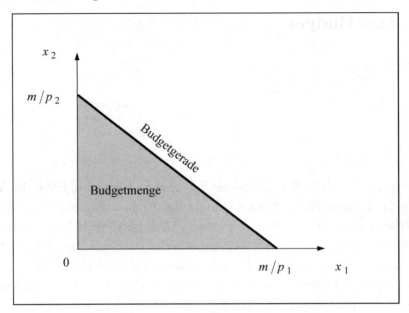

Abbildung B.1. Die Budgetgerade bei Geldeinkommen

erfüllt ist. Diese Ungleichung nennt man auch Budgetbeschränkung. Sie bedeutet, dass ein Haushalt höchstens sein gesamtes Einkommen für den Erwerb der Güter 1 und 2 verwenden kann.

Gibt der Haushalt sein gesamtes Budget, m, für die beiden Güter aus, so erhält man die Budgetgleichung:

$$p_1 x_1 + p_2 x_2 = m. \tag{B.2}$$

Ihre graphische Veranschaulichung nennt man Budgetgerade oder auch Budgetkurve. Sie ist in Abb. B.1 dargestellt.

Sie werden nun, wie noch sehr oft in diesem Buch, aufgefordert, sich mit Fragen und kleinen Aufgaben zu beschäftigen. Die Aufgaben im Lehrtext sind dabei für das Verständnis wichtig. Sie sollten sie in jedem Fall bearbeiten und Ihre Lösung mithilfe der Lösungen am Ende jedes Kapitels kontrollieren. Dagegen können Sie einen Teil der Übungsaufgaben beim ersten Durchgang überspringen. (Diese könnten jedoch für Klausuren wichtig sein!)

Übung B.1.1. Interpretieren Sie die Schnittpunkte der Budgetgeraden mit den Koordinatenachsen! Stellen Sie diese analytisch dar!

Übung B.1.2. Zeichnen Sie eine Budgetgerade, wobei das Einkommen $m = 100$, der Preis des ersten Gutes $p_1 = 1$ und der des zweiten Gutes $p_2 = 2$ betragen! Bestimmen Sie die Steigung der Budgetgeraden!

B.1.2 Opportunitätskosten

Die Budgetgerade ist negativ geneigt. Wenn der Haushalt viele Einheiten von Gut 1 konsumieren möchte, kann er nur wenige Einheiten von Gut 2 konsumieren. Der Konsum einer Einheit von Gut 1 hat also „Opportunitätskosten". Allgemein sind die Opportunitätskosten einer Handlung die Dinge (beispielsweise Güter), auf die man aufgrund der Handlung verzichten muss. In unserem Fall bestehen die Opportunitätskosten des Konsums einer zusätzlichen Einheit von Gut 1 in denjenigen Einheiten von Gut 2, die sich der Haushalt nun nicht mehr leisten kann.

Übung B.1.3. Die Preise der zwei Güter 1 und 2 betragen $p_1 = 6$ und $p_2 = 2$. Wenn der Haushalt eine Einheit von Gut 1 zusätzlich konsumieren möchte, auf wie viele Einheiten von Gut 2 hat er dann zu verzichten?

Die Frage nach den Opportunitätskosten in der Haushaltstheorie lässt sich also so stellen: Auf wie viele Einheiten von Gut 2 muss ich verzichten, wenn ich eine Einheit von Gut 1 zusätzlich konsumieren möchte? Die vorangehende Übung legt nahe, dass die Antwort im Preisverhältnis der Güter liegt:

$$OC = \frac{p_1}{p_2}.$$

Der Leser betrachte Abb. B.2. Der Mehrkonsum einer Einheit von Gut 1 zieht den Minderkonsum von OC Einheiten von Gut 2 nach sich. Die Opportunitätskosten sind offenbar gleich der betragsmäßigen Steigung der Budgetgeraden. Wie ermittelt man diese?

Den Betrag der Steigung erhält man beispielsweise über das „Steigungsdreieck", indem man den x_2-Achsenabschnitt durch den x_1-Achsenabschnitt teilt:

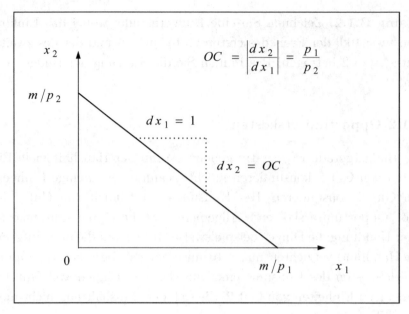

Abbildung B.2. Die Opportunitätskosten des Konsums einer Einheit von Gut 1

$$\frac{m}{p_2} : \frac{m}{p_1} = \frac{p_1}{p_2}.$$

Dieses Verfahren kann man allerdings nur anwenden, wenn die Steigung konstant ist. Im Allgemeinen wird man die Differenzialrechnung bemühen. Dazu hat man zunächst x_2 als Funktion von x_1 zu schreiben:

$$x_2 = f(x_1).$$

Diese Funktion gibt an, wie viele Einheiten von Gut 2 sich der Haushalt maximal leisten kann, wenn er x_1 Einheiten von Gut 1 konsumiert. Aus der Budgetgleichung B.2 erhält man

$$x_2 = f(x_1) = \frac{m}{p_2} - \frac{p_1}{p_2}x_1.$$

Die Funktion f nennt man bisweilen auch Transformationsfunktion und die betragsmäßige Steigung der Budgetgeraden heißt dann Grenzrate der Transformation (MRT = marginal rate of transformation). Wenn in der Ökonomie Wortzusammensetzungen mit dem Präfix „Grenz-" vorkommen, so ist damit in der Regel die Änderung einer abhängigen Variablen in Reaktion auf die Änderung einer unabhängigen gemeint. Im vorliegenden Fall stellt man sich also die Frage, wie sich x_2 als Folge der Erhöhung von x_1 ändern muss, damit das Budget eingehalten wird. Abb. B.2 zeigt den Differenzenquotienten

$$\frac{\Delta x_2}{\Delta x_1},$$

wobei $\Delta x_1 = 1$ gilt. Falls der Grenzwert $\lim_{\Delta x_1 \to 0} \frac{\Delta x_2}{\Delta x_1}$ an der uns interessierenden Stelle x_1 existiert, erhält man den Differenzialquotienten

$$\lim_{\Delta x_1 \to 0} \frac{\Delta x_2}{\Delta x_1} = \frac{dx_2}{dx_1} = \frac{df}{dx_1}.$$

Den Differenzialquotienten erhält man also dadurch, dass man beim Differenzenquotienten Δx_1 gegen Null gehen lässt. Man errechnet den Differenzialquotienten als erste Ableitung von f nach x_1.

In der mikroökonomischen Fachsprache ist es üblich, sowohl Differenzen- als auch Differenzialquotienten als Grenznutzen, Grenzkosten, Grenzprodukt etc. zu bezeichnen, je nachdem, ob f eine Nutzenfunktion, eine Kostenfunktion oder eine Produktionsfunktion darstellt. Bei einer Vielzahl von Funktionen, die wir verwenden werden, macht es keinen großen Unterschied, ob wir den Differenzen- oder den Differenzialquotienten benutzen. Bei kleinen Änderungen sind sie annähernd gleich, bei linearen Funktionen sogar vollkommen. So ergibt die Ableitung der Transformationsfunktion f nach x_1

$$\frac{df}{dx_1} = \frac{dx_2}{dx_1} = \frac{\Delta x_2}{\Delta x_1} = -\frac{p_1}{p_2},$$

die Steigung der Budgetgeraden ist also negativ und gleich $-\frac{p_1}{p_2}$.

Bei größeren Änderungen kann der Diskretionsfehler jedoch beträchtlich sein. Im vorliegenden Lehrtext werden wir durchgängig den Differenzialquotienten benutzen. Seine mathematische Bestimmung über die erste Ableitung ist in der Regel einfach. Falls Sie die gängigen Ableitungsregeln nicht beherrschen, sollten Sie dies baldmöglichst nachholen! Häufig ist es der Intuition förderlich, wenn man sich fragt, wie der Wert einer Funktion sich ändert, wenn eine Variable um eine „kleine" Einheit geändert wird, wenn wir also streng genommen nach dem Differenzenquotienten fragen.

B.1.3 Mengeneinheiten und Geldeinheiten

Bisher haben wir auf die explizite Angabe der Einheiten, in denen die Mengen, die Preise oder das Einkommen zu verstehen sind, verzichtet. In ähnlicher Weise sprechen wir in einem ganz anderen Kontext manchmal davon, dass ein PKW 100 fährt. Dies ist natürlich so zu verstehen, dass der PKW mit einer Geschwindigkeit von 100 Kilometern pro Stunde fährt.

Übung B.1.4. Geben Sie an, in welchen Einheiten das Einkommen und in welchen Einheiten der Preis eines Gutes zu verstehen ist!

Auf die explizite Angabe der Einheiten zu verzichten ist in der Ökonomik wie in der Alltagssprache sehr gebräuchlich. Man sollte dennoch ab und zu innehalten, um sich über die verwendeten Einheiten Klarheit zu verschaffen. Dabei müssen die verwendeten Einheiten von Größen, die mit einem Pluszeichen verbunden sind, übereinstimmen. In einer Gleichung müssen zudem die Einheiten links und rechts des Gleichheitszeichens übereinstimmen. Wenn Sie die obige Aufgabe richtig gelöst haben, sehen Sie, dass diese Probe der verwendeten Einheiten für die Budgetgleichung aufgeht:

$$
\begin{array}{ccccc}
\left[\frac{GE}{ME}\right] & [ME] & \left[\frac{GE}{ME}\right] & [ME] & [GE] \\
p_1 & \cdot \quad x_1 & + \quad p_2 & \cdot \quad x_2 & = \quad m,
\end{array}
$$

wobei GE für Geldeinheiten und ME für Mengeneinheiten steht.

B.1.4 Die Lage der Budgetgeraden

Bei der Interpretation der Steigung der Budgetgeraden haben wir eine Bewegung auf der Budgetgeraden betrachtet. Einkommens- und Preisänderungen verändern dagegen die Lage der Budgetgeraden. Bitte, machen Sie sich den Unterschied zwischen „Bewegung auf einer Kurve" und „Lageveränderung einer Kurve" klar. Die nächsten drei Fragen betreffen Lageveränderungen der Budgetkurve.

Übung B.1.5. Wie verändert sich die Budgetgerade, falls das Einkommen zunimmt?

Übung B.1.6. Wie muss man die Budgetgerade verändern, falls der Preis von Gut 1 steigt? Wie, falls beide Preise sich verdoppeln?

Übung B.1.7. Wie ändert sich die Budgetgerade, wenn beide Preise und das Einkommen um 5 Prozent sinken? Können Sie Ihre Antwort analytisch untermauern?

Es bietet sich an dieser Stelle an, die Auswirkungen von Steuern auf die Konsummöglichkeiten zu untersuchen. Es gibt eine Vielzahl von Steuern, die nach dem Steuergegenstand oder Steuerobjekt zu klassifizieren sind. So begründet der Steuergegenstand „Kraftfahrzeug" die Zahlung der Kraftfahrzeugsteuer. Im Rahmen unseres einfachen Konsummodells lassen sich fünf Steuergegenstände darstellen:

1. Kopfsteuer: Diese Steuer wird unabhängig vom Einkommen oder vom Konsum pro Person erhoben. Man nennt sie auch „lump sum"-Steuer.
2. Einkommensteuer: Diese Steuer setzt am Einkommen an. Der Steuertarif gibt an, wie bestimmten Einkommen die zu zahlende Einkommensteuer zuzuordnen ist. Bezeichnet $T\left(m\right)$ den Steuerbetrag beim Einkommen m, so ist $\frac{T}{m}$ der Durchschnittssteuersatz und $\frac{dT}{dm}$ der so genannte Grenzsteuersatz. Dies ist jetzt das zweite Mal, dass uns die (etwas ulkige) Ausdrucksweise „Grenz-" für die erste Ableitung einer Funktion begegnet.
3. Mengensteuer: Die Mengensteuer hat die Anzahl der Konsumeinheiten zum Steuergegenstand. Konsumiert der Haushalt x_1 Einheiten von Gut 1 bei einem Mengensteuersatz von t_1, so beträgt die Steuerschuld (ein anderes Wort für Steuerbetrag) $t_1 x_1$.
4. Ausgabensteuer: Die Ausgabensteuer richtet sich auf die getätigten Ausgaben, in unserem Modell also auf $p_1 x_1 + p_2 x_2$.
5. Umsatzsteuer für ein bestimmtes Gut: Die Umsatzsteuer richtet sich im Gegensatz zur Ausgabensteuer nicht auf alle getätigten Ausgaben, sondern nur auf die Ausgaben für ein bestimmtes Gut.

Versuchen Sie sich anhand dieser Definitionen an der folgenden, etwas kniffligen Aufgabe.

Übung B.1.8. Für ein Individuum sei die Budgetgerade durch $p_1 x_1 + p_2 x_2 = m$ gegeben. Wie lautet die neue Budgetgerade, falls eine Kopfsteuer T, eine Mengensteuer t_1 auf Gut 1, eine Ausgabensteuer τ und eine Einkommensteuer mit dem Durchschnittssteuersatz t erhoben wird? Wie hoch sind die Steuereinnahmen? (Hinweis: Schreiben Sie zunächst die Steuereinnahmen auf und ziehen Sie diese von m ab. Durch Umschreiben der Terme erhalten Sie dann eine neue Budgetgleichung.)

B.2 Das Budget als Anfangsausstattung

Wir haben bisher das Budget als Geldeinkommen betrachtet. Für manche Fragestellungen, die wir später kennenlernen werden, ist es nützlich, das Budget als ein Güterbündel zu betrachten, über das das Individuum frei verfügen kann. Dieses Güterbündel nennen wir Anfangsausstattung und bezeichnen die Gütermengen der Anfangsausstattung mit ω_1 bzw. mit ω_2. Durch Kauf und Verkauf kann das Individuum dieses Güterbündel gegen andere eintauschen. Dabei kann der Wert des zu konsumierenden Güterbündels nicht größer sein als der Wert der Anfangsausstattung.

Die Budgetbeschränkung für den Fall der Anfangsausstattung lautet also:

$$p_1 x_1 + p_2 x_2 \leq p_1 \omega_1 + p_2 \omega_2.$$

Übung B.2.1. Wie lautet die Budgetgleichung, falls der Haushalt sein gesamtes Budget für die beiden Güter ausgibt?

Graphisch stellt man die Budgetgerade bei Anfangsausstattung wie in Abb. B.3 dar. Es fällt Ihnen sicherlich nicht schwer, die folgenden drei Fragen zu beantworten:

Übung B.2.2. Welche Steigung hat die Budgetgerade bei gegebener Anfangsausstattung?

Übung B.2.3. Warum liegt der Punkt (ω_1, ω_2) auf der Budgetgeraden?

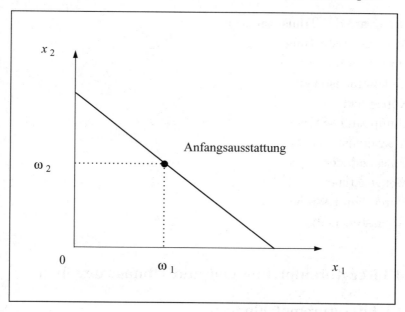

Abbildung B.3. Die Budgetgerade bei Anfangsausstattung

Übung B.2.4. Zeichnen Sie eine Budgetgerade mit der Anfangsausstattung $(\omega_1, \omega_2) = (40, 30)$, dem Preis des ersten Gutes $p_1 = 1$ und dem Preis des zweiten Gutes $p_2 = 2$!

Einkommens- und Preisänderungen können auch die Lage der Budgetgeraden mit Anfangsausstattung verändern.

Übung B.2.5. Wie muss man die Budgetgerade verändern, falls die Anfangsausstattung von Gut 1 zunimmt und diejenige von Gut 2 abnimmt?

Übung B.2.6. Wie muss man die Budgetgerade verändern, falls der Preis von Gut 1 steigt? Wie, falls beide Preise sich verdoppeln?

B.3 Neue Begriffe

- Budget
- Budgetbeschränkung
- Budgetgerade, Budgetkurve
- Geldeinkommen

- Grenzrate der Transformation
- Anfangsausstattung
- Opportunitätskosten
- Einkommensteuer
- Kopfsteuer
- „lump sum"-Steuer
- Ausgabensteuer
- Umsatzsteuer
- Mengensteuer
- Durchschnittssteuersatz
- Grenzsteuersatz

B.4 Literaturempfehlungen und Übungsaufgaben

B.4.1 Literaturempfehlungen

Zu Theorie und Praxis der Steuerzahlung kann der Leser BRÜMMER-
HOFF (1996) konsultieren.

B.4.2 Übungsaufgaben

Übung B.4.1. Wie verändert sich die Budgetkurve für zwei Güter,
falls der Staat eines der beiden Güter jedem Haushalt
a) in unbegrenzter Höhe
b) in bestimmter, endlicher Höhe
unentgeltlich zur Verfügung stellt?

Übung B.4.2. Ein Haushalt kann sich gerade 2 Einheiten des Gutes
1 und 3 des Gutes 2 oder 3 Einheiten von Gut 1 und eine von Gut 2
leisten. Wie viele Einheiten des Gutes 2 kann sich der Haushalt leisten,
wenn er sein gesamtes Einkommen für dieses ausgibt?

Übung B.4.3. Rita gibt ihr gesamtes Einkommen für 3 Einheiten von
Gut 1 und 5 Einheiten von Gut 2 aus. Der Preis von Gut 1 ist doppelt
so hoch wie der von Gut 2. Ihr Einkommen verdoppelt sich, und der
Preis von Gut 2 verdoppelt sich. Nur der Preis von Gut 1 bleibt gleich.
Wenn sie wie bisher fünf Einheiten von Gut 2 konsumiert, kann sie sich

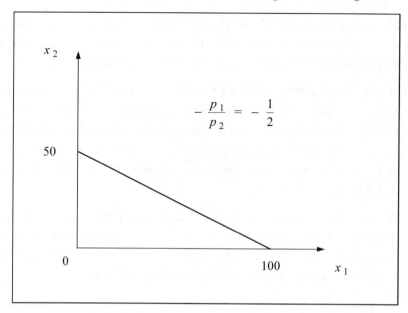

Abbildung B.4. Eine Budgetgerade

höchstens wie viele Einheiten von Gut 1 leisten? Lösen Sie die Aufgabe sowohl graphisch als auch analytisch!

Übung B.4.4. Ein Haushalt verfügt über ein Einkommen von 100 und konsumiert zwei Güter - Gut 1 mit einem Preis von 10 und Gut 2 mit einem Preis von 20. Der Preis des Gutes 1 sinkt für die über 4 Einheiten konsumierte Menge auf 5. Stellen Sie die Budgetrestriktion graphisch und analytisch dar!

B.5 Lösungen zu den Aufgaben

B.1.1. Die Schnittpunkte sind $\left(\frac{m}{p_1}, 0\right)$ und $\left(0, \frac{m}{p_2}\right)$. Gibt der Haushalt sein gesamtes Einkommen für Gut 1 aus, kann er $\frac{m}{p_1}$ Einheiten konsumieren.

B.1.2. Die Budgetgerade ist eine Gerade mit der Steigung $-\frac{1}{2}$. Wenn das Individuum ganz auf den Konsum des Gutes 1 verzichtet, kann es sich maximal 50 Einheiten des Gutes 2 leisten. Vgl. hierzu auch Abb. B.4.

B.1.3. Konsumiert der Haushalt eine Einheit von Gut 1 zusätzlich, hat er dafür 6 (Euro) zu bezahlen. Er kann sich dies nur leisten, wenn er auf 3 Einheiten von Gut 2 verzichtet, die ebenfalls 6 kosten.

B.1.4. Das Einkommen wird in Geldeinheiten (z.B. Euro) gemessen. Der Preis wird in Geldeinheiten pro Mengeneinheiten $\left(\frac{GE}{ME}\right)$ gemessen. Die häufig gebrauchte Sprechweise, wonach der Preis eines Gutes € 5,- beträgt, ist also nicht ganz richtig. Es ist auch nicht korrekt, vom „Preis pro Stück" zu reden; der Preis ist ohnehin als Geldbetrag pro Stück definiert.

B.1.5. Eine Einkommenserhöhung schiebt die Budgetgerade parallel nach außen. Dabei erfolgt eine Verschiebung nach außen, weil der Haushalt sich mehr leisten kann. Die Verschiebung ist parallel, weil die Preise und damit das Preisverhältnis gleich bleiben.

B.1.6. Wenn der Preis von Gut 1 steigt, dreht sich die Budgetgerade um den Schnittpunkt mit der Ordinate („y-Achse") nach innen. Steigen beide Preise um den gleichen Prozentsatz, so kommt dies einer Einkommensreduktion gleich. Bei einer Verdoppelung der Preise wird die Budgetgerade parallel zum Ursprung hin verschoben; die Budgetgerade schneidet die Koordinatenachsen in Höhe der Hälfte der ursprünglichen Ordinaten- bzw. Abszissenwerte. Skizzieren Sie die jeweiligen Lageveränderungen!

B.1.7. Ursprünglich lautet die Budgetgleichung $p_1 x_1 + p_2 x_2 = m$. Sinken sowohl die Preise als auch das Einkommen um 5 Prozent, führt dies auf die neue Budgetgleichung $p_1 (1 - 0,05) x_1 + p_2 (1 - 0,05) x_2 = (1 - 0,05) m$. Nach Division durch $(1 - 0,05)$ sieht man, dass man wieder die ursprüngliche Budgetgleichung erhält. Die Konsummöglichkeiten des Haushalts haben sich also nicht verändert und die Budgetgerade bleibt an ihrem Platz.

B.1.8. Die Steuereinnahmen sind

$$T + t_1 x_1 + (p_1 x_1 + p_2 x_2) \tau + mt.$$

Man erhält dann zunächst

$$p_1 x_1 + p_2 x_2 = m - (T + t_1 x_1 + (p_1 x_1 + p_2 x_2) \tau + mt)$$

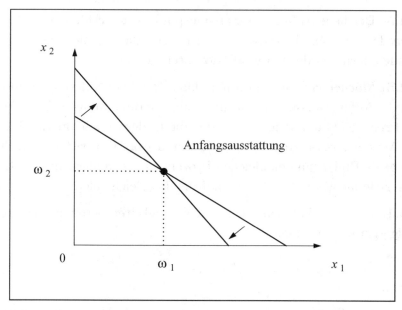

Abbildung B.5. Drehung der Budgetgeraden um den Anfangsausstattungspunkt bei steigendem Preis des Gutes 1

und nach Umformung

$$(p_1 + t_1 + p_1\tau)\, x_1 + p_2\, (1 + \tau)\, x_2 = m\, (1 - t) - T.$$

Die neue Budgetgerade hat die Preise $p_1 + t_1 + p_1\tau$ für Gut 1 und $p_2\, (1 + \tau)$ für Gut 2 bei einem Einkommen von $m\, (1 - t) - T$.

B.2.1. Sie lautet $p_1 x_1 + p_2 x_2 = p_1 \omega_1 + p_2 \omega_2$.

B.2.2. Die Budgetgerade hat wiederum die Steigung $-\frac{p_1}{p_2}$. Die Opportunitätskosten des Konsums einer Einheit von Gut 1 sind wiederum gleich dem Preisverhältnis.

B.2.3. Der Konsument kann genau entsprechend seiner Anfangsausstattung konsumieren. Um dies formal einzusehen, müssen Sie lediglich $x_1 := \omega_1$ und $x_2 := \omega_2$ in die Budgetgleichung einsetzen. Daneben steht es dem Konsumenten frei, entsprechend dem Preisverhältnis ein anderes Güterbündel zu erwerben.

B.2.4. Der Wert der Anfangsausstattung beträgt $p_1 \omega_1 + p_2 \omega_2 = 40 + 2 \cdot 30 = 100$ und das Preisverhältnis ist $\frac{1}{2}$. Damit erhalten wir die Budgetgerade der Abb. B.4.

B.2.5. Der neue Anfangsausstattungspunkt liegt rechts unterhalb des alten. Die Steigung ist dieselbe. Es ist nicht klar, ob die neue Budgetgerade oberhalb oder unterhalb der alten liegt.

B.2.6. Machen Sie sich nochmals klar: Bei Preisänderungen ändert sich die Anfangsausstattung nicht. Damit ist die Lösung einfach. Wenn der Preis von Gut 1 steigt, dreht sich die Budgetgerade um den Punkt der Anfangsausstattung, so dass sie wie in Abb. B.5 steiler wird. Steigen beide Preise um den gleichen Prozentsatz, so ändert dies die Budgetgerade nicht, da das Preisverhältnis das gleiche bleibt.

B.4.1. Der erste Fall sollte keine Schwierigkeiten bereiten; die zweite Budgetgerade hat einen Knick.

B.4.2. $x_2 = 7$.

B.4.3. $x_1 = 6$.

B.4.4. Die Budgetgerade hat einen Knick. Sie lässt sich analytisch folgendermaßen darstellen:

$$x_2 = \begin{cases} 5 - \frac{x_1}{2}, & \text{für } 0 \leq x_1 \leq 4, \\ 4 - \frac{x_1}{4}, & \text{für } 4 < x_1. \end{cases}$$

C. Präferenzen, Indifferenzkurven und Nutzenfunktionen

Im vorangegangenen Kapitel haben wir das Budget analytisch und graphisch bestimmt. Damit haben wir eine Antwort auf die Frage gegeben: Welche Güterbündel kann sich der Haushalt leisten? In diesem Kapitel geht es um die Frage: Welche Güterbündel zieht er anderen Güterbündeln vor? Ein anderes Wort für vorziehen ist präferieren. Wir wollen in diesem Kapitel also die Präferenztheorie vorstellen, soweit sie sich auf Sicherheit bezieht. Präferenztheorie unter Unsicherheit behandeln wir in Kap. G.

C.1 Die Präferenzrelation

Die Grundlage der Präferenztheorie ist die Annahme, jedes Individuum verfüge über eine schwache **Präferenzrelation** über alle Güterbündel. Eine schwache Präferenzrelation $\succsim$ ordnet die Güterbündel nach dem Kriterium „mindestens so begehrt wie". Wenn wir also schreiben

$$(x_1, x_2) \succsim (y_1, y_2),$$

so soll damit ausgedrückt werden, dass das betreffende Individuum das Güterbündel (x_1, x_2) (z.B. drei Birnen und vier Äpfel) mindestens so gerne hätte wie das Güterbündel (y_1, y_2) (z.B. zwei Birnen und fünf Äpfel). Setzen wir $A := (x_1, x_2)$ und $B := (y_1, y_2)$, so können wir auch $A \succsim B$ schreiben. Der Leser beachte, dass die schwache Präferenz durch $\succsim$ und nicht durch $\geq$ ausgedrückt wird.

Die Präferenzrelation besteht unabhängig vom Budget. Es ist also unerheblich für die Feststellung der Präferenz, ob das Individuum sich die in Frage kommenden Güterbündel tatsächlich leisten kann. In Kap. D werden wir die Budgetanalyse mit der Präferenzanalyse verbinden.

Wir werden dann die Güterbündel suchen, die sich das Individuum einerseits leisten kann und die andererseits mindestens so begehrt sind wie alle anderen Güterbündel, die es sich ebenfalls leisten kann.

Ähnlich wie bei der Relation „mindestens so groß wie" (der Eiffelturm ist größer als oder gleich groß wie der Kölner Dom) gibt es zur schwachen Präferenzrelation $\succsim$ die starke Präferenzrelation $\succ$ und die Indifferenzrelation $\sim$. $A \succ B$ bedeutet, dass das A-Bündel dem B-Bündel strikt vorgezogen wird. $A \sim B$ bedeutet, dass das Individuum indifferent zwischen den beiden Güterbündeln ist, es kein Güterbündel dem jeweils anderen vorzieht.

Übung C.1.1. Wie kann man die schwache Präferenzrelation nutzen, um einerseits die starke Präferenzrelation und andererseits die Indifferenzrelation zu definieren?

Um sinnvoll mit Präferenzrelationen arbeiten zu können, benötigen wir zumindest zwei Axiome, die Vollständigkeit und die Transitivität. Diese beiden Axiome sind sehr wichtig und wir werden sie immer voraussetzen. Im nächsten Abschnitt werden wir zwei weitere Axiome einführen, die Monotonie und die Konvexität. Sie sind etwas weniger wichtig und wir werden uns bisweilen mit Präferenzen beschäftigen, die diese beiden Axiome verletzen.

Vollständigkeit und Transitivität gelten für Präferenzrelationen in etwa so, wie sie auch für die „mindestens so groß wie"-Relation von Menschen erfüllt sind. Hier sind sie nun endlich:

Axiom der Vollständigkeit:

Jedes Individuum kann alle Güter entsprechend der schwachen Präferenzrelation $\succsim$ ordnen, d.h. je zwei Güterbündel lassen sich in der einen oder in der anderen Richtung mit der schwachen Präferenzrelation in Beziehung setzen. Für je zwei Güterbündel A und B gelten also $A \succsim B$ oder $B \succsim A$.

Axiom der Transitivität:

Sind drei Güterbündel A, B und C mit $A \succsim B$ und $B \succsim C$ gegeben, so folgt $A \succsim C$.

Überlegen Sie sich nun die nächste Frage. Sie können sich bei der Beantwortung von der Analogie zur „mindestens so groß wie"-Relation leiten lassen.

Übung C.1.2. Gelten das Vollständigkeitsaxiom und das Transitivitätsaxiom auch für die starke Präferenzrelation und für die Indifferenz?

Das Haushaltsoptimum ist der Gegenstand des nächsten Kapitels. Dennoch können wir uns bereits an dieser Stelle an die folgende Aufgabe wagen.

Übung C.1.3. Estefania gibt ihr gesamtes Monatseinkommen für Pizza und Bücher aus. Bei einem Pizzapreis von € 9, 00 und einem Bücherpreis von € 30, 00 konsumiert sie 30 Pizzas und 3 Bücher jeden Monat. Bei keiner anderen Kombination von Pizzas und Büchern, die sie sich leisten kann, könnte sie sich besser stellen. Nun, so wollen wir annehmen, sinke der Pizzapreis auf € 8, 70 und steige der Bücherpreis auf € 33, 00. Können wir ohne zusätzliche Information über Estefanias Präferenzen wissen, ob sie sich aufgrund der Preisänderung schlechter oder besser stellt?

Die Axiome der Monotonie und der Konvexität lassen sich leichter einführen, nachdem der Begriff der Indifferenzkurve eingeführt wurde.

C.2 Die Indifferenzkurve

C.2.1 Definition und Beispiele

Im Falle von zwei Gütern, Gut 1 und Gut 2, können wir alle die Güterbündel graphisch darstellen, die zu einem bestimmten Bündel indifferent sind. Der geometrische Ort aller dieser Güterbündel wird als Indifferenzkurve bezeichnet. Sie kann zum Beispiel eine Form wie in Abb. C.1 aufweisen. Die gezeichnete Indifferenzkurve gibt zum Güterbündel A diejenigen Güterbündel B wieder, so dass $A \sim B$ gilt. Der Haushalt ist indifferent zwischen allen Güterbündeln auf einer Indifferenzkurve.

Zur Einübung in das Denken in Indifferenzkurven bearbeiten Sie, bitte, die folgende Aufgabe.

Übung C.2.1. Ein Individuum präferiert Güterbündel (x_1, x_2) gegenüber dem Güterbündel (y_1, y_2) genau dann strikt, wenn $x_1 + x_2 > y_1 + y_2$. Zeichnen Sie einige hierzu passende Indifferenzkurven.

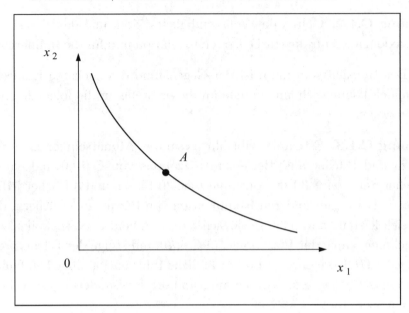

Abbildung C.1. Eine Indifferenzkurve

Wenn die Indifferenzkurven linear sind und die Achsen berühren, wie in der vorangegangenen Aufgabe, sagen wir, dass die Güter perfekte Substitute sind. Sie können gegeneinander ausgetauscht, substituiert werden. Für manche Leute sind Butter und Margarine perfekte Substitute. Dabei ist es nicht wichtig, dass die Steigung der Indifferenzkurve -1 beträgt; entscheidend ist eine konstante negative Steigung. Die Präferenzen der vorangegangenen Aufgabe sind durch die Form der Indifferenzkurven allein nicht vollständig beschrieben. Zusätzlich ist wichtig, dass der Haushalt Güterbündel auf Indifferenzkurven bevorzugt, die „weiter entfernt vom Ursprung" liegen. Derartige Präferenzen nennen wir monoton.

Übung C.2.2. Ein Individuum präferiert Güterbündel (x_1, x_2) gegenüber dem Güterbündel (y_1, y_2) genau dann strikt, wenn $\min\{x_1, x_2\} > \min\{y_1, y_2\}$ ist. Zeichnen Sie einige hierzu passende Indifferenzkurven.

Wenn die Indifferenzkurven L-förmig sind, wie in der vorangegangenen Aufgabe, dann sagen wir, dass die Güter perfekte Komplemente sind. Diese Güter ergänzen einander und können nur in Kombinati-

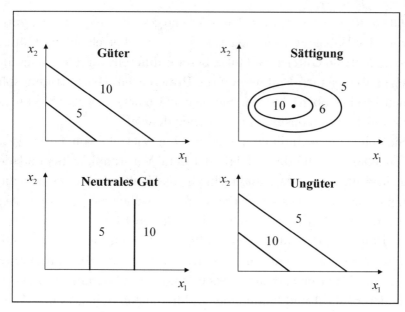

Abbildung C.2. Beispiele für verschiedene Gütertypen

on miteinander sinnvoll verwendet werden. Perfekten Komplementen kommen die Güter „rechter Schuh" und „linker Schuh" sehr nahe. Hierbei ist es nicht wichtig, dass die Eckpunkte auf einer 45°-Linie liegen. Entscheidend ist der L-förmige Verlauf jeder einzelnen Indifferenzkurve. Beispiele für Komplemente sind Benzin und Autoreifen, Papier und Kugelschreiber oder Hardware und Software.

Präferenzen können mithilfe von Indifferenzkurven charakterisiert werden, wenn wir zusätzlich die Information liefern, wie der Haushalt die Güterbündel auf den verschiedenen Indifferenzkurven bewertet. Sind dem Haushalt alle Güterbündel auf einer Indifferenzkurve I_1 lieber als alle Güterbündel auf einer anderen Indifferenzkurve I_2, so nennen wir I_1 eine höhere Indifferenzkurve. In Abbildungen bietet es sich an, den Indifferenzkurven Zahlen zuzuordnen; höhere Indifferenzkurven werden mit einer größeren Zahl versehen. Dieses Vorgehen ist bei Abb. C.2 gewählt worden.

Vergleichen Sie beispielsweise die Indifferenzkurvenschemata links oben und rechts unten. Die Indifferenzkurven sind identisch. Die Präferenzen sind es jedoch nicht. Im Fall „links oben" sind dem Haushalt Güterbündel lieber, bei denen er viele Einheiten hat, während im Fall

„rechts unten" so genannte Ungüter dargestellt sind. Bei Ungütern möchte der Haushalt möglichst wenig von den betreffenden „Gütern" haben. Neutrale Güter (wie Gut 2 beim Indifferenzkurvenschema links unten) haben keinen Einfluss auf die Präferenzen. Das Sättigungsphänomen (rechts oben) können Sie sich klarmachen, wenn Sie an den Bier- und Fernsehkonsum eines Abends denken.

Sie sehen, dass Indifferenzkurven eine Vielzahl von Formen aufweisen können. Allerdings folgt aus dem Vollständigkeits- und dem Transitivitätsaxiom, dass unterschiedliche Indifferenzkurven sich nicht schneiden können. Dieses wichtige Ergebnis wollen wir beweisen. Wenn zwei Indifferenzkurven sich schneiden würden (Abb. C.3), so gäbe es einen Punkt A, der auf beiden Indifferenzkurven läge, sowie weitere Punkte B und C, die nur auf der einen oder der anderen Kurve wären. Da A und B auf einer Kurve liegen, sind sie indifferent, d.h. $A \sim B$. Da andererseits A und C auf einer Indifferenzkurve liegen, gilt $A \sim C$. Aufgrund der Transitivität von $\sim$ folgt nun $B \sim C$. B und C liegen also entgegen unserer Annahme auf ein- und derselben Indifferenzkurve! Die Annahme, zwei Indifferenzkurven könnten sich schneiden, konstituiert also einen Widerspruch - zwei Indifferenzkurven können einander nicht schneiden.

C.2.2 Monotonie und Konvexität

Neben den Axiomen der Vollständigkeit und der Transitivität haben wir noch die Axiome der Monotonie und der Konvexität zu behandeln.

Axiom der Monotonie:

Sind zwei Güterbündel A und B gegeben, so dass A von einem der beiden Güter mehr beinhaltet als B, ohne von dem anderen weniger zu beinhalten, so wird A gegenüber B präferiert. Man könnte Monotonie also durch „mehr ist besser" übersetzen.

Übung C.2.3. Wie würden Sie Monotonie graphisch veranschaulichen?

Hat man neben der Vollständigkeit und der Transitivität zusätzlich das Axiom der Monotonie zur Verfügung, kann man einige interessante Folgerungen ziehen. Dazu lösen Sie, bitte, die nächste Aufgabe:

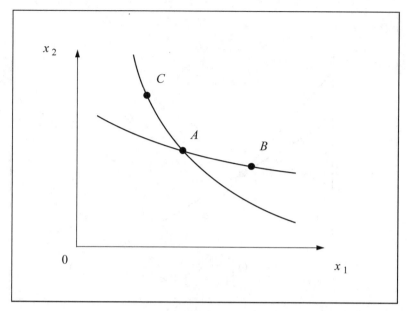

Abbildung C.3. Zwei sich schneidende Indifferenzkurven kann es nicht geben.

Übung C.2.4. Betrachten Sie die Abbildung C.4, in der die Anfangsausstattung und eine Drehung der Budgetgeraden um die Anfangsausstattung aufgrund einer Preissenkung von Gut 1 dargestellt ist. Das ursprüngliche Güterbündel (*Punkt A*), das der Haushalt gewählt hat, liege rechts vom Anfangsausstattungspunkt. Können wir wissen, ob der Haushalt die Preisänderung zum Anlass nehmen wird, in Zukunft ein Konsumbündel links von der Anfangsausstattung zu wählen? Setzen Sie Monotonie voraus!

Monotonie ist z.B. dann nicht gegeben, wenn Sättigung vorliegt, wenn ein Gut weder positiv noch negativ bewertet wird (ein neutrales Gut) oder wenn ein Gut negativ bewertet wird (ein Ungut, z.B. radioaktiver Müll). Vergleichen Sie zu diesen Begriffen Abb. C.2.

Schließlich betrachten wir das Konvexitätsaxiom. Beispielhaft lässt sich Konvexität so erklären: Viele Leute essen lieber ein halbes Brot und einen halben Käse zusammen als ein ganzes Brot oder einen ganzen Käse allein. Allerdings muss Konvexität keinesfalls immer erfüllt sein. Falls Sie indifferent zwischen einem Glas Bier und einem Glas

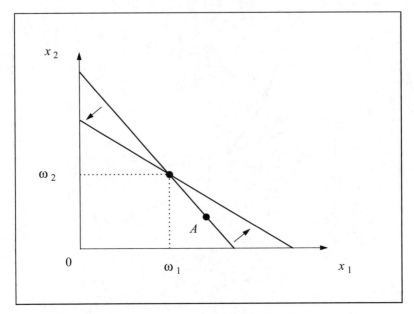

Abbildung C.4. Zwei Budgetgeraden bei Anfangsausstattung

Wein sind, folgt daraus keinesfalls, dass Sie mindestens so gerne ein Bier-Wein-Gemisch tränken.

Zur Vorbereitung der formalen Definition der Konvexität müssen wir uns klar machen, was eine „konvexe Linearkombination zweier Güterbündel A und B" bedeutet. Für die Güterbündel $A :=$ (x_1, x_2) und $B := (y_1, y_2)$ und für eine Zahl γ mit $0 \leq \gamma \leq 1$ ist die Linearkombination $\gamma A + (1 - \gamma) B$ gleich dem Güterbündel $(\gamma x_1 + (1 - \gamma) y_1, \gamma x_2 + (1 - \gamma) y_2)$. Graphisch lassen sich die konvexen Linearkombinationen von A und B sehr einfach ermitteln: Es sind genau die Güterbündel, die auf der direkten Verbindungslinie zwischen den Güterbündeln A und B liegen. Abb. C.5 zeigt vier konvexe Linearkombinationen der Güterbündel A und B. Mit $\gamma = 1$ ist nämlich A selbst konvexe Linearkombination der Güterbündel A und B und mit $\gamma = 0$ ist die konvexe Linearkombination $\gamma A + (1 - \gamma) B$ gerade das Güterbündel B.

Axiom der Konvexität:

Sind zwei indifferente Güterbündel A und B und γ mit $0 \leq \gamma \leq 1$ gegeben, so zieht der Haushalt den Konsum der konvexen Linearkombination $\gamma A + (1 - \gamma) B$ dem alleinigen Konsum sowohl des Güterbündels

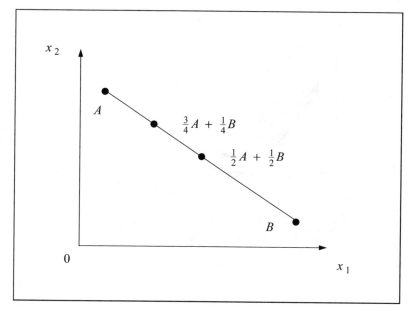

Abbildung C.5. Konvexe Linearkombinationen der Güterbündel A und B

A als auch des Güterbündels B schwach vor. Bei strenger Konvexität folgt für alle Güterbündel A und B mit $A \neq B$ und $A \sim B$ und für alle Zahlen γ mit $0 < \gamma < 1$ die starke Präferenz, d.h. $\gamma A + (1 - \gamma) B \succ A$ und $\gamma A + (1 - \gamma) B \succ B$.

Abb. C.6 zeigt den Fall der strengen Konvexität. Ohne den Hinweis $C \succ A$ (der $C \succ B$ impliziert!), wäre das Schaubild nicht eindeutig. Sie sollten sich klarmachen, dass bei konvexen Präferenzen die Indifferenzkurven zum Ursprung hin gekrümmt sind. Auch die Beantwortung der folgenden Frage wird Ihnen helfen, sich den Begriff der Konvexität zu verdeutlichen.

Übung C.2.5. Welche der Präferenzen der Abb. C.2 deuten auf Konvexität oder sogar strenge Konvexität hin?

Das „Gegenteil" konvexer Präferenzen sind konkave Präferenzen. Bei ihnen zieht der Haushalt die Extreme den Mischungen vor. Abb. C.7 vereinigt in einem Schaubild streng konkave Präferenzen, streng konvexe Präferenzen, perfekte Substitute und perfekte Komplemente. Beachten Sie, bitte, dass perfekte Substitute den Grenzfall zwischen Konvexität und Konkavität darstellen. Man könnte auch sagen, dass

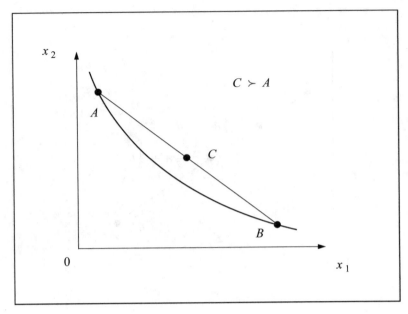

Abbildung C.6. Strenge Konvexität

die Präferenzen bei perfekten Substituten sowohl konvex als auch konkav sind. Sie sind jedoch weder streng konvex noch streng konkav.

Wir haben nun vier Axiome kennengelernt. Sie sind in Abb. C.8 übersichtsartig zusammengefasst.

C.2.3 Die Grenzrate der Substitution

Ganz wichtig für die Präferenzanalyse ist die Steigung der Indifferenzkurve (wenn sie definiert ist). Sie gibt Anwort auf die folgende Frage: Wenn das Individuum eine Einheit von Gut 1 zusätzlich konsumiert, auf wie viele Einheiten von Gut 2 kann es dann verzichten, ohne die gegebene Indifferenzkurve zu verlassen? Abb. C.9 gibt eine graphische Antwort auf diese Frage. Man kann diesen Sachverhalt auch mithilfe des Begriffs der Zahlungsbereitschaft ausdrücken. Die Zahlungsbereitschaft für etwas gibt an, was man maximal bereit ist aufzugeben, um die betreffende Sache zu erhalten. Die betreffende Sache ist hier eine Einheit von Gut 1. Die betragsmäßige Steigung der Indifferenzkurve ist also die in Einheiten von Gut 2 ausgedrückte Zahlungsbereitschaft (ZB) für eine Einheit von Gut 1.

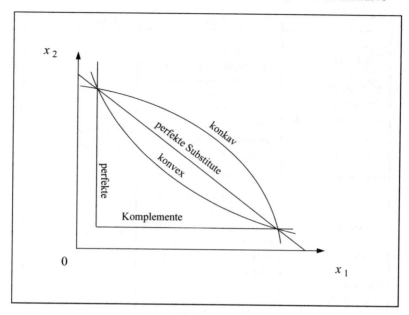

Abbildung C.7. Von „ganz konvex" bis „gar nicht konvex"

Die betragsmäßige Steigung der Indifferenzkurve nennt man auch Grenzrate der Substitution (MRS = marginal rate of substitution). Das Präfix „Grenz-" haben wir auf S. 26 bereits kennen gelernt. Im vorliegenden Fall stellt man sich also die Frage, wie sich x_2 als Folge der Erhöhung von x_1 ändern muss, damit Indifferenz gewahrt bleibt.

Ausgehend von einer gegebenen Indifferenzkurve kann man (häufig) jeder beliebigen Menge des ersten Gutes eine bestimmte Menge des zweiten Gutes zuordnen. $x_2 = f(x_1)$ ist also gerade diejenige Menge von Gut 2, die notwendig ist, um beim Konsum der Menge x_1 auf der gegebenen Indifferenzkurve zu verbleiben. Es gilt also

$$MRS = \left| \frac{dx_2}{dx_1} \right|.$$

Für das Verständnis der Grenzrate der Substitution sind die beiden folgenden Aufgaben sehr wichtig.

Übung C.2.6. Machen Sie sich graphisch klar, dass die Grenzrate der Substitution bei perfekten Substituten entlang der Indifferenzkurve konstant ist, dass die Grenzrate der Substitution bei konvexen Prä-

Axiome	Inhalt	Bemerkungen
Vollständigkeit der schwachen Präferenzrelation	Für alle Güterpaare A und B gilt (mindestens) eine der beiden Aussagen „A wird gegenüber B schwach bevorzugt" oder „B wird gegenüber A schwach bevorzugt".	Diese beiden Axiome werden vorausgesetzt.
Transitivität der schwachen Präferenz, der starken Präferenz und der Indifferenz	Wenn A gegenüber B (schwach bzw. stark) bevorzugt wird und B gegenüber C (schwach bzw. stark) bevorzugt wird, dann wird A gegenüber C (schwach bzw. stark) bevorzugt. Analoges gilt für die Indifferenz.	Sie implizieren, dass verschiedene Indifferenzkurven sich nicht schneiden können.
Monotonie	„Mehr ist besser", Nicht-Sättigung.	Diese beiden Axiome werden nicht immer vorausgesetzt.
Konvexität	Extreme sind schlecht.	In den meisten Beispielen sind sie jedoch erfüllt.

Abbildung C.8. Axiome der Präferenztheorie

ferenzen mit zunehmendem x_1 abnimmt und dass die Grenzrate der Substitution bei perfekten Komplementen nicht überall definiert ist.

Übung C.2.7. Die Grenzraten der Substitution $\left|\frac{dx_2}{dx_1}\right|$ zwischen den Gütern 1 und 2 betragen für Marie 2 und für Laura 5. Wenn Marie Laura eine Einheit von Gut 1 gegen eine Einheit von Gut 2 überlässt: Wer hat sich dann schlechter und wer besser gestellt?

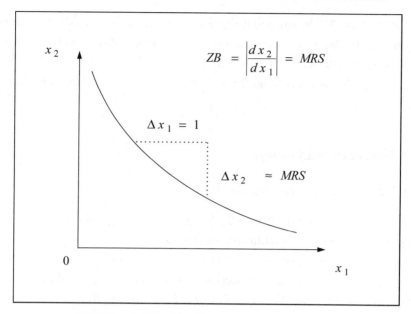

Abbildung C.9. Die Grenzrate der Substitution

Ihnen ist vielleicht aufgefallen, dass die Steigungen der Budgetgeraden und die der Indifferenzkurven eine ähnliche Interpretation haben. Beim Mehrkonsum einer Einheit von Gut 1 gibt die betragsmäßige Steigung der Budgetgeraden an, auf wie viele Einheiten von Gut 2 der Konsument verzichten muss (Opportunitätskosten). Beim Mehrkonsum einer Einheit von Gut 1 gibt die betragsmäßige Steigung der Indifferenzkurve an, auf wie viele Einheiten von Gut 2 der Konsument verzichten kann, ohne dass er sich schlechter oder besser stellt (Zahlungsbereitschaft).

Schon an dieser Stelle (und im Vorgriff auf Kap. D) können wir bemerken, dass das Individuum sich verbessern kann, wenn die Opportunitätskosten größer oder kleiner als die Zahlungsbereitschaft sind. Das könnten Sie sich anhand der folgenden Aufgabe klar machen.

Übung C.2.8. Nehmen Sie an, ein Haushalt konsumiere zwei Güter so, dass

$$MRS = \left| \frac{dx_2}{dx_1} \right| < \frac{p_1}{p_2}$$

gilt. In welche Richtung wird der Konsument sein Verhalten ändern? Beginnen Sie Ihre Argumentation entweder mit den Worten: „Wenn der Haushalt eine Einheit von Gut 1 zusätzlich konsumiert" oder aber so: „Wenn der Haushalt auf den Konsum einer Einheit von Gut 1 verzichtet"!

C.3 Nutzenfunktionen

C.3.1 Definition und Äquivalenz

Für die Präferenzanalyse ist die Präferenzordnung das grundlegende Konzept. Die Indifferenzkurven sind eine Darstellungsform der Präferenzordnung. Häufig ist es nützlich, die Präferenzordnung in eine Nutzenfunktion (utility function) zu transferieren. Dabei wird jedem Güterbündel ein Wert zugeordnet. Eine Nutzenfunktion repräsentiert eine Präferenzordnung, wenn sie bei Indifferenz denselben Wert und bei starker Präferenz dem präferierten Güterbündel einen höheren Wert zuweist. Beispielsweise repräsentiert die Nutzenfunktion $u(x_1, x_2) = x_1 + 2x_2$ eine Präferenzordnung bei perfekten Substituten.

Übung C.3.1. Wie lautet eine Nutzenfunktion, die perfekte Komplemente widerspiegelt?

Nicht alle Präferenzordnungen sind durch eine Nutzenfunktion repräsentierbar. So kann man zeigen, dass es für so genannte lexikographische Präferenzen, die in Aufg. C.5.4 erklärt sind, keine entsprechende Nutzenfunktion gibt.

Die Indifferenzkurve ist der Ort all derjenigen Kombinationen von x_1 und x_2, die denselben Nutzenwert zugewiesen bekommen. Damit kann man die Indifferenzkurven mit demjenigen Wert bezeichnen, der jedem Güterbündel auf der Kurve zukommt.

Übung C.3.2. Worin unterscheiden sich die Indifferenzkurven, denen die Nutzenfunktionen $u(x_1, x_2) = x_1 + x_2$ bzw. $v(x_1, x_2) = 2(x_1 + x_2)$ zu Grunde liegen?

Nutzenfunktionen werden als äquivalent bezeichnet, wenn sie dieselbe Präferenzordnung repräsentieren. Das ist immer dann der Fall, wenn eine Nutzenfunktion einer streng monoton steigenden Transformation unterworfen wird. Die Multiplikation mit 2 (siehe die letzte Aufgabe) ist eine solche Transformation. Sie ändert die Bezeichnung der Indifferenzkurven. Sie ordnet aber wie die ursprüngliche Nutzenfunktion genau denjenigen Güterbündeln einen höheren Wert zu, die stark präferiert werden. Die Quadrierung einer Nutzenfunktion, deren Werte sämtlich nichtnegativ sind, oder die Anwendung des Logarithmus sind ebenfalls streng monotone steigende Transformationen, die aus einer Nutzenfunktion weitere äquivalente Darstellungen generieren.

Übung C.3.3. Sind die Nutzenfunktionen $u\left(x_1, x_2\right) = \left(x_1 + x_2\right)^{1/2}$ und $v\left(x_1, x_2\right) = 13\left(x_1 + x_2\right)$ äquivalent?

C.3.2 Ordinale und kardinale Nutzentheorie

Man unterscheidet die ordinale von der kardinalen Nutzentheorie (siehe Abb. C.10). Wir verwenden die ordinale Nutzentheorie, die lediglich Aussagen über die Rangfolge von Güterbündeln macht. Wichtig ist allein, ob einem Güterbündel ein höherer Wert zugeordnet wird als einem anderen. Ob die Differenz 3 oder 423 beträgt, ist aus Sicht der ordinalen Nutzentheorie nicht interpretierbar. Allerdings kann man aus einer positiven Differenz schließen, dass das erste Güterbündel dem zweiten vorzuziehen ist, und aus einer Differenz in Höhe von null schließt man auf Indifferenz.

Dagegen unterliegt der kardinalen Nutzentheorie die Idee, dass die Höhe des Nutzenwertes selbst interpretierbar ist und daher auch die Differenz zwischen den Nutzenwerten zweier Güterbündel. Im Rahmen der kardinalen Nutzentheorie hat somit der Grenznutzen ($MU =$ marginal utility) des ersten Gutes,

$$MU_1 = \frac{\partial u}{\partial x_1},$$

auch über das Vorzeichen hinaus eine Bedeutung.

Nur im Rahmen der kardinalen Nutzentheorie kann das *1. Gossen'sche Gesetz* verstanden werden. Es besagt (als eine psychologische

Nutzentheorie	
kardinale	**ordinale**
Nutzen als Maß für die Befriedigung	Nutzen als Beschreibung einer Präferenzordnung
absolute Höhe relevant	nur Rangordnung relevant
Grenznutzen und Nutzendifferenzen sind direkt interpretierbar	Grenznutzen und Nutzendifferenzen sind nur in Bezug auf das Vorzeichen interpretierbar

Abbildung C.10. Ordinale versus kardinale Nutzentheorie

Regelmäßigkeit), dass der Grenznutzen mit steigendem Konsum abnimmt. Das fünfte Bier schmeckt also weniger gut als das vierte. Eine derartige Aussage macht im Gedankengebäude der ordinalen Nutzentheorie keinen Sinn. Im Rahmen einer solchen Theorie kann man z.B. fragen, wie viel der Konsument bereit ist, für 4 oder für 5 Biere zu zahlen. Doch das ist das Thema von Kap. N.

Obwohl der Grenznutzen für sich im Rahmen der ordinalen Nutzentheorie nicht interpretierbar ist, ist das Verhältnis der Grenznutzen $\frac{MU_1}{MU_2}$ interpretierbar. Man kann nämlich zeigen, dass die Grenzrate der Substitution gleich dem Verhältnis der Grenznutzen ist:

$$\frac{MU_1}{MU_2} = MRS = \left| \frac{dx_2}{dx_1} \right|. \tag{C.1}$$

Für alle äquivalenten Nutzenfunktionen muss daher das Verhältnis der Grenznutzen dasselbe sein, denn die Grenzrate der Substitution hängt von den Präferenzen ab, die durch verschiedene äquivalente Nutzenfunktionen repräsentiert werden.

Übung C.3.4. Zeigen Sie, dass der Betrag der Grenzrate der Substitution, berechnet als das Verhältnis der Grenznutzen, bei den äquivalenten Nutzenfunktionen $u(x_1, x_2) = x_1 + x_2$ und $v(x_1, x_2) = 2(x_1 + x_2)$ dasselbe Ergebnis liefert. Berechnen Sie für eine der beiden Nutzenfunktionen dann die Indifferenzkurven und die Steigung der Indifferenzkurven!

Sie werden bald auswendig wissen, dass man die Grenzrate der Substitution als Verhältnis der Grenznutzen bestimmen kann. Sollten Sie es doch einmal vergessen haben, können Sie sich die Formel so überlegen: Entlang einer Indifferenzkurve ist der Nutzen konstant. Es gilt also wie auf Seite 47

$$u\left(x_1, x_2\right) = u\left(x_1, f\left(x_1\right)\right) = \text{konst.}$$

Nun differenziert man beide Seiten der Gleichung nach x_1 und erhält

$$\frac{\partial u}{\partial x_1} + \frac{\partial u}{\partial x_2}\frac{dx_2}{dx_1} = 0.$$

Denn die Ableitung einer Konstanten ergibt Null, die beiden Nutzeneinflüsse von der ersten Komponente x_1 und der zweiten Komponente $x_2 = f\left(x_1\right)$ sind zu addieren und schließlich ist die Kettenregel anzuwenden. Also folgt

$$\frac{dx_2}{dx_1} = -\frac{\dfrac{\partial u}{\partial x_1}}{\dfrac{\partial u}{\partial x_2}} = -\frac{MU_1}{MU_2}.$$

C.3.3 Cobb-Douglas- und quasilineare Nutzenfunktionen

Eine berühmte Nutzenfunktion ist die Cobb-Douglas-Nutzenfunktion. Dieser Funktionstyp wird in vielen Zusammenhängen (z.B. auch in der Produktionstheorie) verwendet werden. Die Cobb-Douglas-Nutzenfunktion ist durch

$$u\left(x_1, x_2\right) = x_1^a x_2^{1-a}, \ 0 < a < 1$$

definiert. Sie ist ein Beispiel für monotone und konvexe Präferenzen. Die Monotonie kann man der Funktion direkt ansehen. Um die Konvexität zu bestätigen, kann man beispielsweise zeigen, dass die Grenzrate der Substitution mit zunehmendem x_1 abnimmt. Dies haben wir uns in Aufg. C.2.6 überlegt.

Übung C.3.5. Wie lautet die Grenzrate der Substitution für die Cobb-Douglas-Nutzenfunktion? Warum kann man an ihr ablesen, dass die dazugehörigen Präferenzen konvex sind? Hinweis: Man kann die Grenzrate der Substitution leicht berechnen, wenn man zu der äquivalenten Nutzenfunktion $v(x_1, x_2) = \ln u(x_1, x_2) = a \ln x_1 + (1-a) \ln x_2$ übergeht und daran denkt, dass die Ableitung des Logarithmus den Kehrwert ergibt, dass also

$$\frac{d \ln x}{dx} = \frac{1}{x}$$

gilt.

Neben den Cobb-Douglas-Nutzenfunktionen werden wir an verschiedenen Stellen des Buches quasilineare Nutzenfunktionen verwenden. Sie sind von der Form

$$u(x_1, x_2) = v(x_1) + x_2.$$

Der Einfluss von Gut 1 und Gut 2 auf den Nutzen ist also additiv separabel und außerdem linear bezüglich Gut 2. Wir gehen davon aus, dass v differenzierbar ist. Zudem setzen wir Monotonie der Präferenzen und damit Montonie von v voraus; es hat also $\frac{dv}{dx_1} > 0$ zu gelten. Die Grenzrate der Substitution lässt sich dann als

$$MRS = \frac{MU_1}{MU_2} = \frac{\frac{dv}{dx_1}}{1} = \frac{dv}{dx_1}$$

bestimmen; sie hängt offenbar gar nicht von der Konsummenge des zweiten Gutes ab!

Übung C.3.6. Sie wissen, dass Präferenzen konvex sind, wenn die Grenzrate der Substitution entlang jeder Indifferenzkurve und mit zunehmendem Einsatz von Gut 1 abnimmt. Welche Form muss v haben, damit die quasilinearen Präferenzen Konvexität aufweisen?

Wir haben in diesem Kapitel für ausgewählte Präferenzrelationen Nutzenfunktionen kennengelernt. Abb. C.11 gibt einen Überblick.

C.4 Neue Begriffe

- Präferenzen

> **Perfekte Substitute:**
>
> $$u(x_1, x_2) = ax_1 + bx_2 \quad \text{mit } a, b > 0$$
>
> **Cobb-Douglas-Nutzenfunktionen:**
>
> $$u(x_1, x_2) = x_1^a \cdot x_2^{1-a} \quad \text{mit } 0 < a < 1$$
>
> **Perfekte Komplemente:**
>
> $$u(x_1, x_2) = \min\{ax_1, bx_2\} \quad \text{mit } a, b > 0$$
>
> **Quasilineare Nutzenfunktionen:**
>
> $$u(x_1, x_2) = v(x_1) + x_2 \quad \text{mit } v' > 0$$
>
> **Lexikographische Präferenzen:**
>
> haben *keine* Nutzenrepräsentation

Abbildung C.11. Nutzenfunktionen für ausgewählte Präferenzrelationen

- Axiome (Vollständigkeit, Transitivität, Monotonie, Konvexität)
- Konvexe und konkave Präferenzen
- Indifferenzkurve
- Grenzrate der Substitution
- Zahlungsbereitschaft
- Substitute, Komplemente
- Ungüter, neutrale Güter, Sättigung
- Lexikographische Präferenzen
- Nutzen, Nutzenfunktion
- kardinale Nutzentheorie, ordinale Nutzentheorie
- Äquivalenz von Nutzenfunktionen
- Streng monoton steigende Transformation
- Cobb-Douglas-Nutzenfunktion
- Quasilineare Nutzenfunktion

C.5 Übungsaufgaben

Übung C.5.1. Corinna konsumiert 20 verschiedene Güter und gibt dafür ihr gesamtes Einkommen aus. Dieses Güterbündel zieht sie allen anderen vor, die sie sich ebenfalls leisten könnte. Eine Preisänderung, die alle Güter betrifft, tritt ein. Nach der Änderung stellt sie sich bei geänderter Konsumstruktur im Vergleich zur alten Konsumstruktur besser. (Gehen Sie davon aus, dass sich ihre Präferenzen nicht geändert haben und dass sie jeweils das gesamte Einkommen ausgibt.)

Können wir nun schließen, dass das neue Güterbündel zu den alten Preisen mehr kostet als das alte Bündel zu den alten Preisen?

Übung C.5.2. Zu Preisen von $(p_1, p_2) = (1, 2)$ fragt ein Konsument $(x_1, x_2) = (1, 2)$ nach, zu Preisen von $(q_1, q_2) = (2, 1)$ die Mengen $(y_1, y_2) = (2, 1)$. Sind diese Entscheidungen mit Monotonie vereinbar?

Übung C.5.3. Das Einkommen eines Haushaltes und der Preis des Gutes 1 steigen um jeweils 15 Prozent, der Preis des Gutes 2 ändert sich nicht. Ist es möglich, allein aus diesen Angaben zu folgern, ob es dem Haushalt besser oder schlechter geht?

Übung C.5.4. Bei lexikographischen Präferenzen wird Güterbündel (x_1, x_2) gegenüber dem Güterbündel (y_1, y_2) strikt vorgezogen, falls entweder $x_1 > y_1$ gilt oder $x_1 = y_1$ und $x_2 > y_2$. Wie sehen die Indifferenzkurven aus?

Übung C.5.5. Skizzieren Sie jeweils Indifferenzkurven für
a) perfekte Substitute,
b) perfekte Komplemente und
c) ein Gut und ein Ungut, d.h. wenn der Besitz des einen Gutes positiv (z.B. Gold), der des anderen negativ (z.B. radioaktiver Müll) durch einen Haushalt bewertet wird!

Übung C.5.6. Richtig oder falsch? Wenn Güterbündel A auf einer Indifferenzkurve liegt und Güterbündel B oberhalb dieser Kurve, so präferiert das Individuum nur dann Güterbündel B, falls es sich Güterbündel B leisten kann.

Übung C.5.7. Welche der folgenden Nutzenfunktionen repräsentieren dieselbe Präferenzen? Warum?

a) $u_1(x_1, x_2, x_3) = x_1 \cdot x_2 \cdot x_3$
b) $u_2(x_1, x_2, x_3) = \ln x_1 + \ln x_2 + \ln x_3$
c) $u_3(x_1, x_2, x_3) = x_1 + x_2 + x_3$
d) $u_4(x_1, x_2, x_3) = -x_1 \cdot x_2 \cdot x_3$
e) $u_5(x_1, x_2, x_3) = -(x_1 \cdot x_2 \cdot x_3)^{-1}$
f) $u_6(x_1, x_2, x_3) = x_1^2 + x_2^2 + x_3^2 + 2x_1x_2 + 2x_1x_3 + 2x_2x_3$

Übung C.5.8. Die Nutzenfunktion eines Individuums sei $u(x_1, x_2) = (x_1 + 1)(x_2 + 1)$. Wie lautet die Grenzrate der Substitution?

C.6 Lösungen zu den Aufgaben

C.1.1. Die Aussage „Das A-Bündel wird dem B-Bündel stark vorgezogen" ist äquivalent zu der Aussage „Das A-Bündel wird dem B-Bündel schwach vorgezogen und das B-Bündel wird dem A-Bündel nicht schwach vorgezogen". Die Aussage „Das A-Bündel ist indifferent zum B-Bündel" ist äquivalent zu der Aussage „Das A-Bündel wird dem B-Bündel schwach vorgezogen und gleichzeitig wird das B-Bündel dem A-Bündel schwach vorgezogen".

C.1.2. Die starke Präferenzrelation kann nicht vollständig sein, denn jedes Güterbündel ist indifferent zu sich selbst. Die Indifferenzrelation ist ebenfalls nicht vollständig. Es gibt ja im Allgemeinen Güterbündel, zwischen denen eine starke Präferenz besteht.

Die Transitivität überträgt sich jedoch von der schwachen Präferenz sowohl auf die starke Präferenz als auch auf die Indifferenz. Wir zeigen dies hier für die starke Präferenz und nehmen also an, dass drei Güterbündel mit $A \succ B$ und $B \succ C$ gegeben sind. Dann folgt die entsprechende schwache Präferenz der beiden Güterpaare und damit die schwache Präferenz $A \succsim C$. Wir müssen nun noch zeigen, dass $C \succsim A$ nicht gelten kann. Dies zeigen wir durch einen Widerspruch. Wäre $C \succsim A$ richtig, würde mit $A \succ B$ aufgrund der Transitivität von $\succsim$ sofort $C \succsim B$ folgen, was im Gegensatz zur obigen Annahme $B \succ C$ steht.

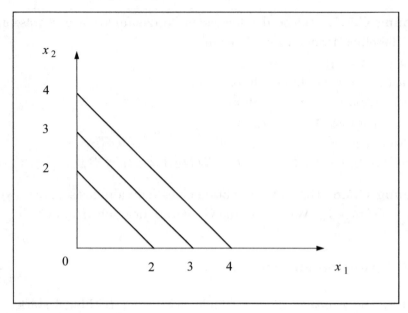

Abbildung C.12. Indifferenzkurven, bei denen es auf die Summe der Gütereinheiten ankommt

Der Beweis der Transitivität der Indifferenz ist noch etwas leichter und dürfte Ihnen nicht schwer fallen.

C.1.3. Estefania wird durch die Preisänderung nicht schlechter gestellt, denn sie kann nach der Preisänderung dieselbe Güterkombination wie vorher erwerben. Damit wäre sie genauso gut gestellt wie vorher. Die Preisänderung mag ihr jedoch Anlass bieten, eine andere Güterkombination vorzuziehen. Damit könnte sie sich im Vergleich zur vorhergehenden Situation besser stellen.

C.2.1. Bei diesen Präferenzen sind zwei Güterbündel indifferent, wenn die Summe der Einheiten von Gut 1 und von Gut 2 gleich sind, wenn also $x_1 + x_2$ konstant sind. Graphisch ist dies in Abb. C.12 wiedergegeben worden.

C.2.2. Zwei Güterbündel sind dann indifferent, wenn das Minimum der Einheiten von Gut 1 und von Gut 2 gleich sind. Dies wird in Abb. C.13 wiedergegeben.

C.2.3. Aufgrund der Monotonie werden diejenigen Güterbündel bevorzugt, die nordöstlich des betrachteten Güterbündels liegen (vgl. Abb. C.14).

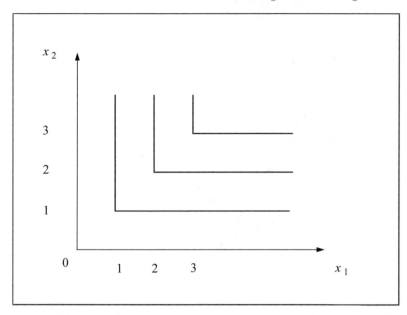

Abbildung C.13. Indifferenzkurven, bei denen es auf das Minimum der Gütereinheiten ankommt

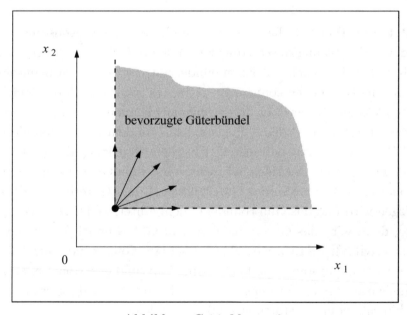

Abbildung C.14. Monotonie

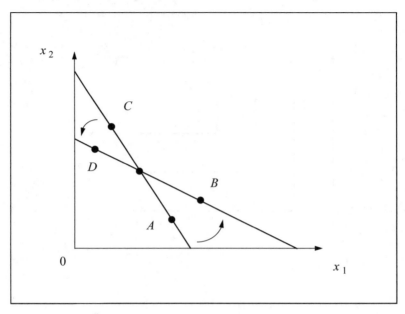

Abbildung C.15. Änderung des Nachfrageverhaltens bei verändertem Preisverhältnis und bei gegebener Anfangsausstattung

C.2.4. Der Haushalt hat keinen Grund, sein neues Konsumbündel links von der Anfangsausstattung zu wählen (z.B. Punkt D; vgl. hierzu Abb. C.15). Ein solches Konsumbündel hätte er sich auch beim alten Preisverhältnis leisten können. Er hätte sich sogar das Güterbündel C leisten können. Da er C nicht gewählt hat, können wir schließen, dass er das Güterbündel A dem Güterbündel C vorzieht (oder zumindest A und C als gleichwertig betrachtet). C ist dem Haushalt jedoch lieber als D, denn in C kann der Haushalt mehr von beiden Gütern konsumieren (Monotonie). Wenn also das Güterbündel A dem Güterbündel C vorgezogen wird und das Güterbündel C dem Güterbündel D vorgezogen wird, dann wird das Güterbündel A dem Güterbündel D vorgezogen (Transitivität). Folglich wird das bevorzugte Güterbündel nicht links vom Ausstattungspunkt zu finden sein. Aufgrund des Monotoniekriteriums wird sich das optimale Güterbündel auf der Budgetgerade, und zwar rechts vom Ausstattungspunkt, befinden.

C.2.5. Alle vier in Abb. C.2 angedeuteten Präferenzrelationen weisen auf Konvexität hin. Beim Indifferenzkurvenschema rechts oben ist sogar strenge Konvexität festzustellen.

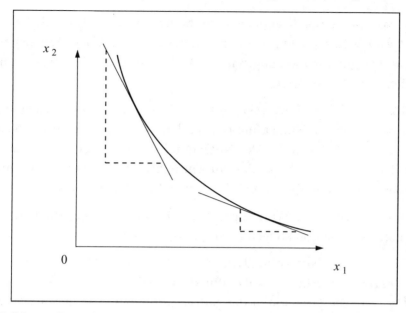

Abbildung C.16. Abnehmende Grenzraten der Substitution bei konvexen Präferenzen

C.2.6. Bei perfekten Substituten sind die Indifferenzkurven linear, die Steigung ist also überall dieselbe. Bei perfekten Komplementen ist die Steigung im waagerechten Ast Null, im vertikalen Ast unendlich und im Eckpunkt nicht definiert. Bei konvexen Präferenzen nimmt die Grenzrate der Substitution mit zunehmendem x_1 ab (vgl. Abb. C.16).

C.2.7. Marie verzichtet auf eine Einheit von Gut 1. Um die alte Indifferenzkurve wieder zu erreichen, müsste sie zwei Einheiten von Gut 2 bekommen. Sie erhält jedoch nur eine Einheit, hat sich also durch den Tausch schlechter gestellt. Laura verbessert ihre Situation.

C.2.8. Für den Konsumenten lohnt sich der Verzicht auf zumindest eine Einheit von Gut 1. Für die Indifferenz bräuchte er MRS Einheiten von Gut 2 zum Ausgleich. Er kann für den Minderkonsum einer Einheit von Gut 1 $\frac{p_1}{p_2}$ Einheiten von Gut 2 mehr konsumieren. Für den Verzicht auf eine Einheit von Gut 1 bekommt er also mehr zusätzliche Konsummöglichkeiten, als er für die Indifferenz bräuchte. Sind seine Präferenzen monoton, wird er besser gestellt.

C.3.1. Perfekte Komplemente werden beispielsweise durch die Nutzenfunktion $u(x_1, x_2) = \min\{x_1, x_2\}$ repräsentiert. Allgemein spricht man von perfekten Komplementen, wenn man eine Darstellung wie folgt wählen kann: $u(x_1, x_2) = \min\{x_1, kx_2\}$, mit $k > 0$. Ein Beispiel für $k = \frac{1}{4}$ gilt für die gängigen PKW: Pro Wagen (Gut 1) werden 4 Reifen (Gut 2) benötigt.

C.3.2. Sie sind der Lage nach ununterscheidbar. Nur die Bezeichnung, d.h. der Wert der Nutzenfunktion entlang einer Indifferenzkurve, ist unterschiedlich. Wenn bei der Nutzenfunktion u die Indifferenzkurven mit den Zahlen (= Werte der Nutzenfunktion) $1, 2, 5$ etc. bezeichnet werden, lauten die Zahlen bei der Nutzenfunktion v $2, 4, 10$ etc..

C.3.3. Ja, denn die Wurzeloperation und die Multiplikation mit 13 sind streng monoton steigende Transformationen.

C.3.4. Für die Nutzenfunktion u errechnet man $\frac{du}{dx_1} = 1$, $\frac{du}{dx_2} = 1$ und $MRS = 1$. Für die Nutzenfunktion v gilt $\frac{dv}{dx_1} = 2$, $\frac{dv}{dx_2} = 2$ und $MRS = 1$. Die Grenzraten der Substitution sind also gleich, wie wir vermutet hatten.

Die Indifferenzkurven für $u(x_1, x_2) = x_1 + x_2$ ergeben sich, indem man für ein festes Nutzenniveau k die Menge aller Güterbündel (x_1, x_2) betrachtet, die

$$u(x_1, x_2) = k$$

erfüllen. Damit ist für gegebenes k die Indifferenzkurve durch

$$x_2 = k - x_1$$

gegeben. Auch hieraus lässt sich die Grenzrate der Substitution leicht berechnen. Die Steigung der Indifferenzkurve beträgt $\frac{dx_2}{dx_1} = -1$ und die Grenzrate der Substitution daher $MRS = \left|\frac{dx_2}{dx_1}\right| = 1$.

C.3.5. Man rechnet für die Nutzenfunktion $v(x_1, x_2) = a \ln x_1 + (1-a)\ln x_2$

$$MRS = \frac{\frac{dv}{dx_1}}{\frac{dv}{dx_2}} = \frac{a\frac{1}{x_1}}{(1-a)\frac{1}{x_2}} = \frac{x_2}{x_1}\frac{a}{1-a}.$$

Alternativ hätte man die Grenzrate auch mithilfe der Nutzenfunktion u selbst ermitteln können:

$$MRS = \frac{\frac{du}{dx_1}}{\frac{du}{dx_2}} = \frac{ax_1^{a-1}x_2^{1-a}}{(1-a)x_2^{-a}x_1^a} = \frac{x_2}{x_1}\frac{a}{1-a}.$$

Die Indifferenzkurven sind bei Cobb-Douglas-Nutzenfunktionen negativ geneigt. Mit zunehmendem x_1 nimmt daher x_2 ab. Mit zunehmendem x_1 nimmt somit die Grenzrate der Substitution, die wir soeben berechnet haben, ebenfalls ab.

C.3.6. v muss konkav sein; dann nimmt $\frac{dv}{dx_1}$ mit zunehmendem x_1 ab. Dies ist zum Beispiel für $v(x_1) = \sqrt{x_1}$ oder $v(x_1) = \ln(x_1)$ der Fall.

C.5.1. Ja, das können wir schließen. Denn wenn Corinna sich das neue Güterbündel zu den alten Preisen hätte leisten können, so hätte sie es gewählt, um sich besser zu stellen.

C.5.2. Nein, diese Entscheidungen sind nicht vereinbar mit Monotonie.

C.5.3. Bei Monotonie kann es dem Haushalt nicht schlechter gehen.

C.5.4. Das einzige Güterbündel, das bei lexikographischen Präferenzen zu einem gegebenen Güterbündel indifferent ist, ist das gegebene Güterbündel selbst. Die Indifferenz„kurven" sind also Punkte.

C.5.5. Das sollte keine Schwierigkeiten bereiten.

C.5.6. Falsch. Güterbündel B wird immer präferiert. Budgetgerade und Präferenzen haben nichts miteinander zu tun.

C.5.7. u_1, u_2 und u_5 einerseits und u_3 und u_6 (für $x_i \geq 0, i \in \{1,2,3\}$) andererseits repräsentieren dieselben Präferenzen, da sich die jeweiligen Nutzenfunktionen durch streng monotone steigende Transformationen ineinander überführen lassen.

C.5.8. Die Grenzrate der Substitution lautet:

$$MRS = \frac{MU_1}{MU_2} = \frac{x_2+1}{x_1+1}.$$

D. Das Haushaltsoptimum

Nachdem wir in Kap. B das Budget und in Kap. C die Präferenzen analysiert haben, können wir uns nun dem Haushaltsoptimum zuwenden. Wir werden dies für einige ausgewählte Nutzenfunktionen durchführen. Das allgemein angewandte Optimierungsverfahren wird in einem Exkurs behandelt. Am Ende dieses Kapitels drehen wir die Vorgehensweise in zweifacher Hinsicht um: In Abschnitt D.6 werden die Präferenzen durch die gewählten Güterbündel näher bestimmt. Und im Abschnitt D.7 fragen wir nach dem Einkommen, das zur Erreichung eines vorgegebenen Nutzenniveaus notwendig ist.

D.1 Das Maximierungsproblem des Haushaltes

Das Haushaltsoptimum ist eine Güterkombination, die einerseits die Budgetbeschränkung erfüllt und die andererseits einen mindestens so hohen Nutzen stiftet wie alle anderen Güterkombinationen, die ebenfalls das Budget beachten. Wir können auch kürzer formulieren: Das Haushaltsoptimum ist eine Güterkombination, die den Nutzen des Haushaltes unter Einhaltung seines Budgets maximiert. Formal können wir schreiben:

$$\max_{x_1, x_2} u\,(x_1, x_2)$$
$$\text{u.d.N. } p_1 x_1 + p_2 x_2 \leq m,$$

wobei u.d.N. „unter der Nebenbedingung" bedeutet. Ist das Budget als Anfangsausstattung gegeben, ist m durch $p_1 \omega_1 + p_2 \omega_2$ zu ersetzen.

Übung D.1.1. Welche Güterkombination ist das Haushaltsoptimum bei Präferenzen mit Sättigung und bei einer Budgetgeraden, wie sie in Abb. D.1 dargestellt sind?

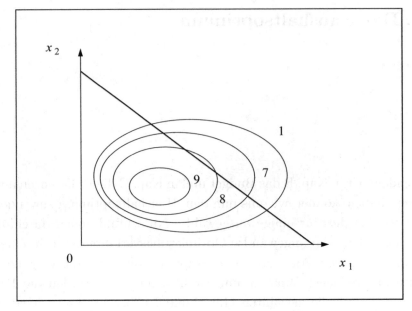

Abbildung D.1. Haushaltsoptimum bei Sättigung

Bei Sättigung und anderen nicht-monotonen Präferenzen kann es passieren, dass der Haushalt nicht sein gesamtes Budget für den Kauf von Gütern verwendet. Wir werden von jetzt an in diesem Kapitel nur monotone Präferenzen behandeln. Dann muss sich ein optimaler Punkt auf der Budgetgeraden befinden. Man kann das Optimierungsproblem so formulieren: Der Haushalt sucht nach einem Punkt auf der Budgetgeraden mit einer möglichst hohen Indifferenzkurve. Formal bedeutet dies

$$\max_{x_1,x_2} u\left(x_1, x_2\right)$$
$$\text{u.d.N. } p_1 x_1 + p_2 x_2 = m.$$

Beim Budget mit Anfangsausstattung ist wiederum $p_1 x_1 + p_2 x_2 = p_1 \omega_1 + p_2 \omega_2$ als Nebenbedingung zu setzen.

Der Leser betrachte Abb. D.2. Kann man der dargestellten Situation das Haushaltsoptimum entnehmen? Nein. Die höhere Indifferenzkurve ist für den Haushalt nicht erreichbar. Die niedrigere Indifferenzkurve berührt zwar die Budgetgerade und dies sogar zweimal. Die Präferenzen sind jedoch offenbar konvex, so dass die Punkte auf der Bud-

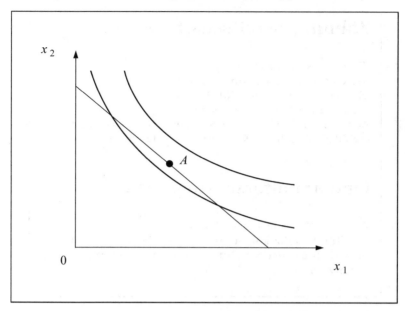

Abbildung D.2. Haushaltsoptimum: Wähle aus der Budgetmenge ein Güterbündel auf der höchsten erreichbaren Indifferenzkurve aus

getgeraden zwischen den zwei Schnittpunkten (wie z.B. Punkt A) ein höheres Nutzenniveau repräsentieren.

D.2 Ungleichheit von Zahlungsbereitschaft und Opportunitätskosten

Zentral für die Lösung des Maximierungsproblems des Haushalts sind die Steigungen der Budgetgeraden und der Indifferenzkurven. Abb. D.3 erinnert an die Definitionen und Interpretationen dieser beiden Begriffe. Wir werden uns jetzt überlegen, dass ein Haushaltsoptimum noch nicht erreicht ist, solange die Zahlungsbereitschaft und die Opportunitätskosten (jeweils für eine zusätzliche Einheit von Gut 1 ausgedrückt in Einheiten von Gut 2) auseinanderfallen. Der Leser betrachte dazu Abb. D.4.

Sind die Opportunitätskosten größer als die Zahlungsbereitschaft (ist also die Budgetgerade steiler als die Indifferenzkurve), kann kein Haushaltsoptimum vorliegen. Denn der Haushalt kann sich durch den Verzicht auf eine Einheit von Gut 1 besser stellen. Verzichtet er auf eine

Zahlungsbereitschaft: $ZB = MRS = \left|\dfrac{dx_2}{dx_1}\right|$

Wenn der Konsument eine Einheit
von **Gut 1 mehr konsumiert**, auf
wie viele Einheiten von **Gut 2 kann**
er als Ausgleich verzichten, damit er
zwischen den Güterbündeln vor und
nach dem Tausch indifferent ist.

Bewegung auf der
Indifferenzkurve

Opportunitätskosten: $OC = \dfrac{p_1}{p_2} = \left|\dfrac{dx_2}{dx_1}\right|$

Wenn der Konsument eine Einheit
von **Gut 1 mehr konsumiert**, auf
wie viele Einheiten von **Gut 2 muss**
er verzichten.

Bewegung auf der
Budgetgeraden

Abbildung D.3. Zahlungsbereitschaft und Opportunitätskosten

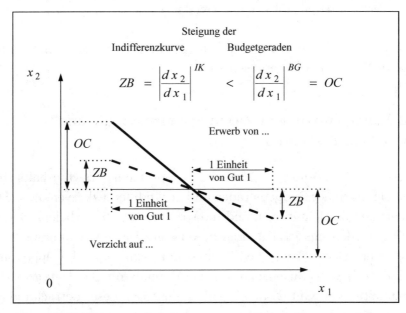

Abbildung D.4. Warum im Haushaltsoptimum ZB nicht kleiner als OC sein darf.

Einheit von Gut 1, benötigt er ZB Einheiten von Gut 2, um sich genauso gut zu stellen wie vorher. Aufgrund der Preisverhältnisse erhält er jedoch für den Verzicht auf eine Einheit von Gut 1 $OC > ZB$ Einheiten von Gut 2 (siehe Abb. D.4). Er bekommt also als Ausgleich für die eine Einheit von Gut 1 mehr als er benötigt, um indifferent zu sein. Die zusätzlichen $OC - ZB$ Einheiten von Gut 2 kann er konsumieren und stellt sich daher aufgrund der Monotonie besser. Eine Voraussetzung müssen wir nachliefern. Die Argumentation ist nur richtig, falls es für den Haushalt möglich ist, auf den Konsum einer (kleinen) Einheit von Gut 1 zu verzichten, falls also $x_1 > 0$ in der Ausgangssituation gilt.

Derartige Argumentationsketten werden Sie im Laufe dieses Buches häufig antreffen. Sie sind anfangs etwas schwierig. Es lohnt sich jedoch, sie selbst durchführen zu können. Dazu noch ein Tip: Man hat es dabei in der Regel mit Ausdrücken der Form $\left|\frac{dx_2}{dx_1}\right|$ zu tun. Es bietet sich immer an, die Variable im Nenner um eine „kleine" Einheit zu verändern. Denn dann ist die betragsmäßige Änderung der Variablen im Zähler gleich $\left|\frac{dx_2}{dx_1}\right|$. Ihre Argumentation beginnt also mit den Worten: „Wenn die Variable im Nenner um eine „kleine" Einheit erhöht (verringert) wird, dann ...".

Übung D.2.1. Fertigen Sie, ganz ähnlich wie in Abb. D.4, eine Abbildung an, bei der die Zahlungsbereitschaft größer ist als die Opportunitätskosten (jeweils für eine Einheit von Gut 1 ausgedrückt in Einheiten von Gut 2). Zeigen Sie dann, dass der Haushalt sich in einer solchen Situation nicht im Optimum befinden kann, falls er positive Mengen von beiden Gütern konsumiert.

Konsumiert der Haushalt positive Mengen beider Güter, hat er bei Ungleichheit von Zahlungsbereitschaft und Opportunitätskosten sein Optimum nicht gefunden. Dieses Ergebnis deutet darauf hin, dass die Gleichheit von Zahlungsbereitschaft und Opportunitätskosten (bzw. von Grenzrate der Substitution und Preisverhältnis) bei monotonen Präferenzen ein entscheidendes Kriterium zur Bestimmung des Haushaltsoptimums darstellt. Leider kommen wir mit dieser Regel nicht immer zum richtigen Ergebnis. Wir werden im Folgenden das Haushaltsoptimum konkret für drei verschiedene Fälle berechnen:

1. Die Präferenzen sind streng konvex und werden häufig durch Cobb-Douglas-Nutzenfunktionen dargestellt. Der Haushalt konsumiert im Haushaltsoptimum positive Mengen beider Güter und das Haushaltsoptimum wird durch die Gleichheit von Zahlungsbereitschaft und Opportunitätskosten bestimmt. Diesen Fall behandeln wir in Abschnitt D.3.

2. Die Präferenzen sind konkav oder die Güter perfekte Substitute. Der Haushalt konsumiert im Haushaltsoptimum nur eines der beiden Güter. Es liegt also ein Randoptimum vor. Dieser Fall ist Gegenstand von Abschnitt D.4.

3. Die Grenzrate der Substitution ist für das entscheidende Güterbündel gar nicht definiert. Zu dieser Kategorie gehören die perfekten Komplemente, die in Abschnitt D.5 erläutert werden.

Alle drei Fälle werden wir zunächst für das Budget als Geldeinkommen behandeln. Als Ergebnis erfahren wir, wie das Haushaltsoptimum vom Geldeinkommen m abhängt. Ist das Budget als Anfangsausstattung gegeben, ist als zusätzlicher Rechenschritt m als Wert der Anfangsausstattung $p_1\omega_1 + p_2\omega_2$ zu ermitteln.

D.3 Streng konvexe Präferenzen

D.3.1 Cobb-Douglas-Nutzenfunktion

Wir wissen aus dem vorangegangenen Kapitel, dass die Präferenzen der Cobb-Douglas-Nutzenfunktion monoton und streng konvex sind. Sie sehen aus wie in Abb. D.5 dargestellt. Von den drei Indifferenzkurven kann der Haushalt nur die Indifferenzkurven I_1 und I_2 erreichen. Die höchste erreichbare Indifferenzkurve ist also I_2. Ihre Steigung (im Punkt A) ist offenbar gleich der Steigung der Budgetgeraden, so dass in der Tat die Regel „Grenzrate der Substitution gleich Preisverhältnis" bzw. die Regel „Zahlungsbereitschaft gleich Opportunitätskosten" Anwendung finden kann. Aufgrund der Monotonie muss zudem das Haushaltsoptimum auf der Budgetgeraden liegen.

Damit muss das Haushaltsoptimum bei Cobb-Douglas-Nutzenfunktionen

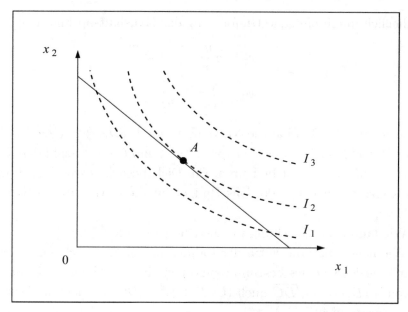

Abbildung D.5. Das Haushaltsoptimum bei konvexen Präferenenzen

$$MRS \stackrel{!}{=} \frac{p_1}{p_2} \text{ und}$$

$$p_1 x_1 + p_2 x_2 \stackrel{!}{=} m$$

erfüllen. Der Leser beachte die Ausrufezeichen über den Gleichheits-zeichen. Damit wird in diesem Buch zum Ausdruck gebracht, dass die Gleichheit im Optimum zu gelten hat. Beispielsweise kann man $MRS = \frac{MU_1}{MU_2} \stackrel{!}{=} \frac{p_1}{p_2}$ schreiben. Die erste Gleichheit gilt (bei Differen-zierbarkeit) immer, die zweite gilt bei Nutzenmaximierung.

Bei der Cobb-Douglas-Nutzenfunktion $u(x_1, x_2) = x_1^a x_2^{1-a}$ lässt sich die Grenzrate der Substitution als Verhältnis der Grenznutzen bestimmen. Wir errechnen

$$MRS = \frac{\frac{du}{dx_1}}{\frac{du}{dx_2}} = \frac{a x_1^{a-1} x_2^{1-a}}{(1-a) x_1^a x_2^{-a}} = \frac{x_2}{x_1} \frac{a}{1-a}$$

und erhalten aus

$$\frac{x_2}{x_1} \frac{a}{1-a} \stackrel{!}{=} \frac{p_1}{p_2} \text{ und}$$

$$p_1 x_1 + p_2 x_2 \stackrel{!}{=} m$$

schließlich durch einfache Umformung das Haushaltsoptimum

$$x_1^* = a\frac{m}{p_1},$$
$$x_2^* = (1-a)\,\frac{m}{p_2}.$$

Übung D.3.1. Olaf hat die Nutzenfunktion $U(D,C) = \sqrt{DC}$, wobei D die Anzahl der Diskobesuche pro Monat und C die Anzahl der Konzertbesuche pro Monat bedeuten. Ein Diskobesuch kostet € 2,00 und ein Konzertbesuch € 4,00. Das Budget für diese Aktivitäten beträgt € 64,00.

a) Wie lautet die Gleichung für die Budgetgerade?

b) Wie nennt man die Form der Indifferenzkurven? Zeichnen Sie eine Indifferenzkurve eines bestimmten Nutzenniveaus. Können Sie anstelle von $U(D,C) = \sqrt{DC}$ auch $(U(D,C))^2 = DC$ betrachten? Warum bzw. warum nicht?

c) Schneidet die Budgetgerade die Indifferenzkurve für $U = \sqrt{128}$? Wo? Was schließen Sie daraus?

Die bei Cobb-Douglas-Nutzenfunktionen und bei anderen „schön geformten" Indifferenzkurven gültige Bedingung „Grenzrate der Substitution gleich Preisverhältnis" bzw. „Verhältnis der Grenznutzen gleich Verhältnis der Preise" kann man umformen. Es ergibt sich

$$\frac{MU_1}{p_1} = \frac{MU_2}{p_2}, \tag{D.1}$$

d.h. das Verhältnis von Grenznutzen zu Preis ist für alle Güter im Haushaltsoptimum gleich.

Diese Optimierungsbedingung wird nach Heinrich von Gossen (1810-1858) als 2. Gossen'sches Gesetz bezeichnet (siehe Abb. D.6). Das Gesetz vom abnehmenden Grenznutzen stammt ebenfalls von Gossen. Wir haben es in Kap. C auf S. 51 behandelt.

D.3.2 Der Lagrange-Ansatz (Exkurs)

Der Lagrange-Ansatz ist ein Optimierungsverfahren, mithilfe dessen man Optimierungsprobleme bei Nebenbedingungen lösen kann. Damit

1. Gossen'sches Gesetz: $\dfrac{\partial^2 u}{(\partial x_1)^2} < 0$

Der Grenznutzen nimmt
mit jeder konsumierten
Einheit ab.
(Aber: Interpretation nur
bei kardinaler Nutzen-
theorie möglich.)

2. Gossen'sches Gesetz: $\dfrac{MU_1}{p_1} = \dfrac{MU_2}{p_2}$

Auch bei ordinaler Nutzentheorie sinnvolle Aussage.

Abbildung D.6. Die Gossen'schen Gesetze

ist er auch für die Haushaltstheorie relevant. Dabei nehmen wir an, dass der Haushalt über eine Nutzenfunktion u verfüge, die monotone und konvexe Präferenzen wiedergebe. In unserem einfachen Fall mit zwei Gütern hat der Haushalt somit

$$u\left(x_1, x_2\right)$$

unter der Nebenbedingung

$$m - \left(p_1 x_1 + p_2 x_2\right) = 0$$

zu maximieren. Wenn Sie ein Problem zu lösen haben, bei dem die Nebenbedingung als Ungleichung (also bei uns $m - p_1 x_1 - p_2 x_2 \geq 0$) gegeben ist, muss ein etwas komplexeres Optimierungsverfahren gewählt werden, das so genannte Kuhn-Tucker-Verfahren.

Bei monotonen Präferenzen möchte der Haushalt möglichst viele Einheiten von Gut 1 (beispielsweise) konsumieren. Allerdings sorgt die Nebenbedingung dafür, dass er den Mehrkonsum von Gut 1 mit dem Minderkonsum von Gut 2 zu bezahlen hat. Die Lagrangefunktion L ist nun so aufgebaut, dass sie einerseits den Nutzen maximiert, aber andererseits dabei die Nebenbedingung beachtet. Für ein konstantes λ ist L durch

$$L\left(x_1, x_2, \lambda\right) = u\left(x_1, x_2\right) + \lambda\left(m - p_1 x_1 - p_2 x_2\right)$$

definiert. Wenn man x_1 erhöht, hat dies einen direkten (positiven) Einfluss auf den Nutzen und einen indirekten (negativen) über die Nebenbedingung. Der indirekte Einfluss hängt vom Lagrange-Multiplikator ab. Er wird simultan mit den optimalen Konsummengen x_1^* und x_2^* bestimmt.

Wie arbeitet man nun mit der Lagrangefunktion?

1. Zunächst wird die Lagrangefunktion nach allen Variablen abgeleitet und die Ableitung gleich Null gesetzt. Wir erhalten also drei Bedingungen erster Ordnung:

$$\frac{\partial L\left(x_1, x_2, \lambda\right)}{\partial x_1} = \frac{\partial u\left(x_1, x_2\right)}{\partial x_1} - \lambda p_1 \overset{!}{=} 0, \qquad (\text{D.2})$$

$$\frac{\partial L\left(x_1, x_2, \lambda\right)}{\partial x_2} = \frac{\partial u\left(x_1, x_2\right)}{\partial x_2} - \lambda p_2 \overset{!}{=} 0,$$

$$\frac{\partial L\left(x_1, x_2, \lambda\right)}{\partial \lambda} = m - p_1 x_1 - p_2 x_2 \overset{!}{=} 0.$$

Die dritte Optimalbedingung ist die Nebenbedingung.

2. Anschließend gewinnt man aus den ersten beiden Optimierungsbedingungen

$$\frac{\frac{\partial u(x_1,x_2)}{\partial x_1}}{p_1} \overset{!}{=} \lambda \overset{!}{=} \frac{\frac{\partial u(x_1,x_2)}{\partial x_2}}{p_2}$$

und somit das zweite Gossen'sche Gesetz. Man kann auch so umformen:

$$MRS = \frac{MU_1}{MU_2} = \frac{\frac{\partial u(x_1,x_2)}{\partial x_1}}{\frac{\partial u(x_1,x_2)}{\partial x_2}} \overset{!}{=} \frac{p_1}{p_2}.$$

Allgemein gibt der Lagrange-Multiplikator λ den zusätzlichen Nutzen an, der durch die Lockerung der Nebenbedingung um eine Einheit entsteht. In der Haushaltstheorie ist

$$\lambda = \frac{du}{dm}$$

also der Grenznutzen des Einkommens. Mit dieser Interpretation kann man nun die Optimierungsbedingung Gl. D.2 so schreiben:

Funktion	Argumente	optimale Gütermengen
Nutzenfunktion	Gütermengen	$x_1\,(p_1, p_2, m)$, $x_2\,(p_1, p_2, m)$
Indirekte Nutzenfunktion	Einkommen, Preise	$x_1\,(p_1, p_2, m)$, $x_2\,(p_1, p_2, m)$

Abbildung D.7. Direkte und indirekte Nutzenfunktion

$$\frac{\partial u\,(x_1, x_2)}{\partial x_1} \overset{!}{=} \frac{du}{dm} p_1.$$

Im Optimum konsumiert der Haushalt von jedem Gut so, dass der Grenznutzen des Konsums (linke Seite) gleich dem Nutzen ist, den er aus der Lockerung der Budgetbeschränkung bei Nichtkonsum erhält (rechte Seite). Denn bei Nichtkonsum wird die Budgetbeschränkung gelockert (um p_1 bei einer Einheit von Gut 1) und diese Lockerung erhöht den Nutzen. Hinter dem Nutzen der Lockerung steht natürlich der Konsum anderer Güter, der nun möglich wird.

Nur die ganz Verwegenen, die sich für einen formalen Beweis von $\lambda = \frac{du}{dm}$ interessieren, sollten jetzt noch weiterlesen. Streng genommen macht $\frac{du}{dm}$ insofern keinen Sinn, als u als Argumente die konsumierten Gütermengen hat und nicht das Einkommen. Man kann jedoch die so genannte indirekte Nutzenfunktion V durch

$$V\,(p_1, p_2, m) := u\,(x_1\,(p_1, p_2, m)\,, x_2\,(p_1, p_2, m)) \tag{D.3}$$

definieren, wobei $x_1\,(p_1, p_2, m)$ die bei den Preisen p_1 und p_2 und beim Einkommen m nutzenmaximal nachgefragte Menge von Gut 1 meint. Die indirekte Nutzenfunktion ordnet also den Preisen und dem Einkommen den maximal erreichbaren Nutzen zu. Abb. D.7 stellt die Nutzenfunktion der indirekten Nutzenfunktion gegenüber.

Übung D.3.2. Bestimmen Sie die indirekte Nutzenfunktion für die Cobb-Douglas-Nutzenfunktion $u\,(x_1, x_2) = x_1^a x_2^{1-a}$ ($0 < a < 1$)!

Durch Differenziation der obigen Definitionsgleichung nach m erhalten wir

$$\frac{\partial V}{\partial m} = \frac{\partial u}{\partial x_1}\frac{\partial x_1}{\partial m} + \frac{\partial u}{\partial x_2}\frac{\partial x_2}{\partial m}.$$

Die Summe kommt dadurch zustande, dass der Nutzen

$$u\left(x_1\left(p_1,p_2,m\right),x_2\left(p_1,p_2,m\right)\right)$$

indirekt durch das Einkommen m beeinflusst wird, indem sich sowohl der Konsum von Gut 1 als auch der Konsum von Gut 2 ändern. Durch Einsetzen von Gl. D.2 erhalten wir

$$\frac{\partial V}{\partial m} = \lambda p_1 \frac{\partial x_1}{\partial m} + \lambda p_2 \frac{\partial x_2}{\partial m} = \lambda\left(p_1\frac{\partial x_1}{\partial m} + p_2\frac{\partial x_2}{\partial m}\right). \tag{D.4}$$

Um den Klammerausdruck zu bestimmen, leiten wir die Budgetgleichung im Optimum,

$$p_1 x_1\left(p_1,p_2,m\right) + p_2 x_2\left(p_1,p_2,m\right) = m,$$

nach m ab. Dadurch ergibt sich

$$p_1\frac{\partial x_1}{\partial m} + p_2\frac{\partial x_2}{\partial m} = 1,$$

sodass wir aus Gl. D.4 schließlich

$$\frac{\partial V}{\partial m} = \lambda \tag{D.5}$$

erhalten: Der Lagrange-Multiplikator ist gleich der Ableitung der indirekten Nutzenfunktion nach dem Einkommen m.

D.4 Konkave Präferenzen

Um das Haushaltsoptimum bei streng konkaven Präferenzen zu bestimmen, ist ein Blick auf Abb. D.8 hilfreich. Die Indifferenzkurve ist nach außen hin gekrümmt und schneidet (in unserer Abbildung) die Budgetgerade zweimal. Beim oberen Schnittpunkt ist die betragsmäßige Steigung der Indifferenzkurve geringer als die Steigung der Budgetgeraden oder es gilt $ZB < OC$. Wir wissen aus Abschnitt D.2, dass in solchen Situationen der Verzicht auf Gut 1 zugunsten von Gut 2 den Nutzen erhöht. Ein solcher Verzicht lohnt sich bei streng konkaven Präferenzen dann durchgängig, bis er wegen $x_1 = 0$ nicht mehr

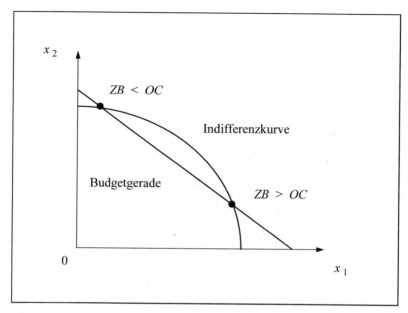

Abbildung D.8. Verbesserungsmöglichkeiten bei konkaven Präferenzen

möglich ist. Umgekehrt lohnt sich beim unteren Schnittpunkt der zusätzliche Konsum von Gut 1 zu Lasten von Gut 2. Bei streng konkaven Präferenzen lohnt sich der zusätzliche Konsum von Gut 1 so lange, bis der Konsum von Gut 2 bei Null angelangt ist.

Wir schließen daraus, dass bei konkaven Präferenzen ein Güterbündel mit positivem Konsum beider Güter nicht optimal sein kann. Die Bestimmung des Haushaltsoptimums läuft daher in Situationen der Abb. D.8 auf den Vergleich zweier Randfälle hinaus.

In Kap. C hatten wir angemerkt, dass die Präferenzen bei perfekten Substituten auch als konkav gekennzeichnet werden können. (Sie sind jedoch ebenfalls konvex.) Aufgrund der Konstanz der Grenzrate der Substitution bei perfekten Substituten ist die Sachlage noch einfacher. Es gilt drei Fälle zu unterscheiden:

1. Die Indifferenzkurven sind betragsmäßig steiler als die Budgetgerade. Dann lohnt sich der Mehrkonsum von Gut 1 zu Lasten von Gut 2, solange dies möglich ist. Wir erhalten also das Randoptimum $x_1^* = \frac{m}{p_1}$ und $x_2^* = 0$.

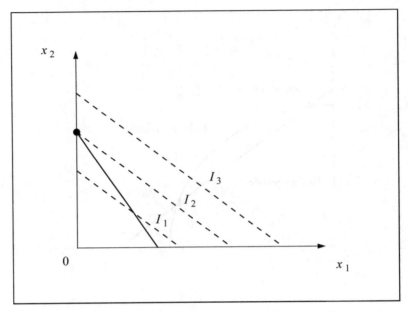

Abbildung D.9. Das Haushaltsoptimum bei perfekten Substituten

2. Die Indifferenzkurven sind betragsmäßig flacher als die Budgetgerade. Dann lohnt sich der Mehrkonsum von Gut 2 zu Lasten von Gut 1, so dass man schließlich beim Randoptimum $x_1^* = 0$ und $x_2^* = \frac{m}{p_2}$ landet.

3. Eine Indifferenzkurve kommt genau auf der Budgetgerade zu liegen, d.h. die Budgetgerade und die Indifferenzkurven haben dieselbe Steigung. Dann ist jedes Güterbündel auf der Budgetgeraden optimal.

Abb. D.9 gibt den zweiten Fall wieder. Für die Nutzenfunktion $u(x_1, x_2) = ax_1 + bx_2$ mit $a, b > 0$ ergibt sich die optimale Menge des ersten Gutes als

$$x_1^* = \begin{cases} \dfrac{m}{p_1} & \text{für } \dfrac{a}{b} > \dfrac{p_1}{p_2}, \\ \dfrac{m - p_2 x_2^*}{p_1} \in (0, \dfrac{m}{p_1}) & \text{für } \dfrac{a}{b} = \dfrac{p_1}{p_2}, \\ 0 & \text{für } \dfrac{a}{b} < \dfrac{p_1}{p_2}. \end{cases}$$

Analog erhält man die Menge des zweiten Gutes im Haushaltsoptimum. Der Leser sollte sich an folgender Aufgabe die Ermittlung des
Haushaltsoptimums in diesem Fall noch einmal verdeutlichen.

Übung D.4.1. Güter 1 und 2 seien perfekte Substitute, deren Nutzenfunktion $u(x_1, x_2) = x_1 + 2x_2$ lautet. Bei welchen Gütermengen befindet sich das Haushaltsoptimum, wenn die Preise $p_1 = 1$ und $p_2 = 3$
lauten? Lassen Sie sich durch eine Graphik inspirieren!

D.5 Perfekte Komplemente

Ebenso wie bei perfekten Substituten kann uns bei perfekten Komplementen eine Zeichnung nützliche Hinweise zur Ermittlung des Haushaltsoptimums geben. Wir suchen zu einer gegebenen Budgetgeraden
diejenige Indifferenzkurve, die am weitesten vom Ursprung entfernt
ist und die zumindest einen Punkt mit der Budgetgeraden gemeinsam
hat. Schon ein flüchtiger Blick auf Abb. D.10 zeigt, dass Punkt A das
Haushaltsoptimum darstellt und dass allgemein für ein Optimum nur
die Eckpunkte der Indifferenzkurven in Frage kommen können. Man
beachte, dass die Grenzrate der Substitution im Eckpunkt *nicht* definiert ist.

Tatsächlich sind andere Güterbündel verschwenderisch: Befindet
man sich nicht in einem Eckpunkt, so kann man die Ausgaben verringern, ohne den Nutzen zu reduzieren. In Abb. D.10 repräsentieren
die Güterbündel A und B denselben Nutzen. Güterbündel B ist jedoch
teurer.

Zur Ermittlung des Haushaltsoptimums ist also der Eckpunkt einer
Indifferenzkurve zu ermitteln, der auf der Budgetgeraden liegt. Zuerst
bestimmt man für

$$u(x_1, x_2) = \min(ax_1, bx_2)$$

über

$$ax_1^* = bx_2^*$$

die Eckpunkte algebraisch und verwendet dann aufgrund der Monotonie die Budgetgleichung. Anwendung der Eckpunktgleichung ergibt

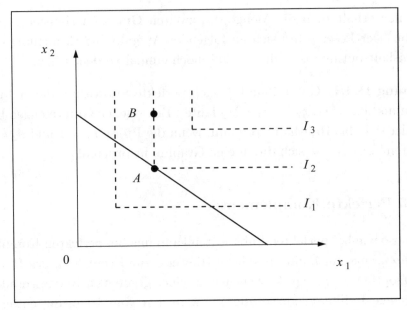

Abbildung D.10. Das Haushaltsoptimum bei perfekten Komplementen

$$m = p_1 x_1 + p_2 x_2 = x_1\left(p_1 + \frac{a}{b}p_2\right).$$

Für das erste Gut erhält man so

$$x_1^* = \frac{m}{p_1 + \frac{a}{b}p_2}.$$

Analog ermittelt man die optimale Menge des zweiten Gutes. Mit diesen Hinweisen und einer Skizze können Sie sicherlich die folgende Aufgabe lösen.

Übung D.5.1. Güter 1 und 2 seien perfekte Komplemente, deren Nutzenfunktion $u\,(x_1, x_2) = \min\,(x_1, 2x_2)$ lautet. Bei welchen Gütermengen befindet sich das Haushaltsoptimum, wenn die Preise $p_1 = 1$ und $p_2 = 3$ lauten? Bei welchen Gütermengen befindet sich das Haushaltsoptimum, wenn die Preise $p_1 = 3$ und $p_2 = 1$ lauten? Fertigen Sie eine Skizze zur Unterstützung an!

D.6 Bekundete Präferenzen

Der übliche Weg der Haushaltstheorie besteht darin, vom Budget und von den Präferenzen auf das Haushaltsoptimum zu schließen. Man

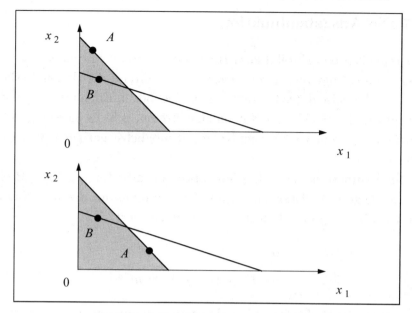

Abbildung D.11. Zwei Haushaltsoptima?

könnte natürlich umgekehrt auch versuchen, von den tatsächlichen Entscheidungen der Haushalte auf die Präferenzen zu schließen. Dieses Vorgehen hat den Vorteil, dass man über die Entscheidungen der Haushalte eventuell empirisches Material erhalten kann. Die Präferenzen nennt man dann bekundet, d.h. sie werden durch die tatsächlichen Entscheidungen kundgetan.

Hat man nun konkrete Entscheidungen der Haushalte gegeben, kann man untersuchen, ob sie überhaupt mit den postulierten Axiomen vereinbar sind. Dazu bearbeiten Sie, bitte, die folgende Aufgabe.

Übung D.6.1. In Abb. D.11 sehen Sie jeweils zwei Entscheidungen eines Haushaltes bei alternativen Budgetgeraden eingezeichnet. In beiden Abbildungen konsumiert der Haushalt bei der flacheren Budgetgeraden das Güterbündel B und bei der steileren Budgetgeraden das Güterbündel A. Ist das so beschriebene Konsumverhalten mit den Axiomen der Vollständigkeit, der Transitivität und der Monotonie vereinbar?

D.7 Die Ausgabenfunktion

Wir schließen das Kapitel zum Haushaltsoptimum mit einer weiteren „Verdrehung" der bisherigen Sichtweise: Während die Haushaltstheorie normalerweise danach strebt, einem gegebenen Einkommen den damit maximal erreichbaren Nutzen zuzuordnen, geht es hier umgekehrt darum, ein gegebenes Nutzenniveau mit möglichst geringen Ausgaben zu erreichen.

Zur Erinnerung: Das Haushaltsoptimum gibt für gegebene Preise und für gegebenes Einkommen das Güterbündel an, das den Nutzen unter Einhaltung der Budgetgleichung maximiert:

$$\max_{x_1,x_2} u\left(x_1, x_2\right)$$
$$\text{u.d.N. } p_1 x_1 + p_2 x_2 = m.$$

Halten wir die Preise fest, wird also dem Einkommen ein Güterbündel mit maximalem Nutzen und damit schließlich der maximal mögliche Nutzen selbst zugeordnet. Dieses Maximierungsproblem ist äquivalent zu folgendem Minimierungsproblem: Ordne einem gegebenen Nutzen die minimalen Ausgaben zu, die diesen Nutzen erreichbar sein lassen. Die Funktion, die diese Zuordnung leistet, heißt Ausgabenfunktion. Analytisch kann man die Ausgabenfunktion durch

$$e\left(p_1, p_2, \overline{u}\right) := \min_{\substack{x_1,x_2 \\ \text{mit } \overline{u}=u(x_1,x_2)}} \left(p_1 x_1 + p_2 x_2\right)$$

definieren. Die Gütermengen, die dieses Problem lösen, bezeichnet man häufig mit $\chi_1\left(p_1, p_2, \overline{u}\right)$ und $\chi_2\left(p_1, p_2, \overline{u}\right)$. Abb. D.12 stellt die Nutzenfunktion und die Ausgabenfunktion gegenüber.

Man nennt χ_1 und χ_2 die Hicks'sche Nachfrage. Sie gibt an, mit welchem Güterbündel ein angestrebtes Nutzenniveau mit geringstmöglichen Ausgaben erreicht wird. Die Hicks'sche Nachfrage wird auch kompensierte Nachfrage genannt: Um bei Preiserhöhungen das vorgegebene Nutzenniveau zu halten, ist nämlich das Einkommen (kompensierend) entsprechend zu erhöhen. Die Hicks'sche Nachfragefunktion fragt also danach, wie die Preise die Nachfrage verändern, wenn der Nutzen konstant gehalten und das Einkommen entsprechend angepasst

Funktion	Argumente	optimale Gütermengen
Nutzenfunktion	Gütermengen	$x_1\left(p_1, p_2, m\right),\ x_2\left(p_1, p_2, m\right)$
Ausgabenfunktion	Nutzenniveau, Preise	$\chi_1\left(\overline{u}, p_1, p_2\right),\ \chi_2\left(\overline{u}, p_1, p_2\right)$

Abbildung D.12. Hicks'sche und Marshall'sche Nachfragefunktion

wird. Die Marshall'sche Nachfragefunktion (das ist unsere Nachfrage-funktion) lässt dagegen das Einkommen konstant, so dass sich dort mit den Preisen auch das erreichbare Nutzenniveau ändert. Natürlich gilt

$$x_1\left(p_1, p_2, e\left(p_1, p_2, \overline{u}\right)\right) = \chi_1\left(p_1, p_2, \overline{u}\right).$$

Die (Marshall'sche) Nachfrage bei den Preisen p_1 und p_2 und beim Einkommen, mit dessen Hilfe man das Nutzenniveau $\overline{u}$ erreichen kann ist gleich der Hicks'schen Nachfrage, die bei den Preisen p_1 und p_2 das Nutzenniveau $\overline{u}$ erreichen lässt.

Übung D.7.1. Bestimmen Sie die Ausgabenfunktion für die Cobb-Douglas-Nutzenfunktion $u\left(x_1, x_2\right) = x_1^a x_2^{1-a}$ mit $0 < a < 1$! Geben Sie auch die Gütermengen an, die bei einem vorgegebenen Nutzenniveau die Ausgaben minimieren.

D.8 Neue Begriffe

- Haushaltsoptimum
- Maximierung unter Nebenbedingungen
- Randlösung
- Bekundete Präferenzen
- Ausgabenfunktion
- Hicks'sche Nachfragefunktion
- Marshall'sche Nachfragefunktion
- Lagrange-Ansatz (Exkurs)

D.9 Literaturempfehlungen und Übungsaufgaben

D.9.1 Literaturempfehlungen

Die Ratte als Konsument, deren Verhalten der Haushaltstheorie nicht widerspricht, betrachtet TIETZEL (1993).

D.9.2 Übungsaufgaben

Übung D.9.1. Ein Viehzüchter lebt von Milch (Gut 1) und Brot (Gut 2). Er melkt jeden Tag seine Kuh und erhält dabei 10 Liter Milch, mit denen er auf den Markt geht, um Brot einzutauschen. Seine Nutzenfunktion ist $u(x_1, x_2) = \ln x_1 + 3 \ln x_2$, wobei x_1 und x_2 den Konsum an Milch und Brot bezeichnen. Auf dem Markt ist der Preis für einen Liter Milch bei 1 Taler, für einen Laib Brot bei 5 Talern. Wie viel Milch und wie viel Brot konsumiert der Viehzüchter täglich?

Übung D.9.2. Dörthe konsumiert Äpfel und Birnen. Ihre Indifferenzkurven sind geknickt. Wenn sie mehr Äpfel als Birnen konsumiert, bleibt ihr Nutzen unverändert, falls sie drei Äpfel gegen eine Birne tauscht. Konsumiert sie mehr Birnen als Äpfel, ist sie bereit, zwei Birnen gegen einen Apfel zu tauschen. Dörthe maximiert ihren Nutzen unter Beachtung ihrer Budgetbeschränkung.

Welche Mengen konsumiert sie jeweils bei gegebenem Preisverhältnis? (Hinweis: Skizzieren Sie eine ihrer Indifferenzkurven!)

Übung D.9.3. Gegeben sei die Nutzenfunktion

$$u(x_1, x_2) = -(x_1 \cdot x_2)^{-1}.$$

a) Der Staat möchte durch eine Mengensteuer t_1 (Preisaufschlag je Einheit) auf Gut 1 ein Gesamtsteueraufkommen von T erzielen. Wie wählt er t_1?

b) Würde der Konsument lieber eine Einkommensteuer T zahlen?

c) Zeigen Sie mithilfe einer graphischen Argumentation, dass Ihre (korrekte) Antwort zu b) für beliebige Nutzenfunktionen gilt!

Übung D.9.4. Bestimmen Sie das Haushaltsoptimum für quasilineare Nutzenfunktionen der Form $u(x_1, x_2) = v(x_1) + x_2$. Dabei gehen Sie davon aus, dass v zweimal differenzierbar ist und dass $\frac{dv}{dx_1} > 0$ (die Präferenzen sind monoton) und $\frac{d^2 v}{(dx_1)^2} < 0$ (die Präferenzen sind konvex) gelten. Geben Sie zunächst die Optimalbedingungen allgemein an und gehen Sie dann zum Spezialfall $v(x_1) = \ln x_1$ über. Sie können weiterhin $\frac{m}{p_2} > 1$ voraussetzen. Diese letzte Bedingung ermöglicht ein inneres Optimum.

Berechnen Sie für diesen Spezialfall die Ausgabenfunktion!

Übung D.9.5. Kathleen konsumiert Oliven (x_1) und Tomaten (x_2). x_1 Einheiten Oliven kosten Kathleen € x_1^2. Tomaten werden zu € 2,00 je Einheit angeboten. Kathleens Einkommen beträgt € 20 und ihre Nutzenfunktion ist durch $u(x_1, x_2) = x_2 + 2 \cdot x_1$ gegeben.

a) Skizzieren Sie Kathleens Budgetmenge und einige Indifferenzkurven! Kennzeichnen sie den gewählten Konsumpunkt!

b) Bestimmen Sie das Haushaltsoptimum!

Übung D.9.6. Verhält sich ein Haushalt konsistent (rational), wenn er bei $\mathbf{p}_1 = (4; 1)$ das Güterbündel $\mathbf{y}_1 = (1; 4)$, bei $\mathbf{p}_2 = (1; 1)$ das Bündel $\mathbf{y}_2 = (3; 1)$ und schließlich bei $\mathbf{p}_3 = (1; 4)$ das Bündel $\mathbf{y}_3 = (2; 1, 5)$ konsumiert? Begründen Sie!

D.10 Lösungen zu den Aufgaben

D.1.1. Der Haushalt kann in diesem Fall den Sättigungspunkt wählen. Dabei wirkt sich sein Budget nicht beschränkend aus. Tatsächlich wird nicht das gesamte Budget ausgegeben.

D.2.1. Bei Abb. D.13 konsumiert der Haushalt eine Güterkombination (x_1, x_2), bei der die Zahlungsbereitschaft größer als die Opportunitätskosten ist. In einer solchen Situation lohnt sich der Mehrkonsum einer Einheit von Gut 1. Denn der Haushalt muss als Folge des Mehrkonsums einer Einheit von Gut 1 auf OC Einheiten von Gut 2 verzichten. Er kann jedoch unter Bewahrung der Indifferenz auf ZB Einheiten von Gut 2 verzichten. Wegen $ZB > OC$ ist er also bereit, auf mehr zu verzichten als er aufgrund des Preisverhältnisses gezwungen

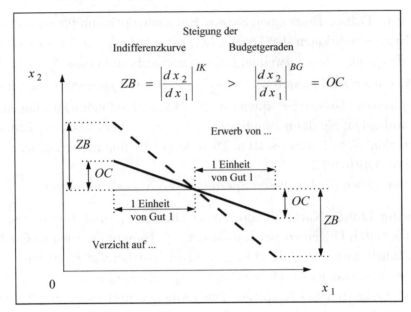

Abbildung D.13. Warum im Haushaltsoptimum OC nicht kleiner als ZB sein darf.

ist. Bei Monotonie stellt er sich daher durch die betrachtete Änderung besser.

D.3.1. a) Die Budgetgerade lautet $64 = 2D + 4C$.

b) Es handelt sich um eine Cobb-Douglas-Nutzenfunktion. Die dazugehörigen Präferenzen sind monoton und konvex (zum Ursprung hin gekrümmt). Eine streng monotone Transformation der Nutzenfunktion repräsentiert dieselben Präferenzen.$(U\,(D,C))^2$ ist daher äquivalent zu $U\,(D,C)$.

c) Die Budgetgerade wird von der Indifferenzkurve für $U = \sqrt{128}$ berührt. (Wenn man diejenige Anzahl von Diskobesuchen und diejenige Anzahl von Konzertbesuchen sucht, die sowohl die Budgetgerade erfüllen als auch auf dieser Indifferenzkurve liegen, so erhält man nur eine Lösung, den Berührpunkt.) Der Berührpunkt ist $C = 8$ und $D = 16$. Dieser Berührpunkt ist das Optimum für Olaf.

D.3.2. Wir erhalten

$$V\,(p_1, p_2, m) = u\,(x_1^*, x_2^*)$$

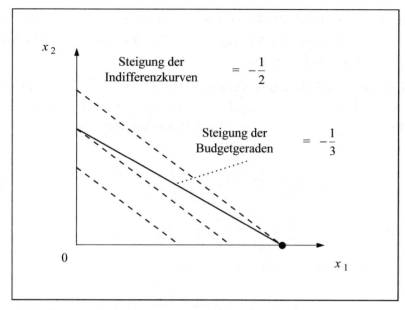

Abbildung D.14. Das Haushaltsoptimum bei perfekten Substituten

$$= \left(a\frac{m}{p_1}\right)^a \left((1-a)\frac{m}{p_2}\right)^{1-a}$$
$$= \left(\frac{a}{p_1}\right)^a \left(\frac{1-a}{p_2}\right)^{1-a} m.$$

D.4.1. Wie Abb. D.14 zu entnehmen ist, ist der Konsum optimal, bei dem das gesamte Einkommen für Gut 1 ausgegeben wird. Wir erhalten also $x_1^* = \frac{m}{p_1}$ und $x_2^* = 0$.

D.5.1. Derjenige Konsum ist optimal, bei dem doppelt so viele Einheiten von Gut 1 wie von Gut 2 gekauft werden. Im ersten Fall ist das Haushaltsoptimum durch $x_1 = \frac{2}{5}m$ und $x_2 = \frac{1}{5}m$, im zweiten Fall durch $x_1 = \frac{2}{7}m$ und $x_2 = \frac{1}{7}m$ gegeben.

D.6.1. Für den oberen Teil der Abb. D.11 ist keine Verletzung der Axiome festzustellen. Die Entscheidungen des Haushalts im unteren Teil der Abbildung sind jedoch mit den Axiomen nicht vereinbar. Bei der flachen Budgetkurve hätte sich der Haushalt neben B auch A leisten können, so dass er offenbar das Bündel B dem Bündel A zumindest schwach vorzieht. Wir können sogar schließen, dass die Präferenz stark ist, weil der Haushalt bei A „Geld übrig" hätte. Umgekehrt folgert man, dass der Haushalt das Bündel A dem Bündel B stark vorzieht. Eine starke Präferenz in der einen schließt jedoch die starke Präferenz in der anderen Richtung aus.

D.7.1. Bei Cobb-Douglas-Nutzenfunktionen ist das Haushaltsoptimum durch $x_1^* = a\frac{m}{p_1}$ und $x_2^* = (1-a)\frac{m}{p_2}$ gegeben. Um das Nutzenniveau $\overline{u}$ zu erreichen, ist also das Einkommen m so zu wählen, dass

$$\overline{u} = u(x_1^*, x_2^*) = \left(a\frac{m}{p_1}\right)^a \left((1-a)\frac{m}{p_2}\right)^{1-a}$$
$$= \left(\frac{a}{p_1}\right)^a \left(\frac{(1-a)}{p_2}\right)^{1-a} m$$

gilt. Durch Auflösen nach m ergibt sich

$$e(\overline{u}, p_1, p_2) = \frac{\overline{u}}{\left(\frac{a}{p_1}\right)^a \left(\frac{(1-a)}{p_2}\right)^{1-a}}.$$

Die Gütermengen, die beim Nutzen $\overline{u}$ und den Preisen p_1 und p_2 die Ausgaben minimieren, sind

$$\chi_1(\overline{u}, p_1, p_2) = a\frac{e(\overline{u}, p_1, p_2)}{p_1}$$
$$= a\frac{\frac{\overline{u}}{\left(\frac{a}{p_1}\right)^a \left(\frac{(1-a)}{p_2}\right)^{1-a}}}{p_1}$$
$$= \overline{u}\left(\frac{a}{1-a}\frac{p_2}{p_1}\right)^{1-a}$$

und

$$\chi_2(\overline{u}, p_1, p_2) = \overline{u}\left(\frac{1-a}{a}\frac{p_1}{p_2}\right)^a.$$

D.9.1. $x_1 = 2,5$ und $x_2 = 1,5$.

D.9.2. Für $\frac{p_Ä}{p_B} < \frac{1}{3}$ konsumiert sie nur Äpfel, für $\frac{p_Ä}{p_B} > 2$ nur Birnen, für $\frac{1}{3} < \frac{p_Ä}{p_B} < 2$ die gleiche Menge Äpfel und Birnen. Für $\frac{p_Ä}{p_B} = \frac{1}{3}$ und für $\frac{p_Ä}{p_B} = 2$ finden Sie die Lösung bitte selbst.

D.9.3. a) $t_1 = \frac{2p_1 T}{(m-2T)}$, wobei m das Einkommen und p_1 der Preis des Gutes 1 ist.

Hinweis: Sie können die gegebene Nutzenfunktion durch eine streng monoton steigende Transformation in eine Cobb-Douglas-Nutzenfunktion überführen.

b) Im Allgemeinen ja.

c) Wenn die Mengensteuer so festgelegt wird, dass exakt das Gesamtsteueraufkommen T erreicht wird, wird der Konsument im Allgemeinen auf ein bestimmtes Güterbündel festgelegt, bei dem sein reales Budget $m - T$ beträgt. Bei der Einkommensteuer in Höhe von T ist sein Budget auch $m - T$. Hier kann er aber seinen Nutzen entlang der gesamten Budgetgeraden maximieren und wird somit kein niedrigeres Nutzenniveau erreichen als bei der Mengensteuer, da das dortige Haushaltsoptimum auch auf dieser Budgetgeraden liegt.

D.9.4. Das Haushaltsoptimum ist durch $x_1^* = \frac{p_2}{p_1}$ und $x_2^* = \frac{m}{p_2} - 1$ gegeben und die Ausgabenfunktion lautet

$$e\left(\overline{u}\right) = p_2 \left(\overline{u} + 1 - \ln \frac{p_2}{p_1}\right).$$

D.9.5. $x_1^* = 2$, $x_2^* = 8$.

D.9.6. Nein, er verstößt gegen das Schwache Axiom der bekundeten Präferenz, denn Auswahl (y_2, p_2) ist mit (y_3, p_3) unvereinbar.

E. Komparative Statik

Komparative Statik im Rahmen der Haushaltstheorie bedeutet die Untersuchung, wie das Haushaltsoptimum von Preisen, Geldeinkommen oder Anfangsausstattungen beeinflusst wird. Die optimale Menge für Gut 1 schreiben wir mit den Abkürzungen G für Geldeinkommen und A für Anfangsausstattung so:

$$x_1^G = x_1^G(p_1, p_2, m)$$

bzw. so:

$$x_1^A = x_1^A(p_1, p_2, \omega_1, \omega_2).$$

Relevant sind komparativ-statische Analysen insbesondere für das Marketing. Wenn die Marketingforschung davon ausgeht, dass die Einkommen steigen werden, welche Nachfragereaktionen sind dann bei den Haushalten zu erwarten? Wenn der Preis eines Gutes steigt, wird dies die Nachfrage nach einem anderen Gut beeinflussen? Wir stellen in diesem Kapitel das konzeptionelle Gerüst für solche Untersuchungen bereit.

In Abschnitt E.1 untersuchen wir die Abhängigkeit der Nachfrage vom eigenen Preis und leiten die Nachfragefunktion her, die graphisch zur Nachfragekurve wird. Abschnitt E.2 widmet sich der Abhängigkeit der Nachfrage nach Gut 1 vom Preis des Gutes 2 und Abschnitt E.3 zeigt auf, wie das Einkommen auf die Nachfrage einwirkt. Abschnitt E.4 bietet einen Überblick über die in den vorangehenden drei Abschnitten eingeführten Begriffe. In Abschnitt E.5 lernen wir schließlich die so genannten Slutsky-Gleichungen kennen. Sie zeigen Zusammenhänge zwischen den vorgenannten Abhängigkeiten auf.

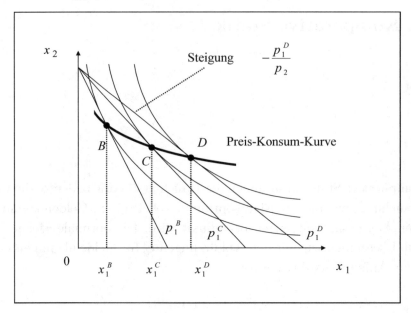

Abbildung E.1. Die Preis-Konsum-Kurve

E.1 Der Einfluss des eigenen Preises

E.1.1 Preis-Konsum-Kurve und Nachfragekurve bei Geldeinkommen

Wir betrachten zunächst die nachgefragte Menge als Funktion des eigenen Preises allein, falls das Budget als Geldeinkommen gegeben ist. Graphisch bestimmen wir die Abhängigkeit so: Für festgelegte Werte von p_2 und m variieren wir p_1 und erhalten dadurch in unserem Haushaltsdiagramm die so genannte Preis-Konsum-Kurve als geometrischen Ort aller Haushaltsoptima. Konkret ergeben sich in Abb. E.1 aus den Preisen p_1^B, p_1^C und p_1^D mit $p_1^B > p_1^C > p_1^D$ Drehungen der Budgetgeraden nach außen. Dabei bleibt das Güterbündel $\left(0, \frac{m}{p_2}\right)$ fest. Sie sehen, dass mit den fallenden Preisen die nachgefragten Mengen in unserer Abbildung steigen: $x_1^B < x_1^C < x_1^D$.

Die so ermittelte Abhängigkeit kann man in ein Preis-Mengen-Diagramm übertragen. Abb. E.2 zeigt dies beispielhaft für die drei Preis-Mengen-Paare. Führt man diesen Vorgang für alle weiteren Prei-

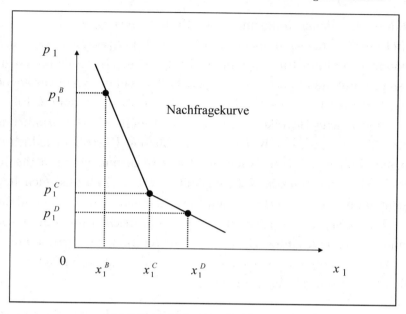

Abbildung E.2. Die Nachfragekurve

se durch, erhält man die Nachfragekurve. Es hat sich eingebürgert, den Preis an die Ordinate und die Menge an die Abszisse zu schreiben.

Übung E.1.1. Zeichnen Sie eine Preis-Konsum-Kurve und die dazugehörige Nachfragekurve für perfekte Komplemente!

Nun haben wir einige Vokabeln zu lernen. Man nennt Gut 1 gewöhnlich, wenn

$$\frac{\partial x_1^G}{\partial p_1} < 0$$

erfüllt ist, wenn also die nachgefragte Menge aufgrund einer Preissenkung steigt oder wenn die nachgefragte Menge aufgrund einer Preissteigerung sinkt. Nenner und Zähler entwickeln sich also in umgekehrter Richtung.

Diese Sprechweise ist etwas unglücklich. Denn streng genommen kommt die Gewöhnlichkeit nicht den Gütern zu, sondern den Präferenzen bezüglich dieser Güter. Und selbstverständlich können die Präferenzen zwischen Individuen unterschiedlich sein. Da diese Ausdrucksweise jedoch gebräuchlich ist, werden wir sie in diesem Buch ebenfalls verwenden.

Güter, bei denen aufgrund einer Preissteigerung der Konsum zunimmt, heißen dagegen nicht-gewöhnlich. Ein Spezialfall der nichtgewöhnlichen Güter für den Fall des Budgets als Geldeinkommen sind die so genannten Giffen-Güter. Robert Giffen will diesen etwas sonderbaren Fall im Irland des 19. Jahrhunderts beobachtet haben. Für die sehr arme irische Bevölkerung waren Kartoffeln ein Hauptnahrungsmittel. Trotz steigender Kartoffelpreise blieben Kartoffeln jedoch das billigste Nahrungsmittel. Nach der Preissteigerung konnten die Iren deshalb nicht auf teurere Nahrungsmittel wie Fleisch ausweichen. Im Gegenteil mussten sie vermehrt auf Fleischkonsum verzichten und noch mehr Kartoffeln als vorher kaufen. Aus theoretischen und empirischen Gründen hält man Giffen-Güter nicht für relevant. Sie werden anhand der nächsten Aufgabe feststellen, dass es gar nicht so einfach ist, den Giffen-Fall graphisch darzustellen.

Übung E.1.2. Zeichnen Sie eine Preis-Konsum-Kurve, die in einem Bereich bei steigendem Preis eine steigende Nachfrage aufweist!

E.1.2 Preis-Konsum-Kurve und Nachfragekurve bei Anfangsausstattung

Ist das Budget als Anfangsausstattung gegeben, kann man in ähnlicher Weise Preis-Konsum-Kurve und Nachfragekurve herleiten. Bei der Preis-Konsum-Kurve hat man lediglich zu bedenken, dass die Drehungen um den Punkt der Anfangsausstattung zu erfolgen haben.

Übung E.1.3. Der Leser zeichne eine Preis-Konsum-Kurve für den Fall, dass das Budget als Anfangsausstattung gegeben ist.

Auch die Definition der Gewöhnlichkeit ist bei Anfangsausstattung ganz ähnlich wie beim Geldeinkommen. Man bezeichnet im Falle des Budgets als Anfangsausstattung ein Gut als gewöhnlich, falls

$$\frac{\partial x_1^A}{\partial p_1} < 0$$

gegeben ist. Allerdings ist die Gewöhnlichkeit bei Geldeinkommen und die Gewöhnlichkeit bei Anfangsausstattung nicht äquivalent!

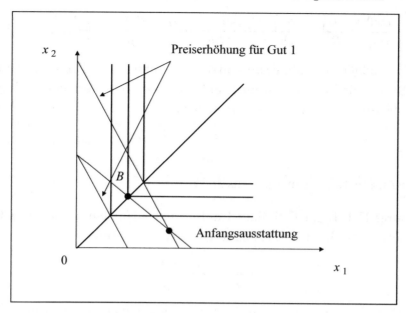

Abbildung E.3. Ist Gut 1 gewöhnlich?

Abb. E.3 zeigt, dass die Gewöhnlichkeit eines Gutes davon abhängen kann, ob das Budget als Geldbetrag oder als Anfangsausstattung gegeben ist. Das alte Optimum befindet sich in Punkt B. Wir führen nun eine Preiserhöhung von Gut 1 ein. Sowohl beim Budget als Geldbetrag als auch beim Budget als Anfangsausstattung wird die Budgetgerade steiler. Beim Budget als Geldeinkommen bewirkt die Preiserhöhung eine Senkung der Nachfrage (gewöhnliches Gut), beim Budget als Anfangsausstattung bewirkt die Preiserhöhung eine Erhöhung der Nachfrage nach Gut 1 (nicht-gewöhnliches Gut).

Man kann auch formal sehen, warum

$$\frac{\partial x_1^G}{\partial p_1} \text{ und } \frac{\partial x_1^A}{\partial p_1}$$

im Allgemeinen unterschiedlich sind. Dazu beachte man, dass die sich beim Geldeinkommen m bzw. beim Wert der Anfangsausstattung $m = p_1\omega_1 + p_2\omega_2$ ergebende Nachfrage identisch ist:

$$x_1^A(p_1, p_2, \omega_1, \omega_2) = x_1^G(p_1, p_2, p_1\omega_1 + p_2\omega_2).$$

Durch Differenzierung beider Seiten nach p_1 erhält man:

$$\frac{\partial x_1^A}{\partial p_1} = \frac{\partial x_1^G}{\partial p_1} + \frac{\partial x_1^G}{\partial m} \frac{d\,(p_1\omega_1 + p_2\omega_2)}{dp_1} = \frac{\partial x_1^G}{\partial p_1} + \frac{\partial x_1^G}{\partial m}\omega_1. \qquad (E.1)$$

Beim Budget als Anfangsausstattung beeinflusst der Preis von Gut 1 nicht nur direkt, sondern auch indirekt über den Wert der Anfangsausstattung die Nachfrage. Wir nennen

$$\frac{\partial x_1}{\partial m}\omega_1 \qquad (E.2)$$

den Ausstattungs-Einkommenseffekt.

Übung E.1.4. Im Fall einer Cobb-Douglas-Nutzenfunktion mit Parameter a ergibt sich die Nachfrage nach Gut 1 durch

$$x_1^* = a\frac{m}{p_1} = a\frac{p_1\omega_1 + p_2\omega_2}{p_1}.$$

Ist Gut 1 gewöhnlich, wenn das Budget als Anfangsausstattung gegeben ist?

E.1.3 Die Preiselastizität der Nachfrage

Bisweilen interessieren wir uns nicht nur dafür, ob die abhängige Größe positiv oder negativ von der unabhängigen Variable beeinflusst wird, sondern auch dafür, ob eine Größe prozentual stärker steigt, als die andere steigt oder sinkt. Das können wir mithilfe der Elastizität erfassen. Diese gibt an, wie stark die relativen Änderungen zweier Größen miteinander verknüpft sind:

$$\text{Elastizität} = \frac{\text{relative Änderung der Wirkung [\%]}}{\text{relative Änderung der Ursache [\%]}}.$$

Die „Ursache" ist in diesem Abschnitt die Preisänderung eines Gutes, die Wirkung die dadurch ausgelöste Nachfrageänderung. Der Preis steigt um 1 Prozent. Um wie viel Prozent sinkt die Nachfrage? Rechnerisch wird dies durch die Preiselastizität der Nachfrage für Gut 1 mittels

$$\varepsilon_{x_1, p_1} = \frac{\frac{dx_1}{x_1}}{\frac{dp_1}{p_1}}$$

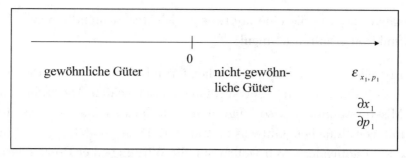

Abbildung E.4. Gewöhnliche und nicht-gewöhnliche Güter

ermittelt. Im Nenner steht die relative Preisänderung, wobei wir häufig von der Preisänderung um ein Prozent sprechen werden. Im Zähler steht die relative Nachfrageänderung. Für die jetzige Diskussion ist nicht von Interesse, ob die Nachfragefunktion aufgrund des Budgets als Geldeinkommen oder aufgrund des Budgets als Anfangsausstattung zustande gekommen ist. Ist die Elastizität $-\frac{1}{2}$, so ergibt sich als Folge einer einprozentigen Preiserhöhung eine Nachfragesenkung um ein halbes Prozent.

Ein Vorteil der Preiselastizität der Nachfrage gegenüber dem einfacheren $\frac{\partial x_1}{\partial p_1}$ ist, dass letztere die Dimension $\frac{ME}{\frac{GE}{ME}}$ (mit ME für Mengeneinheiten und GE für Geldeinheiten) hat, während die Elastizität eine dimensionslose Zahl ist. $\frac{\partial x_1}{\partial p_1}$ hängt damit von der Geldeinheitsdefinition ab, also beispielsweise davon, ob in Euro oder in Cent gerechnet wird.

Für die Berechnung der Preiselastizität der Nachfrage bietet sich die Umformung

$$\varepsilon_{x_1,p_1} = \frac{\frac{dx_1}{x_1}}{\frac{dp_1}{p_1}} = \frac{\partial x_1}{\partial p_1} \cdot \frac{p_1}{x_1}$$

an. Bei positiver Absatzmenge und positivem Preis ist die Preiselastizität der Nachfrage daher genau dann positiv, wenn $\frac{\partial x_1}{\partial p_1}$ positiv ist. Daher können wir auch anhand von ε_{x_1,p_1} entscheiden, ob das Gut gewöhnlich ist oder nicht-gewöhnlich (siehe Abb. E.4).

Übung E.1.5. Ermitteln Sie die Preiselastizität der Nachfrage für die Nutzenfunktion $u(x_1, x_2) = \frac{1}{3} \ln x_1 + \frac{1}{2} \ln x_2$, falls das Budget als Geldeinkommen gegeben ist. Ist Gut 1 gewöhnlich? (Hinweis: Überlegen

Sie zunächst, wie Sie eine äquivalente leichter zu handhabende Nutzenfunktion erhalten können!)

Bisweilen kann es aus sprachlichen Gründen hilfreich sein, die Preiselastizität der Nachfrage betragsmäßig zu betrachten. Dies führt nicht zu Missverständnissen, so lange man sich darüber klar ist, dass man es mit gewöhnlichen Gütern zu tun hat. Dann sind $|\varepsilon_{x,p}| < 1$ und $\varepsilon_{x,p} > -1$ äquivalent. Wir wollen nun die Wirkung einer Preisänderung auf die Ausgaben messen. Mathematisch fragen wir also nach

$$\frac{d\left(px\left(p\right)\right)}{dp}.$$

Nun gilt der folgende Zusammenhang: Bei einer Preiselastizität der Nachfrage von betragsmäßig weniger als 1 steigen die Ausgaben mit dem Preis. Denn bei dieser unelastischen Nachfrage und einer Preissteigerung in Höhe von 1% geht die Menge um weniger als 1% zurück. Aufgrund einer Preissteigerung steigen dann die Ausgaben für das Gut. Diesen Zusammenhang können wir uns auch mathematisch klarmachen. Wir schreiben x für $x\left(p\right)$ und erhalten mithilfe der Produktregel der Differenzialrechnung

$$\begin{aligned}
\frac{d\left(px\left(p\right)\right)}{dp} &= x + p\frac{dx}{dp} \\
&= x\left(1 + \frac{p}{x}\frac{dx}{dp}\right) \\
&= x\left(1 + \varepsilon_{x,p}\right) \\
&= x\left(1 - |\varepsilon_{x,p}|\right) > 0.
\end{aligned}$$

E.2 Der Einfluss des Preises des anderen Gutes

Man könnte mithilfe des Haushaltsdiagramms eine Kurve bestimmen, die die Nachfrage nach Gut 1 als Funktion des Preises des anderen Gutes angibt. Wir wollen hier jedoch darauf verzichten. Die Abhängigkeit

$$\frac{\partial x_1}{\partial p_2}$$

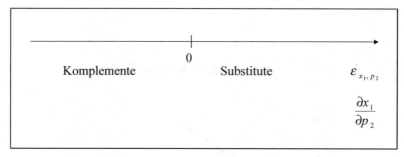

Abbildung E.5. Komplemente und Substitute

ist jedoch für die Charakterisierung des Verhältnisses der beiden Güter wichtig. Man nennt die beiden Güter Substitute (nicht unbedingt perfekte Substitute), falls $\frac{\partial x_1}{\partial p_2}$ größer null ist. Denken Sie an Butter und Margarine. Wenn der Preis für Margarine steigt, werden einige Konsumenten auf Butter wechseln. Güter heißen dagegen komplementär, falls $\frac{\partial x_1}{\partial p_2}$ kleiner als null ist.[1] Wenn der Benzinpreis steigt, nimmt auch die Nachfrage nach Reifen ab. Über die Definition der Grenzfälle, in denen $\frac{\partial x_1}{\partial p_2}$ gleich null ist, lohnt tiefes Nachdenken nicht. Man kann die Güter in diesem Fall zu der einen oder der anderen Kategorie rechnen.

Um den relativen Einfluss des Preises des anderen Gutes auf die relative Mengenänderung zu erfassen, verwendet man die so genannte Kreuzpreiselastizität der Nachfrage. Sie ist, wie Sie sich sicherlich schon denken können, durch

$$\varepsilon_{x_1, p_2} = \frac{\frac{dx_1}{x_1}}{\frac{dp_2}{p_2}} = \frac{\partial x_1}{\partial p_2} \frac{p_2}{x_1}$$

gegeben. Die ökonomische Interpretation ist diese: Der Preis eines Gutes steigt um 1 Prozent. Um wie viel Prozent steigt oder sinkt die Nachfrage eines anderen Gutes? Mithilfe der Kreuzpreiselastizität der Nachfrage ist man in der Lage, Substitute und Komplemente zu unterscheiden (siehe Abb. E.5).

---

[1] Der Genauigkeit halber muss erwähnt werden, dass diese Definitionen problematisch sind. Denn es gibt bei unserer Definition Beispiele für mehr als zwei Güter, bei denen ein Gut ein Substitut des anderen ist, während dieses andererseits ein Komplement des ersteren ist.

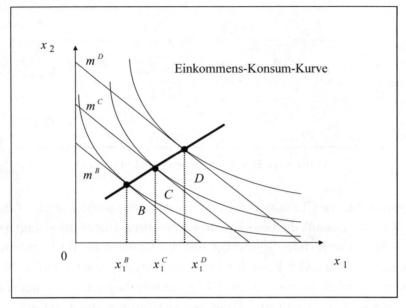

Abbildung E.6. Die Einkommens-Konsum-Kurve für ein normales Gut

Übung E.2.1. Ermitteln Sie die Kreuzpreiselastizität der Nachfrage für die Nutzenfunktion $u(x_1, x_2) = \frac{1}{10}\ln x_1 + \frac{1}{12}\ln x_2$.

E.3 Der Einfluss des Einkommens

In Abschnitt E.1 konnten wir mithilfe der Preis-Konsum-Kurve die Nachfragekurve generieren. In diesem Abschnitt werden wir die Einkommens-Konsum-Kurve verwenden, um die Engelkurve herzuleiten. Wir beschränken unsere Bemerkungen in diesem Absatz in der Hauptsache auf den Fall des Budgets als Geldeinkommen. Die Kurven sind in den Abb. E.6 und E.7 dargestellt. Die Einkommens-Konsum-Kurve verbindet die Haushaltsoptima im Haushaltsdiagramm bei Parallelverschiebungen der Budgetgeraden. Dabei entspricht dem Einkommen m^B die nachgefragte Menge x_1^B, dem Einkommen von m^C die nachgefragte Menge x_1^C etc. Bei der Engelkurve trägt man an der Ordinate das Einkommen und an der Abszisse die optimale Konsummenge bei variierendem Einkommen ab.

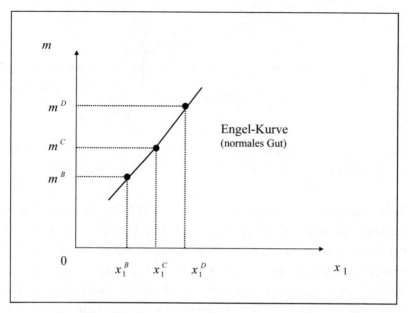

Abbildung E.7. Die Engelkurve für ein normales Gut

Übung E.3.1. Zeichnen Sie eine Einkommens-Konsum-Kurve und die dazugehörige Engelkurve für perfekte Komplemente!

Bei perfekten Komplementen ist die Engelkurve positiv geneigt, d.h. wir haben

$$\frac{\partial x_1}{\partial m} > 0.$$

Dies hätten wir auch erwartet. Wir sprechen daher von einem normalen Gut. Im umgekehrten Fall wird das Gut als inferior bezeichnet. Typischerweise gehören Waren minderer Qualität in die Gruppe der inferioren Güter.

Übung E.3.2. Skizzieren Sie die Engelkurve für ein inferiores Gut!

Auch in diesem Abschnitt werden wir einen Elastizitätsbegriff kennenlernen. Das Einkommen steigt um 1 Prozent. Um wie viel Prozent steigt die Nachfrage? Hier müssen wir die Einkommenselastizität der Nachfrage berechnen. Sie lautet für Gut 1

$$\varepsilon_{x_1,m} = \frac{\frac{dx_1}{x_1}}{\frac{dm}{m}} = \frac{\partial x_1}{\partial m}\frac{m}{x_1}.$$

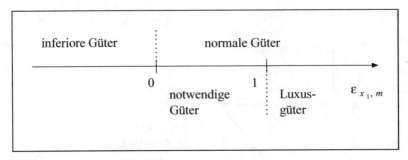

Abbildung E.8. Inferiore und normale, notwendige und Luxusgüter

Wir wissen bereits, dass das Gut normal heißt, falls die Einkommenselastizität der Nachfrage positiv ist. Wir können jetzt noch feinere Unterscheidungen treffen. Steigt das Einkommen um ein Prozent und die Nachfrage um mehr als ein Prozent, so sprechen wir von einem Luxusgut oder von einem superioren Gut. Ist die Nachfragesteigerung positiv, aber geringer als ein Prozent, so ist das Gut als notwendig klassifiziert (siehe Abb. E.8).

Übung E.3.3. Wie hoch ist die Einkommenselastizität der Nachfrage bei der Cobb-Douglas-Nutzenfunktion? Wie ist demnach die Nachfrage zu klassifizieren?

Bei monotonen Präferenzen wird das gesamte Einkommen zum Kauf der Güter verwendet. Gibt der Haushalt sein gesamtes Einkommen für ein einziges Gut aus, erhalten wir $x(p, m) = \frac{m}{p}$ und die Einkommenselastizität der Nachfrage für dieses eine Gut ist gleich

$$\varepsilon_{x,m} = \frac{\partial x}{\partial m}\frac{m}{x} = \frac{1}{p}\frac{m}{\frac{m}{p}} = 1.$$

Man kann nun zeigen, dass beim Konsum mehrerer Güter die durchschnittliche Einkommenselastizität der Nachfrage ebenfalls 1 beträgt. Die durchschnittliche Einkommenselastizität ist die gewichtete Summe der Einkommenselastizitäten aller Güter, wobei die Anteile der Ausgaben für die jeweiligen Güter die Gewichte darstellen. Bezeichnet man die relativen Ausgaben für die Güter 1 und 2 mit $s_1 := \frac{p_1 x_1}{m}$ und $s_2 := \frac{p_2 x_2}{m}$, so ergibt sich also

$$s_1 \varepsilon_{x_1,m} + s_2 \varepsilon_{x_2,m} = 1. \tag{E.3}$$

Sie sollten den behaupteten Zusammenhang nun für Cobb-Douglas-Präferenzen bestätigen können:

Übung E.3.4. Wie hoch ist der Anteil der Ausgaben für Gut 1 an den Gesamtausgaben bei Vorliegen von Cobb-Douglas-Nutzenfunktionen? Ist Gl. E.3 also bei diesen Präferenzen richtig?

Tatsächlich ist es nicht schwierig, Gl. E.3 zu beweisen. Als Vorüberlegung benötigen wir lediglich die Ableitung der Budgetgleichung $p_1 x_1 (p_1, p_2, m) + p_2 x_2 (p_1, p_2, m) = m$ nach m, die

$$p_1 \frac{\partial x_1}{\partial m} + p_2 \frac{\partial x_2}{\partial m} = \frac{dm}{dm} = 1$$

ergibt. Wir erweitern nun die Summanden auf der linken Seite mit $\frac{x_1}{m} \frac{m}{x_1}$ bzw. $\frac{x_2}{m} \frac{m}{x_2}$ und erhalten

$$1 = p_1 \frac{\partial x_1}{\partial m} + p_2 \frac{\partial x_2}{\partial m} = \frac{p_1 x_1}{m} \frac{\partial x_1}{\partial m} \frac{m}{x_1} + \frac{p_2 x_2}{m} \frac{\partial x_2}{\partial m} \frac{m}{x_2}.$$

und damit die gewünschte Gleichung E.3.

Schließlich haben wir zu erwähnen, dass beim Budget als Anfangsausstattung die Definitionen der Normalität bzw. Inferiorität ähnlich lauten: Gut 1 heißt normal, falls

$$\frac{\partial x_1^A}{\partial \omega_1} > 0, \ \frac{\partial x_1^A}{\partial \omega_2} > 0 \ \text{oder} \ \frac{\partial x_1^A}{\partial m} > 0$$

erfüllt sind. Denn mit ω_1 oder auch ω_2 steigt das Einkommen $m := p_1 \omega_1 + p_2 \omega_2$ an und daher sind alle drei Definitionen äquivalent. Normalität ist somit für x_1^G genau dann gegeben, wenn sie auch für x_1^A erfüllt ist.

E.4 Zusammenfassungen

Der vorletzte Abschnitt dieses Kapitels gibt einen Überblick über das bisher Gelernte. Wir beginnen mit Abb. E.9. Sie finden hier einen Großteil der in den vorangegangenen Abschnitten definierten Begriffe wieder.

Nachfrage des Gutes nimmt bei Anhebung des			
Preises		**Einkommens**	
zu	**ab**	**zu**	**ab**
nicht-gewöhnliches Gut	gewöhnliches Gut	normales Gut	inferiores Gut
		überpro-portional	*unterpro-portional*
		Luxusgut	notwendiges Gut

Abbildung E.9. Güterübersicht

Auch Abb. E.10 mag hilfreich sein. In dieser Abbildung ist ange-geben, wie man bestimmt, ob ein Gut gewöhnlich, inferior etc. ist. Dabei ist zusätzlich für Cobb-Douglas-Präferenzen in der Tabelle der entsprechende Wert angegeben, falls das Budget als Geldeinkommen gegeben ist.

E.5 Slutsky-Gleichungen

E.5.1 Eine intuitive Erläuterung der drei Effekte

Der letzte Abschnitt dieses Kapitels führt die Slutsky-Gleichungen ein. Die Slutsky-Gleichungen treffen Aussagen darüber, wodurch die Nach-frageänderung bei einer Preisänderung beeinflusst wird, wie sich also (beispielsweise für Gut 1)

$$\frac{\partial x_1^G}{\partial p_1} \text{ bzw. } \frac{\partial x_1^A}{\partial p_1}$$

analysieren lässt. Zunächst wollen wir die dabei auftretenden Effekte verbal darstellen. In den folgenden Abschnitten folgt dann die formale Analyse.

Wenn der Preis von Gut 1 steigt, so gibt es drei verschiedene Effekte zu beachten:

Die Nachfrage (CD: $x_1 = \frac{am}{p_1}$) nach Gut 1 hängt ab vom ...	Differentialquotient	Kriterium für	Elastizität	Kriterium für
eigenen Preis	$\frac{\partial x_1}{\partial p_1}$ CD: $-\frac{am}{p_1^2}$	gewöhnliches Gut (< 0, z.B. CD), nichtgewöhnliches Gut (> 0)	$\frac{\partial x_1}{\partial p_1}\frac{p_1}{x_1}$ Preiselastizität der Nachfrage CD: -1	Ausgabenänderung, aus $\lvert\varepsilon_{x_1,p_1}\rvert < 1$ folgt $\frac{\partial(p_1 x_1)}{\partial p_1} > 0$ CD: $\frac{\partial(p_1 x_1)}{\partial p_1} = 0$
Preis des anderen Gutes	$\frac{\partial x_1}{\partial p_2}$ CD: 0	Substitute (> 0), Komplemente (< 0)	$\frac{\partial x_1}{\partial p_2}\frac{p_2}{x_1}$ Kreuzpreiselastizität der Nachfrage CD: 0	
Einkommen	$\frac{\partial x_1}{\partial m}$ CD: $\frac{a}{p_1}$	normales Gut (> 0, z.B. CD), inferiores Gut (< 0)	$\frac{\partial x_1}{\partial m}\frac{m}{x_1}$ Einkommenselastizität der Nachfrage CD: 1	inferior: $\varepsilon_{x_1,m} < 0$ normal: $0 < \varepsilon_{x_1,m}$ notwendig: $0 < \varepsilon_{x_1,m} < 1$ Luxusgut: $1 < \varepsilon_{x_1,m}$

Abbildung E.10. Klassifikation von Gütern

1. Zum einen ist mit p_1 auch p_1/p_2, d.h. die Opportunitätskosten des Konsums einer zusätzlichen Einheit von Gut 1, gestiegen. Aufgrund dieser erhöhten Opportunitätskosten ist der Haushalt geneigt, weniger von Gut 1 und mehr von Gut 2 zu konsumieren. Dies nennen wir den Substitutionseffekt. Um allein die Wirkung der veränderten Opportunitätskosten zu ermitteln, hält man die Kaufkraft konstant.

2. Zum zweiten sind die Konsummöglichkeiten insgesamt gesunken, denn jedes Güterbündel, das auch den Konsum des verteuerten

Gutes beinhaltet, ist jetzt teurer. Daher sind die Konsummöglichkeiten des Haushalts beschnitten und dies trifft Gut 1 genau dann, wenn es ein normales Gut ist. Dies ist der monetäre Einkommenseffekt. Der monetäre Einkommenseffekt abstrahiert von den veränderten Opportunitätskosten. Er fällt umso stärker aus, je größer die konsumierte Menge des verteuerten Gutes ist.

3. Ist die Budgetgerade durch einen Geldbetrag definiert, sind nur die zwei vorgenannten Effekte zu beachten. Bei gegebener Anfangsausstattung bedeutet die Verteuerung eines Gutes eine Zunahme des Wertes der Anfangsausstattung. Dadurch kann insgesamt mehr konsumiert werden und insbesondere mehr von Gut 1, falls dieses normal ist. Diesen Effekt wollen wir den Ausstattungs-Einkommenseffekt nennen. Der Ausstattungs-Einkommenseffekt ist umso stärker, je größer die Anfangsausstattung mit dem verteuerten Gut ist. Offenbar wirkt der Ausstattungs-Einkommenseffekt dem monetären Einkommenseffekt entgegen: Steigt der Preis von Gut 1, werden die Konsummöglichkeiten des Haushalts als Konsument beschränkt, während die Konsummöglichkeiten des Haushalts als Anfangsausstattungsbesitzer sich erweitern.

E.5.2 Der Substitutionseffekt

Wenn der Preis von Gut 1 steigt, steigen damit die Opportunitätskosten des Konsums einer Einheit dieses Gutes. Der Substitutionseffekt isoliert die Auswirkung dieser erhöhten Opportunitätskosten, indem (gedanklich) die Wirkung einer Preisänderung auf die Konsummöglichkeiten insgesamt neutralisiert wird: Man variiert das Einkommen nach der Preisänderung so, dass sich das Individuum nach wie vor das Güterbündel, welches zu den alten Preisen optimal war, leisten kann.

Sei $\left(x_1^B, x_2^B\right)$ das alte Haushaltsoptimum. Die Nachfrage aufgrund des Substitutionseffektes, $x_1^S\left(p_1, x_1^B, x_2^B\right)$, ist gleich der Nachfrage bei dem Einkommen, mit dem das alte Güterbündel gekauft werden kann:

$$x_1^S\left(p_1, x_1^B, x_2^B\right) = x_1^G\left(p_1, p_1 x_1^B + p_2 x_2^B\right).$$

Hierbei ignorieren wir den Preis des anderen Gutes, p_2. Graphisch ermittelt man den Substitutionseffekt aufgrund einer Drehung der Budgetgeraden um den ursprünglichen Optimalpunkt B derart, dass die

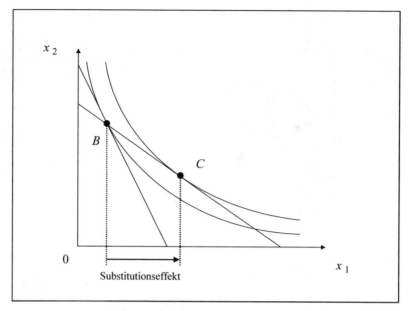

Abbildung E.11. Der Substitutionseffekt

neue Steigung den neuen Preisen entspricht. Die sich ergebende Änderung der Nachfrage ist der absolute Substitutionseffekt. In Abb. E.11
ist der absolute Substitutionseffekt für eine Preissenkung von Gut 1
dargestellt. Punkt B ist dabei das alte Haushaltsoptimum und Punkt
C das neue aufgrund der Drehung der Budgetgeraden um Punkt B.

Übung E.5.1. Stellen Sie den absoluten Substitutionseffekt für perfekte Komplemente graphisch dar!

Den relativen Substitutionseffekt (oder auch einfach: Substitutionseffekt) definiert man als

$$\frac{\partial x_1^S}{\partial p_1}.$$

Er misst also, um wie viele Einheiten die Nachfrage von Gut 1 sich
bei gleichbleibender Kaufkraft ändert, wenn der Preis dieses Gutes um
eine Einheit steigt. Der (relative) Substitutionseffekt ist immer negativ
oder null. In der Situation der Abb. E.11 geht die Preissenkung mit
einer Nachfrageausdehnung einher, der Substitutionseffekt ist hier also
negativ.

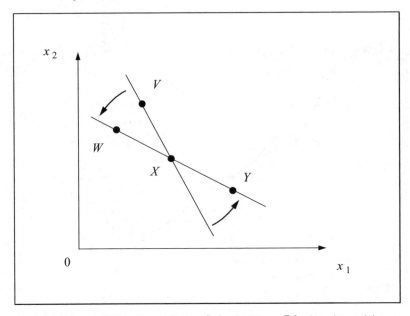

Abbildung E.12. Der relative Substitutionseffekt ist nie positiv

Allgemein kann man anhand von Abb. E.12 einsehen, dass der Substitutionseffekt nicht positiv sein kann. Der Punkt X repräsentiert hier das alte Haushaltsoptimum. Beispielhaft ist eine Preissenkung von Gut 1 dargestellt, so dass die Budgetgerade flacher wird. Sie verläuft jedoch weiterhin durch das alte Haushaltsoptimum, um die Kaufkraft konstant zu halten. Nach der Preisänderung kann sich der Haushalt jedoch nicht besser stellen, indem er auf ein Güterbündel „links von X", wie z.B. auf Güterbündel W, ausweicht. Denn dieses hätte er sich auch vor der Preisänderung leisten können. Der Haushalt wird also beim alten Haushaltsoptimum bleiben oder aber eventuell mehr von Gut 1 kaufen. Dann läge sein neues Haushaltsoptimum beispielsweise in Y.

Übung E.5.2. Können Sie mithilfe von Punkt V begründen, dass der Haushalt sich bei monotonen Präferenzen sogar schlechter stellen würde, wenn er nach der Preisänderung auf W abwiche?

E.5.3 Einkommenseffekte

Preisänderungen betreffen den Haushalt einerseits durch veränderte Opportunitätskosten (Substitutionseffekt) und andererseits durch veränderte Konsummöglichkeiten (Einkommenseffekte). Es gibt zwei Einkommenseffekte: Eine Preiserhöhung betrifft den Konsumenten negativ insoweit, als er das betreffende Gut konsumieren möchte (Konsum-Einkommenseffekt); sie betrifft ihn positiv, falls er eine positive Anfangsaustatttung von diesem Gut hat (Ausstattungs-Einkommenseffekt). Den Ausstattungs-Einkommenseffekt haben wir auf S. 96 bereits kennen gelernt. Danach erhöht eine Preiserhöhung für Gut 1 den Wert der Anfangsausstattung und bei normalen Gütern damit die Nachfrage:

$$\frac{\partial x_1^G}{\partial m} \frac{\partial \left(p_1 \omega_1 + p_2 \omega_2\right)}{\partial p_1} = \frac{\partial x_1^G}{\partial m} \omega_1.$$

Der Konsum-Einkommenseffekt wirkt auf den Haushalt als Konsumenten des von der Preisänderung betroffenen Gutes ein. Eine Preiserhöhung von Gut 1 um eine Einheit erhöht beim Konsum von x_1 die Ausgaben für dieses Gut um x_1. Diese „Einkommensreduzierung" verringert bei normalen Gütern die Nachfrage. Analytisch beträgt der Konsum-Einkommenseffekt

$$-\frac{\partial x_1^G}{\partial m} x_1.$$

Die Preiserhöhung reduziert das Einkommen, das seinerseits bei normalen Gütern den Konsum reduziert. Bei inferioren Gütern ist der Konsum-Einkommenseffekt positiv. Diese Effekte wollen wir uns in den nächsten Abschnitten anhand der Slutsky-Gleichungen formal herleiten.

E.5.4 Slutsky-Gleichung bei Geldbetrag

Der Gesamteffekt einer Preisänderung besteht bei einem Budget als Geldbetrag aus dem Substitutionseffekt und dem Konsum-Einkommenseffekt. Die Slutsky-Gleichung für das Budget als Geldbetrag lautet:

$$\underbrace{\frac{\partial x_1^G}{\partial p_1}}_{\text{Gesamteffekt}} = \underbrace{\frac{\partial x_1^S}{\partial p_1}}_{\text{Substitutionseffekt}} \underbrace{- \frac{\partial x_1^G}{\partial m} x_1^B}_{\substack{\text{Konsum-} \\ \text{Einkommenseffekt}}} . \qquad (\text{E.4})$$

Hier ist $\left(x_1^B, x_2^B\right)$ das alte Haushaltsoptimum. Der Beweis der Slutsky-Gleichung ist nicht schwer. Wir differenzieren zunächst

$$x_1^S \left(p_1, x_1^B, x_2^B\right) = x_1^G \left(p_1, p_1 x_1^B + p_2 x_2^B\right)$$

auf beiden Seiten nach p_1. Beachten Sie dabei, dass beim rechten Ausdruck p_1 zweimal vorkommt. Wir müssen dort x_1^G sowohl nach der ersten Komponente differenzieren als auch nach der zweiten. Bei dieser zweiten ist zusätzlich die Kettenregel anzuwenden. Mit $m :=$ $p_1 x_1^B + p_2 x_2^B$ ergibt sich

$$\frac{\partial x_1^S}{\partial p_1} = \frac{\partial x_1^G}{\partial p_1} + \frac{\partial x_1^G}{\partial m} \cdot x_1^B$$

und hieraus durch Umstellen die gewünschte Gleichung.

Aus der Slutsky-Gleichung lassen sich nun einige Schlussfolgerungen ziehen. Dabei beachten wir, dass der Substitutionseffekt nie positiv ist. Beispielsweise wirkt der Einkommenseffekt bei normalen Gütern in die gleiche Richtung wie der Substitutionseffekt. Genau dies sagt das Gesetz der Nachfrage aus: Für normale Güter sinkt die nachgefragte Menge bei steigendem Preis. Anders ausgedrückt: Normale Güter sind gewöhnlich. Bitte beachten Sie, dass dies nur für den Fall des Geldbudgets, nicht für den Fall des Budgets als Anfangsausstattung abgeleitet wurde. Tatsächlich werden wir feststellen, dass bei einem Budget als Anfangsausstattung das Gesetz der Nachfrage nicht mehr gelten muss!

Ist dagegen Gut 1 inferior und zusätzlich der Konsum-Einkommenseffekt betragsmäßig größer als der Substitutionseffekt, ist der Gesamteffekt positiv; wir haben dann den Giffen-Fall vorliegen. Abb. E.13 fasst zusammen, was man aus Gleichung E.4 lernen kann.

Übung E.5.3. Wenn die Engelkurve eines Gutes steigt, muss die Nachfragekurve fallen. Begründen Sie diese Aussage für das Budget als Geldbetrag!

Übung E.5.4. Ist beim Budget als Geldbetrag jedes gewöhnliche Gut normal?

Einkommensvariation		
inferiores Gut $$\frac{\partial x_1^G}{\partial m} < 0$$		normales Gut $$\frac{\partial x_1^G}{\partial m} > 0$$
$x_1 \left\| \frac{\partial x_1^G}{\partial m} \right\| > \left\| \frac{\partial x_1^S}{\partial p_1} \right\|$	$x_1 \left\| \frac{\partial x_1^G}{\partial m} \right\| < \left\| \frac{\partial x_1^S}{\partial p_1} \right\|$	
$$\frac{\partial x_1^G}{\partial p_1} > 0$$ nicht-gewöhnliches Gut	$$\frac{\partial x_1^G}{\partial p_1} < 0$$ gewöhnliches Gut	
Preisvariation		

Abbildung E.13. Zusammenhang der Reaktionen auf Preis- und Einkommensänderungen beim Budget als Geldeinkommen

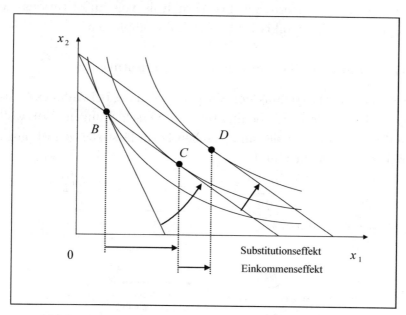

Abbildung E.14. Substitutionseffekt und Einkommenseffekt

Die graphische Zerlegung des Gesamteffektes ist in Abb. E.14 wiedergegeben. Der Substitutionseffekt spiegelt sich im Übergang von B zu C wider, der Einkommenseffekt im Übergang von C zu D. Durch die Preissenkung hat der Haushalt insgesamt mehr Einkommen zur Verfügung. Der Konsum-Einkommenseffekt wird daher durch eine Parallelverschiebung der aufgrund des Substitutionseffektes gedrehten Budgetgeraden nach außen erzeugt. Die Verschiebung erfolgt dabei so weit, dass sich die endgültige Budgetgerade ergibt. Wiederum an der x_1-Achse ist der absolute Konsum-Einkommenseffekt abgetragen.

Übung E.5.5. Stellen Sie den monetären Einkommenseffekt und den Substitutionseffekt (jeweils absolut) bei einer Preiserhöhung für ein Giffen-Gut graphisch dar!

Übung E.5.6. Erörtern Sie das Verhältnis von Substitutions- und Einkommenseffekt graphisch für perfekte Komplemente.

E.5.5 Slutsky-Gleichung bei Anfangsausstattung

Die graphische Darstellung der Slutsky-Gleichung bei Anfangsausstattung ist kompliziert. Sie beinhaltet drei Verschiebungen. Wir wollen darauf verzichten. Mit der analytischen Form lässt sich jedoch gut arbeiten. Sie lautet für Gut 1

$$\underbrace{\frac{\partial x_1^A}{\partial p_1}}_{\text{Gesamteffekt}} = \underbrace{\frac{\partial x_1^S}{\partial p_1}}_{\text{Substitutionseffekt}} \underbrace{-\frac{\partial x_1^G}{\partial m}x_1}_{\substack{\text{Konsum-}\\ \text{Einkommenseffekt}}} \underbrace{+\frac{\partial x_1^G}{\partial m}\omega_1}_{\substack{\text{Anfangsausstattungs-}\\ \text{Einkommenseffekt}}}$$

$$= \underbrace{\frac{\partial x_1^S}{\partial p_1}}_{\text{Substitutionseffekt}} + \underbrace{\frac{\partial x_1^G}{\partial m}\left(\omega_1 - x_1\right)}_{\substack{\text{gesamter}\\ \text{Einkommenseffekt}}}.$$

Offenbar ist der Ausstattungs-Einkommenseffekt dem Konsum-Einkommenseffekt entgegengerichtet: Steigt der Preis von Gut 1, werden die Konsummöglichkeiten des Haushalts als Konsument beschränkt, während die Konsummöglichkeiten des Haushalts als Anfangsausstattungsbesitzer sich erweitern.

Wenn das Individuum mehr konsumieren möchte, als es von dem betreffenden Gut anfänglich hat (positive Nettonachfrage), so ist der

	Nettonachfrage $\omega_1 - x_1 < 0$	Nettoangebot $\omega_1 - x_1 > 0$
Gut 1 ist normal	$\frac{\partial x_1^G}{\partial m}(\omega_1 - x_1) < 0$ eindeutiger Gesamteffekt	$\frac{\partial x_1^G}{\partial m}(\omega_1 - x_1) > 0$ uneindeutiger Gesamteffekt
Gut 1 ist inferior	$\frac{\partial x_1^G}{\partial m}(\omega_1 - x_1) > 0$ uneindeutiger Gesamteffekt	$\frac{\partial x_1^G}{\partial m}(\omega_1 - x_1) < 0$ eindeutiger Gesamteffekt

Abbildung E.15. Eindeutigkeit des Gesamteffektes für Nettonachfrager und Nettoanbieter bei normalen und inferioren Gütern

gesamte Einkommenseffekt für normale Güter negativ und der Gesamteffekt damit eindeutig. Umgekehrt ist der Gesamteffekt nicht eindeutig, falls das Individuum weniger von dem betreffenden normalen Gut konsumiert, als es selbst anfänglich hat (positives Nettoangebot). Für inferiore Güter drehen sich beide Aussagen um. Abb. E.15 fasst dies zusammen.

Übung E.5.7. a) Für Herrn Apfelbauer sind Äpfel ein normales Gut. Er produziert jedoch mehr, als er selbst verbraucht. Können Sie mithilfe der Slutsky-Gleichung mit Anfangsausstattung eine Aussage darüber treffen, ob er nach einer Preiserhöhung für Äpfel mehr oder weniger Äpfel konsumiert?

b) Ist es denkbar, dass der höhere Preis ihn veranlasst, mehr zu konsumieren, als er produziert? (Gehen Sie von weiterhin gleichbleibender Apfelproduktion aus.) Hinweis: Für diesen Teil der Aufgabe benötigen Sie nicht die Slutsky-Gleichung!

Übung E.5.8. Können Sie die Slutsky-Gleichung bei Anfangsausstattung beweisen? Verwenden Sie dazu die Gl. E.1 und E.4.

Der Leser mag sich fragen, wozu wir uns neben dem Budget mit Geldeinkommen mit dem Budget mit Anfangsausstattung herumquälen. Die nächsten beiden Kapitel zeigen, dass sich die Mühe gelohnt hat. Dort geht es um ökonomisch interessante Anwendungen.

E.6 Neue Begriffe

- komparative Statik
- Elastizität
- Preis-Konsum-Kurve
- Nachfragekurve
- Preiselastizität der Nachfrage
- gewöhnliche Güter, nicht-gewöhnliche Güter,
- Giffen-Güter
- Einkommens-Konsum-Kurve
- Engelkurve
- Einkommenselastizität der Nachfrage
- inferiore Güter, normale Güter
- Luxusgüter, notwendige Güter
- Kreuzpreiselastizität der Nachfrage
- Slutsky-Gleichung
- Substitutionseffekt
- monetärer Einkommenseffekt
- Anfangsausstattungs-Einkommenseffekt

E.7 Übungsaufgaben

Übung E.7.1. Wie lautet die analytische Form der Engelkurve für eine Cobb-Douglas-Nutzenfunktion? Welche Steigung hat die Engelkurve in diesem Fall?

Übung E.7.2. Ermitteln Sie für Gut 1 bei der Nutzenfunktion

$$u(x_1, x_2) = \ln x_1 + \ln x_2$$

a) die Nachfragekurve und die Preiselastizität der Nachfrage,
b) die Engelkurve und die Einkommenselastizität der Nachfrage,
c) die Preis-Konsum-Kurve analytisch und ggf. graphisch sowie
d) die Einkommens-Konsum-Kurve!

Übung E.7.3. Können beide Güter Luxusgüter sein?

Übung E.7.4. Wie hoch ist die Preiselastizität der Nachfrage bei der Cobb-Douglas-Nutzenfunktion? Wie ist demnach die Nachfrage zu klassifizieren?

Übung E.7.5. Betrachten Sie perfekte Substitute mit dem Budget als Geldeinkommen. Begründen Sie graphisch, wie der Substitutionseffekt und der monetäre Einkommenseffekt zusammenwirken!

Übung E.7.6. Sarahs Nutzenfunktion habe die Form $u(x_1, x_2) = \sqrt{x_1 x_2}$. Zunächst betragen beide Preise 1, $p_1 = p_2 = 1$. Der Preis von Gut 2 steige nun auf $p_2^{neu} = 2$ während sich der Preis von Gut 1 nicht ändert. Das Einkommen beträgt $m = 8$. Hinweis: Verwenden Sie nicht die Slutsky-Gleichung!

   a) Geben Sie Sarahs Nachfrage $x_1^*(p_1, p_2, m)$ und $x_2^*(p_1, p_2, m)$ an!

   b) Veranschaulichen Sie die Aufteilung des Gesamteffektes dieser Preiserhöhung für Gut 2 in Einkommens- und Substitutionseffekt graphisch!

   c) Wie groß ist der mengenmäßige (absolute) Gesamteffekt dieser Preiserhöhung für Gut 2?

   d) Ermitteln Sie den mengenmäßigen (absoluten) Einkommens- und Substitutionseffekt für Gut 2!

Übung E.7.7. Stellen Sie die Slutsky-Gleichung bei Geldeinkommen für Gut 1 im Falle quasilinearer Präferenzen, die die Form

$$u(x_1, x_2) = v(x_1) + x_2$$

aufweisen, auf. Dabei gehen Sie davon aus, dass v zweimal differenzierbar ist, dass $\frac{dv}{dx_1} > 0$ (die Präferenzen sind monoton) und $\frac{d^2v}{(dx_1)^2} < 0$ (die Präferenzen sind konvex) gelten und dass ein inneres Optimum existiert.

E.8 Lösungen zu den Aufgaben

E.1.1. Das Vorgehen ist ganz so wie im Lehrtext. Zu den alternativen Preisen p_1^B, p_1^C und p_1^D erhält man die optimalen Gütermengen x_1^B, x_1^C

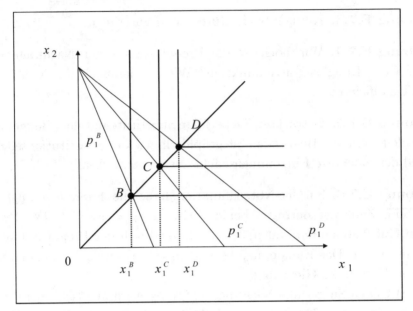

Abbildung E.16. Die Preis-Konsum-Kurve für perfekte Komplemente

und x_1^D (Abb. E.16). Diese Preis-Mengen-Kombinationen trägt man dann in einem Diagramm ab, in dem die Preisachse die Ordinate und die Mengenachse die Abszisse ist (siehe Abb. E.17).

E.1.2. Abb. E.18 zeigt, dass es möglich ist, Indifferenzkurven so zu zeichnen, dass aufgrund einer Preissenkung die nachgefragte Menge zurückgeht.

E.1.3. Abb. E.19 zeigt die Preis-Konsum-Kurve für das Budget als Anfangsausstattung.

E.1.4. Man errechnet aufgrund der Quotientenregel

$$\frac{\partial x_1^*}{\partial p_1} = a\frac{p_1\omega_1 - m}{p_1^2} < 0$$

und klassifiziert Gut 1 deshalb als gewöhnlich.

E.1.5. u repräsentiert Cobb-Douglas-Präferenzen. Die Nutzenfunktion

$$u(x_1, x_2) = \frac{1}{3}\ln x_1 + \frac{1}{2}\ln x_2 = \ln\left(x_1^{\frac{1}{3}}x_2^{\frac{1}{2}}\right)$$

ist äquivalent zur Nutzenfunktion

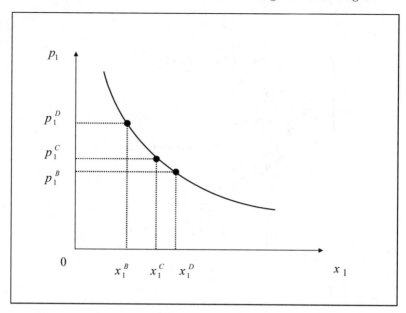

Abbildung E.17. Die Nachfragekurve für perfekte Komplemente

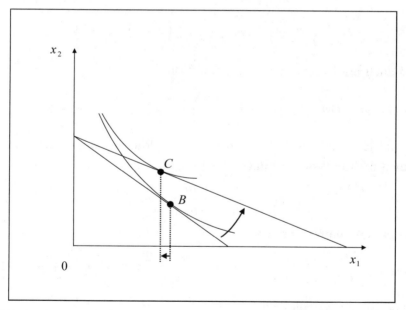

Abbildung E.18. Giffen-Fall: Rückgang der optimalen Menge bei sinkendem Preis

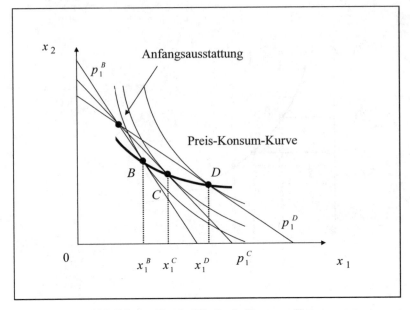

Abbildung E.19. Die Preis-Konsum-Kurve

$$v\left(x_1, x_2\right) = e^{u(x_1,x_2)} = e^{\ln\left(x_1^{\frac{1}{3}} x_2^{\frac{1}{2}}\right)} = x_1^{\frac{1}{3}} x_2^{\frac{1}{2}}$$

und auch äquivalent zur Nutzenfunktion

$$w\left(x_1, x_2\right) = \left(v\left(x_1, x_2\right)\right)^{\frac{6}{5}} = \left(x_1^{\frac{1}{3}} x_2^{\frac{1}{2}}\right)^{\frac{6}{5}} = x_1^{\frac{1}{3}\cdot\frac{6}{5}} x_2^{\frac{1}{2}\cdot\frac{6}{5}} = x_1^{\frac{6}{15}} x_2^{\frac{6}{10}} = x_1^{\frac{2}{5}} x_2^{\frac{3}{5}}.$$

Da die Exponenten bei w sich zu Eins addieren, kann man nun die (Ihnen mittlerweile bekannte) Nachfrageformel

$$x_1 = a\frac{m}{p_1} = \frac{2}{5}\frac{m}{p_1} = \frac{2}{5}mp_1^{-1}$$

verwenden. Damit ergibt sich

$$\varepsilon_{x_1,p_1} = \frac{\partial x_1}{\partial p_1} \cdot \frac{p_1}{x_1} = \frac{2}{5}m\left(-1\right)p_1^{-2} \cdot \frac{p_1}{x_1} = \frac{2}{5}m\left(-1\right)p_1^{-2} \cdot \frac{p_1}{\frac{2}{5}\frac{m}{p_1}} = -1.$$

Gut 1 ist also gewöhnlich.

E.2.1. Aufgrund der vorangegangenen Aufgabe wissen Sie, dass es sich auch hier um Cobb-Douglas-Präferenzen handelt. Die Nachfrage nach Gut 1 hängt dann jedoch gar nicht vom Preis des anderen Gutes ab. Daher ist die Kreuzpreiselastizität $\varepsilon_{x_1,p_2} = 0$.

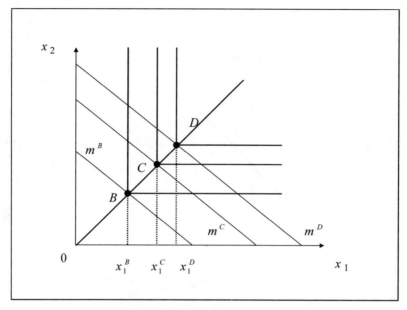

Abbildung E.20. Die Einkommens-Konsum-Kurve für perfekte Komplemente

E.3.1. Die Lösung ist in den Abb. E.20 und E.21 enthalten.

E.3.2. Die Engelkurve für ein inferiores Gut muss negativ geneigt sein.

E.3.3. Bei Cobb-Douglas-Präferenzen ergibt sich für Gut 1 die Nachfragefunktion $x_1 = a\frac{m}{p_1}$. Hieraus errechnet man die Einkommmmenselastizität der Nachfrage als

$$\varepsilon_{x_1,m} = \frac{\partial x_1}{\partial m}\frac{m}{x_1} = \frac{a}{p_1}\frac{m}{a\frac{m}{p_1}} = 1.$$

Das Gut ist normal und genau zwischen notwendigem Gut und Luxusgut angesiedelt.

E.3.4. Bei Cobb-Douglas-Nutzenfunktionen beträgt der Anteil der Ausgaben für Gut 1 an den Gesamtausgaben $\frac{p_1 x_1}{m} = \frac{p_1\left(a\frac{m}{p_1}\right)}{m} = a$. Der Anteil der Ausgaben für Gut 2 beträgt $1-a$. Aufgrund der soeben berechneten Einkommenselastizität der Nachfrage ergibt sich die durchschnittliche Einkommenselastizität der Nachfrage bei Cobb-Douglas-Präferenzen als

$$s_1\varepsilon_{x_1,m} + s_2\varepsilon_{x_2,m} = a \cdot 1 + (1-a) \cdot 1 = 1.$$

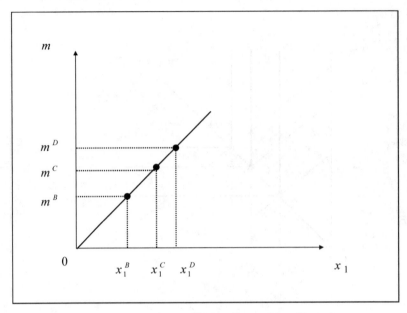

Abbildung E.21. Die Engelkurve für perfekte Komplemente

E.5.1. Bei perfekten Komplementen bewirkt eine Drehung der Budgetgeraden an einem Haushaltsoptimum nicht, dass der Haushalt ein anderes Güterbündel konsumieren möchte. Dies ersehen Sie auch Abb. E.22. Der absolute Substitutionseffekt beträgt also null.

E.5.2. Da sich der Haushalt auch beim alten Preisverhältnis V hätte leisten können, ist ihm X offenbar mindestens so lieb wie V, es gilt also $X \succsim V$. Aufgrund der Monotonie ist offenbar $V \succ W$ richtig, so dass die Transitivität der Präferenzen $X \succ W$ ergibt.

E.5.3. Eine steigende Engelkurve besagt, dass $\frac{\partial x}{\partial m} > 0$ ist und dass das Gut somit normal ist. In diesem Fall weisen der Substitutionseffekt und der monetäre Einkommenseffekt in die gleiche Richtung. Der Gesamteffekt ist dann negativ und das Gut gewöhnlich.

E.5.4. Nein. Auch ein inferiores Gut kann gewöhnlich sein. Dann muss der Substitutionseffekt betragsmäßig größer als der monetäre Einkommenseffekt sein (vgl. Abb. E.23).

E.5.5. Bei Giffen-Gütern ist der Einkommenseffekt betragsmäßig größer als der Substitutionseffekt (vgl. Abb. E.24).

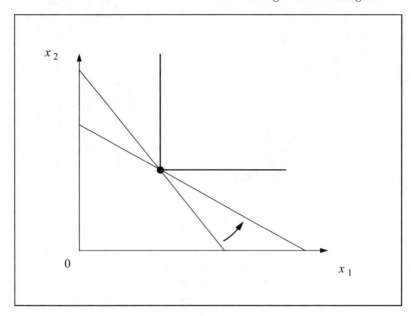

Abbildung E.22. Der Substitutionseffekt für perfekte Komplemente

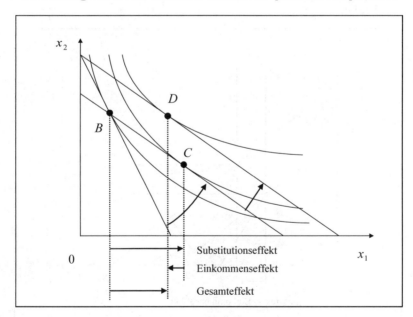

Abbildung E.23. Der Einkommenseffekt überkompensiert nicht den Substitutionseffekt: ein inferiores und doch gewöhnliches Gut

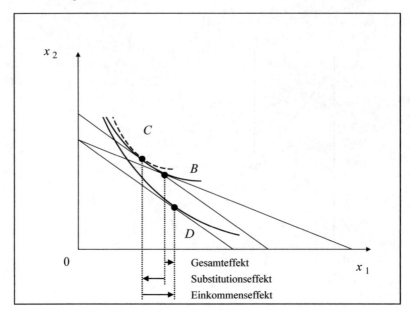

Abbildung E.24. Einkommens- und Substitutioneffekt einer Preiserhöhung bei einem Giffen-Gut

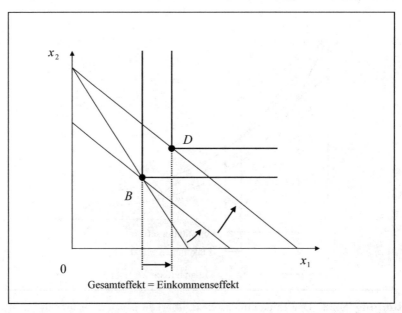

Abbildung E.25. Der Gesamteffekt ist bei perfekten Komplementen gleich dem Einkommenseffekt

E.5.6. Aus Abb. E.25 sieht man, dass der Punkt B sowohl das Haushaltsoptimum bei den ursprünglichen Preisen als auch bei den neuen Preisen mit altem Einkommen ist. Somit ist der Einkommenseffekt gleich dem Gesamteffekt, d.h. der Substitutionseffekt ist null (vgl. Aufg. E.5.1).

E.5.7. a) Nein. Denn die Slutsky-Gleichung mit Ausstattungs-Einkommenseffekt lautet:

$$\frac{\partial x_1^A}{\partial p_1} = \frac{\partial x_1^S}{\partial p_1} + \frac{\partial x_1^G}{\partial m} (\omega_1 - x_1).$$

Der Substitutionseffekt $\frac{\partial x_1^S}{\partial p_1}$ ist immer negativ. Der gesamte Einkommenseffekt ist bei positivem Nettoangebot positiv und wirkt dem Substitutionseffekt entgegen. Der Gesamteffekt ist somit ohne nähere Kennzeichnung der Präferenzen nicht eindeutig.

b) Würde Herr Apfelbauer zu einem Nettonachfrager, so konsumierte er eine Güterkombination, die ihm vor der Preiserhöhung auch offenstand (Punkt Y in Abb. E.26). Gegenüber seinem ursprünglichen Haushaltsoptimum (Punkt X in Abb. E.26) könnte er sich somit nicht besser stellen. Die Preiserhöhung ermöglicht ihm jedoch eine möglicherweise bessere Kombination als vorher (Punkt V in Abb. E.26), wenn er Nettoanbieter bleibt.

E.5.8. Man verwendet zunächst Gl. E.1, anschließend Gl. E.4:

$$\frac{\partial x_1^A}{\partial p_1} = \frac{\partial x_1^G}{\partial p_1} + \frac{\partial x_1^G}{\partial m} \omega_1 = \frac{\partial x_1^S}{\partial p_1} - \frac{\partial x_1^G}{\partial m} \cdot x_1^B + \frac{\partial x_1^G}{\partial m} \omega_1$$

E.7.1. Gerade mit der Steigung $\frac{p_1}{a}$.

E.7.2. a) für Gut 1: $x_1^* = f(p_1) = \frac{1}{2}\frac{m}{p_1}$; direkte Preiselastizität: -1
b) für Gut 1: $x_1^* = q(m) = \frac{1}{2}\frac{m}{p_1}$; Einkommenselastizität: 1
c) für Preisänderungen bei Gut 1: $x_2^* = h(x_1^*) = \frac{1}{2}\frac{m}{p_2}$
d) $x_2^* = g(x_1^*) = x_1^*\frac{p_1}{p_2}$

E.7.3. Nein, das ist nicht denkbar. Wenn das Einkommen um 1 Prozent steigt, dann kann die Nachfrage nach Gut 1 nur dann um mehr als 1 Prozent steigen, wenn die Nachfrage nach Gut 2 um weniger als 1 Prozent steigt. Das kann man sich auch anhand der Gl. E.3 klarmachen.

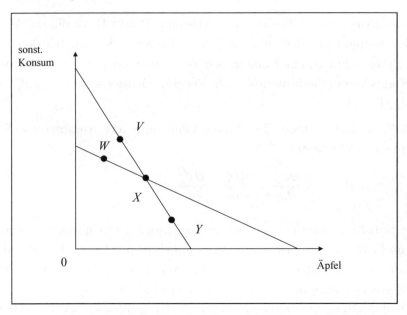

Abbildung E.26. Herr Apfelbauer bleibt Nettoanbieter

E.7.4. Wir haben die Nachfragefunktion $x_1 = a\frac{m}{p_1}$. Die Preiselastizität der Nachfrage ist also gleich -1.

E.7.5. Sind die Indifferenzkurven flacher geneigt als die ursprüngliche Budgetgerade, so ist der Gesamteffekt gleich null. Sind die Indifferenzkurven steiler geneigt als die ursprüngliche Budgetgerade, so ist der Gesamteffekt gleich dem Einkommenseffekt. Sind die Indifferenzkurven steiler geneigt als die ursprüngliche Budgetgerade, aber flacher geneigt als die neue Budgetgerade, so ist der Gesamteffekt gleich dem Substitutionseffekt.

E.7.6. a) $x_1^* (p_1, p_2, m) = \frac{m}{2p_1}$ und $x_2^* (p_1, p_2, m) = \frac{m}{2p_2}$
   b) Siehe Abb. E.27.
   c) Wir berechnen zunächst die Haushaltsoptima. Der Gesamteffekt für Gut 2 ist dann die Änderung der nachgefragten Menge des Gutes 2: $x_1^{alt} = \frac{8}{2\cdot1} = 4 = x_2^{alt}$, $x_1^{neu} = \frac{8}{2\cdot1} = 4$, $x_2^{neu} = \frac{8}{2\cdot2} = 2$. Also gilt $GE = \Delta x_2 = x_2^{neu} - x_2^{alt} = 2 - 4 = -2$.
   d) Für den Substitutionseffekt brauchen wir zunächst die entsprechende Budgetrestriktion (bei der sich der Haushalt das alte Optimum leisten kann, gegeben der neuen Preise), $m' = 1\cdot4 + 2\cdot4 = 12$. Anhand

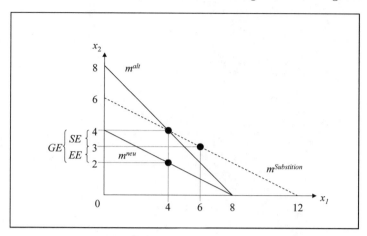

Abbildung E.27. Die Effekte

des daraus resultierenden Optimums $(x_2(m', p_2^{neu}) = \frac{12}{2 \cdot 2} = 3 = x_2^{hilf})$ erkennen wir den Substitutionseffekt, $SE = x_2^{hilf} - x_2^{alt} = 3 - 4 = -1$. Der Einkommenseffekt ergibt sich dann als Differenz zwischen Gesamteffekt und Substitutionseffekt, $EE = GE - SE = -2 - (-1) = -1$ bzw. $EE = x_2^{neu} - x_2^{hilf} = 2 - 3 = -1$.

E.7.7.

$$\underbrace{\frac{\partial x_1^G}{\partial p_1}}_{\text{Gesamteffekt}} = \underbrace{\frac{\partial x_1^S}{\partial p_1}}_{\text{Substitutionseffekt}}.$$

F. Entscheidungen über Arbeitsangebot und Sparen

In den vorangegangenen Kapiteln haben wir die Haushaltstheorie für beliebige Güter 1 und 2 entwickelt. In diesem Kapitel geht es um die Anwendung der Haushaltstheorie auf das Arbeitsangebot des Haushalts (Abschnitt F.1) und auf seine Sparentscheidung (Abschnitt F.2). Die Hauptarbeit in diesem Kapitel besteht im Aufstellen der jeweiligen Budgetgleichung, der Rest ist unmittelbare Übertragung des bisher Gelernten.

F.1 Arbeitsangebot

Haushaltstheorie ist Nachfragetheorie. Die Anwendung auf die Arbeitsangebotsentscheidung scheint daher zunächst erstaunlich. Der entscheidende Trick besteht darin, zunächst die Nachfrage nach Freizeit (F, in Stunden) zu modellieren. Bezieht man die Entscheidung des Haushaltes auf einen Tag mit 24 Stunden, ist der Bezug zum Arbeitsangebot dadurch hergestellt, dass dem Haushalt $24 - F$ Stunden zur Arbeit verbleiben. Dabei rechnen wir die Nicht-Arbeitszeit als Freizeit.

Das zweite Gut in unserem Modell ist der Realkonsum C. Hierin sind alle Konsumgüter zusammengefasst, die zum aggregierten Preis p verkauft werden. Natürlich kann man sich auch vorstellen, dass es dem Haushalt auf nur ein Konsumgut C mit dem Preis p ankommt. Der Lohn für die Arbeit eines Tages erlaubt uns, die Budgetgerade aufzustellen. Bezeichnen wir den konstanten Lohnsatz (Nominallohn) pro Stunde mit w, beträgt der Tageslohn (Arbeitseinkommen) somit $w(24 - F)$. Neben dem Arbeitseinkommen verfügt der Haushalt eventuell über arbeitsunabhängiges Einkommen, das ihm den Realkonsum C^u ermöglicht. Der monetäre Wert dieses Realkonsums beträgt pC^u. Aufgrund des Arbeitseinkommens und des arbeitsunabhängigen Einkommens kann der Haushalt somit Waren im Wert von $w\,(24 - F) + pC^u$ konsumieren. Wir erhalten also die folgende Budgetgleichung:

$$pC = w(24 - F) + pC^u.$$

Durch Umformung erhält man

$$wF + pC = w24 + pC^u. \tag{F.1}$$

Die vorstehende Gleichung sollte Ihnen der äußeren Form nach bekannt vorkommen. Setzen Sie $p_1 := w$, $p_2 := p$, $x_1 := F$, $x_2 := C$, $\omega_1 := 24$ und $\omega_2 := C^u$.

Übung F.1.1. Wie hatten wir in Kap. B das Paar $(24, C^u)$ genannt?

Gl. F.1 ist formal genau dieselbe wie die uns bereits bekannte Budgetgleichung für den Fall der Anfangsausstattung, $p_1 x_1 + p_2 x_2 = p_1 \omega_1 + p_2 \omega_2$. Der einzige Unterschied besteht darin, dass man nicht mehr als 24 Stunden Freizeit konsumieren kann. Die Budgetgleichung gibt als Preis der Freizeit den Nominallohn an. Das lässt sich ökonomisch so interpretieren: Genießt der Haushalt eine Stunde Freizeit zusätzlich, hat er auf den Lohn einer Arbeitsstunde zu verzichten.

Übung F.1.2. Skizzieren Sie die Situation des Haushalts in einem Diagramm, bei dem an der Abszisse die Freizeit F und an der Ordinate der Realkonsum C abgetragen wird. Welche Steigung hat die Budgetgerade? Wie nennt man diesen Ausdruck in der Haushaltstheorie im Allgemeinen und in diesem speziellen Fall?

Übung F.1.3. Ist der Haushalt Nettoanbieter oder Nettonachfrager in Bezug auf Freizeit?

Bei konvexen Präferenzen kann man die Situation des Haushalts graphisch wie in Abb. F.1 darstellen. Beachten Sie dabei, dass die Budgetgerade bei $F = 24$ einen Knick hat.

Falls Sie die folgende Aufgabe nicht lösen können, empfiehlt es sich, die Haushaltstheorie noch einmal gründlich durchzuarbeiten.

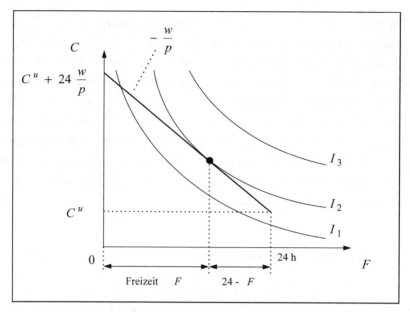

Abbildung F.1. Das optimale Arbeitsangebot

Übung F.1.4. Conny verdient € 5 in der Stunde. Sie hat keine weitere Einkommensquelle. Sie hat 120 Stunden in der Woche für Arbeit oder Freizeit zur Verfügung. Wenn ihre Nutzenfunktion $u(C, F) = CF$ lautet, wie viele Stunden wird sie in der Woche arbeiten?

Übung F.1.5. Stellen Sie eine Lohnerhöhung graphisch dar. Gehen Sie dabei davon aus, dass der gesamte Einkommenseffekt den Substitutionseffekt überwiegt!

Eine auch für die Wirtschaftspolitik wichtige Frage ist die Auswirkung einer Lohnänderung auf das Arbeitsangebot. Sie kann mithilfe der Slutsky-Gleichung mit Ausstattungs-Einkommenseffekt (vgl. Gl. F.2) untersucht werden:

$$\underbrace{\frac{\partial F}{\partial w}}_{\text{Gesamteffekt}} = \underbrace{\frac{\partial F^S}{\partial w}}_{\text{Substitutionseffekt}} + \underbrace{\frac{\partial F}{\partial m}(24 - F)}_{\substack{\text{gesamter} \\ \text{Einkommenseffekt} \\ \text{mit } m=pC^u+w24}} . \qquad \text{(F.2)}$$

Zum Verständnis der Slutsky-Gleichung ist es wichtig, m im Sinne des Wertes der Anfangsausstattung zu verstehen, d.h. $m = pC^u + w24$.

Freizeit ist für die meisten Haushalte ein normales Gut. Lottoge-
winner und Erben reduzieren in der Regel ihre Arbeitszeit. Der gesamte Einkommenseffekt ist daher (für den Nettoanbieter von Freizeit!)
eindeutig positiv und dem Substitutionseffekt entgegen gerichtet. Eine Lohnsteigerung kann daher durchaus die Nachfrage nach Freizeit
erhöhen, also das Angebot erniedrigen. Eine Lohnsteigerung erhöht
zwar einerseits die Opportunitätskosten der Freizeit. Andererseits haben sich die Konsummöglichkeiten des Haushalts insgesamt verbessert.
Er kann mehr von beiden Gütern konsumieren und ist daher geneigt,
auch mehr Freizeit zu genießen.

F.2 Intertemporaler Konsum

Die Haushaltstheorie lässt sich auch auf das Problem des intertemporalen Konsums anwenden. Wir stellen uns einen Haushalt vor, der in
zwei Perioden Einkommen erzielt (m_1 bzw. m_2), und über die Konsumausgaben (c_1 bzw. c_2) in den beiden Perioden zu entscheiden hat.
Dabei könnte er beispielsweise in jeder Periode genau so viel konsumieren, wie er verdient. Wir nehmen jedoch an, dass der Haushalt in
der ersten Periode sparen oder Schulden machen kann, so lange nur am
Ende der zweiten Periode sein Budget nicht überzogen ist. Die gesuchte
Budgetgleichung ist also eine mit der Anfangsausstattung (m_1, m_2).

Übung F.2.1. Wie würden Sie einen Gläubiger, wie einen Schuldner
definieren? Wie hoch ist die Sparsumme des Gläubigers?

Eine zentrale Größe in diesem Abschnitt ist der Zins, den wir mit r
bezeichnen und der, so wollen wir vereinfachend annehmen, für Gut-
haben (Habenzins) und Darlehen (Sollzins) identisch ist. Wir gehen in
einem ersten Schritt vereinfachend von einem Zinssatz von null aus.
Dann kann der Haushalt das Gesamteinkommen in Höhe von $m_1 + m_2$
beliebig auf die beiden Perioden verteilen. Der zusätzliche Konsum
einer Einheit heute muss dann mit dem Verzicht auf eine Einheit mor-
gen erkauft werden; die Steigung der Budgetgeraden ist -1. Sie lautet
analytisch

$$c_1 + c_2 = m_1 + m_2$$

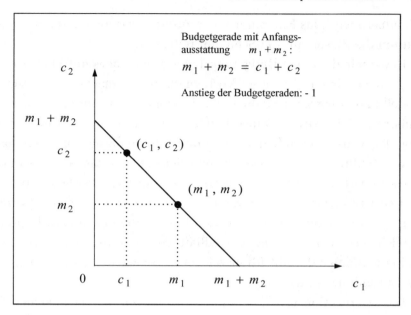

Abbildung F.2. Intertemporale Budgetgerade beim Zinssatz von Null

und ist in Abb. F.2 wiedergegeben.

Bei einem positiven Zinssatz stellt sich die Situation etwas anders dar. Der Gläubiger erhält für jede Mark, die er in der ersten Periode spart, in der zweiten Periode $1 + r$ ausgezahlt. Umgekehrt wird dem Schuldner für jede Mark, die er in der ersten Periode über sein Einkommen m_1 hinaus konsumiert, von seinem Einkommen der zweiten Periode $1 + r$ abgezogen.

Übung F.2.2. Wie hoch sind die Opportunitätskosten einer Konsumeinheit in Periode 1 in Konsumeinheiten der Periode 2 für Gläubiger, wie hoch für Schuldner?

Bei identischem Soll- und Habenzinssatz bestimmt sich der Konsum der zweiten Periode für Gläubiger und Schuldner gleichermaßen durch

$$c_2 = m_2 + (m_1 - c_1) + r (m_1 - c_1).$$

In der zweiten Periode kann der Haushalt zunächst sein Einkommen der zweiten Periode konsumieren. Für Gläubiger addieren sich das in der ersten Periode Ersparte und die Zinsen auf die Ersparnis. Bei

Schuldnern wird das Einkommen der zweiten Periode um die Schulden und um die Zinsen auf die Schulden reduziert.

Bevor wir die obige Budgetgleichung in eine gewohnte Form bringen, haben wir eine wichtige Vorbemerkung zu machen. In unserem Modell haben wir zwei Ströme, den Einkommensstrom und den Konsumstrom. Bei positivem Zinssatz macht eine Addition der Einkommen bzw. der Konsumausgaben keinen unmittelbaren Sinn. Zur Aggregation von Zahlungsströmen bedient man sich eines Verfahrens, das in der Investitionstheorie angewandt wird. In der Investitionstheorie befasst man sich typischerweise mit Zahlungsströmen, die aus einer Auszahlung (der Investition) und aus Einzahlungen, die in späteren Perioden anfallen, bestehen. Für die Vorteilhaftigkeit der Investition ist nicht allein die Summe der mit Minuszeichen versehenen Auszahlungen und der Einzahlungen ausschlaggebend.

Die Aggregation von Ein- und Auszahlungen in verschiedenen Perioden muss berücksichtigen, dass spätere Einzahlungen und Auszahlungen weniger ins Gewicht fallen. Ein Euro in einem Jahr entspricht nur $\frac{1}{1+r}$ Euro heute. Denn legt man $\frac{1}{1+r}$ Euro für ein Jahr zum Zinssatz r beiseite, erhält man nach einem Jahr $\frac{1}{1+r} + r\frac{1}{1+r} = 1$ Euro. Ein Euro in zwei Jahren entspricht $\frac{1}{(1+r)^2} < \frac{1}{1+r}$ Euro heute. Man nennt $\frac{1}{1+r}$ bzw. $\frac{1}{(1+r)^2}$ den Gegenwartswert oder den Barwert eines Euros, der in einem bzw. in zwei Jahren ausgezahlt wird. Auf diese Weise kann man den Barwert von Einzahlungen und Auszahlungen späterer Zeitpunkte und durch Summation den Barwert eines Zahlungsstroms ermitteln. Ist der Barwert des Zahlungsstroms einer Investition positiv, ist sie vorteilhaft.

Das Gegenstück zum Barwert ist der Zukunftswert. Beim Zukunftswert wird ein Euro heute auf einen späteren Zeitpunkt bezogen. So beträgt der Zukunftswert eines Euros in zwei Jahren $(1 + r)^2$.

Übung F.2.3. Wie viel ist ein Euro, den ich in 15 Jahren erhalte, heute wert? Wie viel bringt mir ein Euro, den ich heute anlege, in 15 Jahren? Gehen Sie jeweils von einem Zinssatz von 10% aus! (Für diese Aufgabe ist ein Taschenrechner hilfreich.)

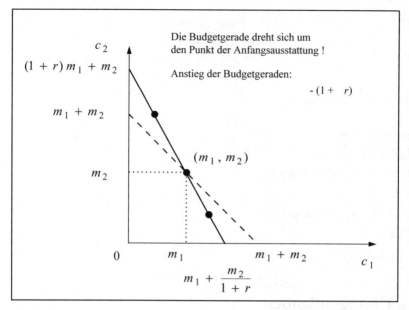

Abbildung F.3. Intertemporale Budgetgerade bei positivem Zinssatz

Die obige Budgetgleichung

$$c_2 = m_2 + (m_1 - c_1) + r(m_1 - c_1)$$

können wir nun umformen, indem wir entweder den Zukunftswert der Konsumausgaben dem Zukunftswert der Einkommen gleichsetzen,

$$(1 + r)c_1 + c_2 = (1 + r)m_1 + m_2,$$

oder aber den Barwert der Konsumausgaben dem Barwert der Einkommen,

$$c_1 + \frac{c_2}{1 + r} = m_1 + \frac{m_2}{1 + r}.$$

In beiden Formulierungen erkennen wir unsere Budgetgleichung mit Anfangsausstattung wieder. Sie ist in Abb. F.3 dargestellt.

Die Bestimmung des Haushaltsoptimums verläuft beim intertemporalen Konsum so, wie wir es bisher gelernt haben. Beispielsweise ermittelt man bei Monotonie und „schön geformten" Indifferenzkurven das Haushaltsoptimum durch

$$c_1 + \frac{c_2}{1 + r} \overset{!}{=} m_1 + \frac{m_2}{1 + r}$$

und

$$MRS = \left|\frac{dc_2}{dc_1}\right| \overset{!}{=} 1 + r.$$

F.3 Neue Begriffe

- Arbeitsangebot
- Lohn, Reallohn
- Intertemporaler Konsum
- Zinssatz
- Gläubiger, Schuldner
- Barwert
- Zukunftswert

F.4 Übungsaufgaben

Übung F.4.1. Zeichnen Sie eine Budgetgerade, die progressive Besteuerung des Einkommens wiedergibt!

Übung F.4.2. Stellen Sie die Situation eines Arbeitnehmers graphisch dar, der die Wahl hat, 8 Stunden oder gar nicht zu arbeiten. Zeichnen Sie einige Indifferenzkurven so, dass der Arbeitnehmer sich für 8 Stunden entscheiden wird, obwohl sein Optimum (bei freier Wahl der Stundenzahl) bei etwa 6 Stunden liegt!

Übung F.4.3. Ein Überstundenlohn, d.h. ein erhöhter Lohn für Arbeitsstunden über das bisherige optimale Arbeitsangebot hinaus, führt zur Reduzierung von Freizeit. Stellen Sie dies graphisch dar und begründen Sie! (Hinweis: Argumentieren Sie mit dem Substitutionseffekt!)

Übung F.4.4. Was besagt ökonomisch die folgende Ungleichung und welches Verhalten folgt aus ihr?

$$MRS = \left|\frac{dC}{dF}\right| < \frac{w}{p}$$

(Hinweis: Beginnen Sie mit den Worten: Wenn der Haushalt eine Stunde Freizeit ...).

Übung F.4.5. Tilman hat zwei Beschäftigungsverhältnisse. Im ersten bekommt er € 30,00 pro Stunde, kann dort aber nur 40 Stunden in der Woche arbeiten. Im zweiten bekommt er € 20,00 und kann so viele Stunden arbeiten, wie er möchte. Tilman arbeitet im zweiten Beschäftigungsverhältnis 10 Stunden. Freizeit ist für ihn ein normales Gut. Wenn er nun im ersten Beschäftigungsverhältnis € 35,00 pro Stunde bekommt und im zweiten weiterhin € 20,00, wird er dann die Beschäftigung im zweiten Verhältnis reduzieren (beispielsweise auf 9 Stunden) oder erhöhen (beispielsweise auf 11 Stunden)? Haben wir genug Information, um eine Aussage treffen zu können?

Übung F.4.6. Karl Steuerstöhn maximiert seinen Nutzen auf Grundlage seiner Nutzenfunktion $U(F, C) = F^a C^{1-a}$, wobei F seine Freizeit und C seinen Konsum darstellt. Karls Stundenlohn beträgt w. Nach einer Steuerreform muss Karl eine prozentuale Lohnsteuer in Höhe von t ($0\% < t < 100\%$) an den Fiskus abführen. Der Preis für den Konsum C betrage $p_C = 1$.

a) Wie viel Freizeit genießt Karl vor und nach Einführung dieser Lohnsteuer?

b) Wie ändert sich Karls Konsum?

c) Wie hoch ist das Steueraufkommen?

d) Verwenden Sie die Ergebnisse aus a), um Aussagen über den Substitutions- und den gesamten Einkommenseffekt bezüglich der Freizeit (Slutsky-Gleichung) zu treffen!

Übung F.4.7. Wie verhält sich ein Konsument, dessen Grenzrate der Substitution zwischen c_1 und c_2 eins beträgt, bei einem positivem Zinssatz?

Übung F.4.8. Kann ein Gläubiger zu einem Schuldner werden, wenn der Zinssatz steigt?

Übung F.4.9. Bankdirektor Müller meint: „Schon der gesunde Menschenverstand sagt uns, dass die Leute bei steigenden Zinsen mehr sparen." Hat er recht? (Hinweis: Verwenden Sie eine geeignete Slutsky-Gleichung, wobei Sie von der Budgetgleichung in der Zukunftswertformulierung ausgehen.)

Übung F.4.10. Lukas hat die Nutzenfunktion $U(c_1, c_2) = c_1^{\frac{1}{2}} + 2c_2^{\frac{1}{2}}$, wobei c_i der Konsum der Periode i ist. Er verdient 100 Einheiten des Konsumgutes sowohl in Periode 1 als auch in Periode 2. Lukas kann zu einem Zinssatz von 10 Prozent leihen und verleihen.

a) Stellen Sie seine Budgetgerade analytisch dar!

b) Wie groß ist Lukas' Grenzrate der Substitution zwischen Zukunfts- und Gegenwartskonsum $\left| \frac{dc_2}{dc_1} \right|$, wenn er weder leiht noch verleiht? Wie groß ist sie im Optimum?

c) Wie groß ist das Verhältnis von Zukunfts- zu Gegenwartskonsum im intertemporalen Optimum?

F.5 Lösungen zu den Aufgaben

F.1.1. Anfangsausstattung.

F.1.2. Die betragsmäßige Steigung beträgt $\frac{w}{p}$. In der Haushaltstheorie sind das die Opportunitätskosten für den Mehrkonsum einer Einheit Freizeit ausgedrückt in Einheiten des Realkonsums. w ist der Nominallohn und $\frac{w}{p}$ der Reallohn (vgl. Abb. F.4).

F.1.3. Der Haushalt ist Nettoanbieter. Denn er kann nicht mehr als 24 Stunden Freizeit haben.

F.1.4. Connys Nutzenfunktion kann durch Wurzelziehen in eine Cobb-Douglas-Nutzenfunktion mit $a = \frac{1}{2}$ transformiert werden. Ihr Gesamteinkommen beträgt 120 mal 5. Die Nachfrage nach Freizeit wird durch $F = a\frac{m}{w}$ bestimmt. Sie möchte also 60 Stunden Freizeit haben und 60 Stunden arbeiten.

F.1.5. Da der Haushalt Nettoanbieter ist, ist der gesamte Einkommenseffekt positiv und damit dem Substitutionseffekt entgegengerichtet. Eine Lohnerhöhung kann damit zu einer Reduzierung des Arbeitsangebotes führen, wie dies in Abb. F.5 dargestellt ist. Freizeit ist dann zwar ein nicht-gewöhnliches, aber kein Giffen-Gut, denn der Giffen-Fall bezieht sich nur auf Budgets als Geldeinkommen.

F.2.1. Ein Gläubiger konsumiert in der ersten Periode weniger, als er verdient, d.h. $c_1 < m_1$. Ein Schuldner konsumiert dagegen in der ersten Periode mehr, als er verdient. Der Gläubiger spart $m_1 - c_1$.

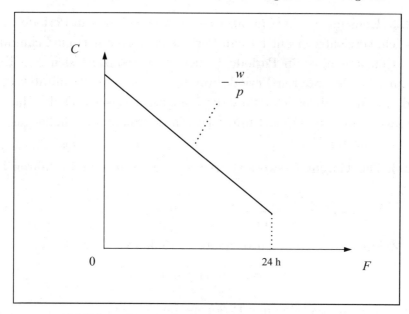

Abbildung F.4. Budgetgerade für Arbeit und Freizeit

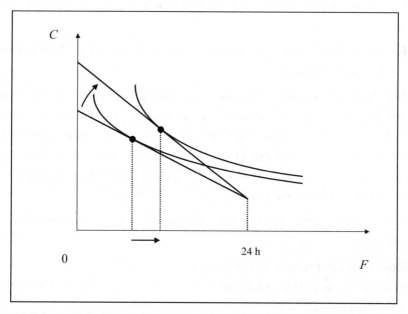

Abbildung F.5. Eine Lohnerhöhung kann das Arbeitsangebot reduzieren

F.2.2. Konsumiert ein Gläubiger eine Konsumeinheit in Periode 1 zusätzlich, verzichtet er auf $1+r$ in Periode 2. Konsumiert ein Schuldner eine Konsumeinheit in Periode 1 zusätzlich, reduziert sich sein Einkommen in der zweiten Periode um $1 + r$. Die Opportunitätskosten sind also für beide gleich. Wäre der Sollzinssatz größer als der Habenzinssatz, wären die Opportunitätskosten des Schuldners höher als die des Gläubigers.

F.2.3. Der Gegenwartswert (Barwert) eines Euros in 15 Jahren beträgt

$$\frac{1}{(1 + 0, 1)^{15}} \approx 0,24.$$

Der Zukunftswert eines Euros heute in 15 Jahren beträgt

$$(1 + 0, 1)^{15} \approx 4.$$

F.4.1. Dies sollten Sie ohne Probleme bewältigen.

F.4.2. Auch diese Aufgabe ist nach intensiver Lektüre keine Schwierigkeit.

F.4.3. Eine Erhöhung des Lohnes kann nicht zu einer Reduzierung des Arbeitsangebotes führen.

F.4.4. Durch den Verzicht auf eine Stunde Freizeit erhält der Haushalt zusätzliche Konsummöglichkeiten in Höhe von $\frac{w}{p}$. Der nach Freizeitverzicht zur Aufrechterhaltung des alten Nutzenniveaus notwendige Mehrkonsum ist jedoch geringer. Der Haushalt kann sich also besser stellen, indem er mehr arbeitet. Das Haushaltsoptimum ist in dieser Situation also nicht gegeben.

F.4.5. Tilman wird im zweiten Arbeitsverhältnis weniger arbeiten wollen.

F.4.6. a) Seine Freizeit von $24a$ ändert sich nicht.
b) Sein Konsum ändert sich von $24w(1 - a)$ auf $24w(1 - t)(1 - a)$.
c) $T = 24wt(1 - a)$.
d) Der Gesamteffekt ist 0 (vgl. a), d.h. der Substitutionseffekt wird durch den Einkommenseffekt gerade kompensiert.

F.4.7. Es ist es für den Konsumenten optimal, nur in Periode 2 zu konsumieren.

F.4.8. Nein.

F.4.9. Der Bankdirektor hat für Schuldner Recht; sie werden aufgrund eines höheren Zinssatzes in der erste Periode weniger konsumieren. Bei Gläubigern ist die Wirkung jedoch unklar.

F.4.10. a) $1,1m_1 + m_2 = 1,1c_1 + c_2$.
b) $\frac{1}{2}$; 1,1.
c) $4,84 = 2,2^2$.

G. Unsicherheit

Die Ergebnisse der vorangegangenen Kapitel beruhen auf der Annahme, dass vollkommene Information über sämtliche entscheidungsrelevanten Parameter vorliegt. So wurde in den Ausführungen zum Haushaltsoptimum unterstellt, dass der Haushalt sein Budget m sowie die Güterpreise p_1 und p_2 kennt und in Abhängigkeit davon das nutzenmaximale Güterbündel wählt.

Entgegen dieser Annahme sind Entscheidungen in der Realität fast ausnahmslos Entscheidungen bei unvollkommener Information (auch Entscheidungen bei Unsicherheit genannt). Es handelt sich dabei um solche Entscheidungssituationen, in denen der Entscheidende die Konsequenzen seiner Handlungen nicht völlig unter Kontrolle hat. Der Entscheidende verfügt zwar über eine vollständige Beschreibung der möglichen „Umweltzustände". Allerdings ist ihm im Zeitpunkt der Entscheidungsfindung nicht bekannt, welcher Umweltzustand eintreten wird. Wir entwickeln in diesem Kapitel die Theorie der Entscheidungen bei Unsicherheit. Dabei ist es zunächst unerheblich, ob der Entscheidende ein Haushalt oder ein Unternehmen ist. Tatsächlich verwenden wir zunächst ein Beispiel, bei dem der Entscheidende ein Unternehmer ist. Schließlich wenden wir uns jedoch der Nachfrage nach Versicherung zu, die wir ganz im Sinne der Haushaltstheorie mit Budgetgerade und Indifferenzkurven analysieren.

Entscheidungen bei Unsicherheit unterteilt man weiter in Entscheidungen bei Risiko und Entscheidungen bei Ungewissheit. Bei ersteren glaubt der Entscheidende, die Situation noch so genau zu kennen, dass er den möglichen Umweltzuständen Wahrscheinlichkeiten beimessen kann. Bei letzteren ist er selbst dazu nicht in der Lage.

Bevor wir Entscheidungsregeln für diese beiden Arten von Unsicherheitssituationen analysieren, ist es erforderlich, deren gemeinsame Grundstruktur näher zu beschreiben.

G.1 Beschreibung der Ausgangssituation

Zunächst einmal wird unterstellt, dass dem Entscheidenden zur Erreichung seiner Ziele gewisse Handlungsalternativen oder Aktionen offenstehen. Er wählt also eine Aktion z aus der Menge seiner Aktionen Z aus. Dabei hängt das ökonomische Ergebnis nicht nur von der gewählten Aktion z, sondern auch von einem Umweltzustand s ab, den das Individuum nicht kontrollieren kann. Sei S die Menge aller Umweltzustände. Die Ergebnisfunktion gibt an, welches Ergebnis das Individuum bei der Wahl der Aktion $z \in Z$ und dem Eintreten des Umweltzustandes $s \in S$ erzielt. Sie kann bei endlich vielen Aktionen und Umweltzuständen in besonders anschaulicher Form als Ergebnismatrix dargestellt werden. Dabei wird jeder Aktion eine Zeile und jedem Umweltzustand eine Spalte zugeordnet. Im Kreuzungspunkt einer Zeile mit einer Spalte steht der jeweilige Ergebniswert.

Ein Beispiel möge das soeben Gesagte verdeutlichen. Angenommen, ein Unternehmer erwäge alternativ die Produktion von Regenschirmen oder die Produktion von Sonnenschirmen. Sein Gewinn hängt von der Witterung ab. Regenschirmproduktion ergibt bei schlechter Witterung einen Gewinn von 100, während der Gewinn bei guter Witterung nur 81 beträgt. Hat sich der Unternehmer für die Produktion von Sonnenschirmen entschieden, hofft er dagegen auf gutes Wetter und einen Gewinn von 121. Ist die Witterung jedoch schlecht, kann der Sonnenschirmproduzent einen Gewinn von lediglich 64 erzielen. Die folgende Ergebnismatrix fasst die Situation zusammen:

Umweltzustand

	schlechte Witterung	gute Witterung
Regenschirm-produktion	100	81
Sonnenschirm-produktion	64	121

Aktion

G.2 Entscheidungen bei Ungewissheit

Bei Ungewissheit ist die Entscheidungssituation durch die Angabe der Ergebnismatrix bereits vollständig beschrieben. Sei etwa die Ergebnismatrix wie oben gegeben. Den höchsten Gewinn erhält der Unternehmer, wenn er Sonnenschirme produziert und wenn die Witterung gut ist. Allerdings birgt die Produktion von Sonnenschirmen die Gefahr, dass aufgrund der schlechten Witterung lediglich ein Gewinn von 64 erzielt wird. Die Produktion von Regenschirmen wäre dann von Vorteil gewesen. Welches Produkt sollte der Unternehmer produzieren? Es gibt eine Reihe von Entscheidungsregeln, die eine Beantwortung dieser Frage ermöglichen. Hier sollen die folgenden Entscheidungsregeln vorgestellt werden:

1. Maximin-Regel
2. Maximax-Regel
3. Hurwicz-Regel
4. Regel des minimalen Bedauerns
5. Laplace-Regel.

Bei der Maximin-Regel nimmt der Entscheidende eine sehr pessimistische Position ein. Er geht davon aus, dass er bei jeder Handlungsalternative das denkbar schlechteste Ergebnis, also das Zeilenminimum erhält. Es wird diejenige Alternative mit dem höchsten Zeilenminimum gewählt.

Übung G.2.1. Welches Produkt (Regen- oder Sonnenschirm) wird bei Anwendung der Maximin-Regel ausgewählt?

Das Gegenstück zu der Maximin-Regel ist die Maximax-Regel. Ihr liegt die Annahme zugrunde, dass stets der günstigste Umweltzustand eintreten wird, das heißt, bei jeder Alternative wird das Zeilenmaximum erzielt. Es wird diejenige Alternative mit dem höchsten Zeilenmaximum gewählt.

Übung G.2.2. Welches Produkt (Regen- oder Sonnenschirm) wird bei Anwendung der Maximax-Regel ausgewählt?

Die Maximin-Regel und die Maximax-Regel bilden extreme Formen von Pessimismus respektive Optimismus ab. Einen Kompromiss versucht die Hurwicz-Regel herzustellen. Dabei wird das beste Ergebnis einer Zeile mit dem Faktor γ und das schlechteste Ergebnis mit dem Faktor $1 - \gamma$ multipliziert und beide Produkte addiert. Es wird diejenige Alternative gewählt, die den so ermittelten gewogenen Durchschnitt aus dem Zeilenminimum und dem Zeilenmaximum maximiert. Den Faktor γ bezeichnet man als Optimismusparameter.

Übung G.2.3. Für $\gamma = 1$ geht die Hurwicz-Regel in die ...-Regel und für $\gamma = 0$ in die ...-Regel über.

Übung G.2.4. Welches Produkt (Regen- oder Sonnenschirm) wird bei Anwendung der Hurwicz-Regel ausgewählt, wenn der Optimismusparameter $\frac{3}{4}$ beträgt?

Bei der Regel des minimalen Bedauerns ist man bestrebt, den Nachteil, der aus einer Fehleinschätzung des wahren Umweltzustandes resultiert, möglichst klein zu halten. Dazu wird die Ergebnismatrix zunächst in die Bedauernsmatrix überführt, indem jedes Element einer Spalte durch seine betragsmäßige Differenz zum Spaltenmaximum ersetzt wird. Ausgehend von der Bedauernsmatrix wird diejenige Alternative ausgewählt, die das Zeilenmaximum minimiert.

Übung G.2.5. Begründen Sie, warum die Elemente der Bedauernsmatrix den Nachteil, der aus einer Fehleinschätzung des wahren Umweltzustandes resultiert, messen.

Übung G.2.6. Welches Produkt (Regen- oder Sonnenschirm) wird bei Anwendung der Regel des minimalen Bedauerns ausgewählt?

Bei der Laplace-Regel wird die Ungewissheitssituation so behandelt, als wäre sie eine Situation bei Risiko. Dabei geht der Entscheidende von der Annahme aus, dass alle Umweltzustände mit der gleichen Wahrscheinlichkeit eintreten. Er wählt diejenige Alternative, die zum größten erwarteten Ergebnis führt.

Übung G.2.7. Welches Produkt (Regen- oder Sonnenschirm) wird bei Anwendung der Laplace-Regel ausgewählt?

G.3 Entscheidungen bei Risiko

G.3.1 Bayes-Regel und Bernoulli-Prinzip

Nehmen wir jetzt an, der Entscheidende könne den möglichen Umweltzuständen und damit den Elementen der Ergebnismatrix Wahrscheinlichkeiten zuordnen. Mit jeder Handlungsalternative können wir dann eine Wahrscheinlichkeitsverteilung des Ergebnisses verbinden, und das Entscheidungsproblem besteht in der Auswahl unter solchen Verteilungen.

Grundsätzlich wird eine Wahrscheinlichkeitsverteilung durch die Menge der möglichen Ergebnisse und die dazugehörigen Wahrscheinlichkeiten beschrieben. Wir schreiben im folgenden

$$L = [x_1, ..., x_n; p_1, ..., p_n]$$

für eine Verteilung L, bei der sich das Ergebnis x_i mit der Wahrscheinlichkeit p_i realisiert. Die Wahrscheinlichkeiten sind nichtnegativ und müssen sich zu 1 aufaddieren, d.h. $p_1 + ... + p_n = 1$. Der Buchstabe L erklärt sich daraus, dass wir für die Verteilung bisweilen auch Lotterie sagen und p ist der erste Buchstabe in probabilitas (lat. für Wahrscheinlichkeit).

Übung G.3.1. Gegeben sei die Ergebnismatrix auf S. 143. Schreiben Sie für jede Handlungsalternative die resultierende Wahrscheinlichkeitsverteilung ausführlich auf, wenn die Wahrscheinlichkeit einer guten Witterung $\frac{3}{4}$ ist.

Wahrscheinlichkeitsverteilungen können selbst wieder Wahrscheinlichkeitsverteilungen als Ergebnisse enthalten. In diesem Fall heißen sie
zusammengesetzte Verteilungen, um sie von den einfachen Verteilungen zu unterscheiden. Beispielsweise bezeichnet $[L_1, L_2; p_1, p_2]$ eine zusammengesetzte Verteilung, bei der der Entscheidende die Verteilung
L_1 mit der Wahrscheinlichkeit p_1 und die Verteilung L_2 mit der Gegen-
wahrscheinlichkeit p_2 erhält. Zusammengesetzte Verteilungen können
in einfacher Form dargestellt werden, indem man die entsprechenden
Wahrscheinlichkeiten „durchmultipliziert".

Übung G.3.2. Gegeben seien die Verteilungen $L_1 = \left[0, 10; \frac{1}{2}, \frac{1}{2}\right]$ und
$L_2 = \left[5, 10; \frac{1}{4}, \frac{3}{4}\right]$. Stellen Sie die zusammengesetzte Verteilung $L_3 = \left[L_1, L_2; \frac{1}{2}, \frac{1}{2}\right]$ als einfache Verteilung dar!

Wie soll sich der Entscheidende in Risikosituationen verhalten? Die
vermutlich älteste Entscheidungsregel für Risikosituationen ist die so
genannte Bayes-Regel (auch μ-Regel genannt). Sie lässt sich bis ins
17. Jahrhundert zurückverfolgen, wo sie bei der Bewertung von da-
mals gängigen Glücksspielen und Lotterien angewendet wurde. Die
Bayes-Regel besagt: Wähle unter den möglichen Wahrscheinlichkeitsverteilungen diejenige mit dem höchsten Erwartungswert. Dabei ist
der Erwartungswert einer Verteilung definiert als der mit den Wahrscheinlichkeiten gewichtete Durchschnitt der möglichen Ergebnisse. Er
errechnet sich für eine Verteilung $L = [x_1, ..., x_n; p_1, ..., p_n]$ formal aus

$$E_L = p_1 x_1 + ... + p_n x_n.$$

Insbesondere ist der Erwartungswert der risikolosen Verteilung $[x; 1]$,
die mit der Wahrscheinlichkeit 1 das Ergebnis x ergibt, gleich x.

Übung G.3.3. Welches Produktionsgut wählt der Unternehmer, wenn
er die Bayes-Regel befolgt und die Wahrscheinlichkeit einer guten Witterung $\frac{3}{4}$ beträgt?

Übung G.3.4. Welche der zwei Lotterien, $L_1 = \left[100, 0; \frac{1}{2}, \frac{1}{2}\right]$ oder
$L_2 = [50; 1]$, würden Sie vorziehen? Und wie würden Sie im Falle von
L_1 und $L_2' = [40; 1]$ entscheiden?

Für die Bayes-Regel spricht ihre relativ einfache Handhabbarkeit. Allerdings weist sie den großen Nachteil auf, dass sie das Risiko, das durch die Möglichkeit des Abweichens vom Erwartungswert entsteht, nicht berücksichtigt. Damit ist sie mit typischen Verhaltensmustern (z.B. Diversifizierung) nicht zu vereinen. Ein Entscheidungsprinzip, das diesen Mangel zu beseitigen versucht, ist das so genannte Bernoulli-Prinzip. Dabei werden Verteilungen nach dem erwarteten Nutzen beurteilt, der bei gegebener Nutzenfunktion $u(x)$ für eine Verteilung $L = [x_1, ..., x_n; p_1, ..., p_n]$ definiert ist als

$$E_L(u) = p_1 u(x_1) + ... + p_n u(x_n).$$

Das Bernoulli-Prinzip besagt: Wähle diejenige Wahrscheinlichkeitsverteilung mit dem höchsten erwarteten Nutzen.

Übung G.3.5. Welches Gut produziert der Unternehmer im Fall des Bernoulli-Prinzips, wenn seine Nutzenfunktion durch

$$u(x) = \sqrt{x}$$

gegeben ist und die Wahrscheinlichkeit einer guten Witterung $\frac{3}{4}$ beträgt?

G.3.2 Das St. Petersburger Paradoxon (Exkurs)

Am so genannten St. Petersburger Paradoxon kann man sich in besonders deutlicher Weise klarmachen, dass die alleinige Orientierung am Erwartungswert (Bayes-Regel) zu Entscheidungen führen kann, die kontraintuitiv sind und den tatsächlichen Verhaltensweisen widersprechen. Dem St. Petersburger Paradoxon liegt die folgende Spielsituation zugrunde: Peter wirft eine faire Münze solange, bis Kopf zum erstenmal erscheint. Waren hierfür n Würfe erforderlich, zahlt er an Paul einen Betrag der Höhe 2^n. Gehen die einzelnen Würfe ohne gegenseitige Beeinflussung vonstatten, ist die Wahrscheinlichkeit, mit der Kopf nach dem n-ten Wurf zum erstenmal erscheint, gleich $(1/2)^n$.

Übung G.3.6. Schreiben Sie die St. Petersburger Lotterie auf. Addieren sich die Wahrscheinlichkeiten zu Eins?

Paul wird also eine Lotterie L angeboten. Man erhält für den erwarteten Gewinn dieser Lotterie:

$$E_L = \sum_{n=1}^{\infty} 2^n \cdot \left(\frac{1}{2}\right)^n = 1 + 1 + \ldots = \infty.$$

Bei Zugrundelegung des Bayes-Kriteriums müsste Paul jeden Preis akzeptieren, den Peter für die Durchführung dieses Spiels verlangt. Dem widerspricht jedoch die (auf direkte Befragung oder Introspektion gestützte) Einsicht, dass nur sehr wenige Menschen einen Betrag von 10 oder 20 zu bieten bereit sind. Daher das St. Petersburger Paradoxon.

Als Erklärung des St. Petersburger Paradoxons schlug Daniel Bernoulli 1738 vor, dass die Individuen nicht den Erwartungswert, sondern vielmehr den erwarteten Nutzen maximieren. Nach ihm ist also das Bernoulli-Prinzip benannt. Verwendet man mit Bernoulli als Nutzenfunktion den natürlichen Logarithmus, so errechnet sich der erwartete Nutzen für das St. Petersburger Spiel aus

$$E_L(\ln) = \sum_{n=1}^{\infty} \ln(2^n) \cdot \left(\frac{1}{2}\right)^n = \ln 2 \sum_{n=1}^{\infty} n \cdot \left(\frac{1}{2}\right)^n.$$

Man kann zeigen (das müssen Sie nicht probieren), dass diese unendliche Summe konvergiert (gegen $2\ln 2$). Dann ist auch die Zahlungsbereitschaft für die Teilnahme an diesem Spiel endlich, und das St. Petersburger Paradoxon löst sich auf.

Übung G.3.7. Berechnen Sie den erwarteten Nutzen für das St. Petersburger Spiel, wenn die Nutzenfunktion durch die Wurzelfunktion gegeben ist! Hinweis: Der erwartete Nutzen kann in diesem Fall als unendliche geometrische Reihe dargestellt werden.

Die „Lösung" des St. Petersburger Paradoxons ist jedoch nicht ganz vollkommen; der interessierte Leser sei auf WIESE (2002) verwiesen.

G.4 Begründung des Bernoulli-Prinzips

Bedenkt man, dass es mehrere Möglichkeiten gibt, das Risiko einer Verteilung zu berücksichtigen - eine andere Vorgehensweise bestünde darin, die Entscheidung neben dem Erwartungswert auch von der

Standardabweichung abhängig zu machen -, erscheint das Bernoulli-Prinzip auf den ersten Blick sehr speziell. Allerdings konnten John von Neumann und Oskar Morgenstern Mitte dieses Jahrhunderts zeigen, dass seine Befolgung jedenfalls dann unterstellt werden kann, wenn der Entscheidende bei der Beurteilung der möglichen Verteilungen gewisse Axiome berücksichtigt.

Übung G.4.1. Was besagen die Axiome der Vollständigkeit und der Transitivität in der Präferenztheorie?

Die Grundlage der Arbeit von von Neumann und Morgenstern ist die Annahme, dass das Individuum über eine Präferenzrelation über alle Verteilungen verfügt. So schreiben wir $L_1 \succsim L_2$, wenn der Entscheidende die Verteilung L_1 der Verteilung L_2 schwach vorzieht. Genauso wie in Kap. C ist dann die Relation der starken Präferenz und die Indifferenzrelation definiert.

Die ersten beiden Axiome sind Ihnen bereits bekannt.

Axiom der Vollständigkeit: Für je zwei Verteilungen L_1 und L_2 gilt entweder $L_1 \succsim L_2$ oder $L_2 \succsim L_1$. In Worten: Zwei Verteilungen lassen sich stets in der einen oder in der anderen Richtung mit der schwachen Präferenzrelation in Beziehung setzen.

Axiom der Transitivität: Für je drei Verteilungen L_1, L_2 und L_3 folgt aus $L_1 \succsim L_2$ und $L_2 \succsim L_3$ die Gültigkeit von $L_1 \succsim L_3$.

Plausibel erscheint auch das dritte Axiom:

Stetigkeitsaxiom: Für je drei Verteilungen L_1, L_2 und L_3 mit $L_1 \succsim L_2 \succsim L_3$ gibt es eine Wahrscheinlichkeit p, so dass zwischen der Verteilung L_2 und der zusammengesetzten Verteilung $[L_1, L_3; p, 1 - p]$ Indifferenz besteht.

Übung G.4.2. Angenommen, Sie können unter drei Verteilungen L_1, L_2 und L_3 auswählen, die folgendermaßen definiert sind. L_3 führt mit Sicherheit zum Tod, während L_1 eine sichere Auszahlung von 10 und L_2 eine sichere Auszahlung von 0 ergibt. Wie die meisten Menschen werden Sie über die Präferenzen $L_1 \succsim L_2 \succsim L_3$ verfügen. Bestimmen Sie auf der Grundlage Ihrer persönlichen Präferenzen eine Wahrscheinlichkeit p, so dass zwischen L_2 und $[L_1, L_3; p, 1 - p]$ Indifferenz vorliegt! Wie beurteilen Sie die Plausibilität des Stetigkeitsaxioms im Lichte dieser Entscheidungssituation?

Dem nachstehenden Unabhängigkeitsaxiom kommt eine besondere Bedeutung zu. Es besagt anschaulich gesprochen, dass es für den Vergleich zusammengesetzter Verteilungen nur auf deren Unterschiede, nicht jedoch auf deren Gemeinsamkeiten ankommt.

Unabhängigkeitsaxiom: Für je drei Verteilungen L_1, L_2 und L_3 und jede Wahrscheinlichkeit p besteht zwischen der zusammengesetzten Verteilung $[L_1, L_3; p, 1 - p]$ und der zusammengesetzten Verteilung $[L_2, L_3; p, 1 - p]$ genau dann Indifferenz, wenn dies für die Verteilungen L_1 und L_2 gilt.

Übung G.4.3. Ein Individuum, das das Unabhängigkeitsaxiom befolgt, ist indifferent zwischen der Verteilung $L_1 = [0, 100; \frac{1}{2}, \frac{1}{2}]$ und der Verteilung $L_2 = [16, 25; \frac{1}{4}, \frac{3}{4}]$. Was folgt daraus für die Verteilungen $L_3 = [0, 50, 100; \frac{1}{4}, \frac{1}{2}, \frac{1}{4}]$ und $L_4 = [16, 25, 50; \frac{1}{8}, \frac{3}{8}, \frac{1}{2}]$?

Auf der Grundlage dieser vier Axiome haben von Neumann und Morgenstern die Existenz einer Nutzenfunktion $u(x)$ mit den folgenden Eigenschaften nachgewiesen: Besteht zwischen zwei Verteilungen Indifferenz, so ist der erwartete Nutzen bei beiden Verteilungen gleich. Besteht zwischen zwei Verteilungen eine starke Präferenz, so nimmt der erwartete Nutzen bei der präferierten Verteilung einen höheren Wert an. Unter den gegebenen Axiomen wird der Entscheidende also stets nach Maximierung des erwarteten Nutzens streben. Auf den Beweis dieser Aussage wird verzichtet.

Um die Nutzenfunktion $u(x)$ und den erwarteten Nutzen streng auseinander zu halten, werden wir $u(x)$ als von Neumann-Morgenstern'sche Nutzenfunktion bezeichnen und abkürzend vNM-Nutzenfunktion schreiben. Als Argument verlangt die vNM-Nutzenfunktion Auszahlungen, also die Eintragungen in Ergebnismatrizen. Der erwartete Nutzen verlangt als Argument dagegen Verteilungen oder Lotterien.

Nehmen wir also an, dass die Präferenzordnung über Lotterien die vier genannten Axiome erfüllt. Dann gibt es eine vNM-Nutzenfunktion $u(x)$, mit der wir entscheiden können, ob eine Lotterie einer anderen vorgezogen wird. Konkreter: Die Lotterie $L_1 := [x_1, ..., x_n; p_1, ..., p_n]$ wird der Lotterie $L_2 := [y_1, ..., y_m; q_1, ..., q_m]$ genau dann vorgezogen, wenn

$$\sum_{i=1}^{n} u\,(x_i) \cdot p_i > \sum_{j=1}^{m} u\,(y_j) \cdot q_j$$

gilt. Dies kann man kürzer auch durch

$$L_1 \succsim L_2 \Leftrightarrow E_{L_1}\,(u) > E_{L_2}\,(u)$$

ausdrücken.

Übung G.4.4. Wie ändern sich Ihre Antworten zu den Aufg. G.3.3 und G.3.5, wenn die Wahrscheinlichkeit einer guten Witterung $\frac{1}{2}$ beträgt?

Warnung: Wenn Sie die letzte Aufgabe richtig gelöst haben, werden Sie erkennen, dass vNM-Nutzenfunktionen, die durch eine streng monoton steigende Transformation ineinander überführt werden können, im Fall des Bernoulli-Prinzips nicht äquivalent sind. Hier liegt Äquivalenz vielmehr genau dann vor, wenn die eine Nutzenfunktion durch Multiplikation mit einer positiven Zahl und Addition einer Konstanten aus der anderen Nutzenfunktion hervorgegangen ist. Bezüglich des erwarteten Nutzens besteht weiterhin Äquivalenz bei streng monotonen Transformationen.

G.5 Risikoaversion, Risikoneutralität und Risikofreude

Das Bernoulli-Prinzip beinhaltet die Forderung nach Maximierung des erwarteten Nutzens. Damit ist noch nichts über die Gestalt der zugrunde liegenden vNM-Nutzenfunktion gesagt. Im Normalfall wird man unterstellen können, dass der Entscheidende eine Zunahme des Ergebnisses stets begrüßt. Dann muss die vNM-Nutzenfunktion monoton wachsend sein. Welche weitergehenden Aussagen können wir über das Aussehen der Nutzenfunktion machen?

Betrachtet sei die Verteilung $[95, 105; \frac{1}{2}, \frac{1}{2}]$. Ihr Erwartungswert ist 100 und der erwartete Nutzen errechnet sich aus

$$\frac{1}{2}u\,(95) + \frac{1}{2}u\,(105).$$

Angenommen, die vNM-Nutzenfunktion $u\,(x)$ besitze die in Abbildung G.1 angegebene Gestalt. Es gilt dann

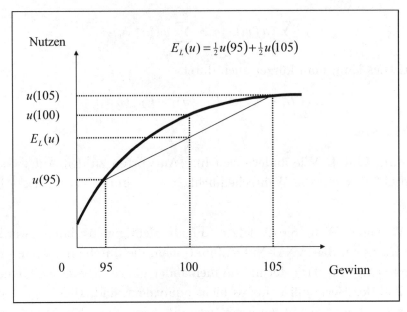

Abbildung G.1. Risikoaversion

$$u\left(100\right) > \frac{1}{2}u\left(95\right) + \frac{1}{2}u\left(105\right),$$

in Worten: Der Nutzen des Erwartungswertes ist größer als der erwartete Nutzen. In diesem Fall zieht der Entscheidende den sicheren Erwartungswert der jeweiligen Verteilung vor, und diese Präferenz ist stark. Gilt diese Aussage für alle erdenklichen Verteilungen, so sagen wir, der Entscheidende sei risikoavers. Man kann zeigen, dass ein Entscheidender genau dann risikoavers ist, wenn seine vNM-Nutzenfunktion konkav ist, wenn also ihre Steigung - so wie in Abb. G.1 angegeben - mit zunehmendem Ergebniswert abnimmt.

Man kann Risikoaversion (Nutzen des Erwartungswertes größer als erwarteter Nutzen) auch sehr kompakt durch

$$u\left(E_L\right) > E_L\left(u\right)$$

ausdrücken.

Besitzt die vNM-Nutzenfunktion dagegen die in Abb. G.2 angegebene Gestalt, so gilt

$$u\left(100\right) < \frac{1}{2}u\left(95\right) + \frac{1}{2}u\left(105\right)$$

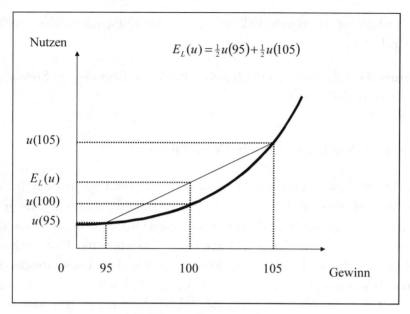

Abbildung G.2. Risikofreude

oder allgemein für eine beliebige Lotterie L

$$u\left(E_L\right) < E_L\left(u\right).$$

Der Nutzen des Erwartungswertes ist dann kleiner als der erwartete Nutzen, so dass der Entscheidende die Verteilung dem sicheren Erwartungswert vorzieht. In diesem Fall sagen wir, der Entscheidende sei risikofreudig. Das ist gleichbedeutend damit, dass der Anstieg seiner vNM-Nutzenfunktion mit zunehmendem Ergebniswert zunimmt, dass seine vNM-Nutzenfunktion also konvex ist.

Übung G.5.1. Die Präferenzen einer Person für Geld (x) werden durch eine von Neumann-Morgenstern-Nutzenfunktion repräsentiert, die für positive Geldmengen $u\left(x\right) = x^a$ lautet. Hierbei ist a ein Parameter. Was bedeutet $a < 0$, was $a = 0$? Bei welchen Parameterwerten mit $a > 0$ ist das Individuum risikoavers, bei welchen risikofreudig?

Für eine lineare vNM-Nutzenfunktion ist der Erwartungswert gleich dem Nutzen des Erwartungswert. Der Entscheidende ist dann indifferent zwischen einer Verteilung und dem sicheren Erwartungswert die-

ser Verteilung. In diesem Fall sagen wir, der Entscheidende sei risikoneutral.

Übung G.5.2. Richtig oder falsch? Die Bayes-Regel ist ein Spezialfall
des Bernoulli-Prinzips.

G.6 Die Nachfrage nach Versicherung

Die bisher entwickelte Entscheidungstheorie bei Unsicherheit ist für
alle Wirtschaftssubjekte, nicht nur für Haushalte, relevant. Erst jetzt
nehmen wir wieder explizit Bezug auf die Haushaltstheorie. Das Ziel
ist die Modellierung der Nachfrage nach Versicherung. Dazu nehmen
wir an, ein Haushalt mit einem Vermögen von A ist einem drohenden
Schaden ausgesetzt, der mit der Wahrscheinlichkeit p eintreten kann.
Im Fall des Eintretens verliert der Haushalt einen Betrag der Höhe
L. Der Haushalt kann jedoch eine Versicherung abschließen, die einen
bei Vertragsabschluss zu bestimmenden Betrag K auszahlt, wenn der
Schaden eingetreten ist. Im Gegenzug erhält der Versicherer eine Prämie P, die proportional mit der Versicherungssumme K ansteige, d.h.
$P = \gamma K$.

Im Folgenden bezeichnen wir mit x_1 bzw. x_2 das Endvermögen des
Haushalts, wenn der Schaden eingetreten bzw. nicht eingetreten ist.
Es gilt dann

$$x_1 = A - L + K - P = A - L + (1 - \gamma) K \qquad \text{(G.1)}$$

und

$$x_2 = A - P = A - \gamma K. \qquad \text{(G.2)}$$

Natürlich kann der Haushalt $K = 0$ wählen und somit auf den
Abschluss einer Versicherung verzichten. Im Schadensfalle beträgt sein
Vermögen dann $A - L$, während es im Nicht-Schadensfall A beträgt.
Hiermit haben wir die Anfangsausstattung ermittelt. Löst man Gl. G.1
nach K auf und setzt das Ergebnis in Gl. G.2 ein, erhält man nach
einigen Umformungen die Budgetgleichung

$$\frac{\gamma}{1 - \gamma} x_1 + x_2 = \frac{\gamma}{1 - \gamma} (A - L) + A.$$

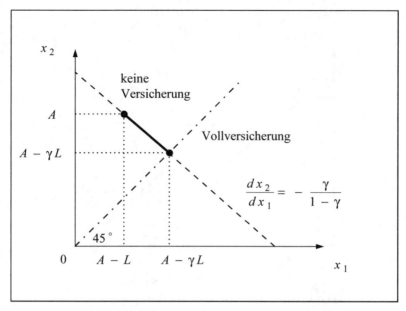

Abbildung G.3. Die Budgetgerade

Die dazugehörige Gerade ist der geometrische Ort aller Kombinationen von x_1 und x_2, die der Haushalt durch geeignete Wahl der Versicherungssumme K erreichen kann.

Übung G.6.1. Bestimmen Sie die Steigung der Budgetgeraden! Welches ist ihre ökonomische Interpretation?

In Abb. G.3 ist die Budgetgerade gezeichnet.

Übung G.6.2. Können Sie sich vorstellen, warum die Budgetgerade nicht durchgängig gezeichnet ist?

Welche Versicherungssumme K wird der Haushalt wählen? Sie erahnen die weitere Vorgehensweise: Im Koordinatensystem werden wir Indifferenzkurven einzeichnen und (bei Monotonie und „schön gekrümmten" Indifferenzkurven) das Optimum als Berührpunkt einer Indifferenzkurve mit der Budgetgeraden bestimmen. Dabei machen wir uns zunutze, dass der erwartete Nutzen

$$pu(x_1) + (1 - p) u(x_2)$$

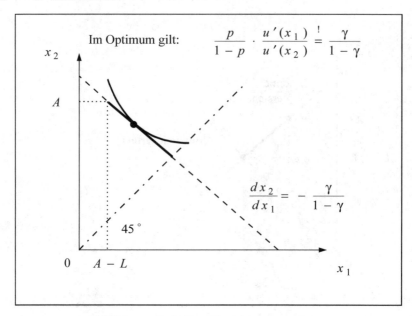

Abbildung G.4. Das Versicherungsoptimum

entlang einer Indifferenzkurve konstant ist. Daraus ergibt sich für die Grenzrate der Substitution aufgrund der Regel „$MRS = \frac{MU_1}{MU_2}$"

$$MRS = \frac{p}{1-p}\frac{u'(x_1)}{u'(x_2)}.$$

Bevor wir uns an die Bestimmung des optimalen Versicherungsschutzes machen, sollten wir klären, ob es Hinweise dafür gibt, dass die Indifferenzkurven konvex sind. Bei Risikoscheu ist dies garantiert. Lösen Sie dazu, bitte, die folgende Aufgabe:

Übung G.6.3. Zeigen Sie, dass die Indifferenzkurven für einen risikoscheuen Haushalt konvex, also zum Ursprung gekrümmt sind. Verwenden Sie für den Beweis die Formel $MRS = \frac{p}{1-p}\frac{u'(x_1)}{u'(x_2)}$.

Anhand von Abb. G.4 überlegen wir uns, dass die Steigungen der Budgetgeraden und der höchsten erreichbaren Indifferenzkurve übereinstimmen. Es muss also

$$\frac{p}{1-p}\frac{u'(x_1)}{u'(x_2)} \overset{!}{=} \frac{\gamma}{1-\gamma}$$

gelten. Nach Einsetzen und Umformung erhält man daraus

$$\frac{u'\left(A - L + (1 - \gamma)K\right)}{u'\left(A - \gamma K\right)} = \frac{\gamma}{1 - \gamma} \frac{1 - p}{p}.$$

Übung G.6.4. Dennis besitzt als einzigen Vermögensgegenstand eine Yacht im Wert von € 100.000,00. Mit einer Wahrscheinlichkeit von $p = 0,01$ kann die Yacht infolge einer Havarie sinken. Eine Versicherung kostet $\gamma = 0,02$ Euro pro Euro Versicherungssumme. Welche Versicherungssumme wählt Dennis, wenn seine Nutzenfunktion durch $u\left(x\right) = \ln\left(x\right)$ gegeben ist?

Eine Versicherung heißt „fair", wenn ihr Wert, gemessen durch die erwarteten Leistungen des Versicherers, genau der Versicherungsprämie entspricht. Für eine faire Versicherung gilt also $pK = P$, woraus sich zusammen mit $P = \gamma K$ die Gültigkeit von $\gamma = p$ ergibt. Somit ist eine faire Versicherung in Worten dadurch gekennzeichnet, dass die Prämie je Euro Versicherungssumme gleich der Wahrscheinlichkeit des Schadensereignisses ist.

Wir wollen nun herausfinden, wie sich der risikoaverse Haushalt gegenüber einer fairen Versicherung verhält. Wir benötigen dazu einige Vorüberlegungen. Zunächst beantworten Sie, bitte, die folgende Frage.

Übung G.6.5. Wie groß ist die Grenzrate der Substitution entlang der 45°-Linie, d.h. bei Vollversicherung?

Das Verhältnis der Wahrscheinlichkeiten, $\frac{p}{1-p}$, ist von besonderer Wichtigkeit. Es ist die betragsmäßige Steigung der Kurven mit konstanten Erwartungswert. Denn aus

$$px_1 + (1 - p)x_2 = k$$

für eine Konstante k folgt $x_2 = -\frac{p}{1-p}x_1 + \frac{k}{1-p}$ und

$$\frac{dx_2}{dx_1} = -\frac{p}{1 - p}.$$

Abb. G.5 gibt diese Kurve wieder. Man kann den Erwartungswert der Lotterie, die durch den Punkt A repräsentiert wird, direkt ablesen. Der

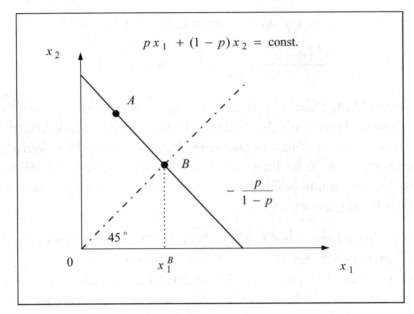

Abbildung G.5. Kurve konstanten Erwartungswertes

Erwartungswert ist bei A genauso groß wie bei B und dort beträgt er x_1^B.

Betrachten wir nun einen risikoscheuen Haushalt, der mit der Lotterie, die in Abb. G.6 durch den Punkt A charakterisiert ist, konfrontiert ist. Die Budgetgerade und die Kurve konstanten Erwartungswertes durch A fallen bei einer fairen Versicherung zusammen. Der Haushalt kann also durch die Versicherung von A nach B gelangen. Bei Risikoaversion präferiert er jedoch B gegenüber A und auch gegenüber allen anderen Punkten auf der Budgetgeraden. Dies sieht man so: Risikoaversion bedeutet, dass der Nutzen des Erwartungswertes der Lotterie des Punktes A größer ist als der erwartete Nutzen. Der Nutzen des Erwartungswertes der Lotterie des Punktes A ist jedoch durch die Indifferenzkurve durch den Punkt B gegeben, während sich der erwartete Nutzen in der Indifferenzkurve durch Punkt A widerspiegelt.

Anders ausgedrückt: Der risikoscheue Haushalt zieht eine risikolose Situation einer risikobehafteten Situation vor, wenn das erwartete Ergebnis in beiden Situationen gleich ist. Im Fall einer fairen Versicherung ist das erwartete Endvermögen unabhängig von der gewählten Versicherungssumme, wobei der Haushalt durch eine Vollversiche-

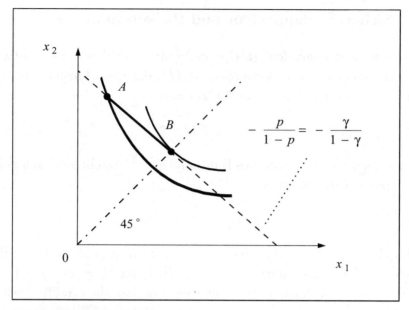

Abbildung G.6. Vollversicherung bei fairer Versicherung

rung eine risikolose Situation erreichen kann. Ein risikoaverser Haushalt wird daher stets eine Vollversicherung wählen.

Man kann die betrachtete Aussage auch rechnerisch herleiten. Aus der notwendigen Bedingung für das Versicherungsoptimum

$$\frac{u'\left(A - L + (1 - \gamma)\,K\right)}{u'\left(A - \gamma K\right)} \overset{!}{=} \frac{\gamma}{1 - \gamma}\frac{1 - p}{p}$$

folgt nämlich wegen $\gamma = p$ zunächst die Gültigkeit von

$$u'\left(A - L + (1 - \gamma)\,K\right) = u'\left(A - \gamma K\right)$$

und damit weiter die von

$$A - L + (1 - \gamma)\,K = A - \gamma K,$$

da die Ableitung u' der Nutzenfunktion u für einen risikoaversen Haushalt streng monoton fällt. Nach einigen Umformungen erhält man schließlich $K = L$, was zu zeigen war.

G.7 Sicherheitsäquivalent und Risikoprämie

Das Sicherheitsäquivalent (CE = certainty equivalent) einer Lotterie L ist dasjenige (sichere) Vermögen $CE\,(L)$, das dem Haushalt genauso lieb ist wie die Lotterie selbst. Es gilt also

$$L \sim [CE\,(L)\,;1]$$

oder, falls die Präferenzen des Haushalts eine Darstellung durch einen erwarteten Nutzen besitzen:

$$E_L\,(u) = u\,(CE\,(L))\,.$$

Abb. G.7 verdeutlicht das Sicherheitsäquivalent graphisch: Die risikobehaftete Ausgangssituation ist durch den Punkt $L = [x_1, x_2; p, 1-p]$ beschrieben. Der Punkt C liegt einerseits auf derselben Indifferenzkurve, d.h. der Kurve konstanten erwarteten Nutzens wie die Ausgangssituation, andererseits auf der 45-Grad-Hilfslinie, die sichere Vermögen repräsentiert. Das Sicherheitsäquivalent kann dann an den Achsen (egal welcher) abgelesen werden.

Die Risikoprämie $RP\,(L)$ einer Lotterie L ist definiert als Differenz zwischen deren Erwartungswert E_L und deren Sicherheitsäquivalent $CE\,(L)$,

$$RP\,(L) = E_L - CE\,(L)\,.$$

Die Risikoprämie ist derjenige Geldbetrag, den ein Individuum maximal zu zahlen bereit ist, wenn ihm das Risiko ohne Einbuße an Erwartungswert abgenommen wird, wenn es also anstelle der Lotterie den Erwartungswert der Lotterie erhält.

Alternativ können Sie die Risikoprämie als Zahlungsbereitschaft für eine faire Vollversicherung auffassen: Man erinnere sich daran, dass der Versicherungsprämiensatz γ bei einer fairen Versicherung gerade der Schadenswahrscheinlichkeit p entspricht, auf der Budgetgerade der Erwartungswert demnach konstant ist. Eine faire Vollversicherung sichert dem Haushalt also ein Vermögen, das dem Erwartungswert entspricht. Wird hiervon die Risikoprämie abgezogen, dann hat der Haushalt ein sicheres Vermögen in Höhe des Sicherheitsäquivalentes, ist also gerade so gut gestellt wie in der Ausgangssituation. Der Haushalt wäre also

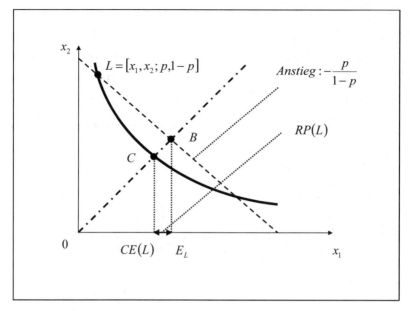

Abbildung G.7. Sicherheitsäquivalent und Risikoprämie

tatsächlich höchstens bereit einen Geldbetrag in Höhe der Risikoprämie für eine faire Vollversicherung zu zahlen.

Wir betrachten wiederum Abb. G.7. Eine faire Vollversicherung bringt den Haushalt zum Punkt B, der den sicheren Erwartungswert der Ausgangssituation darstellt. Dieser kann an den Achsen abgelesen werden. Der Punkt C repräsentiert das Sicherheitsäquivalent. Die Risikoprämie ergibt sich definitionsgemäß als Differenz der beiden Vermögen. Durch Zahlung der Risikoprämie gelangt der Haushalt von B nach C, also von der „fairen Vollversicherung" zu einem sicheren Vermögen das genauso gut ist wie die Ausgangssituation.

Übung G.7.1. Betrachten Sie die Lotterie $L = \left[10, 100; \frac{1}{3}, \frac{2}{3}\right]$ und eine VNM-Nutzenfunktion u wie in der Abb. G.8. Ermitteln Sie graphisch Erwartungswert, erwarteten Nutzen, Nutzen des Erwartungswertes, Sicherheitsäquivalent und Risikoprämie!

Übung G.7.2. Sarah steht vor der Entscheidung entweder Kinderärztin zu werden oder aber Angestellte der Rentenversicherung. Als Angestellte kann sie mit einem sicheren Lebenseinkommen in Höhe von

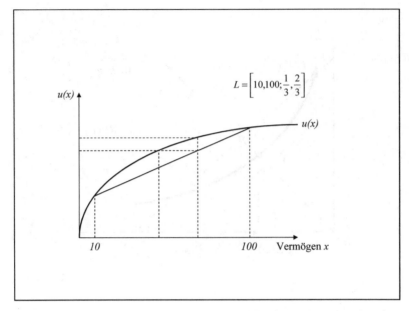

Abbildung G.8. Sicherheitsäquivalent und Risikoprämie einmal anders

40.000 Euro pro Jahr rechnen. Ihr Einkommen als Kinderärztin hingegen hängt davon ab, ob es einen Babyboom gibt oder nicht. Im Falle eines Babybooms könnte sie ein Einkommen von jährlich 100.000 Euro erzielen, andernfalls nur eines von 20.000 Euro. Die Wahrscheinlichkeit eines Babybooms liegt bei $\frac{1}{2}$, und Sarahs vNM-Nutzenfunktion ist durch $u(x) = x$ gegeben.

a) Wie sollte sich Sarah entscheiden?

b) Das Institut für Angewandte Demographie (IAD) kann das Eintreten oder Nichteintreten eines Babybooms präzise vorhersagen. Für die einmalige Information muss Sarah konstante jährliche Raten zahlen. Wie hoch kann diese Rate maximal sein?

c) Veranschaulichen Sie die Sachverhalte aus (a) und (b) graphisch!

G.8 Neue Begriffe

- Unsicherheit
- Risiko
- Ungewissheit

- Maximin-Regel
- Maximax-Regel
- Hurwicz-Regel
- Regel des minimalen Bedauerns
- Laplace-Regel
- Optimismusparameter
- Wahrscheinlichkeitsverteilung
- einfache Verteilung
- zusammengesetzte Verteilung
- Bayes-Regel (μ-Regel)
- Erwartungswert
- Bernoulli-Prinzip
- erwarteter Nutzen
- Stetigkeitsaxiom
- Unabhängigkeitsaxiom
- Risikoaversion
- Risikofreude
- Risikoneutralität
- Versicherungsprämie
- Versicherungsoptimum
- faire Versicherung
- Sicherheitsäquivalent
- Risikoprämie

G.9 Literaturempfehlungen und Übungsaufgaben

G.9.1 Literaturempfehlungen

Etwas ausführlicher, aber immer noch einführend, werden Entscheidungen unter Unsicherheit in BÜLTEL/WIESE (1996) behandelt. Im Lehrbuchformat sind LAUX (1998) oder WIESE (2002) zu empfehlen.

G.9.2 Übungsaufgaben

Übung G.9.1. Wilma ist risikofreudig oder risikoneutral. Ihr wird die Möglichkeit angeboten, für € 10,00 ein Los zu erwerben, das einen

Preis von € 100,00 mit einer Wahrscheinlichkeit von 0,06, einen Preis von € 50,00 mit einer Wahrscheinlichkeit von 0,1 und keinen Preis mit einer Wahrscheinlichkeit von 0,84 erbringt. Wird sie das Los kaufen?

Übung G.9.2. Untersuchen Sie, ob die folgenden Nutzenfunktionen auf risikoaverses, risikoneutrales oder risikofreudiges Entscheidungsverhalten hinweisen:

a) $u(x) = x^2$ für $x > 0$;

b) $u(x) = 2x + 3$;

c) $u(x) = ln(x)$ für $x > 0$;

d) $u(x) = -e^{-x}$.

Übung G.9.3. Sokrates besitzt ein Schiff im Werte von 200 Millionen Euro. Wenn das Schiff sinkt, was mit einer Wahrscheinlichkeit von 1/5 zu erwarten ist, verliert er die 200 Millionen. Sein gesamtes Vermögen beträgt 225 Millionen Euro. Sokrates maximiert den erwarteten Nutzen, wobei die von-Neumann-Morgenstern-Nutzenfunktion durch $u(X) = X^{1/2}$ gegeben ist. X steht dabei für das Vermögen.
Welchen Betrag ist er höchstens bereit, für eine Vollversicherung seines Schiffes zu zahlen?

Übung G.9.4. Der von-Neumann-Morgenstern-Nutzen eines Haushalts sei gegeben durch $u(x) = x^{1/2}$, wobei x das Vermögen des Haushalts ist. Das Anfangsvermögen des Haushaltes beträgt € 144. Der Haushalt ist von einem Vermögensschaden der Höhe € 108 bedroht, der mit einer Wahrscheinlichkeit von 1/3 eintritt.

a) Berechnen Sie den erwarteten Nutzen!

b) Berechnen Sie die Risikoprämie!

G.10 Lösungen zu den Aufgaben

G.2.1. Der niedrigste Gewinn beträgt bei Regenschirmproduktion 81 und bei Sonnenschirmproduktion 64. Das Maximum der Minima beträgt 81. Also müsste nach dem Maximin-Kriterium die Produktion von Regenschirmen aufgenommen werden.

G.2.2. Der höchste Gewinn beträgt bei Regenschirmproduktion 100 und bei Sonnenschirmproduktion 121. Das Maximum der Maxima beträgt 121. Also müsste der Unternehmer nach dem Maximax-Kriterium Sonnenschirme produzieren.

G.2.3. Für $\gamma = 1$ geht die Hurwicz-Regel in die Maximax-Regel und für $\gamma = 0$ in die Maximin-Regel über.

G.2.4. Bei einem Optimismusparameter von $\frac{3}{4}$ beträgt der gewogene Durchschnitt aus Zeilenminimum und Zeilenmaximum bei Regenschirmproduktion $\frac{3}{4} \cdot 100 + \frac{1}{4} \cdot 81 = 95,25$ und bei Sonnenschirmproduktion $\frac{3}{4} \cdot 121 + \frac{1}{4} \cdot 64 = 106,75$. Der Unternehmer entscheidet sich für Sonnenschirme.

G.2.5. Bei korrekter Vorhersage des wahren Umweltzustandes wählt der Entscheidende diejenige Alternative, die in der jeweiligen Spalte zum besten Ergebnis führt. Daher messen die Elemente der Bedauernsmatrix den Nachteil, der aus einer Fehleinschätzung des wahren Umweltzustandes resultiert.

G.2.6. Die Bedauernsmatrix lautet:

	schlechte Witterung	gute Witterung
Regenschirmproduktion	0	40
Sonnenschirmproduktion	36	0

Das Zeilenmaximum beträgt bei Regenschirmproduktion 40 und bei Sonnenschirmproduktion 36. Also werden Sonnenschirme produziert.

G.2.7. Treten die Umweltzustände jeweils mit der Wahrscheinlichkeit $\frac{1}{2}$ ein, so beträgt der erwartete Gewinn bei Regenschirmproduktion $\frac{1}{2} \cdot 100 + \frac{1}{2} \cdot 81 = 90,5$ und bei Sonnenschirmproduktion $\frac{1}{2} \cdot 64 + \frac{1}{2} \cdot 121 = 92,5$. Sonnenschirme versprechen einen höheren erwarteten Gewinn und daher entscheidet sich der Unternehmer gegen Regenschirme.

G.3.1. $L_{\text{Regenschirm}} = \left[100, 81; \frac{1}{4}, \frac{3}{4}\right]$ für die Regenschirmproduktion und für die Sonnenschirmproduktion $L_{\text{Sonnenschirm}} = \left[64, 121; \frac{1}{4}, \frac{3}{4}\right]$.

G.3.2. $L_3 = [0, 5, 10; \frac{1}{4}, \frac{1}{8}, \frac{5}{8}]$. Das Ergebnis 10 realisiert sich bei L_1 mit der Wahrscheinlichkeit $\frac{1}{2}$ und bei L_2 mit der Wahrscheinlichkeit $\frac{3}{4}$. Da die zusammengesetzte Verteilung L_3 annahmegemäß mit der gleichen Wahrscheinlichkeit $\frac{1}{2}$ zu den Verteilungen L_1 und L_2 führt, realisiert sich das Ergebnis 10 bei L_3 mit der Wahrscheinlichkeit $\frac{1}{2}$ · $\frac{1}{2} + \frac{1}{2} \cdot \frac{3}{4} = \frac{5}{8}$. Analog bestimmt man die Wahrscheinlichkeiten für die Ergebnisse 0 und 5.

G.3.3. Der erwartete Gewinn beträgt bei Regenschirmen $\frac{1}{4} \cdot 100 + \frac{3}{4} \cdot 81 = 85,75$ und bei Sonnenschirmen $\frac{1}{4} \cdot 64 + \frac{3}{4} \cdot 121 = 106,75$. Der Unternehmer entscheidet sich also für die Produktion von Sonnenschirmen.

G.3.4. Sie haben sich sicherlich $E_{L_1} = E_{L_2} > E_{L_2'}$ überlegt. Sind Sie indifferent zwischen L_1 und L_2?

G.3.5. Der erwartete Nutzen beträgt bei Regenschirmen $\frac{1}{4} \cdot 10 + \frac{3}{4} \cdot 9 = 9,25$ und bei Sonnenschirmen $\frac{1}{4} \cdot 8 + \frac{3}{4} \cdot 11 = 10,25$. Der Unternehmer produziert Sonnenschirme.

G.3.6. Die St. Petersburger Lotterie lässt sich so andeuten:

$$L = \left[2, 4, 8, 16, ...; \frac{1}{2}, \frac{1}{4}, \frac{1}{8}, \frac{1}{16}, ... \right]$$

Die Summe der Wahrscheinlichkeiten bildet eine geometrische Reihe mit dem Faktor $\frac{1}{2}$. Die allgemeine Summenformel für Faktoren kleiner als Eins lautet

$$\frac{\text{Erster Summand}}{1 - \text{Faktor}}.$$

Man erhält also

$$\frac{1}{2} + \frac{1}{4} + \frac{1}{8} + \frac{1}{16} + ...$$
$$= \frac{\frac{1}{2}}{1 - \frac{1}{2}}$$
$$= 1.$$

G.3.7. Sei $u(x) = \sqrt{x}$ für alle x. Der erwartete Nutzen $E_L(u)$ für die St. Petersburger Lotterie L errechnet sich dann aus:

$$E_L(u) = \sum_{n=1}^{\infty} \sqrt{2^n} \cdot \left(\frac{1}{2}\right)^n = \sum_{n=1}^{\infty} \left(\frac{\sqrt{2}}{2}\right)^n = \sum_{n=1}^{\infty} \left(\frac{1}{\sqrt{2}}\right)^n.$$

Mit Hilfe der Summenformel für eine unendliche geometrische Reihe erhält man daraus wegen $0 < \frac{1}{\sqrt{2}} < 1$:

$$E_L(u) = \frac{1}{\sqrt{2}} \cdot \frac{1}{1 - \frac{1}{\sqrt{2}}} = \frac{1}{\sqrt{2} - 1} = \frac{\sqrt{2} + 1}{(\sqrt{2} + 1)(\sqrt{2} - 1)} = \sqrt{2} + 1.$$

G.4.1. Wiederholen Sie Kap. C.

G.4.2. Die gestellte Frage wird häufig dahingehend beantwortet, dass eine Wahrscheinlichkeit p mit der gewünschten Eigenschaft nicht existiert, da kein noch so hoher Geldbetrag den möglichen Verlust des Lebens rechtfertigt. Damit erscheint das Stetigkeitsaxiom für Entscheidungssituationen, in denen katastrophale Ergebnisse mit positiver Wahrscheinlichkeit auftreten, als restriktiv. Andererseits: Wären Sie bereit, eine vielbefahrene Straße zu überqueren, um einen Hundertmarkschein aufzuheben, den Sie dort erspäht haben? Die meisten Menschen werden diese Frage bejahen, obwohl das Überqueren einer Straße ein nicht zu unterschätzendes Unfallrisiko nach sich zieht. Diese Bemerkung zeigt, dass das Stetigkeitsaxiom doch nicht so schlecht ist, wie uns die in der Frage betrachtete Entscheidungssituation glauben machen will.

G.4.3. Sei L die Verteilung, die mit Sicherheit zu dem Ergebnis 50 führt. Dann gilt $L_3 = \left[L_1, L; \frac{1}{2}, \frac{1}{2}\right]$ und $L_4 = \left[L_2, L; \frac{1}{2}, \frac{1}{2}\right]$. Wegen $L_1 \sim L_2$ folgt daraus mithilfe des Unabhängigkeitsaxioms die Gültigkeit von $L_3 \sim L_4$.

G.4.4. Der erwartete Gewinn ist bei Produktion von Sonnenschirmen nach wie vor höher als bei Produktion von Regenschirmen. Insofern ändert sich die Antwort zu Frage G.3.3 nicht. Anders verhält es sich bei der Antwort zu Frage G.3.5, da der Unternehmer bei Anwendung des Bernoulli-Prinzips (mit der Wurzelfunktion als Nutzenfunktion) zwischen den beiden Handlungsalternativen nunmehr indifferent ist.

G.5.1. Für $a = 0$ gilt $u(x) = 1$, die Nutzenfunktion ist in diesem Fall konstant. Wegen $u'(x) = ax^{a-1}$ ist die Nutzenfunktion für $a <$

0 monoton fallend und für $a > 0$ monoton steigend. Außerdem ist die erste Ableitung $u'(x)$ wegen $u''(x) = a(a-1)x^{a-2}$ für $0 < a < 1$ monoton fallend und für $a > 1$ monoton steigend. Daher ist das betrachtete Individuum für $0 < a < 1$ risikoavers und für $a > 1$ risikofreudig.

G.5.2. Wählt man die identische Funktion $u(x) = x$ als Nutzenfunktion, so ergibt sich die Bayes-Regel als Spezialfall des Bernoulli-Prinzips.

G.6.1. Die Budgetgerade hat die Steigung $-\frac{\gamma}{1-\gamma}$. $\frac{\gamma}{1-\gamma}$ sind die Opportunitätskosten: Auf wie viele Vermögenseinheiten muss der Haushalt im Nicht-Schadensfalle verzichten, wenn er im Schadensfalle eine Vermögenseinheit zusätzlich zur Verfügung haben möchte.

G.6.2. Die gestrichelten Teile der Budgetgerade betreffen negative Versicherungen bzw. Überversicherungen. Diese beiden Arten von Versicherungen sind unüblich oder durch vertragliche bzw. gesetzliche Regelungen ausgeschlossen. Der ökonomisch relevante Bereich der Budgetgeraden wird durch die beiden Punkte $(A - L, A)$ und $(A - \gamma L, A - \gamma L)$ begrenzt, bei denen der Haushalt keine Versicherung respektive eine Vollversicherung abschließt. Zwischen diesen Punkten liegt der Bereich der Unterversicherungen. Das sind solche Versicherungen, bei denen der Haushalt einen Teil des Risikos selber trägt. (Vgl. Abb. G.3)

G.6.3. Die Grenzrate der Substitution errechnet sich aus

$$MRS = \frac{p}{1-p} \frac{u'(x_1)}{u'(x_2)}.$$

Da die erste Ableitung u' der vNM-Nutzenfunktion u für einen risikoaversen Haushalt streng monoton fällt, nimmt der Wert von $u'(x_1)$ mit zunehmendem x_1 ab und der Wert von $u'(x_2)$ mit abnehmendem x_2 zu. Folglich nimmt die Grenzrate der Substitution entlang einer Indifferenzkurve mit zunehmendem x_1 und abnehmendem x_2 ab, da der Zähler verkleinert und der Nenner vergrößert wird. Also sind die Indifferenzkurven zum Ursprung hin gekrümmt.

G.6.4. Für die durch $u(x) = \ln(x)$ gegebene Nutzenfunktion gilt $u'(x) = \frac{1}{x}$. Im Versicherungsoptimum gilt dann

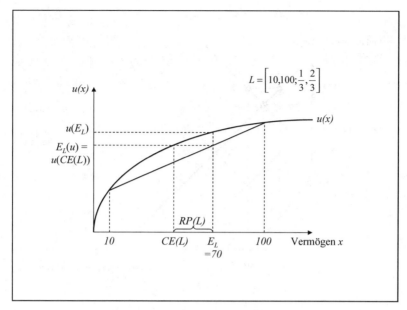

Abbildung G.9. Sicherheitsäquivalent und Risikoprämie einmal anders

$$\frac{A - \gamma K}{A - L + (1 - \gamma) K} = \frac{\gamma}{1 - \gamma} \frac{1 - p}{p}.$$

Nach Einsetzen von $A = L = 100000$, $p = 0,01$ und $\gamma = 0,02$ und Auflösen nach K erhält man als optimale Versicherungssumme $K = 50000$.

G.6.5. Entlang der 45°-Linie gilt $x_1 = x_2$ und damit $u'(x_1) = u'(x_2)$. Für die Grenzrate der Substitution ergibt sich daraus $MRS = \frac{p}{1-p}$.

G.7.1. Siehe Abb. G.9.

G.7.2. a) Der Entscheidung, Angestellte zu werden, entspricht die Lotterie $A = [40.000; 1]$, der Entscheidung, Kinderärztin zu werden, die Lotterie $K = [100.000, 20.000; \frac{1}{2}, \frac{1}{2}]$. Der erwartete Nutzen von A beträgt $1 \cdot 40.000 = 40.000$ und der von K

$$\tfrac{1}{2} 100.000 + \tfrac{1}{2} 20.000 = 60.000.$$

Sarah sollte also Kinderärztin werden.

b) In a) haben wir bereits herausgefunden, dass Sarah Kinderärztin wird und damit einen erwarteten Nutzen von 60.000 erreicht.

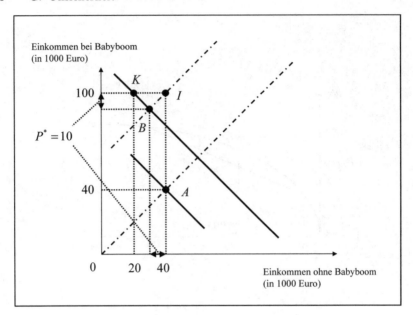

Abbildung G.10. Wert der Information

Mit der Information des IAD würde Sarah im Falle eines Babybooms Kinderärztin und sonst Angestellte. Kostet die Information
P Euro pro Jahr, dann enspricht Sarahs Situation der Lotterie $I = \left[100.000 - P, 40.000 - P; \frac{1}{2}, \frac{1}{2}\right]$. Sarah ist also gerade soviel zu zahlen
bereit, bis der erwartete Nutzen von I dem von K entspricht:

$$\tfrac{1}{2}\left(100.000 - P\right) + \tfrac{1}{2}\left(40.000 - P\right) = 60.000.$$

Sarahs Zahlungbereitschaft für die Information beträgt demnach $P^* = 10.000$ Euro pro Jahr. Den Barwert dieser Zahlungen kann man als den
Wert der Information auffassen.

c) Abb. G.10 leistet das Gewünschte: Die Bezeichnungen sind wie in
der Aufgabenstellung. Dicke Linien stellen Indifferenzkurven dar. Da
Sarah offenbar risikoneutral ist, sind dies Geraden, auf denen der Erwartungswert konstant ist. Nach Zahlung von P^* gelangt Sarah von I
nach B.

G.9.1. Ja.

G.9.2. a) risikofreudig.

b) -neutral.

c) -avers.

d) -avers.

G.9.3. 56 Mill. Euro.

G.9.4. a) € 10.

b) € 8.

H. Marktnachfrage und Erlöse

In den vorangegangenen Kapiteln wurde die Haushaltstheorie dargestellt. Ein Hauptergebnis der Haushaltstheorie ist die Bestimmung des
Haushaltsoptimums. In unserem Modell hängt die nachgefragte Menge
vom Preis des betrachteten Gutes, vom Preis anderer Güter und vom
Einkommen bzw. der Anfangsausstattung ab. Wir konzentrieren uns
in diesem Kapitel allein auf die Abhängigkeit vom eigenen Preis. In
Abschnitt E.1 haben wir gezeigt, wie die individuellen Nachfragefunktionen und deren graphische Veranschaulichung, die Nachfragekurven,
hergeleitet werden können. In diesem letzten Kapitel des Teils I des
Lehrbuches sollen die individuellen Nachfragefunktionen zur Marktnachfragefunktion aggregiert werden. Unter Annahme spezieller Formen der Marktnachfragekurve werden wir verschiedene Kennziffern für
diese Kurven wiederholen (z.B. die Preiselastizität der Nachfrage), neu
einführen (z.B. Grenzerlös) und zueinander in Beziehung setzen. Dabei schließen wir den Fall aus, dass die Nachfragekurve eine positive
Steigung hat. Wir gehen also davon aus, dass das Phänomen nicht-
gewöhnlicher Güter, falls es denn bei einzelnen Haushalten auftreten
sollte, nicht auf die aggregierte Nachfragefunktion durchschlägt.

H.1 Aggregation individueller Nachfragekurven zur Marktnachfragekurve

Man erhält die Marktnachfragekurve graphisch, indem man die individuellen Nachfragekurven horizontal addiert, wie dies Abb. H.1 für
zwei Haushalte zeigt. Beim Preis p ergibt sich die Marktnachfrage
$q(p)$ durch Addition der Nachfrage $x^A(p)$ von Haushalt A und der
Nachfrage $x^B(p)$ von Haushalt B.

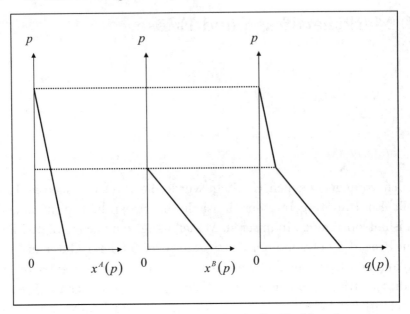

Abbildung H.1. Aggregation individueller Nachfragekurven

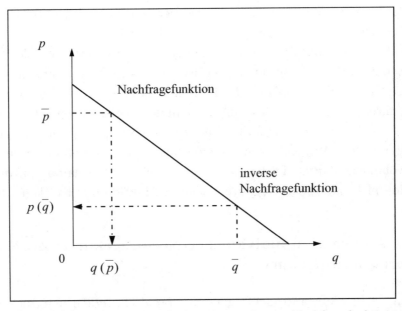

Abbildung H.2. Nachfragefunktion versus inverse Nachfragefunktion

Übung H.1.1. Aggregieren Sie die beiden Nachfragefunktionen $x^A(p)$ $= 20 - 2p$ und $x^B(p) = 15 - 3p$!

In Zukunft werden wir genau zwischen der Nachfragefunktion und der inversen Nachfragefunktion unterscheiden. Die Nachfragefunktion gibt die abgesetzte Menge eines Gutes in Abhängigkeit des Preises für dieses Gut wieder. Die inverse Nachfragefunktion gibt zu einer bestimmten Menge $\bar{q}$ des Gutes den Preis an, der zu einer Nachfrage in Höhe von $\bar{q}$ führt. Abb. H.2 veranschaulicht den Unterschied zwischen der Nachfragefunktion und der inversen Nachfragefunktion.

Die (graphische Darstellung der) Nachfragekurve legt die Sichtweise der inversen Nachfragefunktion nahe. Bei streng monoton fallenden Funktionen sind beide Sichtweisen letztlich äquivalent. Die ökonomische Interpretation ist jedoch unterschiedlich, so dass wir uns zuerst mit der Nachfragefunktion selbst und anschließend mit der inversen Nachfragefunktion beschäftigen wollen. In beiden Fällen werden wir die Konvention, nach der der Preis an der Ordinate abgetragen wird, beibehalten.

H.2 Nachfragefunktion und Preiselastizität

Wichtige Kennziffern der aggregierten Nachfragefunktion $q(p)$ sind die Ableitung $\frac{dq}{dp}$ und die Preiselastizität der Nachfrage. $\frac{dq}{dp}$ sagt aus, wie stark die Nachfrage auf eine Preisänderung reagiert. Abb. H.3 zeigt eine Nachfragekurve mit unterschiedlichen Nachfragereaktionen. Im vertikalen Ast der Nachfragefunktion bewirkt eine Preissenkung überhaupt keine Mengenreaktion, im negativ geneigten Ast bewirkt die Preissenkung eine beschränkte Nachfrageerhöhung und im horizontalen Ast dehnt sich die nachgefragte Menge aufgrund der Preissenkung unbeschränkt aus.

Wir wissen bereits, dass die Verwendung der Preiselastizität der Nachfrage anstelle der Steigung der Nachfragefunktion $\frac{dq}{dp}$ den Vorteil hat, von Mengen- oder Preiseinheiten unabhängig zu sein. Die Preiselastizität der Nachfrage sagt aus, um wie viel Prozent sich die nachgefragte Menge ändert, falls der Preis um 1 Prozent angehoben wird. Wir berechnen sie also auf diese Weise:

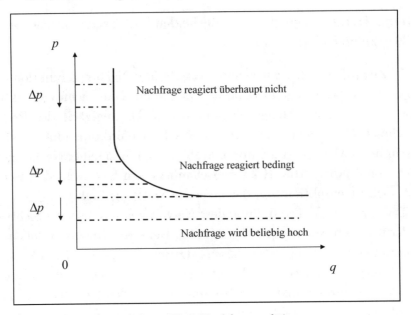

Abbildung H.3. Nachfragereaktionen

$$\varepsilon_{q,p} = \frac{\frac{dq}{q}}{\frac{dp}{p}} = \frac{dq}{dp}\frac{p}{q}.$$

Beispielhaft erläutern wir die Preiselastizität der Nachfrage anhand einer linearen Nachfragefunktion:

$$q\,(p) = a - bp.$$

Die Ableitung der Nachfragefunktion nach dem Preis liefert $-b$. Wenn also der Preis um eine Einheit steigt, geht die Nachfrage um b zurück. Bei einer linearen Nachfragefunktion ist die Steigung für alle Preise gleich. Ist auch die Preiselastizität der Nachfrage bei linearen Nachfragefunktionen für alle Preise gleich?

Übung H.2.1. Berechnen Sie die Preiselastizität der Nachfrage für die lineare Nachfragefunktion $q = a - bp$! Bei welchem Preis und bei welcher Menge ist die Elastizität gleich -1? Bei welchem Preis beträgt sie null?

Wir sprechen von einer unelastischen Nachfrage, falls die relative Mengenänderung schwächer als die relative Preisänderung ausfällt,

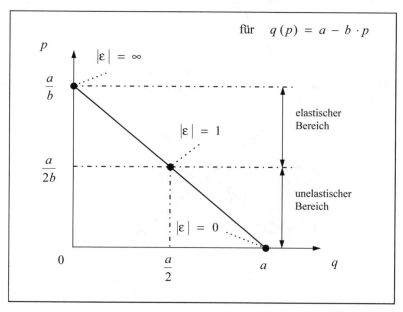

Abbildung H.4. Die Elastizität ist bei einer linearen Nachfragefunktion nicht konstant

falls also die betragsmäßige Elastizität kleiner als 1 bzw. die Elastizität selbst größer als -1 ist. Umgekehrt ist eine elastische Nachfrage durch $|\varepsilon_{q,p}| > 1$ gekennzeichnet. Abb. H.4 zeigt eine lineare Nachfragekurve mit den Elastizitätswerten bei ausgewählten Preisen. Beim Prohibitivpreis gilt demnach $|\varepsilon_{q,p}| = \infty$. Dies kann man sich in etwas hemdsärmeliger Art so klarmachen: Beim Prohibitivpreis bedeutet eine Preissenkung um eine kleine Einheit eine sehr geringe relative Änderung. Die sich aufgrund der Preissenkung ergebende Mengenerhöhung ist relativ sehr groß, weil in der Ausgangslage die Nachfragemenge null ist. Damit ist die Preiselastizität der Nachfrage, die durch $\frac{\text{relative Mengenänderung}}{\text{relative Preisänderung}}$ definiert ist, betragsmäßig sehr groß.

H.3 Nachfragefunktion und Erlös

Neben der Preiselastizität der Nachfrage ist das Produkt aus Preis und Menge ein wichtiges Charakteristikum der Nachfragefunktion bzw. der inversen Nachfragefunktion. Aus der Sicht des einzelnen Haushalts stellt dieses Produkt Ausgaben dar. Aus der Sicht der Unternehmung,

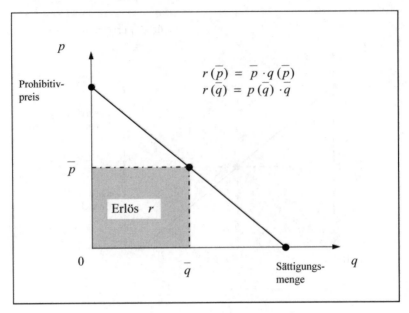

Abbildung H.5. Das Erlösquadrat

die ein Gut verkauft, handelt es sich um Erlöse (r für revenue). Erlöse sind für Unternehmen von besonderer Bedeutung, weil Gewinne als Differenz von Erlösen und Kosten definiert sind. Eine Erlösanalyse ist daher u.a. für das Marketing von großer Relevanz. Abb. H.5 stellt das Erlösquadrat graphisch dar. In diesem Abschnitt behandeln wir den Erlös aus der Sicht der Nachfragefunktion, also als Funktion des Preises. Im nächsten Abschnitt nehmen wir die Sichtweise der inversen Nachfragefunktion ein.

Für die Nachfragefunktion $q(p)$ ist der Erlös durch

$$r(p) = p \cdot q(p)$$

definiert. Der Erlös ist demnach gleich null, falls entweder der Preis oder die Menge null ist.

Wir werden sehen, dass für ökonomische Fragestellungen die Erlösänderung aufgrund einer Preisänderung wichtig ist. In ökonomischer Terminologie ist der Grenzerlös bezüglich des Preises (marginal revenue = MR, hier MR_p) angesprochen, mathematisch geht es um die Ableitung des Erlöses nach dem Preis, also um $\frac{dr}{dp}$. Man erhält mithilfe der Produktregel die eingängig interpretierbare Formel

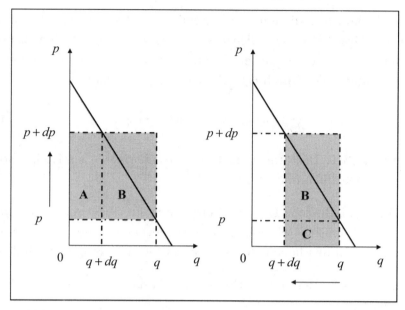

Abbildung H.6. Die Erlösänderung aufgrund einer Preiserhöhung

$$MR_p = \frac{dr}{dp} = q + p\frac{dq}{dp}. \tag{H.1}$$

Wird der Preis um eine Einheit erhöht, erhöht sich zum einen bei gleicher Menge der Erlös um q, denn jede Einheit ist jetzt teurer. Zum anderen wird die Menge um $\frac{dq}{dp}$ reduziert und damit der Erlös um den Betrag $p\frac{dq}{dp}$.

Abb. H.6 versucht, die zwei Komponenten des Grenzerlöses bezüglich des Preises wiederzugeben. Steigt der Preis um dp (um eine kleine Einheit), ergeben sich zwei Reaktionen: Einerseits erhöht sich bei der Menge q bzw. der Menge $q + dq$ (wobei $dq < 0$ ist) der Erlös um die Summe der Flächen A und B bzw. um die Fläche A. Andererseits sinkt der Erlös beim Preis p bzw. beim Preis $p + dp$ um die Fläche C bzw. um die Summe der Flächen C und B. Bei den anzugebenden Flächen werden also jeweils zwei Alternativen angegeben, je nach dem, ob der alte oder neue Preis oder die alte oder die neue Nachfragemenge für die Flächenberechnung herangezogen wird. Je kleiner die betrachtete Preiserhöhung ist, desto unbedeutender wird die Fläche B im Verhältnis zu den Flächen A bzw. C.

Nachdem wir in diesem Abschnitt die Preiselastizität der Nachfrage und den Grenzerlös bezüglich des Preises untersucht haben, können wir nun sogar einen einfachen Zusammenhang zwischen diesen beiden Größen aufdecken. Durch einfache Umformung erhalten wir

$$\frac{dr}{dp} = q\,(1 + \varepsilon_{q,p}) = q\,(1 - |\varepsilon_{q,p}|)\,. \tag{H.2}$$

Übung H.3.1. Bestätigen Sie, bitte, diese Formel. (Der Trick besteht darin, q „auszuklammern".)

Diese und ähnliche Formeln werden uns öfter begegnen. Sie heißen Amoroso-Robinson-Relationen. Die vorliegende Amoroso-Robinson-Relation kann uns helfen, Antworten auf folgende Fragen zu finden:

Übung H.3.2. Bei welcher Preiselastizität der Nachfrage ist der Erlös maximal?

Übung H.3.3. Warum wird ein Unternehmen nicht im unelastischen Bereich der Nachfragefunktion anbieten wollen? Setzen Sie für ihre Antwort voraus, dass die Kosten aufgrund einer Verringerung der Ausbringungsmenge sinken!

H.4 Inverse Nachfragefunktion und Erlös

Wir wollen nun die Nachfragekurve aus der Sicht der inversen Nachfragefunktion $p\,(q)$ betrachten. Der Erlös ist für die inverse Nachfragefunktion als

$$r(q) = p(q) \cdot q$$

definiert.

Übung H.4.1. Berechnen Sie den Durchschnittserlös! Wie nennt man $p\,(0)$?

Analog zum Grenzerlös bezüglich des Preises aus dem vorangegangenen Abschnitt fragen wir hier nach dem Grenzerlös bezüglich der Menge: Wie ändert sich der Erlös, wenn das Unternehmen eine Einheit mehr verkauft? Der Grenzerlös bezüglich der Menge wird in der

Literatur auch einfach als Grenzerlös (MR = marginal revenue) bezeichnet. Wir erhalten, wiederum durch Anwendung der Produktregel
der Differentialrechnung,

$$MR = \frac{dr}{dq} = p + q\frac{dp}{dq}. \tag{H.3}$$

Der mathematisch gewonnene Ausdruck $p + q\frac{dp}{dq}$ legt die folgende ökonomische Interpretation nahe: Wird die Menge um eine Einheit erhöht,
erhöht sich der Erlös zum einen um genau den Preis, zu dem diese letzte Einheit verkauft werden kann. Zum anderen reduziert sich jedoch
der Preis um $\frac{dp}{dq}$ und, da nicht nur die letzte, sondern alle Mengeneinheiten betroffen sind, der Erlös um $q\frac{dp}{dq}$. Wenn also ein Unternehmen 11
anstelle von 10 Einheiten verkauft, so wird der Erlös zunächst um den
Preis der 11. Einheit steigen. Um die 11. Einheit absetzen zu können,
muss jedoch eine Preisreduktion in Kauf genommen werden. Sie reduziert den Erlös, weil die anderen 10 Einheiten auch billiger verkauft
werden müssen.

Gl. H.3 gibt eine einfache Antwort auf die Frage, unter welchen Umständen der Grenzerlös gleich dem Preis ist. Da ein Produkt null ist,
wenn einer der Faktoren null ist, lautet die mathematische Antwort:
Wenn $\frac{dp}{dq} = 0$ oder wenn $q = 0$ gilt.

Zum einen $\left(\frac{dp}{dq} = 0\right)$ ist der Grenzerlös gleich dem Preis, falls die
Nachfragekurve horizontal ist und somit der zusätzliche Absatz nicht
zu Preissenkungen führt. Zum anderen ($q = 0$) ist bei der ersten (ganz
kleinen) Einheit der Grenzerlös gleich dem Preis. Denn die Preissenkung kann nicht auf weitere Mengeneinheiten einwirken. Einen dritten
Fall werden Sie in Kap. O kennenlernen.

Auch in diesem Abschnitt lernen Sie eine Amoroso-Robinson-Relation kennen. Sie lautet

$$MR = p\left(1 + \frac{1}{\varepsilon_{q,p}}\right) = p\left(1 - \frac{1}{|\varepsilon_{q,p}|}\right)$$

und ihre Herleitung sollte Ihnen nun leicht fallen.

Übung H.4.2. Leiten Sie die obige Amoroso-Robinson-Relation, dieses Mal durch Ausklammern von p, her.

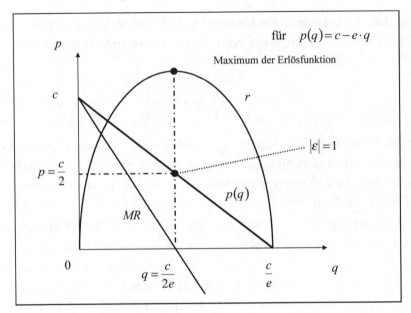

Abbildung H.7. Erlös, Grenzerlös und Elastizität

Aus der Amoroso-Robinson-Relation ersehen wir, dass der Grenzerlös null ist, wenn die Preiselastizität der Nachfrage gleich -1 ist. Die Erlöskurve hat bei der Elastizität -1 also ein Maximum. Wir bestätigen diesen Zusammenhang anhand der linearen inversen Nachfragefunktion

$$p\,(q) = c - eq.$$

Für sie bestimmen wir den Grenzerlös

$$MR = c - 2eq$$

und die Preiselastizität der Nachfrage

$$\varepsilon_{q,p} = \frac{dq}{dp} \cdot \frac{p}{q} = -\frac{1}{e}\frac{c - eq}{q}.$$

(Rechnen Sie dies, bitte, nach!) Der Grenzerlös ist bei $q = \frac{c}{2e}$ gleich null. Und bei dieser Menge ist, wie wir oben allgemein aus der Amoroso-Robinson-Relation abgeleitet hatten, die Elastizität gleich $\varepsilon_{q,p} = -\frac{1}{e}\frac{c - e\left(\frac{c}{2e}\right)}{\frac{c}{2e}} = -1$. Abb. H.7 gibt diese Zusammenhänge wieder.

H.5 Durchschnittswerte und Grenzwerte (Exkurs)

Die spezielle Diskussion um Grenzerlös und Durchschnittserlös (Preis) aus dem vorangehenden Abschnitt wollen wir etwas verallgemeinern: Für eine beliebige differenzierbare Funktion f können wir zwei alternative Bedingungen angeben, unter denen die Ableitung von f gleich dem Durchschnitt ist, unter denen also

$$\frac{df}{dx} = \frac{f(x)}{x}$$

gilt:

1. Bedingung: $x > 0$ und $\dfrac{d\frac{f(x)}{x}}{dx} = 0$
2. Bedingung: $x = 0$ und $f(0) = 0$

Die erste Bedingung entspricht der horizontalen Nachfragekurve; die zweite ist für die Erlösfunktion wegen $r(0) = p(0) \cdot 0 = 0$ erfüllt.

Zum Beweis berechnen wir zunächst die Ableitung des Durchschnitts mithilfe der Quotientenregel und formen ein wenig um:

$$\frac{d\frac{f(x)}{x}}{dx} = \frac{\frac{df}{dx}x - 1 \cdot f(x)}{x^2}$$

$$= \frac{1}{x}\left(\frac{\frac{df}{dx}x}{x} - \frac{f(x)}{x}\right)$$

$$= \frac{1}{x}\left(\frac{df}{dx} - \frac{f(x)}{x}\right).$$

Man sieht, dass aus $\frac{d\frac{f(x)}{x}}{dx} = 0$ und $x \neq 0$ die Gleichheit der ersten Ableitung (z.B. Grenzerlös) und des Durchschnitts (z.B. Durchschnittserlös) folgt.

Übung H.5.1. Sie können eine weitere Schlussfolgerung ziehen. Der Durchschnitt $f(x)/x$ wächst mit x, falls ... .

Die zweite Bedingung betrachten wir für den diskreten Fall als auch für den nichtdiskreten. Im diskreten Fall folgt die Gleichheit von Durchschnittserlös und Grenzerlös für die erste Einheit aufgrund von

$$p(1) = \frac{r(1)}{1} = \frac{r(1) - r(0)}{1 - 0} \approx MR(1).$$

Für den nichtdiskreten Fall müssen wir die Regel von de l'Hospital bemühen: Wenn Funktionen f und g an der Stelle 0 differenzierbar sind und wenn $f(0) = g(0) = 0$ erfüllt ist, erhält man

$$\lim_{x \to 0} \frac{f(x)}{g(x)} = \lim_{x \to 0} \frac{\frac{df}{dx}}{\frac{dg}{dx}}.$$

Übung H.5.2. Berechnen Sie $\lim_{x \to 0} \frac{f(x)}{g(x)}$ für die durch $f(x) = e^x - 1$ und $g(x) = \sqrt{x}$ gegebenen Funktionen.

In unserem Fall haben wir $g(x) = x$ und bekommen daher

$$\lim_{x \to 0} \frac{f(x)}{x} = \lim_{x \to 0} \frac{\frac{df}{dx}}{1} = \frac{df}{dx}\bigg|_{x=0}.$$

Der Durchschnitt an der Stelle Null ist also gleich der Ableitung an der Stelle Null.

H.6 Neue Begriffe

- Marktnachfragekurve
- horizontale Addition
- Nachfragefunktion, inverse Nachfragefunktion
- Prohibitivpreis
- Erlös
- Grenzerlös, Grenzerlös bezüglich des Preises
- Durchschnittserlös
- Amoroso-Robinson-Relation

H.7 Übungsaufgaben

Übung H.7.1. Zeigen Sie: Die Preiselastizität der Nachfrage bei Preis p kann bei der linearen Nachfragefunktion $q(p) = a - bp$ wie folgt berechnet werden:

$$\varepsilon = -\frac{p}{\text{Prohibitivpreis} - p}.$$

Als Prohibitivpreis bezeichnet man den minimalen Preis, bei dem die abgesetzte Menge null beträgt (Schnittpunkt der Nachfragefunktion mit der Ordinate).

Übung H.7.2. Die (inverse) Marktnachfragefunktion $p = 30 - 3q$ sei gegeben. Zeichnen Sie diese und die zugehörige Grenzerlöskurve! Wie lautet sie analytisch?

Übung H.7.3. Die inverse Nachfragekurve für ein Gut sei gegeben mit $p = 200 - 8 \cdot q$, wobei p der Preis und q die Menge des Gutes ist. Man nehme an, dass sich die Anzahl der Konsumenten verdoppele, indem für jeden Konsumenten ein ‚Zwilling' erscheine, der dieselbe Nachfragekurve wie der ‚originale' habe.

Ermitteln Sie die neue Nachfragefunktion! Berechnen Sie für diese die Preiselastizität bei einem Preis $p = 3$! Wie hoch ist hier der Grenzerlös aufgrund der Amoroso-Robinson-Relation?

Übung H.7.4. Welcher Preis maximiert den Gesamterlös bei der inversen Nachfragefunktion $p = 27 - q^2$?

H.8 Lösungen zu den Aufgaben

H.1.1. Für $p > 5$ ist die Nachfrage von B gleich null, d.h. in diesem Bereich ist die aggregierte Nachfrage gleich der Nachfrage von A. Im Bereich $0 \leq p \leq 5$ fragen beide Konsumenten das Gut nach, d.h. die aggregierte Nachfrage ist die Summe der beiden Nachfragefunktionen. Somit gilt

$$q(p) = \begin{cases} 0, & p > 10, \\ 20 - 2p, & 5 < p \leq 10, \\ 35 - 5p, & 0 \leq p \leq 5. \end{cases}$$

H.2.1. Wir berechnen die Preiselastizität der Nachfrage aufgrund der linearen Nachfragefunktion $q(p) = a - bq$ als $\varepsilon_{q,p} = \frac{dq}{dp}\frac{p}{q} = -b\frac{p}{a-bp}$. Setzt man nun $-b\frac{p}{a-bp} = -1$, ergibt sich durch Umformen $p = \frac{a}{2b}$ und durch Substitution in die Nachfragefunktion $q = \frac{1}{2}a$. Beträgt die Preiselastizität der Nachfrage null, so gilt $-b\frac{p}{a-bp} = 0$ und damit $p = 0$.

H.3.1. Der behauptete Zusammenhang ergibt sich durch

$$\frac{dr}{dp} = q + p\frac{dq}{dp} = q\left(1 + \frac{p}{q}\frac{dq}{dp}\right) = q\left(1 + \varepsilon_{q,p}\right).$$

H.3.2. Eine notwendige Bedingung für ein Erlösmaximum ist $\frac{dr}{dp} \overset{!}{=} 0$. Daraus folgt sofort $\varepsilon_{q,p} = -1$.

H.3.3. Im unelastischen Bereich (d.h. $|\varepsilon_{q,p}| < 1$) kann das Unternehmen durch Anheben des Preises den Erlös steigern, denn hier ist der Grenzerlös bezüglich des Preises wegen $\frac{dr}{dp} = q\left(1 - |\varepsilon_{q,p}|\right)$ positiv. Mit der Preissteigerung geht jedoch eine Absatzsenkung und annahmegemäß eine Kostensenkung einher, so dass der Gewinn ebenfalls ansteigt. So lange das Unternehmen sich also im unelastischen Bereich der Nachfragekurve befindet, wird es somit den Preis anheben.

H.4.1. Der Durchschnittserlös ist der Preis:

$$\frac{r(q)}{q} = p(q).$$

$p(0)$ ist der Prohibitivpreis.

H.4.2. Ganz analog zum Zusammenhang zwischen dem Grenzerlös bezüglich des Preises und der Elastizität müssen wir hier folgendermaßen rechnen:

$$\frac{dr}{dq} = p + q\frac{dp}{dq} = p\left(1 + \frac{q}{p}\frac{dp}{dq}\right) = p\left(1 + \frac{1}{\varepsilon_{q,p}}\right).$$

H.5.1. Der Durchschnitt $f(x)/x$ wächst mit x, falls die erste Ableitung größer als der Durchschnitt ist.

H.5.2. Offenbar gelten $f(0) = g(0) = 0$. Wir errechnen

$$\frac{\frac{d(e^x - 1)}{dx}}{\frac{d\sqrt{x}}{dx}} = \frac{e^x}{\frac{1}{2\sqrt{x}}} = 2e^x\sqrt{x}$$

und erhalten

$$0 = 2 \cdot 1 \cdot 0 = \lim_{x \to 0} 2e^x\sqrt{x} = \lim_{x \to 0} \frac{\frac{df}{dx}}{\frac{dg}{dx}} = \lim_{x \to 0} \frac{f(x)}{g(x)}.$$

H.7.1. Die Nachfrage sinkt bei der Nachfragefunktion $q\,(p) = a - bp$ dann auf null, wenn für das Gut ein Preis in der Höhe von $\frac{a}{b}$ (oder mehr) verlangt wird. $\frac{a}{b}$ stellt somit den Prohibitivpreis dar. Mit diesem Hinweis sollten Sie die gewünschte Darstellung schnell erhalten.

H.7.2. Die Grenzerlösfunktion lautet $MR = 30 - 6q$.

H.7.3. Nachfragefunktion: $q = 50 - p/4$,
Preiselastizität: $-3/197$,
Grenzerlös $= -194$.

H.7.4. $q = 3$ und $p = 18$.

Teil II

Unternehmenstheorie

Wie in Kap. A erläutert, dient die Haushaltstheorie u.a. dazu, Nachfragefunktionen für Güter herzuleiten, während in der Unternehmenstheorie die Determinanten der Angebotsfunktionen für Güter bestimmt werden. Im dritten Teil dieses Buches werden dann die Nachfrage- und die Angebotsanalysen zur Untersuchung von Märkten zusammengeführt. Zur Herleitung der individuellen Angebotsfunktionen werden wir in diesem Teil die Unternehmenstheorie darstellen. In unserer einfachen Modellwelt ist eine Unternehmung, etwas flapsig ausgedrückt, eine Produktionsfunktion auf der Suche nach dem Gewinnmaximum. Tatsächlich spielt die Produktionsfunktion eine ganz entscheidende Rolle. Die Produktionstheorie wird in Kap. I dargestellt. Aus der Produktionstheorie entwickeln wir die Kostentheorie, die Gegenstand von Kap. J ist. Der Gewinn eines Unternehmens ist als Differenz von Erlös und Kosten definiert. Da wir uns mit dem Erlös bereits in Kap. H beschäftigt haben, ist nun die Gewinntheorie nicht mehr schwer. Diese wird in Kap. K entwickelt. Es ist die Aufgabe der Gewinntheorie, die individuellen Angebotsfunktionen herzuleiten. Schließlich werden wir, analog der Nachfrageanalyse, aus den individuellen Angebotsfunktionen die Marktangebotsfunktion herleiten.

Der vorliegende Teil II dieses Buches ist nach den Anstrengungen des Teils I recht leicht verständlich. Viele Konzepte und Vorgehensweisen können vom ersten auf den zweiten Teil übertragen werden. Es gibt nur eine wesentliche Ausnahme. Wir werden im Gegensatz zur Nachfrageanalyse durchgängig kurz- und langfristige Kosten- und Gewinnfunktionen unterscheiden.

I. Produktionstheorie

Die Grundlage der Unternehmenstheorie ist die Produktionstheorie. Um ein bestimmtes Gut erzeugen zu können, müssen andere Güter bereitgestellt und eingesetzt werden. Will man beispielsweise Getreide produzieren, so muss man die Güter Boden, Saatgetreide, Ackergerätschaften und Arbeitskräfte einsetzen. Man spricht bei den für die Produktion eines Gutes eingesetzten Gütern von Produktionsfaktoren bzw. Inputfaktoren. Oft wird das Endprodukt einer Produktion bzw. einer Produktionsstätte als Output bezeichnet. Produktionsstätten können Unternehmen, Universitäten etc. sein. Aufgabe einer Produktionsstätte ist es, die Inputfaktoren in geeigneter Weise zu kombinieren (siehe Abb. I.1). In der Mikroökonomie werden die Produktionsstätten vereinfacht durch ihre Produktionsfunktion dargestellt. Diese wird in Abschnitt I.1 eingeführt. Die folgenden Abschnitte erkunden das Produktionsgebirge durch unterschiedliche Faktorvariationen. Dadurch werden Begriffe wie Grenzprodukt oder Skalenelastizität erklärbar.

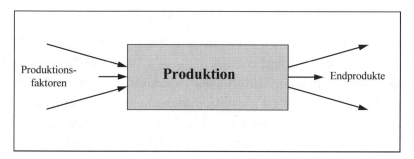

Abbildung I.1. Der Produktionsprozess

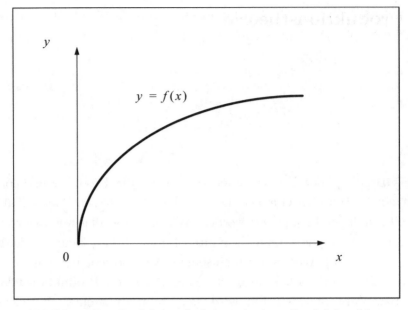

Abbildung I.2. Produktionsfunktion mit einem Produktionsfaktor

I.1 Produktionsfunktionen

Eine Produktionsfunktion f gibt an, wie viel von einem Gut durch den Einsatz von Produktionsfaktoren maximal hergestellt werden kann. Abb. I.2 veranschaulicht dies für den Fall eines Produktionsfaktors graphisch. Bezeichnet man die Menge des herzustellenden Gutes mit y und die Einsatzmengen der (zwei) Produktionsfaktoren mit x_1 und x_2, so schreibt man

$$y = f(x_1, x_2).$$

In Kapitel C haben wir ebenfalls eine Funktion mit zwei Variablen kennengelernt, die Nutzenfunktion $u(x_1, x_2)$. Während die x-Variablen bei der Nutzenfunktion Gütermengen darstellten, stehen sie bei der Produktionsfunktion für Produktionsfaktormengen. Allerdings ist die Produktionstheorie in einer wichtigen Hinsicht einfacher als die Nutzentheorie: Die Outputmengen sind leichter zu interpretieren als die Nutzenwerte: 10 Automobile sind doppelt so viele wie 5.

Übung I.1.1. Was ist der Unterschied zwischen der ordinalen und der kardinalen Nutzentheorie? Ist die Produktionstheorie ordinal oder kardinal?

Die Präferenztheorie baut auf einigen Axiomen auf. Gibt es entsprechende technologische Axiome, die die Produktionsfunktion bestimmen?

Übung I.1.2. Wie lässt sich das Vollständigkeitsaxiom auf die Produktionstheorie übertragen?

Übung I.1.3. Ist Transitivität in der Produktionstheorie erfüllt?

Monotonie bedeutet, dass mit mehr Produktionsfaktoren mehr produziert werden kann. Wenn das Wegwerfen von Produktionsfaktoren umsonst ist, wird die Verfügung über mehr Produktionsfaktoren nie schädlich sein können.

Der Begriff der Konvexität lässt sich ebenfalls auf die Produktionstheorie übertragen. Das produktionstheoretische Äquivalent zur Indifferenzkurve haben wir jedoch noch nicht entwickelt.

Übung I.1.4. Der Indifferenzkurve in der Präferenztheorie entspricht ... in der Produktionstheorie?

I.2 Partielle Faktorvariation

Bei der Analyse der Produktionsfunktion ist es sinnvoll, partielle Faktorvariationen von totalen Faktorvariationen zu unterscheiden. Bei der partiellen Faktorvariation wird nur ein Faktor variiert, bei der totalen Variation alle Faktoren. Zu den durch partielle Faktorvariation gewonnenen Kennziffern der Produktionsfunktion gehören u.a. die Grenzproduktivität, die Durchschnittsproduktivität und die Produktionselastizität. Diese Begriffe werden wir nun der Reihe nach einführen.

Das Grenzprodukt bzw. die Grenzproduktivität (MP = marginal productivity) des Faktors 1 gibt an, um wie viel die produzierte Menge steigt, falls eine Einheit von Faktor 1 zusätzlich eingesetzt wird. Die Einsatzmenge des anderen Faktors bleibt dabei konstant. In der Nutzentheorie hatten wir eine partielle Gütervariation durchgeführt (auch wenn wir diesen Begriff nicht verwendet haben).

Übung I.2.1. Auf welchen Begriff wird man durch eine partielle Gütervariation in der Nutzentheorie geführt?

Durch partielles Differenzieren der Produktionsfunktion erhalten wir die Grenzproduktivität (des Faktors 1):

$$MP_1 = \frac{\partial y}{\partial x_1}.$$

Dem Gossen'schen Gesetz vom abnehmenden Grenznutzen (kardinale Nutzentheorie) entspricht das „Gesetz" des abnehmenden Grenzproduktes. Zumindest ab einem gewissen Einsatzniveau eines Faktors ist es plausibel. Denn häufig braucht man mehrere Faktoren zur Produktion. Bleibt die Menge des einen konstant, während die des anderen erhöht wird, wirkt sich der konstante Faktor als Engpass aus.

Das Durchschnittsprodukt bzw. die Durchschnittsproduktivität (AP für average productivity) hat kein Äquivalent im Rahmen der ordinalen Nutzentheorie. Sie ist definiert als die produzierte Anzahl pro eingesetzter Faktormenge (des Faktors 1):

$$AP_1 = \frac{y}{x_1}.$$

Übung I.2.2. Wenn 1000 Automobilarbeiter 5000 Autos in einem Monat fertigen, wie hoch ist dann die Durchschnittsproduktivität? Welche Einheit hat sie?

Grenz- und Durchschnittsproduktivität haben dieselbe Einheit: $\frac{\text{Outputeinheiten}}{\text{Faktoreinheiten}}$. Daher liegt es nahe zu fragen, ob es systematische Zusammenhänge gibt. Ein wichtiger Aspekt des Verhältnisses von Grenz- und Durchschnittsproduktivität lässt sich mithilfe eines Vergleichs klarmachen. Wenn der Autor einen Vorlesungssaal betritt, steigt das Durchschnittsalter aller Anwesenden; wenn sein Sohn Jasper hinterher krabbelt, sinkt es. Genauso verhält es sich mit Durchschnitts- und Grenzproduktivität: So lange die Grenzproduktivität unterhalb der Durchschnittsproduktivität liegt, sinkt die Durchschnittsproduktivität. Dies wissen wir bereits aus Abschnitt H.5 (S. 183 ff.).

Abb. I.3 (unten) gibt eine Durchschnittsproduktivitätskurve wieder, die ein Maximum aufweist. Für die dazugehörige Grenzproduktivitätskurve gilt: Solange die Durchschnittsproduktivitätskurve sinkt, muss die Grenzproduktivitätskurve unter ihr liegen. Sobald die Durchschnittsproduktivitätskurve steigt, muss die Grenzproduktivitätskurve über ihr liegen. Wenn die Durchschnittsproduktivität konstant bleibt (Minimum oder Maximum aufweist), ist die Grenzproduktivität gleich der Durchschnittsproduktivität. Aus dem oben erwähnten Abschnitt H.5 (S. 183 ff.) wissen wir ebenfalls, dass aus $f(0, x_2) = 0$ auf identische Grenz- und Durchschnittsproduktivitäten bei $x_1 = 0$ geschlossen werden kann.

In der Haushaltstheorie sind wir mehrmals auf den Begriff der Elastizität gestoßen. Elastizitäten geben das Verhältnis von zwei relativen Änderungen an, wobei im Nenner die „Ursache" und im Zähler die „Wirkung" steht. Nach dieser Vorbemerkung ist die nächste Aufgabe hoffentlich nicht schwierig. Die übernächste verlangt lediglich die unmittelbare Anwendung der definierten Begriffe.

Übung I.2.3. Wie sollte man die Produktionselastizität eines Faktors definieren?

Übung I.2.4. In welchem Verhältnis steht die Produktionselastizität zur Durchschnittsproduktivität und zur Grenzproduktivität?

Auch in der Produktionstheorie arbeitet man gerne mit Funktionen vom Typ Cobb-Douglas. Die Cobb-Douglas-Produktionsfunktion ist dabei durch

$$y = c x_1^a x_2^b$$

mit $a, b, c > 0$ erklärt. Dabei ist es nicht erlaubt, durch streng monoton steigende Transformationen $a + b = 1$ sicherzustellen. (Warum?)

Übung I.2.5. Wie hoch ist die Produktionselastizität bezüglich des ersten Faktors bei einer Produktionsfunktion vom Typ Cobb-Douglas?

Eine Produktionsfunktion genügt dem Ertragsgesetz, wenn Folgendes gilt: Das Grenzprodukt irgendeines Produktionsfaktors steigt (ceteris paribus) zunächst, bleibt anschließend konstant und sinkt dann (und kann sogar negativ werden). Beispiel für eine ertragsgesetzliche Produktionsfunktion ist die Sato-Produktionsfunktion

$$y = f(x_1, x_2) = \frac{x_1^a x_2^b}{(x_1 + x_2)^{a+b-1}},$$

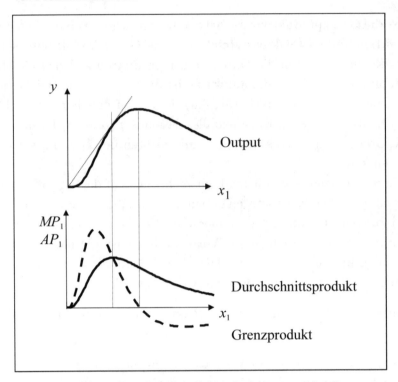

Abbildung I.3. Grenz- und Durchschnittsproduktivität

wobei $a, b > 1$ sind. Abb. I.3 zeigt den Verlauf von Output, Grenz- und Durchschnittsprodukt für eine Sato-Produktionsfunktion bei partieller Variation des Faktors 1.

I.3 Totale Faktorvariation

Bei der totalen Faktorvariation werden alle Faktoren variiert. Es gibt viele Möglichkeiten, dies zu tun (siehe auch Abschnitt I.5). Wir verwenden nun die proportionale Faktorvariation, bei der alle Faktoren im gleichen Ausmaß erhöht werden. Es geht also um einen Vergleich von $f(x_1, x_2)$ mit $f(tx_1, tx_2)$, wobei $t > 1$ ist. t nennt man den Skalenfaktor. Die uns interessierende Frage ist nun, ob der Output im gleichen Ausmaß wie die Faktoreinsatzmengen steigt, ob er stärker als die Faktoreinsatzmengen steigt oder sogar weniger stark. Entsprechend unterscheidet man konstante, steigende und sinkende „Skalenerträge".

Konstante Skalenerträge sind dadurch gekennzeichnet, dass eine Erhöhung beider Faktoren auf das t-fache zu einer t-fachen Outputsteigerung führt:

$$f\left(tx_1, tx_2\right) = tf\left(x_1, x_2\right) \qquad (t > 1).$$

Bei steigenden Skalenerträgen steigt der Output stärker als die Faktoreinsatzmengen:

$$f\left(tx_1, tx_2\right) > tf\left(x_1, x_2\right) \qquad (t > 1).$$

Bei sinkenden Skalenerträgen ist es umgekehrt:

$$f\left(tx_1, tx_2\right) < tf\left(x_1, x_2\right) \qquad (t > 1).$$

Übung I.3.1. Welcher Art sind die Skalenerträge bei folgenden Produktionsfunktionen?
a) $f\left(x_1, x_2\right) = 2x_1 + x_2$
b) $f\left(x_1, x_2\right) = x_1 x_2$

Man kann Skalenerträge alternativ über den Begriff der Skalenelastizität definieren. Sie gibt Antwort auf die Frage, um wie viel Prozent sich der Output erhöht, wenn die Einsatzmengen beider Faktoren um ein Prozent erhöht werden. Die Skalenelastizität ist so definiert:

$$\varepsilon_{y,t} = \left.\frac{\frac{df(tx_1,tx_2)}{f(tx_1,tx_2)}}{\frac{dt}{t}}\right|_{t=1} = \left.\frac{df\left(tx_1, tx_2\right)}{dt}\frac{t}{f\left(tx_1, tx_2\right)}\right|_{t=1}.$$

Im Nenner steht also die relative Änderung des Skalenfaktors t und im Zähler die relative Änderung des Outputs. Dabei wird die Elastizität an der Stelle $t = 1$ und somit bei der Faktoreinsatzmengenkombination (x_1, x_2) errechnet. Abb. I.4 zeigt, wie die Skalenelastizität als Kriterium für konstante, steigende und sinkende Skalenerträge verwendet wird.

Übung I.3.2. Wie hoch ist die Skalenelastizität bei der Cobb-Douglas-Produktionsfunktion $y = x_1^a x_2^b$?

Übung I.3.3. Bei der Cobb-Douglas-Produktionsfunktion ist die Skalenelastizität also gleich der Summe der ...?

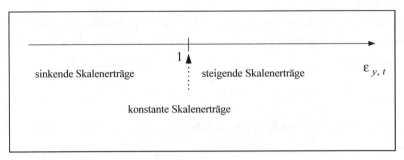

Abbildung I.4. Skalenerträge und Skalenelastizität

Eine Produktionsfunktion wird als homogen vom Grade ν bezeichnet, wenn

$$f(tx_1, tx_2) = t^\nu f(x_1, x_2)$$

für alle Faktoreinsatzkombinationen (x_1, x_2) gilt. Homogene Produktionsfunktionen mit $\nu = 1$ nennt man auch linear homogen. Die Skalenelastizität homogener Produktionsfunktionen beträgt ν.

Übung I.3.4. Ist die Sato-Produktionsfunktion homogen? Bestimmen Sie gegebenenfalls den Grad der Homogenität!

I.4 Isoquanten und Grenzrate der technischen Substitution

In der Nutzentheorie hatten wir Indifferenzkurven kennen gelernt. Geht man von der Nutzenfunktion aus, so kann man Indifferenzkurven als Methode betrachten, dreidimensionale Gebilde (Nutzengebirge) zweidimensional darzustellen. Analog können wir nun die Faktoreinsatzmengen betrachten, die zur Produktion einer bestimmten Ausbringungsmenge notwendig sind. Wir erhalten dann die Isoquanten (siehe Abb. I.5). Eine Isoquante wird implizit durch

$$f(x_1, x_2) = \overline{y}$$

definiert, wobei $\overline{y}$ eine nichtnegative Konstante ist und ökonomisch einen bestimmten vorgegebenen Output darstellt.

Übung I.4.1. Zeichnen und bezeichnen Sie Isoquanten, die steigende Skalenerträge widerspiegeln!

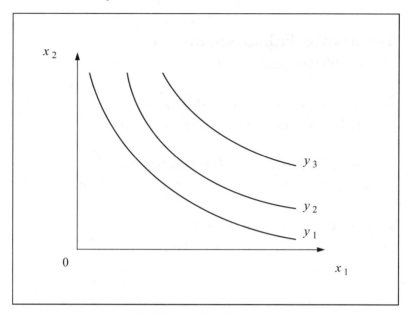

Abbildung I.5. Isoquanten

Für die Haushaltstheorie hat sich die Steigung der Indifferenzkurven, deren Betrag als Grenzrate der Substitution bezeichnet wird, als ein zentrales Konzept herausgestellt. Die Steigung der Isoquanten ist für die Kostentheorie (siehe Kap. J) von großer Bedeutung. Sie hat folgende Interpretation: Wenn man von Faktor 1 eine Einheit zusätzlich einsetzt, auf wie viele Einheiten von Faktor 2 kann man dann verzichten, wenn man die Ausbringungsmenge nicht verändern will? Den Betrag der Steigung nennt man die Grenzrate der technischen Substitution ($MRTS$ = marginal rate of technical substitution).

Übung I.4.2. Wie kann man die Grenzrate der technischen Substitution mithilfe der Grenzproduktivitäten ausdrücken? (Hinweis: Denken Sie an die entsprechende Formel in der Nutzentheorie.)

Den perfekten Komplementen in der Haushaltstheorie entsprechen in der Produktionstheorie die **limitationalen Produktionsfaktoren.** Lösen Sie dazu folgende Aufgabe.

Übung I.4.3. Barmixer Harley benötigt 2 Deziliter Rum (x_1) und 6 Deziliter Cola (x_2) für eine Riesencola mit Rum (y).

Isoquante Faktorvariation
Output bleibt konstant.

Partielle Faktorvariation
Alle Faktoren außer einem bleiben konstant.

Proportionale Faktorvariation
Einsatzverhältnis der Faktoren bleibt konstant.

Isokline Faktorvariation
Steigung der Isoquante bleibt konstant.

Abbildung I.6. Arten von Faktorvariationen

a) Die limitationale Produktionsfunktion für Riesencola mit Rum, $y = f(x_1, x_2)$, lautet dann wie?
b) Zeichnen Sie die Isoquante für 2 Riesencola mit Rum!

I.5 Überblick: Faktorvariationen

Wenn wir einen Blick zurück auf die Abschnitte dieses Kapitels werfen, so haben wir drei Faktorvariationen kennen gelernt:

1. die partielle Faktorvariation für die Einführung der Grenzproduktivität und der Durchschnittsproduktivität,
2. die proportionale Faktorvariation zur Definition der Skalenelastizität und schließlich
3. die isoquante Faktorvariation für die Definition der Grenzrate der technischen Substitution.

Die Abb. I.6 und I.7 geben einen Überblick über die behandelten Arten von Faktorvariationen und weisen mit der isoklinen Variation bereits auf das folgende Kapitel.

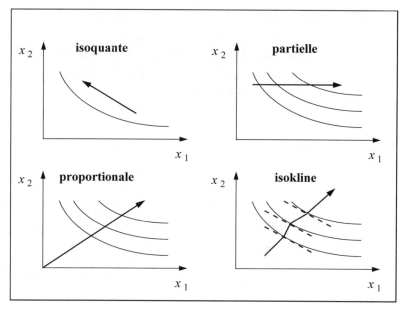

Abbildung I.7. Faktorvariationen im Überblick

I.6 Neue Begriffe

- Produktionsfunktion
- Faktorvariationen (isoquante, partielle, proportionale, isokline)
- Grenzproduktivität
- Durchschnittsproduktivität
- Cobb-Douglas-Produktionsfunktion
- Sato-Produktionsfunktion
- Ertragsgesetz, ertragsgesetzlicher Verlauf
- Skalenerträge
- Skalenelastizität
- Grenzrate der technischen Substitution
- limitationale Produktionsfaktoren

I.7 Literaturempfehlungen und Übungsaufgaben

I.7.1 Literaturempfehlungen

Für die Produktions- und Kostentheorie sei das Lehrbuch von FANDEL (1996) empfohlen.

I.7.2 Übungsaufgaben

Übung I.7.1. Welche der folgenden Produktionsfunktionen besitzen konstante Skalenerträge? Welche von ihnen sind homogen? Bestimmen Sie die Grenzrate der technischen Substitution!

a) $y = K^{1/2} \cdot L^{2/3}$

b) $y = 3 \cdot K^{1/2} \cdot L^{1/2}$

c) $y = K^{1/2} + L^{1/4}$

d) $y = 2 \cdot K + 3 \cdot L$

Übung I.7.2. Gegeben sei die Produktionsfunktion $f(x_1, x_2) = (2x_1 + 4x_2)^{\frac{1}{2}}$. Bestimmen Sie die Grenzrate der technischen Substitution und interpretieren Sie diese!

Übung I.7.3. Bestimmen Sie für die Cobb-Douglas-Produktionsfunktion $y = f(x_1, x_2) = A \cdot x_1^a \cdot x_2^b$ mit $A, a, b > 0$

a) das Grenzprodukt für Faktor 1,

b) die Produktionselastizität für Faktor 1,

c) die Skalenelastizität,

d) die MRTS.

e) Bei welchen Parameterwerten liegen konstante, sinkende bzw. steigende Skalenerträge vor?

Übung I.7.4. Gibt es Produktionsfunktionen mit fallenden Grenzprodukten und steigenden Skalenerträgen?

Übung I.7.5. Die Grenzrate der technischen Substitution nimmt ab, falls die Isoquanten zum Ursprung hin gekrümmt sind. Die Produktionstechnologie ist dann konvex, wie z.B. bei der Cobb-Douglas-Produktionsfunktion. Wie lautet die betragsmäßige Steigung der Isoquanten bei diesen Produktionsfunktionen?

I.8 Lösungen zu den Aufgaben

I.1.1. Bei der ordinalen Nutzentheorie soll die Nutzenfunktion einem Güterbündel A genau dann einen höheren Wert als einem anderen Güterbündel B zuweisen, wenn A gegenüber B bevorzugt wird. Daher ergeben streng monoton steigende Transformationen von Nutzenfunktionen äquivalente Nutzenfunktionen.

Bei der kardinalen Nutzentheorie kommt dem Nutzenwert selbst und der Differenz zwischen Nutzenwerten eine Bedeutung zu. Monotone Transformationen führen dann zu qualitativ anderen Nutzenfunktionen. Die Produktionstheorie ist also „kardinal". Die Differenz zwischen 100 Automobilen und 70 Automobilen ist für den Absatz und den Gewinn eines Automobilherstellers von großer Bedeutung.

I.1.2. In der Präferenztheorie bedeutet das Vollständigkeitsaxiom, dass je zwei Güterbündel mit der Präferenzrelation „mindestens so begehrt wie" geordnet werden können. In der Produktionstheorie bedeutet das Vollständigkeitsaxiom, dass je zwei Faktorbündel mit der Ordnungsrelation „dient zur Produktion von mindestens so viel wie" geordnet werden können. Falls es sich um die Produktion eines einzelnen Gutes und nicht um den Mehrproduktfall handelt, ist dieses Axiom unproblematisch.

I.1.3. Transitivität ist selbstverständlich erfüllt. Sie bedeutet: Wenn mit Faktorbündel A mehr produziert werden kann als mit Faktorbündel B und mit Faktorbündel B mehr als mit Faktorbündel C, dann kann mit Faktorbündel A mehr produziert werden als mit Faktorbündel C.

I.1.4. Wissen Sie's? Wenn nicht, haben Sie ein klein wenig Geduld.

I.2.1. In der Nutzentheorie haben wir bei der Nutzenfunktion $u(x_1, x_2)$ eine partielle Gütervariation durchgeführt und den Grenznutzen des Gutes 1 (beispielsweise) als $MU_1 = \frac{\partial u}{\partial x_1}$ erklärt.

I.2.2. Die Durchschnittsproduktivität beträgt 5 Automobile je Mann (und Monat).

I.2.3. Produktionselastizität sollte im Nenner die relative Änderung der Menge eines Faktors und im Zähler die relative Änderung der Outputmenge enthalten. Die Produktionselastizität des Faktors 2 lautet dann:

$$\varepsilon_{y,x_2} = \frac{\frac{\partial y}{y}}{\frac{\partial x_2}{x_2}} = \frac{\partial y}{\partial x_2} \frac{x_2}{y}.$$

I.2.4. Mithilfe der Antwort auf die vorherige Frage sieht man leicht, dass

$$\varepsilon_{y,x_2} = \frac{\partial y}{\partial x_2}\frac{x_2}{y} = \frac{\frac{\partial y}{\partial x_2}}{\frac{y}{x_2}} = \frac{MP_2}{AP_2}.$$

I.2.5. Die Produktionselastizität ist für den ersten Faktor gleich

$$\varepsilon_{y,x_1} = \frac{\partial y}{\partial x_1}\frac{x_1}{y} = cax_1^{a-1}x_2^b\frac{x_1}{cx_1^a x_2^b} = a,$$

also gleich dem entsprechenden Exponenten.

I.3.1. a) Wegen $f(tx_1, tx_2) = t(2x_1 + x_2)$ handelt es sich um konstante Skalenerträge.

b) Aufgrund von $t > 1$ ergibt sich $f(tx_1, tx_2) = (tx_1)(tx_2) = t^2 x_1 x_2 = t^2 f(x_1, x_2) > tf(x_1, x_2)$. Es liegen also steigende Skalenerträge vor.

I.3.2. Die Skalenelastizität bei der Cobb-Douglas-Produktionsfunktion errechnet sich als

$$\varepsilon_{y,t} = \frac{df(tx_1, tx_2)}{dt} \cdot \frac{t}{f(tx_1, tx_2)}\bigg|_{t=1}$$

$$= \frac{d\left((tx_1)^a (tx_2)^b\right)}{dt} \cdot \frac{t}{(tx_1)^a (tx_2)^b}\bigg|_{t=1}$$

$$= \frac{d\left(t^{a+b}x_1^a x_2^b\right)}{dt} \cdot \frac{t}{t^{a+b}x_1^a x_2^b}\bigg|_{t=1}$$

$$= (a+b)t^{a+b-1}x_1^a x_2^b \cdot \frac{1}{t^{a+b-1}x_1^a x_2^b}\bigg|_{t=1}$$

$$= a+b.$$

I.3.3. Produktionselastizitäten

I.3.4. Ja, vom Grad 1, denn es gilt

$$f(tx_1, tx_2) = \frac{(tx_1)^a (tx_2)^b}{(tx_1 + tx_2)^{a+b-1}} = \frac{t^a x_1^a t^b x_2^b}{t^{a+b-1}(x_1 + x_2)^{a+b-1}}$$

$$= \frac{t^{a+b}}{t^{a+b-1}}\frac{x_1^a x_2^b}{(x_1 + x_2)^{a+b-1}} = t^1 f(x_1, x_2).$$

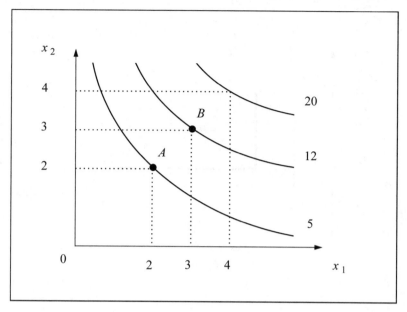

Abbildung I.8. Isoquanten, die steigende Skalenerträge widerspiegeln

I.4.1. In Abb. I.8 sind Isoquanten gezeichnet, die steigende Skalenerträge andeuten. Beispielsweise gelangt man von der Faktoreinsatzmengenkombination A zur Faktoreinsatzmengenkombination B, indem die Faktoreinsatzmengen mit dem Faktor $t = 1,5$ multipliziert werden. Der Output erhöht sich jedoch nicht nur auf $5 \cdot 1,5 = 7,5$, sondern auf $12 > 7,5$.

I.4.2. Die Grenzrate der Substitution (Nutzentheorie) ist die betragsmäßige Steigung der Indifferenzkurve und gleich dem Quotienten der Grenznutzen. Analog ist die Grenzrate der technischen Substitution die betragsmäßige Steigung der Isoquanten und kann als Quotient der Grenzproduktivitäten berechnet werden:

$$MRTS = \frac{MP_1}{MP_2} = \frac{\frac{\partial y}{\partial x_1}}{\frac{\partial y}{\partial x_2}}.$$

Der Beweis erfolgt ganz analog wie in der Haushaltstheorie: Entlang einer Isoquante ist die Produktion konstant. Es gilt also

$$y(x_1, x_2) = y(x_1, f(x_1)) = \text{konst.}$$

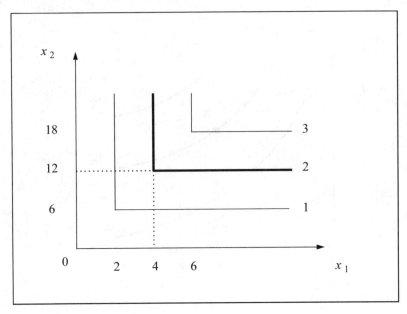

Abbildung I.9. Die Isoquante für zwei Cola mit Rum

Nun differenziert man $y\,(x_1, f\,(x_1))$ nach x_1 und erhält

$$0 = \frac{\partial y}{\partial x_1} + \frac{\partial y}{\partial x_2}\frac{dx_2}{dx_1}.$$

(Die Ableitung einer Konstanten ergibt null, der Einfluss der ersten Komponente x_1 und der zweiten Komponente $x_2 = f\,(x_1)$ sind zu addieren und schließlich ist die Kettenregel anzuwenden.) Umstellen nach $\frac{dx_2}{dx_1}$ erbringt das gewünschte Resultat.

I.4.3. a) Die limitationale Produktionsfunktion lautet $f\,(x_1, x_2) = \min\left\{\frac{1}{2}x_1, \frac{1}{6}x_2\right\}$.
b) Die dazugehörige Isoquante für zwei Riesencola ist in Abb. I.9 wiedergegeben.

I.7.1. a) steigende Skalenerträge, homogen vom Grade 7/6, $MRTS = \frac{3L}{4K}$
b) konstante Skalenerträge, linear homogen, $MRTS = \frac{L}{K}$
c) fallende Skalenerträge, nicht homogen, $MRTS = 2L^{3/4}K^{-1/2}$
d) konstante Skalenerträge, linear homogen, $MRTS = \frac{2}{3}$

I.7.2. $MRTS = \frac{1}{2}$

I.7.3. a) $a \cdot A \cdot x_1^{a-1} \cdot x_2^b$

b) a

c) $a + b$

d) $\frac{a}{b} \cdot \frac{x_2}{x_1}$

e) Konstante Skalenerträge liegen vor, wenn $a + b = 1$ ist, steigende, falls $a + b > 1$ und sinkende, falls $a + b < 1$ ist.

I.7.4. Ja.

I.7.5. $MRTS = \frac{a}{b} \frac{x_2}{x_1}$

J. Kosten

Nachdem wir im vorangegangenen Kapitel die Produktionsfunktionen eingeführt und untersucht haben, leiten wir in diesem Kapitel aus der Produktionsfunktion die Kostenfunktion her. Eine Kostenfunktion gibt an, wie hoch die minimalen Ausgaben für die Faktoren sind, die man zur Produktion von vorgegebenen Ausbringungsmengen benötigt. Die Herleitung der Kostenfunktion setzt somit die Kostenminimierung voraus. Diese erfolgt in einer Weise, die den Leser an die Bestimmung des Haushaltsoptimums erinnern wird. In Abschnitt J.1 explizieren wir daher die Analogie zwischen Haushalts- und Unternehmenstheorie.

Die Herleitung der Kostenfunktion in Abschnitt J.2 ist dann einfach und auch die Konzepte Grenz- und Durchschnittskosten wiederholen Altbekanntes. Die Unterscheidung zwischen kurz- und langfristigen Kosten (Abschnitt J.4) einerseits und fixen und quasifixen Kosten andererseits (Abschnitt J.5) ist dagegen nicht ganz so einfach.

J.1 Haushalts- und Unternehmenstheorie

Die Rolle der Budgetgeraden in der Haushaltstheorie wird von der Isokostengeraden übernommen; anstelle der Indifferenzkurven der Präferenztheorie haben wir es hier mit den Isoquanten der Produktionstheorie zu tun. Während es in der Haushaltstheorie darum ging, zu einer vorgegebenen Budgetkurve die höchste Indifferenzkurve zu ermitteln, zielt die Kostenminimierung darauf ab, zu einer vorgegebenen Isoquanten die niedrigste Isokostengerade zu finden, die die Produktionsmenge der Isoquanten möglich macht. In analoger Weise haben wir in der Haushaltstheorie die Ausgabenfunktion definiert; dort ging es darum, zu einem vorgegebenen Nutzenniveau die niedrigste Budgetgerade zu finden, die dieses Nutzenniveau ermöglicht.

Der Leser findet es sicherlich hilfreich, sich die bestehenden Entsprechungen zur Haushaltstheorie deutlich vor Augen zu führen. Die meisten Begriffe in Abb. J.1 sind dem Leser bekannt; die wenigen unbekannten werden in diesem Kapitel erläutert.

Nehmen wir also wie in Kap. I ein Unternehmen, das zur Produktion einer Menge y die Faktoren 1 und 2 in den Mengen x_1 und x_2 derart einsetzt, dass $y = f(x_1, x_2)$ gilt. Bezeichnet man mit w_1 und w_2 die Faktorpreise, so kostet die Faktoreinsatzmengenkombination (x_1, x_2)

$$c = w_1 x_1 + w_2 x_2.$$

Den geometrischen Ort aller Kombinationen von Faktoreinsatzmengen mit gleichen Gesamtkosten (bei gegebenen Faktorpreisen) bezeichnet man als (Iso-)kostengerade. Abb. J.2 zeigt eine Isokostengerade für den Zwei-Faktoren-Fall.

Übung J.1.1. Wie lautet die Steigung der Kostengerade?

Die betragsmäßige Steigung der Kostengeraden (Isokostengerade) hat die folgende Interpretation: Wenn bei gegebenem Kostenbudget eine Einheit mehr von Faktor 1 eingesetzt werden soll, dann muss auf $\frac{w_1}{w_2}$ Einheiten des Faktors 2 verzichtet werden.

Übung J.1.2. Wie lautet die Bedingung für das Haushaltsoptimum bei „schön geformten" Indifferenzkurven?

Analog der Haushaltstheorie gilt für „schön geformte" Isoquanten die Kostenminimierungsbedingung

$$MRTS = \left| \frac{dx_2}{dx_1} \right| = \frac{MP_1}{MP_2} \overset{!}{=} \frac{w_1}{w_2},$$

wie dies in Abb. J.3 veranschaulicht ist. Es ist also der Tangentialpunkt der vorgegebenen Isoquante mit einer Isokostengeraden, die möglichst nahe beim Ursprung liegt, zu finden. Als Minimalkostenkombination bezeichnet man dabei diejenige Kombination von Faktoreinsatzmengen, mit der ein vorgegebener Output y bei gegebenen Faktorpreisen zu minimalen Kosten hergestellt werden kann. Symbolisch schreiben wir

$$x_1^* = x_1^*(y) \qquad \text{und} \qquad x_2^* = x_2^*(y).$$

Haushaltstheorie	Unternehmenstheorie
Güter	Faktoren
Nutzen	Produktion
Indifferenzkurve	Isoquante
Budgetgerade	Isokostenlinie
Maximierung des Nutzens bei gegebenem Einkommen	Maximierung der Produktionsmenge bei gegebenem Kostenbudget
Minimierung der Ausgaben bei gegebenem Nutzen	Minimierung der Ausgaben bei gegebenem Output
Ausgabenfunktion	Kostenfunktion

Abbildung J.1. Haushalts- versus Produktionstheorie

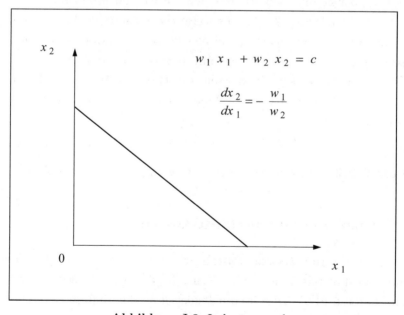

Abbildung J.2. Isokostengerade

J.2 Kostenfunktion

Analytisch kann man die Kostenfunktion durch

$$c\,(y) := \min_{\substack{x_1, x_2 \\ \text{mit } y = f(x_1, x_2)}} (w_1 x_1 + w_2 x_2)$$

definieren. Die Kosten bei der Produktionsmenge y sind also gleich den Ausgaben für diejenige Faktoreinsatzmengenkombination, mit der y billigst herzustellen ist. Aufgrund der im letzten Abschnitt hergeleiteten Bedingung für das Kostenminimum können wir zudem auf in der Haushaltstheorie Gelerntes zurückgreifen.

Übung J.2.1. Was ist die Einkommens-Konsum-Kurve?

Entsprechend der Einkommens-Konsum-Kurve der Haushaltstheorie lässt sich in der Kostentheorie der Expansionspfad (Abb. J.4) herleiten. Er ergibt sich durch Verbinden der Minimalkostenkombinationen bei Variation des Kostenbudgets.

Aus dem Expansionspfad lässt sich die Kostenfunktion ablesen. Sie gibt für fest vorgegebene Faktorpreise die minimalen Kosten an, die zur Erzeugung alternativer Produktionsmengen notwendig sind. Die Kostenfunktion setzt also Kostenminimierung voraus.

Damit ergeben sich die Kosten zur Produktion von y durch Bewertung der Minimalkostenkombination mit den vorgegebenen Faktorpreisen:

$$c(y) = w_1 \cdot x_1^*(y) + w_2 \cdot x_2^*(y).$$

Übung J.2.2. Skizzieren Sie die Herleitung der Kostenfunktion!

J.3 Grenz- und Durchschnittskosten

In der Produktionstheorie hatten wir die Grenz- und die Durchschnittsproduktivität kennen gelernt. In der Kostentheorie sind die Grenzkosten und die Durchschnittskosten analog definiert. Die Grenzkosten (MC = marginal cost) sind die Ausgaben für die zusätzlich notwendigen Produktionsfaktoren, wenn man eine (kleine) Einheit zusätzlich produzieren möchte:

$$MC = \frac{dc}{dy}.$$

Die Durchschnittskosten (average cost = AC) oder die Stückkosten sind der Quotient der Kosten für eine bestimmte Anzahl von Outputeinheiten und diese Anzahl:

$$AC = \frac{c(y)}{y}.$$

Übung J.3.1. Bestimmen Sie, bitte, die Grenz- und Durchschnittskosten für die Kostenfunktion $c\,(y) = y^3 - 10y^2 + 29y$!

Die Durchschnittskosten sind in einem Intervall genau dann monoton fallend, wenn in diesem Intervall die Grenzkosten unterhalb der Durchschnittskosten liegen. Nimmt die Durchschnittskostenkurve in einem Punkt y_0 ein lokales Extremum an, dann gilt

$$MC(y_0) = AC(y_0).$$

Abb. J.5 veranschaulicht diesen Sachverhalt. Sie erinnern sich vielleicht an die Analogie zum Durchschnittsalter der Studenten in der Vorlesung des Autors, die sich auf S. 196 findet.

Übung J.3.2. Richtig oder falsch? Solange die Grenzkosten abnehmen, müssen auch die Durchschnittskosten abnehmen.

Die Zusammenhänge zwischen Grenz- und Durchschnittswerten hatten wir allgemein auf den S. 183 ff. dargestellt. Danach fallen Grenzund Durchschnittswerte auch dann zusammen, wenn die betrachtete differenzierbare Funktion an der Stelle Null den Wert Null annimmt.

Übung J.3.3. Bestimmen Sie, bitte, die Grenz- und Durchschnittskosten für die Kostenfunktion $c\,(y) = 2y + 3$ an der Stelle 0!

J.4 Kurz- und langfristige Kosten

J.4.1 Die Bestimmung der kurzfristigen Kosten

Nicht immer sind alle Produktionsfaktoren kurzfristig variierbar. Ein Faktor mag nur langfristig anpassbar sein. Die Größe einer Werkhalle

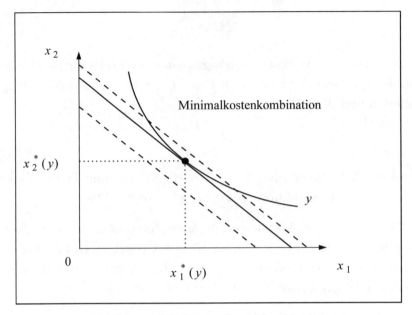

Abbildung J.3. Minimalkostenkombination

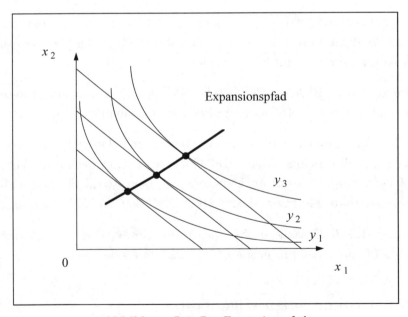

Abbildung J.4. Der Expansionspfad

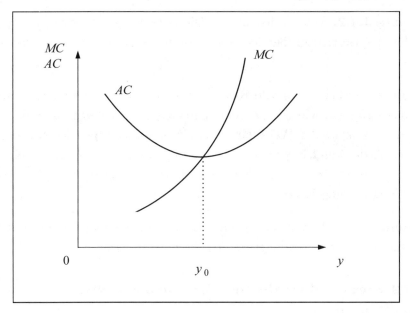

Abbildung J.5. Grenz- und Durchschnittskosten

oder auch die Anzahl der Beschäftigten (bei entsprechenden arbeits-
rechtlichen Schutzgesetzen) ist nur mit einer gewissen Verzögerung
änderbar. Die kurzfristigen Kosten zur Produktion von y werden mit
$c_s(y)$ (s = short run) bezeichnet und sind als Ausgaben für die Faktoreinsatzmengenkombination definiert, mit der y herzustellen ist, wobei
einer der Faktoren (nennen wir ihn Betriebsgröße) mit einer festgelegten Menge eingesetzt werden muss. Ist beispielsweise Faktor 2 fix mit
der Einsatzmenge $\overline{x_2}$, kann man für $c_s(y)$ auch etwas deutlicher $c_{\overline{x_2}}(y)$
schreiben. Auch die Bestimmung der kurzfristigen Kostenfunktion ist
ein Minimierungsproblem. Wir erhalten für den fixen Faktor 2

$$c_s(y) = c_{\overline{x_2}}(y) = \min_{\substack{x_1 \\ \text{mit } y=f(x_1,\overline{x_2})}} (w_1 x_1 + w_2 \overline{x_2}).$$

Übung J.4.1. Bei einer Produktionsfunktion $y = f(x_1, x_2) = x_1^{\frac{1}{3}} x_2^{\frac{2}{3}}$
muss kurzfristig der Faktor 2 fix auf 8 Einheiten gehalten werden. Die
Faktorpreise betragen $w_1 = 2$, $w_2 = 3$. Bestimmen Sie die kurzfristige
Kostenfunktion!

Übung J.4.2. Wahr oder falsch? Die kurzfristigen Kosten (mit feststehender Betriebsgröße) können nicht niedriger als die langfristigen sein.

In langer Frist sind alle Kosten variabel. Die langfristigen Kosten sind die Kosten, wie wir sie oben kennen gelernt haben; alle Faktoren werden in optimaler Weise eingesetzt. Die kurzfristigen Kosten liegen oberhalb der langfristigen. Dabei sind die kurzfristigen Kosten bei derjenigen Produktionsmenge, für die die Betriebsgröße optimal ist, gleich den langfristigen Kosten.

Übung J.4.3. Versuchen Sie einmal, den letzten Satz in einer kurzen Formel aufzuschreiben! Verwenden Sie dazu $x_2^*(y)$!

J.4.2 Kurz- und langfristige Durchschnitts- und Grenzkosten

Die kurzfristigen Kosten liegen oberhalb der langfristigen. Das Gleiche gilt für den Vergleich von kurzfristigen und langfristigen Durchschnittskosten. Die kurzfristigen Durchschnittskosten (SAC = short run average cost) sind bei denjenigen Produktionsmengen, für die die Betriebsgröße optimal ist, gleich den langfristigen Durchschnittskosten (LAC = long run average cost). Bei nicht optimaler Anpassung des langfristigen Faktors liegen die kurzfristigen Durchschnittskosten über den langfristigen.

Daher umhüllt die langfristige Durchschnittskostenkurve die kurzfristigen Durchschnittskostenkurven (siehe Abb. J.6). Jede kurzfristige Durchschnittskostenkurve besitzt mit der langfristigen Durchschnittskostenkurve einen Berührpunkt bei der Produktionsmenge, bei der der optimale Einsatz des fixen Faktors vorliegt.

Übung J.4.4. Eine Produktionsfunktion lautet $y = f(K, A)$, wobei K für Kapital und A für Arbeit steht. K ist der fixe Faktor und kann nur zwei verschiedene Werte annehmen, K_1 und K_2. Die kurzfristige Durchschnittskostenkurve für $K = K_1$ lautet $SAC_1 = y^2 - 4y + 6$. Die kurzfristige Durchschnittskostenkurve für $K = K_2$ lautet $SAC_2 = y^2 - 8y + 18$. Wie lautet die langfristige Durchschnittskostenkurve?

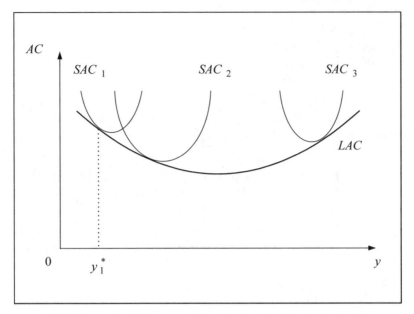

Abbildung J.6. Kurz- und langfristige Durchschnittskosten

Die kurzfristige Grenzkostenkurve (SMC = short run marginal cost) liegt dagegen nicht oberhalb der langfristigen Grenzkostenkurve (LMC = long run marginal cost). Die kurzfristigen Grenzkosten sind gleich den langfristigen Grenzkosten für diejenigen Ausbringungsmengen, bei denen die Betriebsgröße, die die kurzfristige Grenzkostenkurve definiert, optimal ist. Typischerweise ist die kurzfristige Grenzkostenkurve steiler als die langfristige. Es ergibt sich ein Erscheinungsbild wie in Abbildung J.7.

Bei der Ausbringungsmenge y^* sind beide gleich; die kurzfristig nicht variierbare Betriebsgröße ist die für diese Ausbringungsmenge optimale. Soll die Ausbringungsmenge über y^* hinaus erhöht werden, steigen die kurzfristigen Grenzkosten schneller als die langfristigen. Die fixe, zu geringe Betriebsgröße wirkt jetzt kostensteigernd. Für geringere Ausbringungsmengen sind die langfristigen Grenzkosten höher als die kurzfristigen. Die Outputreduktion verringert die langfristigen Kosten stärker als sie die kurzfristigen Kosten reduziert. Denn die fixe, zu hohe Betriebsgröße ist nicht optimal.

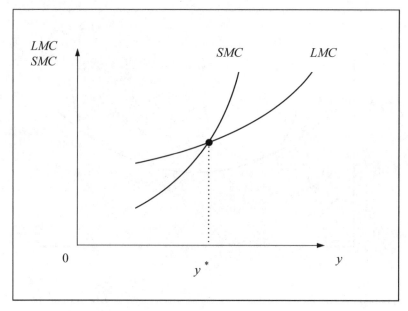

Abbildung J.7. Kurz- und langfristige Grenzkostenkurve

J.5 Fixe, quasifixe und variable Kosten

Neben dem Begriffspaar kurzfristiger und langfristiger Kosten ist das Begriffspaar fixer und variabler Kosten relevant. Es hat nur für kurzfristige Kostenfunktionen Bedeutung. Fixe Kosten, F, hängen nicht von der Ausbringungsmenge ab. Sie sind für alle Ausbringungsmengen konstant. Dagegen variieren die variablen Kosten mit der Ausbringungsmenge; man spricht von variablen Kosten und bezeichnet sie mit $c_v(y)$. Die kurzfristigen Gesamtkosten lassen sich auf diese Weise in fixe und variable Kosten aufteilen:

$$c_s(y) = c_v(y) + F. \tag{J.1}$$

Im einfachsten Fall sind die variablen Kosten linear. Dann liegt eine Situation vor, wie sie in Abb. J.8 wiedergegeben ist.

Ein wichtiger Grund für die Existenz fixer Kosten sind fixe Faktoren. Ist Faktor 2 fix und Faktor 1 variabel, sind die fixen Kosten häufig durch

$$F = w_2 \overline{x_2}$$

gegeben.

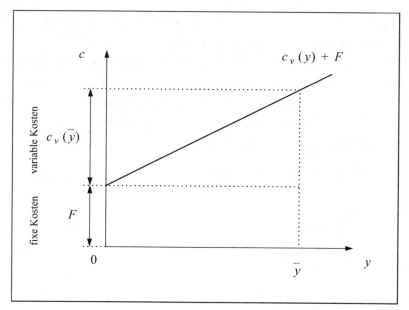

Abbildung J.8. Fixe und variable Kosten

Übung J.5.1. Ein Produkt kann mit den Faktoren Arbeit, A, und Kapital, K, hergestellt werden. Kurzfristig ist der Einsatz des Faktors Kapital gegeben. Nur der Einsatz des Faktors Arbeit kann variiert werden. Beim gegebenen Einsatzniveau des Faktors Kapital $K_0 = 1000$ gilt die Produktionsfunktion $y = \sqrt{A}$. Der Preis des Kapitals (Zinssatz) beträgt $r = 5\%$. Der Preis für Arbeit (Stundenlohn) beträgt $w = 20\,€/h$. Wie lautet die kurzfristige Kostenfunktion? Welches sind die fixen Kosten und welches die variablen?

In der langen Frist sind alle Faktoren definitionsgemäß variabel. Langfristige Kostenfunktionen $c(y)$ müssen daher

$$c(0) = 0$$

erfüllen. Daher ist die obige Kostenfunktion J.1 eine kurzfristige.

Allerdings gibt es auch in der langen Frist Kostenbestandteile, die mit der Ausbringungsmenge nicht variieren, so lange die Ausbringungsmenge positiv ist. Denken Sie an die Kosten für einen gemieteten Hausmeisterdienst, der jederzeit kündbar ist. Die kurz- und langfristigen Kosten für diesen Dienst sind identisch bei positiver Ausbringungsmenge. Dennoch lassen sich die Kosten nicht reduzieren, wenn die Produktion ein wenig gedrosselt wird.

Das Beispiel des Hausmeisterdienstes regt die Unterscheidung zwischen fixen Kosten, F, und quasifixen Kosten, F_q, an; letztere sind null bei der Ausbringungsmenge null und ansonsten konstant. Sie können sich den Unterschied zwischen fixen und quasifixen Kosten am besten an der nächsten Aufgabe klar machen.

Übung J.5.2. Die Kosten in Höhe von 5 sind bei den Kostenfunktionen

a) $c(y) = \begin{cases} 0 & \text{für } y = 0 \\ 2y + 5 & \text{für } y > 0 \end{cases}$

b) $c_s(y) = \begin{cases} 5 & \text{für } y = 0 \\ 2y + 5 & \text{für } y > 0 \end{cases}$

fixe oder quasifixe Kosten?

Bei langfristigen Kostenfunktionen kann man also eventuell quasifixe Kostenbestandteile haben, während es keine fixen gibt. Bei kurzfristigen Kostenfunktionen hat man in der Regel einen fixen Kostenblock. Für kurzfristige Kostenfunktionen kann man nun die kurzfristigen Durchschnittskosten (SAC = short run average cost) in kurzfristige variable Durchschnittskosten ($SAVC$ = short run average variable cost) und kurzfristige durchschnittliche Fixkosten ($SAFC$ = short run average fixed cost) aufteilen:

$$SAC = SAVC + SAFC$$
$$\frac{c_s(y)}{y} = \frac{c_{sv}(y)}{y} + \frac{F}{y}.$$

Für langfristige Kostenfunktionen ist gegebenenfalls eine Aufteilung der durchschnittlichen Kosten in durchschnittliche variable Kosten und durchschnittliche quasifixe Kosten (F_q) möglich:

$$AC = AVC + AF_qC$$
$$\frac{c(y)}{y} = \frac{c_v(y)}{y} + \frac{F_q}{y}.$$

J.6 Neue Begriffe

- Kostengerade
- Kostenminimierung
- Expansionspfad
- Kostenfunktion
- Grenzkosten
- Durchschnittskosten
- Langfristige Kosten, kurzfristige Kosten
- Fixe und variable Kosten
- Kurz- und langfristige Durchschnittskosten
- Kurz- und langfristige Grenzkosten

J.7 Übungsaufgaben

Übung J.7.1. Die limitationale Produktionsfunktion für Cola mit Rum lautet $y = \min\left\{\frac{1}{2}x_1, \frac{1}{6}x_2\right\}$, wobei x_1 für den Einsatz eines Deziliters Rum und x_2 für den Einsatz eines Deziliters Cola stehen. Ein Deziliter Rum kostet € 2, ein Deziliter Cola € 0,3. Wie lautet die Kostenfunktion für Cola mit Rum?

Übung J.7.2. Was verstehen Sie unter den Grenzkosten? Wie hoch sind sie im Falle der vorangegangenen Frage?

Übung J.7.3. Die Grenzkostenfunktion einer Unternehmung lautet $MC = 2y$. Die variablen Kosten, 10 Einheiten zu produzieren, sind dann wie hoch?

Übung J.7.4. Gegeben sei die Produktionsfunktion $f(x_1, x_2) = x_1^{\frac{1}{2}} + x_2^{\frac{1}{2}}$. Bestimmen Sie hierfür die langfristige Grenzkostenfunktion!

Übung J.7.5. Bestimmen Sie die langfristige Kostenfunktion für die Produktionsfunktion $y = \min\{x_1, 2x_2\}$!

Übung J.7.6. Bestimmen sie die zu der Cobb-Douglas-Produktionsfunktion $y = f(x_1, x_2) = x_1^{\frac{1}{3}} \cdot x_2^{\frac{2}{3}}$ gehörende langfristige Kostenfunktion, wenn $w_1 = 1$ und $w_2 = 2$ ist.

Übung J.7.7. Eine Unternehmung produziert ein gleiches Produkt in zwei verschiedenen Betriebsstätten. Falls die Grenzkosten in der einen die in der anderen übersteigen, maximiert das Unternehmen nicht seinen Gewinn. Erläutern Sie!

Übung J.7.8. Eine Unternehmung kann ein Gut in zwei verschiedenen Produktionsstätten herstellen. In der einen gilt die Grenzkostenfunktion $MC_1 = 4y_1$ und in der anderen die Grenzkostenfunktion $MC_2 = 20 + 2y_2$. Wie sollte das Unternehmen die Produktion von 4 Einheiten auf die beiden Produktionsstätten verteilen, wie 8 Einheiten?

Übung J.7.9. Eine Unternehmung arbeitet mit der Produktionsfunktion $y = f(x_1, x_2) = x_1^{\frac{1}{2}} x_2$. Kurzfristig muss das Unternehmen genau 50 Einheiten des zweiten Inputfaktors verwenden. Der Preis des ersten Faktors beträgt € 250 und der Preis des zweiten Faktors € 3 pro Einheit. Wie lautet die kurzfristige Grenzkostenfunktion (SMC) des Unternehmens?

Übung J.7.10. Gegeben sei die Cobb-Douglas-Produktionsfunktion $y = f(x_1, x_2) = x_1^{\frac{1}{3}} \cdot x_2^{\frac{2}{3}}$. Die Faktorpreise seien $w_1 = 1$ und $w_2 = 2$. Bestimmen Sie die kurzfristige Kostenfunktion, wenn die kurzfristig nicht variierbare Einsatzmenge des zweiten Faktors $x_2 = 1$ beträgt!

Übung J.7.11. Wie lauten die kurzfristigen durchschnittlichen variablen Kosten und die kurzfristigen Durchschnittskosten der kurzfristigen Kostenfunktion $c_s(y) = 1 + y^2$? Wie lautet die kurzfristige Grenzkostenfunktion? Zeichnen Sie die drei Kurven.

Übung J.7.12. Warum sind die durchschnittlichen variablen Kosten für die erste Einheit gleich den Grenzkosten?

J.8 Lösungen zu den Aufgaben

J.1.1. Die Steigung lautet $-\frac{w_1}{w_2}$.

J.1.2. Die Bedingung für das Haushaltsoptimum besagt, dass der Betrag der Grenzrate der Substitution gleich dem umgekehrten Preisverhältnis sein soll.

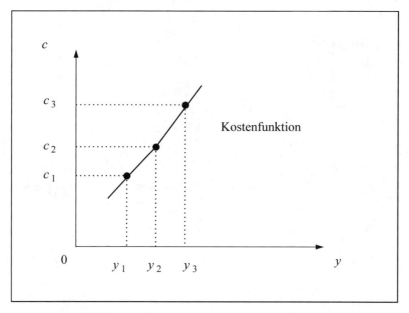

Abbildung J.9. Herleitung der Kostenfunktion

J.2.1. Die Einkommens-Konsum-Kurve ist die Verbindung der Haushaltsoptima bei Variation des Einkommens (vgl. hierzu S. 100 f.)

J.2.2. Vgl. Abb. J.4 und J.9.

J.3.1. $MC(y) = \frac{dC(y)}{dy} = 3y^2 - 20y + 29$.
$AC(y) = \frac{C(y)}{y} = y^2 - 10y + 29$.

J.3.2. Das ist falsch. Es kommt (ebenso wie bei der Produktivität) lediglich darauf an, dass die Grenzkosten sich unterhalb der Durchschnittskosten befinden, wenn die Durchschnittskosten abnehmen sollen.

J.3.3. Man erhält $MC(y) = 2$ und $AC(y) = 2 + \frac{3}{y}$. An der Stelle Null (für die erste produzierte Einheit) betragen die Grenzkosten also 2, während die Durchschnittskosten unendlich sind. Die Grenzkosten liegen durchgängig unter den Durchschnittskosten, die daher abnehmen.

J.4.1. Die Produktionsfunktion verändert sich auf $y = f(x_1, 8) = x_1^{\frac{1}{3}} 8^{\frac{2}{3}} = 4x_1^{\frac{1}{3}}$, also gilt $x_1 = \frac{y^3}{64}$. Damit lässt sich nun die Kostenfunktion bestimmen:

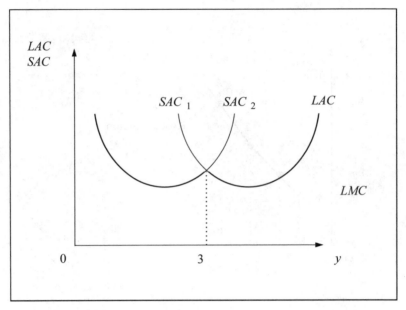

Abbildung J.10. Kurz- und langfristige Durchschnittskostenkurven

$$C(y) = w_1 x_1(y) + w_2 x_2(y) = 2x_1(y) + 3 \cdot 8$$
$$= \frac{y^3}{32} + 24.$$

J.4.2. Das ist natürlich wahr, denn wäre es nicht so, so gäbe es keinen Grund, den langfristigen Faktor zu verändern, d.h. die kurzfristigen und langfristigen Kosten wären identisch.

J.4.3. Die gesuchte Formel lautet: $c(y) = c_{x_2^*(y)}(y)$.

J.4.4. Die langfristige Durchschnittskostenkurve lautet

$$LAC = \begin{cases} y^2 - 4y + 6 & \text{für } y \leq 3, \\ y^2 - 8y + 18 & \text{für } y \geq 3. \end{cases}$$

Zeichnerisch ist sie die untere Umhüllende der beiden kurzfristigen Durchschnittskostenkurven (vgl. Abb. J.10).

J.5.1. Die fixen Kosten betragen 50, die variablen Kosten betragen $20y^2$. Die kurzfristige Kostenfunktion lautet also $C(y) = 50 + 20y^2$.

J.5.2. a) Dies sind quasifixe Kosten, da bei Ausbringungsmenge null keine Kosten anfallen.

b) Hier sind es fixe Kosten, da sie auch bei Ausbringungsmenge null anfallen.

J.7.1. $C(y) = 5,8y$

J.7.2. $MC(y) = 5,8$

J.7.3. Die variablen Kosten € 100 oder € 110, abhängig von Annahmen über die Grenzkostenfunktion.

J.7.4. Kostenfunktion: $C(y) = y^2 \frac{w_1 w_2}{w_1 + w_2}$
  Grenzkostenfunktion: $MC(y) = 2y \frac{w_1 w_2}{w_1 + w_2}$

J.7.5. $C(y) = (w_1 + \frac{1}{2}w_2)y$

J.7.6. $C(y) = 3y$

J.7.7. Die Gesamtkosten können bei gleicher Produktionsmenge reduziert werden.Wie?

J.7.8. Die ersten vier Einheiten sind am besten in Produktionsstätte 1 zu produzieren. Für die übrigen finden Sie sicher eine Lösung!

J.7.9. $SMC(y) = \frac{y}{5}$

J.7.10. $C_s(y) = y^3 + 2$

J.7.11. $SAVC(y) = y$, $SAC(y) = \frac{1}{y} + y$ und $SMC(y) = 2y$

J.7.12. Die kurzfristigen Gesamtkosten resultieren aus der Summe der kurzfristigen variablen Kosten und der Fixkosten: $c_s(y) = c_v(y) + F$. Mit diesem Hinweis sollten Sie nun die kurzfristigen Grenzkosten für die erste kleine Einheit bestimmen und die gesuchte Herleitung finden.

K. Gewinnmaximierung

Unternehmen streben nach Gewinn; dies ist eine unserer zentralen Annahmen. Gewinnmaximierung kann man im Inputraum, d.h. in Abhängigkeit von den eingesetzten Faktormengen, untersuchen (Abschnitt K.1). Dabei werden wir auf die Nachfragefunktion für Faktoren geführt. Diese gibt die Faktoreinsatzmenge in Abhängigkeit vom Güterpreis und von den Faktorpreisen wieder. Oder man kann Gewinnmaximierung im Outputraum, d.h. in Abhängigkeit von der produzierten Menge y, betrachten (Abschnitt K.2). Unser Ziel ist dabei die Ableitung der Angebotsfunktion für Güter. Diese gibt an, wie viele Einheiten des Endproduktes bei einem bestimmten Preis und einer gegebenen Kostenfunktion hergestellt und verkauft werden sollen. Diese Abhängigkeiten der Faktoreinsatzmengen bzw. der Outputmenge von den Faktor- und Outputpreisen zu ermitteln, ist ein weiteres Beispiel komparativ-statischer Analyse.

Der letzte inhaltliche Abschnitt dieses Kapitels (Abschnitt K.3) beschäftigt sich mit der bekundeten Gewinnmaximierung. Wir werden uns hierbei überlegen, welches Faktornachfrage- bzw. Güterangebotsverhalten mit Gewinnmaximierung inkompatibel ist. Wir setzen in diesem Kapitel weiterhin Preisnehmerschaft voraus.

K.1 Gewinnmaximierung im Inputraum - Faktornachfrage

K.1.1 Die „Faktorpreis gleich Grenzwertprodukt"-Regel

Unternehmen kombinieren Faktoren, um Output zu erzeugen und zu verkaufen. In diesem Abschnitt betrachten wir das Unternehmen als

Faktorenkombinierer. Dazu schreiben wir den Gewinn als Funktion der Faktoreinsatzmengen:

$$\pi(x_1, x_2) = pf(x_1, x_2) - w_1 x_1 - w_2 x_2.$$

Auch hier gilt natürlich, dass der Gewinn als Differenz des Erlöses $pf(x_1, x_2)$ und der Kosten $w_1 x_1 + w_2 x_2$ definiert ist. Wir nehmen weiterhin an, dass die Faktorpreise und auch der Güterpreis gegeben sind und durch die Entscheidungen des Unternehmens nicht beeinflusst werden.

Zur Gewinnmaximierung bestimmen wir die partiellen Ableitungen und setzen sie gleich null. Wir erhalten dann

$$p \cdot MP_1 \overset{!}{=} w_1 \qquad\qquad (K.1)$$

und

$$p \cdot MP_2 \overset{!}{=} w_2. \qquad\qquad (K.2)$$

Der Ausdruck auf der linken Seite der Optimierungsbedingungen, das Produkt aus Preis und Grenzproduktivität, ist das mit dem Marktpreis bewertete physische Produkt. Man nennt es Grenzwertprodukt (MVP = marginal value product). Die ökonomische Interpretation ist einleuchtend: Die letzte Faktoreinheit produziert MP Einheiten des Produktes, die zum Preis p auf dem Markt verkauft werden.

Ein Inputfaktor kann z.B. die Anzahl von Arbeitern sein. Graphisch wird die Entscheidung, wie viele Arbeiter bei konstanten Lohnkosten anzustellen sind, in Abb. K.1 wiedergegeben.

Übung K.1.1. Können Sie anhand von Abb. K.1 graphisch zeigen, wie ein höherer Lohn die Faktornachfrage beeinflusst?

K.1.2 Faktornachfragefunktionen

Ein Ziel der Unternehmenstheorie ist die Herleitung von Faktornachfragefunktionen. Diese geben die Beziehung zwischen den Preisen der Faktoren und dem Güterpreis einerseits und andererseits der gewinnmaximierenden Menge der einzelnen Faktoren an. Sie werden durch Auflösen der Optimalitätsbedingungen (Gewinnmaximierung im Inputraum) nach der Einsatzmenge des jeweiligen Faktors bestimmt. Das

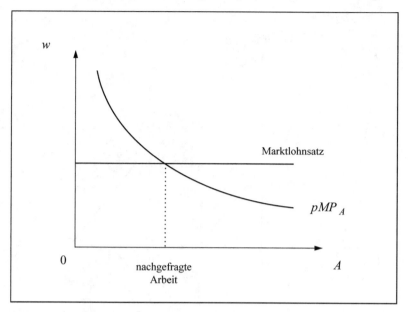

Abbildung K.1. Die Nachfrage nach Arbeit hängt vom Lohn und vom Grenzwertprodukt ab

Hauptaugenmerk ist dabei auf die Abhängigkeit der Faktornachfrage vom eigenen Faktorpreis gerichtet, für Faktor 1, beispielsweise, schreiben wir

$$x_1 = D\,(w_1)\,.$$

In Kap. J haben wir kurz- und langfristige Kostenfunktionen unterschieden. In diesem Abschnitt unterscheiden wir kurz- und langfristige Nachfragefunktionen. Kurzfristig könnte die Einsatzmenge eines Faktors, beispielsweise des zweiten Faktors, fix sein, $x_2 = \bar{x}_2$. Der Gewinn errechnet sich dann aus

$$\pi(x_1, x_2) = p \cdot f(x_1, \bar{x}_2) - w_1 \cdot x_1 - w_2 \cdot \bar{x}_2$$

und im Gewinnmaximum gilt

$$p \cdot \frac{\partial f(x_1, \bar{x}_2)}{\partial x_1} \stackrel{!}{=} w_1 \qquad \text{bzw.} \qquad p \cdot MP_1 \stackrel{!}{=} w_1:$$

Für den variablen Faktor gilt die „Grenzwertprodukt = Faktorpreis"-Regel. Für den fixen Faktor muss sie selbstverständlich nicht erfüllt sein.

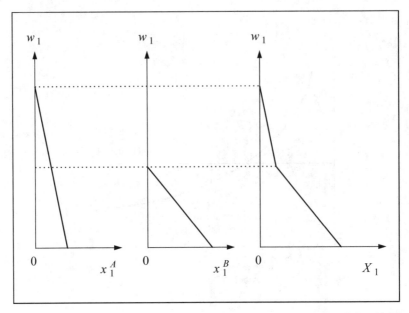

Abbildung K.2. Ableitung der Marktnachfrage nach einem Produktionsfaktor

Übung K.1.2. Ermitteln Sie für die Produktionsfunktion $f(x_1, x_2) =$ $x_1^{\frac{1}{2}} x_2^{\frac{1}{3}}$ die Faktornachfragefunktionen. Bestimmen Sie die kurzfristige Faktornachfragefunktion für den Produktionsfaktor 1, wenn kurzfristig der zweite Faktor $\overline{x}_2 = 8$ fix ist!

K.1.3 Die Marktnachfragefunktion für Faktoren

Wie in Kapitel H für Haushalte ausgeführt, kann man auch die Markt-nachfragefunktion für Produktionsfaktoren einführen. Man erhält die Marktnachfragekurve graphisch, indem man die individuellen Faktor-nachfragekurven horizontal addiert, wie dies Abb. K.2 für zwei Un-ternehmen zeigt. Beim Faktorpreis w_1 ergibt sich die Marktnachfrage $x_1(w_1)$ durch Addition der Faktornachfrage $x_1^A(w_1)$ von Unternehmen A und der Faktornachfrage $x_1^B(w_1)$ von Unternehmen B.

Übung K.1.3. Aggregieren Sie die beiden Faktornachfragefunktio-nen $x_1^A(w_1) = 30 - 2w_1$ und $x_1^B(w_1) = 18 - 3w_1$.

K.2 Gewinnmaximierung im Outputraum - Güterangebot

K.2.1 Die „Preis gleich Grenzkosten"-Regel

Der Gewinn (π für profit) ist als Differenz zwischen Erlösen und Kosten definiert:

$$\pi(y) = r(y) - c(y).$$

Wenn der Erlös einer zusätzlich produzierten Einheit höher ist als die Kosten dieser Produktion, so sollte diese Einheit produziert werden. Das Unternehmen kann sich erst dann im Optimum befinden, wenn Gleichheit hergestellt ist, wenn also

$$MC \overset{!}{=} MR \qquad\qquad (K.3)$$

gilt. Mathematisch ergibt sich diese „Grenzkosten = Grenzerlös"-Regel durch Differenzieren der Gewinnfunktion:

$$\frac{d\pi}{dy} = \frac{dr}{dy} - \frac{dc}{dy} = MR - MC \overset{!}{=} 0.$$

Nun können wir aufgrund der angenommenen Preisnehmerschaft die Regel vereinfachen. Bei Preisnehmerschaft vermutet das Unternehmen, keinen Einfluss auf den Preis zu haben. In diesem Fall ist der Grenzerlös gleich dem Preis:

$$p = MC.$$

Alternativ hätten wir dieses Ergebnis durch Differentiation von

$$\pi(y) = p \cdot y - c(y)$$

erhalten können.

Übung K.2.1. Wann gilt die Gewinnmaximierungsbedingung „Preis gleich Grenzkosten" und wann die Bedingung „Grenzerlös gleich Grenzkosten"?

Übung K.2.2. Ein Unternehmer ist Preisnehmer bei einem Marktpreis von $p = 7$. Seine Kostenfunktion lautet $c(y) = 2y^3 - 27y^2 - 53y + 101$. Wie hoch ist sein gewinnmaximaler Output?

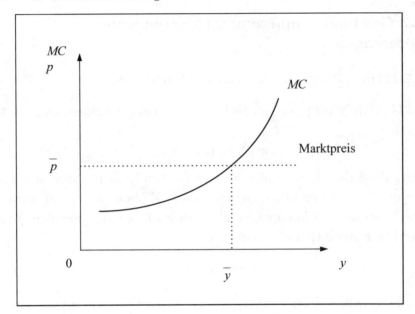

Abbildung K.3. Herleitung der „Preis = Grenzkosten-Regel"

Übung K.2.3. Gewinnmaximierung impliziert Kostenminimierung. Vergleichen Sie dazu die „Preis gleich Grenzkosten"-Regel mit den Optimierungsbedingungen für die Faktornachfrage K.1 und K.2!

Graphisch lässt sich die „Preis = Grenzkosten"-Regel anhand von Abb. K.3 erläutern. Der marginale Gewinn, d.h. der Gewinn der jeweils letzten Einheit, beträgt $\bar{p} - MC$. So lange der Preis oberhalb der Grenzkosten liegt, lohnt sich daher die Ausdehnung der Produktion. Rechts vom Schnittpunkt der Preishorizontalen mit der Grenzkostenkurve hingegen ist eine Senkung der Produktion vorteilhaft. Hier kann man durch Reduktion der produzierten Menge den Gewinn erhöhen.

K.2.2 Güterangebotsfunktion

Die Angebotsfunktion (S = supply) sagt aus, wie viele Einheiten ein Unternehmen bei einem bestimmten Preis herstellen und verkaufen möchte:

$$y = S(p).$$

Aus dem vorhergegangenen Abschnitt entnimmt man, dass die Angebotskurve im wesentlichen die Grenzkostenkurve ist.

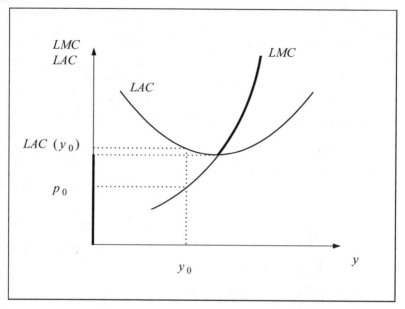

Abbildung K.4. Langfristiges Angebot

Betrachten wir zunächst die langfristige Angebotskurve. Im Falle steigender Grenzkosten kann die Situation wie in Abb. K.4 veranschaulicht werden. Die Angebotskurve entspricht also der Grenzkostenkurve. Eine Einschränkung muss jedoch gemacht werden. Der Preis muss über den Durchschnittskosten liegen. Liegt er darunter, beträgt die optimale Ausbringungsmenge null. Dies sieht man beispielsweise für den Preis p_0 in Abb. K.4; bei y_0 gilt $LAC(y_0) > p_0$ und das Unternehmen macht Verlust. Diesen Verlust kann es jedoch durch die Produktionsmenge null vermeiden. Der Grund liegt darin, dass langfristig alle Faktoren variabel und daher keine fixen, sondern lediglich quasifixe Kosten anfallen können. Die langfristige Angebotskurve besteht in unserem Fall also aus zwei Teilen.

Übung K.2.4. Ein Unternehmen hat die langfristige Kostenfunktion

$$c(y) = \begin{cases} 6y^2 + 15y + 54 \text{ für } y > 0 \\ 0 \qquad\qquad\quad \text{für } y = 0 \end{cases}.$$

Bestimmen Sie die langfristige Angebotsfunktion!

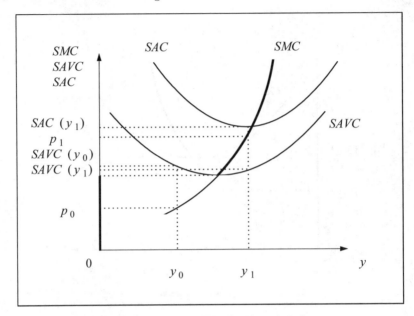

Abbildung K.5. Kurzfristiges Angebot

Die Frage des kurzfristigen Angebots ist ein wenig komplizierter. Sie ist in Abb. K.5 dargestellt. Die kurzfristige Grenzkostenkurve ist „im Wesentlichen" die Angebotskurve. Bei einem Preis oberhalb des Schnittpunktes der kurzfristigen Angebotskurve mit der kurzfristigen Durchschnittskostenkurve erwirtschaftet das Unternehmen einen positiven Gewinn bei Beachtung der „Preis gleich kurzfristige Grenzkosten"-Regel. Spannend ist nun die Frage, welche Ausbringungsmenge beim Preis p_1 (siehe nochmals Abb. K.5) gewählt werden sollte.

Produziert das Unternehmen die Menge y_1, so macht es für jede produzierte Einheit einen Verlust in Höhe von $SAC(y_1) - p_1$. Unklar ist, ob sich das Unternehmen durch die Einstellung der Produktion besser stellt; denn bei Einstellung der Produktion macht es den „Gewinn" $-F$ (Fixkosten). p_1 ist so gewählt, dass bei y_1 der Preis oberhalb der kurzfristigen durchschnittlichen variablen Kosten (SAVC) liegt. Daher, so wollen wir nun mithilfe der auf S. 222 erläuterten Aufteilung der kurzfristigen Durchschnittskosten zeigen, ist beim Preis p_1 und bei der Produktion y_1 der Verlust geringer als die fixen Kosten:

$$0 > (p_1 - SAC(y_1))\, y_1$$
$$= (p_1 - SAVC(y_1) - SAFC(y_1))\, y_1$$
$$= (p_1 - SAVC(y_1))\, y_1 - SAFC(y_1) \cdot y_1$$
$$> -SAFC(y_1) \cdot y_1$$
$$= -F.$$

Wir können diesen Sachverhalt auch anders ausdrücken: Kurzfristig kann es für eine Unternehmung günstig sein, auch dann zu produzieren, wenn der Preis unter den Durchschnittskosten liegt. Denn kurzfristig sind die Verluste bei Stopp der Produktion gleich den Fixkosten. Wenn der Preis oberhalb der kurzfristigen durchschnittlichen variablen Kosten liegt, sollte ein Unternehmen kurzfristig weiter produzieren, um zumindest einen Teil der Fixkosten zu decken. Liegt der Preis dagegen unterhalb der kurzfristigen durchschnittlichen variablen Kosten (wie der Preis p_0 in Abb. K.5), sollte auf keinen Fall weiter produziert werden.

Übung K.2.5. Ein Unternehmen hat die kurzfristige Kostenfunktion $c(y) = 6y^2 + 15y + 54$. Bestimmen Sie die kurzfristige Angebotsfunktion!

K.2.3 Die Marktangebotsfunktion

In Kap. H haben wir die individuellen Nachfragefunktionen zur Marktnachfragefunktion aggregiert. In ganz analoger Weise wollen wir hier die individuellen Angebotsfunktionen zur Marktangebotsfunktion summieren. Das dabei verwendete Aggregationsverfahren ist für die lange und die kurze Frist gleich. Wichtig ist jedoch, dass für alle Unternehmen die kurze und die lange Frist übereinstimmen. Man erhält die Marktangebotsfunktion S durch Addition der Angebotsfunktionen $S_1, \ldots, S_n$ aller Unternehmen:

$$S(p) = S_1(p) + \ldots + S_n(p).$$

Bei jedem Preis addiert man also die zu diesem Preis angebotenen Mengen (siehe Abb. K.6).

Übung K.2.6. Stellen Sie die Herleitung der Marktangebotskurve aus zwei verschiedenen Unternehmensangebotskurven, $S_1(p) = p - 10$

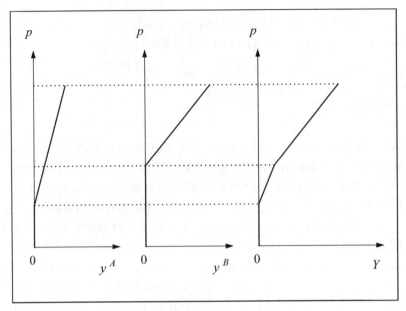

Abbildung K.6. Ableitung des Marktangebotes

und $S_2(p) = p - 15$, graphisch dar! Der Preis soll an der Ordinate, die angebotene Menge an der Abszisse abgetragen werden.

In der Haushaltstheorie haben wir die Nachfragefunktion und die inverse Nachfragefunktion deutlich auseinander gehalten; in ganz analoger Weise haben wir die Angebotsfunktion und die inverse Angebotsfunktion zu unterscheiden.

Übung K.2.7. Falls die Angebotskurve $S(p) = 4p^2$ lautet, wie lautet dann die Formel für die inverse Angebotskurve?

Wir werden in Kap. L die Angebotsfunktionen verschiedener Fristigkeit behandeln. Die Herleitung insbesondere des langfristigen Angebots finden Sie auf S. 257.

K.3 Bekundete Gewinnmaximierung

Ein Unternehmen, das bei gegebenen Preisen Input und Output wählt, offenbart damit zwei Dinge:

1. Die gewählte Input-Output-Kombination stellt einen möglichen Produktionsplan dar. Andernfalls hätte das Unternehmen diesen Output mit den gewählten Inputs nicht produzieren können.

2. Die gewählte Input-Output-Kombination erbringt (bei den gegebenen Preisen) keinen geringeren Gewinn als jede andere mögliche Input-Output-Kombination. Andernfalls hätte das Unternehmen seinen Gewinn noch erhöhen können. Dies stünde im Widerspruch zu der (bisher stets unterstellten) Annahme, dass Unternehmen danach streben, ihren Gewinn zu maximieren.

K.3.1 Schwaches Axiom der Gewinnmaximierung

Betrachten wir im weiteren die Produktionsentscheidungen eines Unternehmens in den Perioden A und B. Der Output und die beiden Inputs seien mit y bzw. x_1 und x_2 bezeichnet, die jeweiligen Preise mit p bzw. w_1 und w_2. In der Periode A wählt das Unternehmen also bei den Preisen $\left(p^A, w_1^A, w_2^A\right)$ die Output-Input-Kombination $\left(y^A, x_1^A, x_2^A\right)$ und in der Periode B bei den Preisen $\left(p^B, w_1^B, w_2^B\right)$ die Output-Input-Kombination $\left(y^B, x_1^B, x_2^B\right)$. Bei unveränderter Produktionsfunktion muss für einen Gewinnmaximierer gelten:

$$p^A y^A - w_1^A x_1^A - w_2^A x_2^A \geq p^A y^B - w_1^A x_1^B - w_2^A x_2^B \qquad \text{(K.4)}$$
$$p^B y^B - w_1^B x_1^B - w_2^B x_2^B \geq p^B y^A - w_1^B x_1^A - w_2^B x_2^A. \qquad \text{(K.5)}$$

Ungleichung K.4 besagt, dass der Gewinn der Periode A nicht kleiner sein kann als der Gewinn, der sich ergäbe, wenn der Produktionsplan der Periode B bei Preisen der Periode A realisiert würde. Ungleichung K.5 besagt analog, dass der Gewinn der Periode B nicht kleiner sein kann als der Gewinn, der sich mit dem Produktionsplan der Periode A bei Preisen der Periode B ergibt.

Sind die Ungleichungen verletzt, kann man schließen, dass in wenigstens einer Periode das Unternehmen nicht den Gewinn maximiert hat. Die durch K.4 und K.5 gegebene Verhaltensannahme wird auch als Schwaches Axiom der Gewinnmaximierung bezeichnet.

Übung K.3.1. Ein Unternehmen produziere ein Gut unter Verwendung zweier Produktionsfaktoren. Bei einem Güterpreis und Faktorpreisen von jeweils 3 setzt die Unternehmung 6 Einheiten des Produktionsfaktors 1 und 4 Einheiten des Produktionsfaktors 2 ein, um 18 Gütereinheiten zu produzieren. Nachdem sich der Faktorpreis 1 auf 5, der Faktorpreis 2 auf 4 und der Güterpreis auf 7 erhöhte, produzierte die Unternehmung 25 Gütereinheiten mit einem Faktoreinsatz von 5 Einheiten des Faktors 1 und 8 Einheiten des Faktors 2. Ist dieses Verhalten konsistent mit dem Konzept der Gewinnmaximierung? Begründen Sie!

K.3.2 Komparative Statik

Die Herleitung. Aus den zwei Ungleichungen des Schwachen Axioms des gewinnmaximierenden Verhaltens lassen sich einige grundlegende Aussagen über die Reaktion des Unternehmens auf Änderungen der Input- und Outputpreise ableiten.

Umstellen von Ungleichung K.5 ergibt

$$-p^B y^A + w_1^B x_1^A + w_2^B x_2^A \geq -p^B y^B + w_1^B x_1^B + w_2^B x_2^B. \qquad \text{(K.6)}$$

Nach Addition der Ungleichungen K.4 und K.6 erhält man:

$$\left(p^A - p^B\right) y^A - \left(w_1^A - w_1^B\right) x_1^A - \left(w_2^A - w_2^B\right) x_2^A$$
$$\geq \left(p^A - p^B\right) y^B - \left(w_1^A - w_1^B\right) x_1^B - \left(w_2^A - w_2^B\right) x_2^B. \qquad \text{(K.7)}$$

Zusammenfassen und Umstellen von K.7 ergibt:

$$\left(p^A - p^B\right)\left(y^A - y^B\right) - \left(w_1^A - w_1^B\right)\left(x_1^A - x_1^B\right) \quad \ldots \qquad \text{(K.8)}$$
$$\ldots - \left(w_2^A - w_2^B\right)\left(x_2^A - x_2^B\right) \geq 0.$$

Wir definieren nun $\Delta w_1 := w_1^A - w_1^B$ und analog für die anderen Parameter und Variablen. Die obige Ungleichung kann man dann übersichtlicher

$$\Delta p \Delta y - \Delta w_1 \Delta x_1 - \Delta w_2 \Delta x_2 \geq 0 \qquad \text{(K.9)}$$

schreiben. Über die Beziehung K.9 lassen sich aus dem Schwachen Axiom des gewinnmaximierenden Verhaltens im Weiteren einige fundamentale Aussagen in Bezug auf die Reaktion von Unternehmen auf Preisänderungen treffen.

Änderungen des Output-Preises. Ändert sich einzig der Output-Preis des Unternehmens, d.h. gilt

$$\Delta w_1 = \Delta w_2 = 0, \qquad (K.10)$$

so vereinfacht sich Ungleichung K.9 zu

$$\Delta p \Delta y \geq 0. \qquad (K.11)$$

D.h., wenn sich der Output-Preis ändert, kann sich die Output-Menge nicht in die entgegengesetzte Richtung bewegen, denn dann wäre das Produkt der beiden Differenzen Δp und Δy kleiner als 0. Bei einer Erhöhung des Output-Preises wird die Output-Menge nicht sinken, bei einer Senkung desselben der Output nicht steigen.

Die Angebotskurve eines gewinnmaximierenden Unternehmens ist also zumindest nicht fallend im Output-Preis. Die selbe Aussage gilt dann für die Marktangebotskurve.

Änderungen eines Input-Preises. Werfen Sie, gedanklich, einen Blick zurück auf die Haushaltstheorie:

Übung K.3.2. Ist, im Fall des Budgets als Geldeinkommen, jedes inferiore Gut ein Giffen-Gut?

Muss die Nachfrage nach Produktionsfaktoren mit steigendem Faktorpreis sinken? Könnte es nicht analog den nicht-gewöhnlichen Gütern in der Haushaltstheorie den Fall geben, dass aufgrund einer Faktorpreissteigerung die Nachfrage nach diesem Faktor steigt?

Übung K.3.3. Zeigen Sie, dass es im Rahmen der Theorie des gewinnmaximierenden Unternehmens keine nicht-gewöhnlichen Produktionsfaktoren, d.h. Produktionsfaktoren, deren Einsatz z.B. mit steigendem Preis zunimmt, geben kann!

K.4 Neue Begriffe

- Gewinnmaximierung
- Grenzwertprodukt

- Faktornachfrage
- Faktornachfragefunktion
- Angebotsfunktion
- Marktangebotsfunktion
- inverse Angebotsfunktion
- kurz- und langfristige Angebotsfunktionen

K.5 Übungsaufgaben

Übung K.5.1. Gegeben sei die Produktionsfunktion $y = f(x_1, x_2) = x_1^{\frac{1}{2}} \cdot x_2^{\frac{1}{2}}$. Die Faktorpreise lauten $w_1 = w_2 = 1$.

Bestimmen Sie die kurzfristige Angebotsfunktion, wenn die kurzfristig nicht variierbare Einsatzmenge des zweiten Faktors $x_2 = 1$ beträgt!
b) Bestimmen Sie die langfristige Angebotsfunktion!

Übung K.5.2. Ein Teil der Arbeitslosigkeit rührt von überhöhten Löhnen her. Begründen Sie mithilfe einer Abbildung!

Übung K.5.3. Eine Unternehmung habe eine Angebotsfunktion, die durch $S(p) = 4p$ wiedergegeben wird. Die fixen Kosten betragen 100. Wenn nun der Preis von 10 auf 20 steigt, wie ändern sich dadurch die Gewinne?

Übung K.5.4. Wie lautet die kurzfristige Angebotskurve für die Kostenfunktion $c(y) = y^2 + 1$? Wie lautet die langfristige Angebotskurve für die langfristige Kostenfunktion

$$
c(y) = \begin{cases} y^2 + 1 & \text{für } y > 0 \\ 0 & \text{für } y = 0 \end{cases}.
$$

Übung K.5.5. Man kann die langfristigen Angebotskurven der Unternehmen horizontal addieren, um so zur langfristigen Marktangebotskurve zu gelangen. Begründen Sie für den Fall der Abb. K.5, dass die kurzfristige Marktangebotskurve bei geringen Preisen ein höheres Angebot vorsieht als die langfristige Marktangebotskurve. Je höher die Preise sind, desto geringer ist der Unterschied.

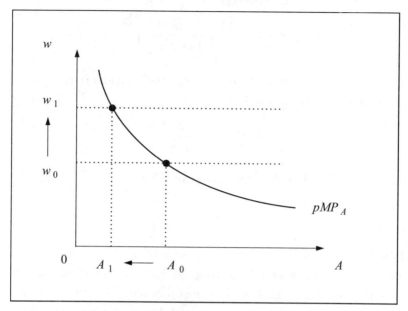

Abbildung K.7. Rückgang der Nachfrage nach Arbeit bei steigendem Lohnsatz

K.6 Lösungen zu den Aufgaben

K.1.1. Durch den erhöhten Marktlohnsatz w_1 verringert sich die Nachfrage nach Arbeit auf A_1 in Abb. K.7.

K.1.2. Die Optimalitätsbedingungen lauten in diesem Fall

$$p \cdot MP_1 = p \cdot \frac{x_2^{\frac{1}{3}}}{2x_1^{\frac{1}{2}}} \overset{!}{=} w_1 \quad \text{und} \quad p \cdot MP_2 = p \cdot \frac{x_1^{\frac{1}{2}}}{3x_2^{\frac{2}{3}}} \overset{!}{=} w_2.$$

Stellt man die erste Gleichung nach x_2 um, so erhält man

$$x_2 = \left(\frac{2w_1}{p}\right)^3 x_1^{\frac{3}{2}}.$$

Einsetzen in die zweite Gleichung ergibt

$$x_1 = D(w_1) = \frac{p^6}{144 w_1^4 w_2^2}$$

und für den zweiten Produktionsfaktor gilt somit

$$x_2 = D(w_2) = \left(\frac{2w_1}{p}\right)^3 \left(\frac{p^6}{144w_1^4 w_2^2}\right)^{\frac{3}{2}} = \frac{p^6}{216 w_1^3 w_2^3}.$$

Ist $\overline{x}_2 = 8$, so ist die kurzfristige Produktionsfunktion $f(x_1, \overline{x}_2) = x_1^{\frac{1}{2}} \cdot 2$.
Nun ergibt die Optimalitätsbedingung

$$p \cdot MP_1 = p \cdot \frac{2}{2x_1^{\frac{1}{2}}} \overset{!}{=} w_1,$$

somit ergibt sich als Faktornachfragefunktion

$$x_1 = D(w_1) = \frac{p^2}{w_1^2}.$$

K.1.3. Für $w_1 > 6$ ist die Nachfrage von B gleich null, d.h. in diesem
Bereich ist die aggregierte Nachfrage gleich der Nachfrage von A. Im
Bereich $0 \leq w_1 \leq 6$ fragen beide Konsumenten das Gut nach, d.h. die
aggregierte Nachfrage ist die Summe der beiden Nachfragefunktionen.
Somit gilt

$$x_1(w_1) = \begin{cases} 30 - 2w_1, \ w_1 > 6, \\ 48 - 5w_1, \ 0 \leq w_1 \leq 6. \end{cases}$$

K.2.1. Die „Grenzerlös = Grenzkosten"-Formel gilt immer. Sie ist allgemeiner als die „Preis = Grenzkosten"-Bedingung. Der Grenzerlös ist
gleich dem Preis, wenn die Nachfragefunktion horizontal verläuft. Die
Regel „Preis = Grenzkosten" ist also derjenige Sonderfall der allge-
meineren Regel „Grenzerlös = Grenzkosten", in dem der Grenzerlös
gleich dem Preis ist.

K.2.2. Die Optimalitätsbedingung lautet

$$MC = 6y^2 - 54y - 53 \overset{!}{=} 7 = p,$$

sein optimaler Output beträgt $y = 10$.

K.2.3. Wenn man die Gl. K.1 durch Gl. K.2 teilt, erhält man

$$\frac{MP_1}{MP_2} = \frac{w_1}{w_2}.$$

Die Grenzrate der technischen Substitution ist dann gleich dem umgekehrten Faktorpreisverhältnis. Dies ist die Bedingung für Kostenminimierung.

K.2.4. Zunächst bestimmt man den Schnittpunkt der Grenz- und Durchschnittskostenkurve

$$MC(y) = 12y + 15 = 6y + 15 + \frac{54}{y} = AC(y),$$

also $y = 3$. Das entspricht einem Preis von $p = MC(3) = 51$. Unter diesem Preis wird das Unternehmen langfristig nicht anbieten, also lautet die langfristige Angebotsfunktion

$$y = S(p) = \begin{cases} 0 & \text{für } p < 51 \\ \frac{p}{12} - \frac{5}{4} & \text{für } p \geq 51 \end{cases}.$$

K.2.5. Zunächst bestimmt man den Schnittpunkt der Grenzkostenkurve und der Kurve der durchschnittlichen variablen Kosten

$$MC(y) = 12y + 15 = 6y + 15 = AVC(y),$$

also $y = 0$. Das entspricht einem Preis von $p = MC(0) = 15$. Unter diesem Preis wird das Unternehmen auch kurzfristig nicht anbieten, also lautet die kurzfristige Angebotsfunktion

$$y = S(p) = \begin{cases} 0 & \text{für } p < 15 \\ \frac{p}{12} - \frac{5}{4} & \text{für } p \geq 15 \end{cases}.$$

K.2.6. Vgl. Abb. K.8.

K.2.7. Die inverse Angebotsfunktion lautet $p(q) = \frac{1}{2}\sqrt{q}$.

K.3.1. Nein. Bei einem Güterpreis und Faktorpreisen von 3 erzielte das Unternehmen mit den jeweils gewählten Mengen einen Gewinn von $18 \cdot 3 - 6 \cdot 3 - 4 \cdot 3 = 24$. Hätte es hier schon mit 5 Einheiten des ersten Faktors und 8 Einheiten des zweiten Faktors 25 Einheiten des Gutes hergestellt, was offenbar technologisch möglich war, betrüge sein Gewinn $25 \cdot 3 - 5 \cdot 3 - 8 \cdot 3 = 36$. Das Unternehmen hätte im ersten Fall den Gewinn durch eine andere Produktionsfaktor-Gütermengen-Kombination noch erhöhen können. Dies stünde aber im Widerspruch zur Annahme, dass das Unternehmen seinen Gewinn maximiert hat.

K.3.2. Nein. Umgekehrt gilt jedoch, dass im Falle des Geldeinkommens ein Gut nur dann die Giffen-Charakteristik aufweisen kann, wenn es inferior ist.

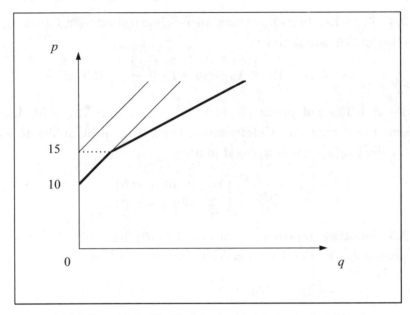

Abbildung K.8. Die Herleitung der Marktangebotskurve

K.3.3. Ändert sich einzig ein Input-Preis des Unternehmens, z.B. w_1, gilt

$$\Delta w_2 = \Delta p = 0$$

und somit wegen K.9

$$-\Delta w_1 \Delta x_1 \geq 0$$

und daher schließlich $\Delta w_1 \Delta x_1 \leq 0$. D.h., wenn sich der Input-Preis eines Produktionsfaktors ändert, kann sich die eingesetzte Menge desselben nicht in die gleiche Richtung bewegen, denn dann wäre das Produkt der beiden Differenzen Δw_1 und Δx_1 größer als 0. Bei einer Erhöhung eines Input-Preises eines Faktors wird dessen Einsatzmenge nicht steigen, bei einer Senkung desselben die Einsatzmenge nicht sinken. Die Faktornachfragekurve eines gewinnmaximierenden Unternehmens steigt somit nicht mit dem Preis eines Produktionsfaktors.

K.5.1. a) $y(p) = \frac{1}{2}p$.

b) $y(p) = \begin{cases} +\infty & : p > 2, \\ [0, +\infty) & : p = 2, \\ 0 & : p < 2. \end{cases}$

K.5.2. Das sollte Ihnen mit Leichtigkeit gelingen!

K.5.3. Der Gewinn steigt um 600.

K.5.4. Die langfristige Angebotskurve lautet also

$$y = \begin{cases} \frac{1}{2}p, \, p > 2, \\ 0, \quad p \le 2, \end{cases}$$

und die kurzfristige Angebotskurve lautet $y = \frac{1}{2}p$ für alle $p > 0$.

K.5.5. Diese Aufgabe sollte Ihnen keine Probleme bereiten.

Vollkommene Konkurrenz und Wohlfahrtstheorie

Der dritte Teil dieses Buches ist ein vorläufiger Höhepunkt unserer Analyse. Die Haushaltstheorie und die Unternehmenstheorie dienten teilweise dazu, die hier zu entfaltende Darstellung vorzubereiten. Dazu wurden in diesen beiden Teilen die Marktnachfrage- und Marktange- botsfunktionen aus den individuellen Nutzen- bzw. Gewinnkalkülen hergeleitet. Der Zusammenführung von Angebot und Nachfrage dient dieser Teil und insbesondere Kap. L. Dabei gehen wir weiterhin davon aus, dass weder Anbieter noch Nachfrager Einfluss auf die Marktpreise ausüben. Diese Preisnehmerschaft ist eine zentrale Annahme, die zum Modell der so genannten vollkommenen Konkurrenz führt.

Für vollkommene Konkurrenz, so werden wir im anschließenden Kap. M zeigen, gilt das erste Wohlfahrtstheorem: Ein System vollkom- mener Konkurrenzmärkte ist Pareto-effizient. Dabei bedeutet Pareto- Effizienz, dass es nicht möglich ist, jemanden besser zu stellen, ohne jemand anderen schlechter zu stellen. Die Pareto-Effizienz bzw. die Pareto-Verbesserung erlaubt es bisweilen, eine Situation als vorteilhaf- ter als eine andere einzuschätzen. Darüber hinaus lernen wir in Kap. N Verfahren kennen, ökonomische Situationen monetär zu bewerten. Die bekanntesten monetären Maßstäbe der Vorteilhaftigkeit einer Si- tuation sind die Konsumentenrente und die Produzentenrente. Auch mit diesem Maßstab schneidet die vollkommene Konkurrenz sehr gut ab: Im Gleichgewicht eines vollkommenen Marktes ist die Summe von Konsumenten- und Produzentenrente maximal. Diese wohlfahrtstheo- retisch attraktiven Ergebnisse machen die vollkommene Konkurrenz zu einem Grenzfall, anhand dessen die weniger guten Ergebnisse anderer Marktformen bewertet werden.

Märkte vollkommener Konkurrenz sind typischerweise durch sehr viele Marktteilnehmer auf beiden Marktseiten gekennzeichnet. Die- se Marktform bezeichnet man als Polypol. Marktformen mit einem Marktteilnehmer oder wenigen Marktteilnehmern auf einer der beiden Marktseiten sind Gegenstand von Teil IV.

L. Vollkommene Konkurrenz

Der Gegenstand dieses Kapitels ist das Modell der vollständigen Konkurrenz, in dem das Zusammentreffen von Angebot und Nachfrage (bei Preisnehmerschaft) untersucht wird. Die Grundannahmen dieses Modells werden in Abschnitt L.1 dargestellt. Der Gleichgewichtsbegriff für dieses Modell wird allgemein in Abschnitt L.2 erläutert und dann in den folgenden Abschnitten für verschiedene Fristigkeiten konkretisiert. Dieses Kapitel argumentiert nicht sehr streng. Zum einen lassen wir zu, dass die Nachfragekurve, der sich ein einzelnes kleines Unternehmen gegenüber sieht, horizontal ist, während die Marktnachfrage negativ geneigt ist. Zum anderen wird die Dynamik auf diesem Markt nicht formal modelliert und die Argumentation ist etwas wischiwaschi.

L.1 Grundannahmen des Modells der vollkommenen Konkurrenz

Das Modell der vollkommenen Konkurrenz geht von folgenden Prämissen aus:

1. Die Unternehmen produzieren ein Gut, das für die Konsumenten in sachlicher (Qualität, Ausstattung, Farbe aus Sicht der Konsumenten identisch), in zeitlicher (Zeitpunkt des Angebotes identisch oder unwichtig), in örtlicher (Ort des Angebots identisch oder unwichtig) und persönlicher (Sympathie und Antipathie für den einen oder anderen Käufer oder Verkäufer unwichtig) Hinsicht gleich ist. Man bezeichnet diese Annahme über die Güter als Homogenität.
2. Einzelne Konsumenten und Unternehmen haben keinen Einfluß auf den Marktpreis (Preisnehmerschaft) des homogenen Gutes.

3. Die Unternehmen und Konsumenten sind vollständig informiert. Es kann also nicht vorkommen, dass die Konsumenten ein Gut kaufen, obwohl es von einem anderen Unternehmen billiger angeboten wird. Der Preis aller (homogenen!) Gütereinheiten muß daher gleich sein. Dies ist das Gesetz des einheitlichen Preises.

4. Unternehmen können kostenlos in den Markt ein- und austreten.

5. Transaktionskosten fallen nicht an. Zu den Transaktionskosten werden die Kosten der Einkaufs- und Verkaufsaktivität, das Aussuchen der Handelspartner und die Kontrolle darüber, dass man tatsächlich das Gewünschte erhalten hat, gezählt.

6. Die Angebotskurve steigt (zumindest bei relativ geringer Gütermenge) an, und jedes Unternehmen findet es optimal, nur eine relativ geringe Anzahl von Gütern herzustellen.

Übung L.1.1. Vervollständigen Sie, bitte: Bei Preisnehmerschaft sehen sich die Unternehmen ... Güternachfragekurven gegenüber, die Elastizität beträgt dann ... und der Grenzerlös ist gleich .... Für die Faktorangebotskurven gilt analog: ...

Die Güternachfrage- und Faktorangebotskurven aus der vorangehenden Aufgabe sind individuelle Kurven. Sie geben die subjektive Sicht der einzelnen kleinen Unternehmen wieder. Wie oben bereits erwähnt, wollen wir annehmen, dass die Marktnachfragekurven und Marktangebotskurven trotzdem negativ bzw. positiv geneigt sein können.

L.2 Gleichgewicht auf Märkten

Methodisch ruht die Mikroökonomik und allgemeiner die Wirtschaftstheorie auf dem Begriff des Gleichgewichts. Mit seiner Hilfe trifft der Wissenschaftler theoretische Vorhersagen auf der Grundlage eines Modells.

In einem ökonomischen Modell stellt man ein Gleichgewicht dadurch fest, dass die Wirtschaftssubjekte keinen Anlass haben, ihr Verhalten zu ändern. Schon in Entscheidungssituationen kann man von Gleichgewichten reden: Der Haushalt hat im Haushaltsoptimum keine

Veranlassung, ein anderes Güterbündel zu wählen. Das Unternehmen befindet sich im Gleichgewicht, wenn es seine Faktornachfrage an der „Grenzwertprodukt = Faktorpreis"-Regel ausrichtet und sein Güterangebot an der „Preis gleich Grenzkosten"-Regel.

Interessanter ist das Gleichgewichtskonzept natürlich für Situationen, an denen mehrere oder sogar sehr viele Agenten beteiligt sind. Den Gleichgewichtsbegriff der Spieltheorie erläutern wir in Kap. P.

In diesem Kapitel geht es um Gleichgewichte auf Märkten bei Preisnehmerschaft. Diese sind durch zwei Bedingungen charakterisiert:

1. Bei den gegebenen Preisen befinden sich sowohl die Haushalte als auch die Unternehmen auf ihren jeweiligen Angebots- und Nachfragekurven. Die Unternehmen fragen also Faktoren nach und bieten Güter an, sodass sie ihren Gewinn bei den gegebenen Preisen maximieren. Die Haushalte befinden sich im Haushaltsoptimum, sowohl in Bezug auf die nachgefragten Güter als auch in Bezug auf die angebotenen Faktoren.

2. Die Angebots- und Nachfragefunktionen sind miteinander vereinbar. Dies bedeutet, dass die von den Unternehmen angebotenen Güter genau von den Haushalten nachgefragt werden; es gibt weder Über- noch Unterangebot. Analoges gilt für die Faktoren. Bei einem Überangebot auf irgendeinem Markt gäbe es ansonsten Agenten, die ihre Faktoren oder Güter nicht verkaufen können und die daher Anlass zu Preissenkungen hätten. Bei Überschussnachfrage könnten einige Agenten die Güter oder Faktoren nicht kaufen, die zu kaufen beabsichtigen. Sie würden dann anstreben, durch höhere Preise doch noch ihre Nachfrage zu befriedigen.

L.3 Charakterisierung des langfristigen Marktgleichgewichts

Die Annahmen des Modells der vollkommenen Konkurrenz können nun zu einer wichtigen Charakterisierung des langfristigen Marktgleichgewichts verwendet werden. Aufgrund der Preisnehmerschaft hat ein Unternehmen in vollkommener Konkurrenz die Gewinnfunktion

$$\pi(y) = p \cdot y - c(y).$$

Als notwendige Optimalitätsbedingung ergibt sich nun durch Differenzieren der Gewinnfunktion:

$$p \stackrel{!}{=} MC.$$

Zudem führt der kostenlose Marktein- und -austritt dazu, dass die Unternehmen langfristig weder Gewinne noch Verluste machen. Bei positiven Gewinnen im Markt gäbe es einen Anreiz für andere Unternehmen, in den Markt einzutreten. Dadurch würden im Zeitablauf die Gewinne auf null sinken. Umgekehrt treten die Unternehmen aus dem Markt aus, wenn sie Verlust realisieren. Die Gewinnlosigkeit bedeutet nun

$$p = AC,$$

so dass im langfristigen Marktgleichgewicht jedes einzelne Unternehmen die Produktionsmenge $y_{\min}$ wählt, bei der sich die Grenzkostenkurve mit der Durchschnittskostenkurve schneidet (vgl. Abb. L.1). Dort gilt dann

$$p = MC = AC.$$

Übung L.3.1. Eine Branche im Wettbewerb bestehe aus 10.000 Unternehmen. Für jedes Unternehmen dieser Branche belaufen sich die langfristigen Kosten, y Einheiten Output zu erzeugen, auf $c(y) = 100 + y^2$, falls $y > 0$. Ansonsten ist $c(y) = 0$. Die Regierung belegt nun jedes Unternehmen mit einer „Kopfsteuer" von € 300. Die Unternehmen können dieser Steuer nur dann entgehen, wenn sie aus dem Markt ausscheiden. Es herrsche freier Marktzu- und -austritt. Die aggregierte Marktnachfrage lautet $1.000(120 - p)$.
Wie werden sich die Preise langfristig entwickeln, und wie viele Unternehmen werden dann auf dem Markt konkurrieren?

Nehmen wir nun an, dass Faktor 2 kurzfristig nicht variierbar ist und dass $x_2^*(y_{\min})$ die Menge von Faktor 2 ist, die für die Produktion von $y_{\min}$ optimal ist. Dann gilt $c_{x_2^*(y_{\min})}(y_{\min}) = c(y_{\min})$. Entsprechendes ist für die Durchschnitts- und Grenzkosten richtig. In Abb. L.2 sind die lang- und kurzfristigen Grenz- und Durchschnittskosten,

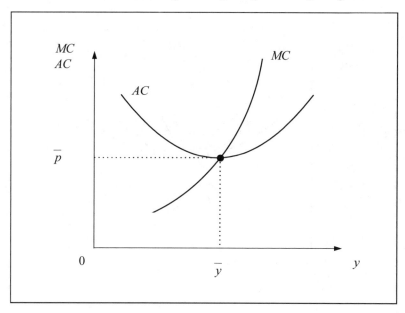

Abbildung L.1. Langfristiges Angebot

die das langfristige Gleichgewicht in Bezug auf ein Unternehmen charakterisieren, zusammengestellt.

Man kann nun verschiedene Typen von Industrien unterscheiden wie in Abb. L.3. Während einzelne Unternehmen durchaus steigende Durchschnittskosten aufweisen mögen, ist dies für die Durchschnittskosten einer Industrie insofern unplausibel, als die Produktion bei minimalen Durchschnittskosten von einer Vielzahl von Unternehmen unternommen werden kann. Man wird daher konstante Durchschnittskosten auf Ebene der Gesamtindustrie erwarten. Allerdings sind steigende oder sogar fallende Durchschnittskosten durchaus möglich. Eine Industrie mit sinkenden (Durchschnitts-)Kosten ist dadurch gekennzeichnet, dass bei hohem Output, somit auch hoher Nachfrage nach Produktionsfaktoren, die Durchschnittskosten sinken. Der Grund mag in steigenden Skalenerträgen bei der Produktion von Inputs liegen, wie sie im Bereich der Elektronikindustrie zu vermuten sind. Im Gegensatz dazu ist eine Industrie mit steigenden (Durchschnitts-)Kosten dadurch gekennzeichnet, dass bei hohem Output, somit auch hoher Nachfrage nach Produktionsfaktoren, die Durchschnittskosten steigen. Ein Beispiel dafür ist die edelmetallverarbeitende Industrie, in der eine starke

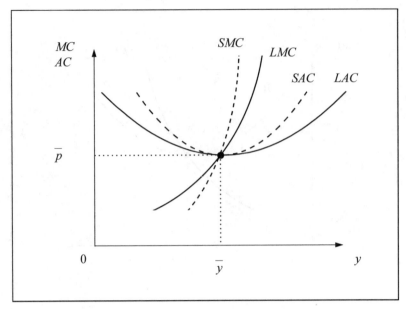

Abbildung L.2. Lang- und kurzfristige Grenz- und Durchschnittskosten im lang-fristigen Gleichgewicht eines Unternehmens

Nachfrage nach dem Produktionsfaktor Edelmetall den Weltmarkt-preis erhöht.

L.4 Grundannahmen der zeitlichen Anpassung

Das Modell der vollkommenen Konkurrenz ist ein statisches, auf einen Zeitpunkt bezogenes Modell. Im Grunde können wir daher nicht mehr tun, als komparativ statische Analyse zu betreiben: Wie wirken sich unterschiedliche Steuern auf die Anzahl der Unternehmen im Markt und auf die Preise aus, welches neue Gleichgewicht erhalten wir durch einen exogenen Nachfrageschock etc.. Dennoch wollen wir im Folgen-den quasi-dynamische Anpassungsvorgänge nachzeichnen und plausi-bel machen. Dabei argumentieren wir bisweilen nicht sehr streng for-mal, hoffen jedoch, dass dem Leser diese Art von Dynamik hilft, das Geschehen auf Märkten besser zu verstehen.

Ausgang unserer Analysen ist eine Nachfrageerhöhung. Deren Wir-kungen untersuchen wir für drei verschiedene Fristigkeiten:

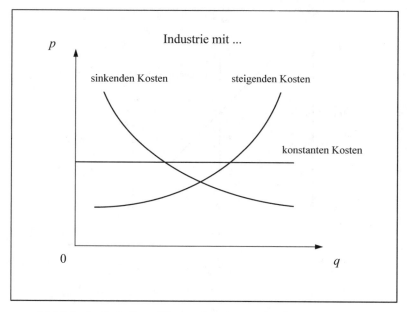

Abbildung L.3. Langfristige Angebotsverläufe einer Industrie

1. Sehr kurzfristig gibt es keine Angebotsreaktion. Das Angebot und die Anzahl der Anbieter sind fix.
2. Kurzfristig können variable Inputs verändert werden. Die nur langfristig variierbaren bleiben konstant. Daher ist die Anzahl der Unternehmen gegeben.
3. Langfristig sind alle Faktoren variierbar. Insbesondere kann durch Marktzu- bzw. -austritt die Anzahl der Unternehmen variieren.

L.4.1 Sehr kurzfristiges Marktgleichgewicht

In ganz kurzer Frist kann das Angebot überhaupt nicht variiert werden. Bei leicht verderblichen Waren, wie z.B. Fisch oder Gemüse, die auf dem Markt angeboten werden, wird eine unvorhergesehene Nachfragesteigerung keine Ausdehnung des Angebots nach sich ziehen.

Übung L.4.1. Wie sieht die sehr kurzfristige Angebotskurve aus?

Tritt bei einer sehr kurzfristigen Angebotskurve eine Nachfragesteigerung ein, so ergibt sich eine Überschussnachfrage bei dem alten Preis. Diese Überschussnachfrage wird durch Preiserhöhung abgebaut.

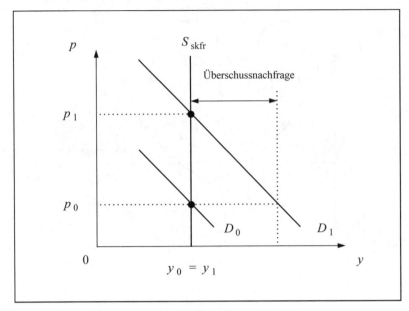

Abbildung L.4. Nachfragesteigerung bei sehr kurzfristigem Angebot

Denn die Käufer konkurrieren um die gegebene Menge, indem sie höhere Kaufangebote abgeben (vgl. Abb. L.4). Bei dem erhöhten neuen Preis können jedoch nur diejenigen Konsumenten zum Zuge kommen, die bereit sind, ihn zu zahlen. (Wir führen die Zahlungsbereitschaft formal erst in Kap. N ein.) Der Preis hat also die Funktion, die Nachfrage zu rationieren.

L.4.2 Kurzfristiges Marktgleichgewicht

In kurzer Frist können nur die variablen Inputs angepasst werden. Die Anzahl der Unternehmen im Markt ist also konstant. Gehen wir von steigenden kurzfristigen Grenzkosten aus, so kann man die Situation eines typischen Unternehmens und die Marktsituation nach erfolgter Nachfragesteigerung wie in Abb. L.5 darstellen. Die Ausgangssituation ist das langfristige Gleichgewicht beim Preis p_0 und insgesamt abgesetzter Menge q_0. Der Preis ist gleich den Durchschnittskosten für jedes einzelne Unternehmen, das die Menge y_0 produziert.

Übung L.4.2. Wahr oder falsch? Bei der Menge y_0 sind die kurzfristigen gleich den langfristigen Durchschnittskosten.

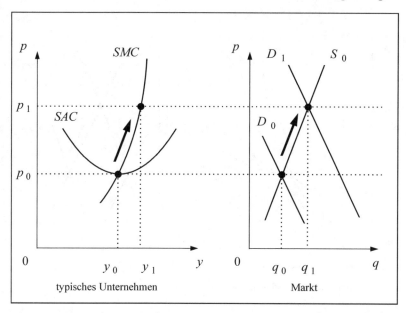

Abbildung L.5. Ein Unternehmen und die Marktsituation bei kurzfristigem Angebot

Übung L.4.3. Warum kann der Preis nicht über oder unter den Durchschnittskosten liegen?

Nun gehen wir von einer Nachfragesteigerung aus. Sie ist im rechten Teil der Abb. L.5 dargestellt. Wie wird nun das neue kurzfristige Gleichgewicht erreicht? Die Nachfragesteigerung bewirkt eine Überschussnachfrage beim niedrigen Preis p_0. Diese wird durch Preissteigerungen reduziert, die ihrerseits das Signal geben, die Produktion auszudehnen. Dies ist kurzfristig nur durch die variablen Inputs möglich. Schließlich steigt der Preis auf p_1, und das typische Unternehmen (linker Teil der Abbildung) erhöht die Angebotsmenge auf y_1. Hier gilt, dass der Preis gleich den kurzfristigen Grenzkosten sein muss.

Übung L.4.4. Warum muss der Preis gleich den kurzfristigen Grenzkosten sein?

Die insgesamt angebotene Menge steigt so weit (bis auf q_1), dass keine Preissteigerungen mehr erfolgen. Der Markt ist kurzfristig im Gleichgewicht.

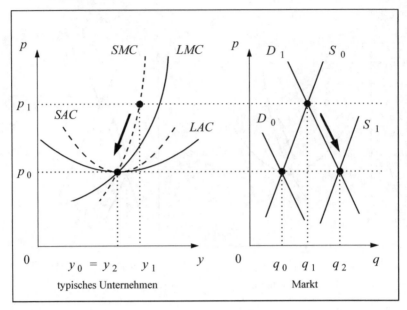

Abbildung L.6. Ein Unternehmen und die Marktsituation bei langfristigem Angebot

L.4.3 Langfristiges Gleichgewicht

Ein langfristiges Gleichgewicht ist jedoch noch nicht erreicht. Zum einen wird durch die Anpassung des langfristigen Faktors die Ausbringungsmenge weiter steigen (vgl. hierzu auch Abb. L.6).

Übung L.4.5. Warum?

Zum zweiten (und dies ist wichtiger) machen die Unternehmen Gewinne und provozieren dadurch den Eintritt weiterer Unternehmen. Durch beide Entwicklungen wird die Marktangebotskurve nach rechts verschoben. Wie die Abb. L.6 zeigt, dehnt sich die Angebotsmenge soweit aus (q_2), bis der Preis wieder auf das Niveau der langfristigen minimalen Durchschnittskosten gefallen ist. Die Ausbringungsmenge des einzelnen Unternehmens beträgt dann $y_2 = y_0$. Die gewinnlose Situation ist wieder erreicht.

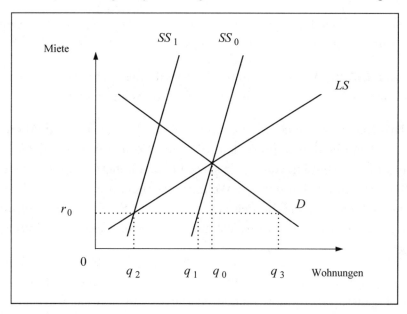

Abbildung L.7. Kurz- und langfristige Angebotsänderungen

L.5 Kurz- und langfristige Wirkungen einer Höchstmietenverordnung

Als Anwendungsbeispiel wollen wir jetzt die Einführung einer Höchstmiete auf dem Wohnungsmarkt betrachten.

Übung L.5.1. Sollte eine Höchstmiete über oder unter dem langfristigen Gleichgewichtsmietpreis liegen?

Wir gehen davon aus, dass eine Ausdehnung des Wohnungsbaus die Inputpreise (z.B. für (Bau-)Land) erhöht und damit Kostenerhöhungen bewirkt. Die langfristige Angebotskurve ist somit nicht horizontal, sondern ansteigend, wie dies in Abb. L.7 die Gerade LS (long run supply) wiedergibt. Die Gleichgewichtsmiete wird durch den Schnittpunkt der Nachfragekurve mit der langfristigen Angebotskurve definiert. Die Höchstmiete r_0 liegt unterhalb der Gleichgewichtsmiete.

Kurzfristig kann das Angebot nicht sehr stark reagieren. Es sinkt gemäß der kurzfristigen Angebotskurve (short run supply = SS). Manche Wohnungen, die bei einer höheren Miete vermietet würden, werden nun von den Eigentümern selbst genutzt. Die Anzahl der Wohnungen selbst ist jedoch kurzfristig nicht variierbar. Die angebotene Menge geht nur wenig, von q_0 auf q_1, zurück.

Übung L.5.2. Wie stark nimmt die Anzahl der vermieteten Wohnungen kurzfristig ab, und wie hoch ist die Überschussnachfrage?

Die Nachfrage nach Mietwohnungen ist bei geringerem Mietzins höher. Wenn es den potentiellen Mietern also möglich ist, werden sie komfortabler wohnen wollen, als sie es bei den höheren Mieten wollten.

Langfristig werden weniger Wohnungen angeboten. Die kurzfristige Angebotskurve verschiebt sich von SS_0 nach SS_1. Der Wohnungsneubau wird reduziert und alte Wohnungen werden dem Verfall preisgegeben.

Übung L.5.3. Wie sehr nimmt die Anzahl der vermieteten Wohnungen langfristig ab, und wie hoch ist die Überschussnachfrage langfristig?

Übung L.5.4. Welche Konsequenz hat die anhaltende Überschussnachfrage? Können Sie aus eigener Erfahrung auf dem Wohnungsmarkt Beispiele geben?

Eine Überschussnachfrage wird auf Märkten typischerweise durch Preissteigerungen abgebaut. Ist dies nicht möglich, kann der Preis seiner Funktion als Rationierungsinstrument nicht mehr gerecht werden. Andere Differenzierungs- und Diskriminierungsmittel, die in der Praxis angewandt werden, sind Hautfarbe, Mitgliedschaft im Fußballklub, Kinderanzahl und Ähnliches.

In diesem Kapitel wurden wiederholt die Funktionen von Preisen angesprochen. Sie sind in der Abb. L.8 zusammengestellt.

Funktion der Preise	Erläuterung
Rationierung und Diskriminierung der Nachfrage	Nur diejenigen potentiellen Käufer werden tatsächlich das Gut erwerben, deren Zahlungsbereitschaft mindestens so hoch ist wie der Preis.
Information über Knappheit und Signal zum Handeln	Hohe Preise informieren die Käufer und die Unternehmen darüber, dass das Gut knapp ist. Konsumenten werden den Konsum einschränken. Unternehmen werden sich der Produktion dieses Gutes verstärkt widmen.
Anlastung der Konsequenzen im Gleichgewicht	Im Gleichgewicht gilt $p = MC$ und $p \leq ZB$. Die Individuen können also nur dann das Gut kaufen, wenn es ihnen mindestens soviel wert ist, wie die Herstellung kostet.

Abbildung L.8. Wichtige Funktionen der Preise

L.6 Neue Begriffe

- Vollkommene Konkurrenz
- Polypol
- Homogenität
- Vollständige Information
- Gesetz des einheitlichen Preises
- Transaktionskosten
- kurzfristiges Marktgleichgewicht
- langfristiges Marktgleichgewicht
- Höchstmietenverordnung
- (Markt-)Eintritt
- Rationierung
- Signalfunktion des Preises

L.7 Übungsaufgaben

Übung L.7.1. Ein Unternehmen hat die langfristige Kostenfunktion

$$C(y) = \begin{cases} y^2 + 2y + 2 \text{ für } y > 0 \\ 0 \qquad\qquad \text{ für } y = 0 \end{cases}.$$

Wie groß muss der Preis für den Output auf einem Konkurrenzmarkt mindestens sein, damit das Unternehmen einen Output erzeugt?

Übung L.7.2. Ein Unternehmen besitzt die kurzfristige Kostenfunktion $c(y) = 300 + 3y^2$. Die langfristige Kostenfuktion lautet

$$c(y) = \begin{cases} 300 + 3y^2 \text{ für } y > 0 \\ 0 \qquad\qquad \text{ für } y = 0 \end{cases}.$$

a) Bestimmen Sie die $AC(y)$, die $AVC(y)$, die $AFC(y)$ sowie $MC(y)$!

b) Bestimmen Sie das Minimum der Durchschnittskosten!

c) Wie hoch sind die produzierte Menge und der Gewinn, wenn der Preis für den Output € 90 beträgt?

d) Wie hoch sind die produzierte Menge und der Gewinn, wenn der Preis für den Output € 30 beträgt? Ist es sinnvoll für das Unternehmen, jetzt noch zu produzieren?

e) Stellen Sie die kurzfristige und die langfristige Angebotsfunktion auf!

Übung L.7.3. Die inverse Nachfragefunktion für Äpfel lautet $p = 100 - 2q$, wobei q die Anzahl der Äpfel ist. Die inverse Angebotsfunktion für Äpfel lautet $p = 1 + q$.

a) Bei welchem Preis und welcher Menge stellt sich ein Gleichgewicht ein?

b) Nun wird eine Apfelsteuer von 9 Geldeinheiten pro Apfel (eine Mengensteuer) erhoben, die von den Konsumenten zu zahlen ist. Bei welchem Preis und welcher Menge stellt sich das Gleichgewicht ein?

c) Schließlich wird anstelle der Konsumentensteuer die Apfelsteuer von 9 Geldeinheiten pro Apfel den Verkäufern auferlegt. Bei welchem Preis und welcher Menge stellt sich das Gleichgewicht ein?

L.8 Lösungen zu den Aufgaben

L.1.1. Bei Preisnehmerschaft sehen sich die Unternehmen horizontalen Nachfragekurven gegenüber, die Elastizität ist dann betragsmäßig unendlich und der Grenzerlös ist gleich dem Preis. Für die Faktorangebotskurven gilt analog: Die Unternehmen sehen sich horizontalen Faktorangebotskurven gegenüber, die Elastizität ist betragsmäßig unendlich und die Grenzkosten sind gleich dem Faktorpreis.

L.3.1. Vor der Steuer liefert die Regel „Grenzkosten gleich Durchschnittskosten"

$$MC = 2y \overset{!}{=} \frac{100}{y} + y = AC,$$

und damit $y^2 = 100$, woraus $y = 10$ folgt. Wegen der Gewinnlosigkeit muss gelten

$$R = p \cdot y = p \cdot 10 \overset{!}{=} C(y) = 100 + 10^2 = 200,$$

also liegt der Marktpreis bei 20.

Nach der Steuer verändert sich die Kostenfunktion des im Markt bleibenden Unternehmen zu $C(y) = 400 + y^2$, wie oben folgt nun

$$MC = 2y \overset{!}{=} \frac{400}{y} + y = AC,$$

und damit $y^2 = 400$, woraus $y = 20$ folgt. Wegen der Gewinnlosigkeit muss hier nun gelten

$$R = p \cdot y = p \cdot 20 \overset{!}{=} C(y) = 400 + 20^2 = 800,$$

also liegt der Marktpreis bei 40. Die Anzahl k der im Markt konkurrierenden Unternehmen kann man jetzt aus der Marktnachfragefunktion ablesen

$$k \cdot y = k \cdot 20 = 1.000(120 - p) = 80.000,$$

also ist $k = 4.000$.

L.4.1. In sehr kurzer Frist ändert sich das Angebot nicht. Die Angebotskurve ist also eine Vertikale (vgl. Abb. L.9).

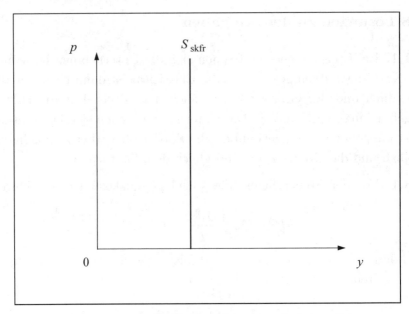

Abbildung L.9. Die Angebotskurve in sehr kurzer Frist

L.4.2. Diese Aussage ist richtig. Denn im langfristigen Gleichgewicht ist der langfristige Faktor optimal eingesetzt. Die kurzfristige Grenzkosten- und Durchschnittskostenkurve sind durch diesen Faktoreinsatz definiert.

L.4.3. Läge der Preis über den (langfristigen und kurzfristigen) Durchschnittskosten, so lohnte sich der Marktzutritt für einige Unternehmen. Läge er unter den Durchschnittskosten, so würden langfristig einige Unternehmen aus dem Markt ausscheiden.

L.4.4. Die Unternehmen versuchen, sich im Rahmen ihrer Möglichkeiten an die neue Situation anzupassen. Wenn der Preis steigt, liegt er bei der alten Produktionsmenge y_0 oberhalb der Grenzkosten. Der Gewinn kann dann durch Mehrproduktion erhöht werden.

L.4.5. Die langfristige Grenzkostenkurve ist zum einen gleich der kurzfristigen Grenzkostenkurve bei derjenigen Produktionsmenge, bei der der langfristige Faktor optimal angepasst ist. Das ist die Produktionsmenge y_0. Zum anderen ist die langfristige Grenzkostenkurve typischerweise flacher als die kurzfristige Grenzkostenkurve. Daher ergibt

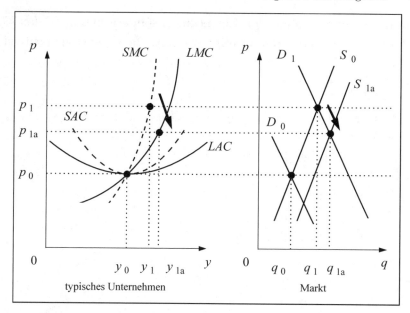

Abbildung L.10. Ausdehnung der Produktion bei langfristiger Anpassung aller Faktoren

sich langfristig eine Ausdehnung der Produktion (vgl. Abb. L.10), individuell von y_1 nach y_{1a} und auf dem Markt von q_1 nach q_{1a}. Zugleich ergibt sich eine Preissenkung von p_1 nach p_{1a}.

L.5.1. Läge die Höchstmiete über der Gleichgewichtsmiete, so hätte sie keine Auswirkungen.

L.5.2. Mit den Bezeichnungen von Abb. L.7 reduziert sich die Anzahl der vermieteten Wohnungen um $q_0 - q_1$. Die Überschussnachfrage ist höher. Denn die geringere Miete reduziert nicht nur das Angebot, sondern sie erhöht auch die Nachfrage. Die Überschussnachfrage beträgt $q_3 - q_1$.

L.5.3. Mit den Bezeichnungen der Abb. L.7 beträgt die langfristige Überschussnachfrage $q_3 - q_2$. Die Anzahl der vermieteten Wohnungen geht jedoch „nur" um $q_0 - q_2$ zurück.

L.5.4. Die Höchstmiete wird umgangen, indem auf Nebenzahlungen (Abstand, Prämie für Wohnungsfindung, horrender Preis für alten Teppich) ausgewichen wird. Auch nicht-monetäre Leistungen (z.B. sexueller Natur) werden entrichtet. Diese Nebenzahlungen gehen jedoch

nicht immer an den offiziellen Eigentümer, sondern häufig an den Vor-
mieter, der seinen Nachmieter mitbestimmt. Die Eigentumsrechte sind
diffus.

L.7.1. $2 + 2\sqrt{2}$.

L.7.2. a) $SAC(y) = 300/y + 3y$; $SAVC(y) = 3y$; $SAFC(y) = 300/y$,
$SMC(y) = 6y$
b) $SMC_{\min} = 60$ bei $y^* = 10$,
c) $y = 15$, $\pi = 375$,
d) $y = 5$, $\pi = -225$, Ja.

e) $y_{langfristig} = \begin{cases} \frac{p}{6} \text{ für } p \geq 60, \\ 0 \text{ für } 60 > p \geq 0, \end{cases}$

$y_{kurzfristig} = \frac{p}{6}$.

L.7.3. a) $q = 33, p = 34$.
b) $q = 30$ und $p = 31$.
c) $q = 30$ und $p = 40$. Es macht also keinen Unterschied, ob die
Konsumenten oder die Produzenten die Steuer zahlen müssen.

M. Das erste Wohlfahrtstheorem

In der Wohlfahrtstheorie geht man der Frage nach, wie die gesamtwirtschaftliche Situation zu bewerten ist, wie funktionsfähig die Märkte und andere Allokationsmechanismen sind. Dabei steht der Ökonom vor dem Problem, dass Situationsänderungen, die ein Individuum besser, ein anderes aber schlechter stellen nur schwer beurteilt werden können. Der Grund liegt in der fehlenden Vergleichbarkeit von Nutzen.

Übung M.0.1. Warum ist die Vergleichbarkeit von Nutzen mit der ordinalen Nutzentheorie nicht vereinbar?

Es gibt jedoch Situationen, die im Sinne von Pareto (italienischer Soziologe, 1848-1923) nicht mehr verbesserbar sind. Sein Maßstab, die Pareto-Optimalität, ist Gegenstand von Abschnitt M.1. Was Pareto-Optimalität in bisher von uns behandelten ökonomischen Situationen impliziert, untersuchen wir in Abschnitt M.2.

M.1 Pareto-Optimalität

Situationen heißen Pareto-effizient oder Pareto-optimal, wenn es nicht möglich ist, ein Individuum besser zu stellen, ohne ein anderes schlechter zu stellen. Pareto-Verbesserungen liegen vor, falls mindestens ein Individuum besser gestellt wird, ohne dass ein anderes schlechter gestellt wird.

Übung M.1.1. Können Sie eine Definition der Pareto-Optimalität angeben, die auf dem Konzept der Pareto-Verbesserung beruht?

Übung M.1.2. a) Wie sind Umverteilungen von Vermögen aus der Sicht des Pareto-Kriteriums zu beurteilen, wenn dadurch Ungleichheiten in der Vermögensverteilung beseitigt werden?
b) Wie steht es mit Situationen, in denen ein Individuum alles besitzt?

Pareto-Verbesserungen sind für die Wirtschaftspolitik fast immer unbrauchbar, weil es wenige Maßnahmen gibt, die alle beteiligten Individuen bevorzugen. Neben der tatsächlichen Pareto-Verbesserung betrachtet man daher die potentiellen Pareto-Verbesserungen. Diese liegen dann vor, wenn es möglich ist, dass die Nutznießer einer Maßnahme die Geschädigten kompensieren können und dennoch selbst Nutznießer bleiben. In der Theorie der Wirtschaftspolitik nennt man die Entscheidungsregel, aufgrund von potentiellen Pareto-Verbesserungen wirtschaftspolitische Maßnahmen für wünschenswert zu erachten, Kaldor-Kriterium.

M.2 Das erste Wohlfahrtstheorem

M.2.1 Aussage des ersten Wohlfahrtstheorems

Das Hauptziel dieses Kapitels ist die Herleitung und Begründung des ersten Wohlfahrtstheorems: Ein System vollkommener Wettbewerbsmärkte ist Pareto-effizient.

Übung M.2.1. Was sind die Grundannahmen des Modells der vollkommenen Konkurrenz?

Insbesondere verhalten sich Anbieter und Nachfrager bei vollkommener Konkurrenz als Mengenanpasser. Ein Gleichgewicht liegt vor, wenn die individuellen Konsum- und Produktionspläne miteinander verträglich und bei gegebener Anfangsausstattung an Produktionsfaktoren realisierbar sind.

Der Beweis des ersten Wohlfahrtstheorems ist sehr umfangreich und nur unter großem formalem Aufwand zu führen. Wir begnügen uns daher mit einer Beweisskizze und gehen dazu in drei Schritten vor. Zunächst wird gezeigt, dass die Verteilung der hergestellten Güterbündel unter den Bedingungen der vollkommenen Konkurrenz optimal ist (Pareto-Optimalität im Tausch). Anschließend zeigt man, dass der Faktoreinsatz effizient ist (Pareto-Optimalität in der Produktion). Und schließlich ist nachzuweisen, dass die Produktion und der Konsum optimal abgestimmt sind (Pareto-Optimalität des Produktmixes).

Bei allen drei Teilen des Beweises gehen wir in drei Schritten vor:

1. Zunächst ist die Pareto-Optimalität (im Tausch, in der Produktion, beim Produktmix) zu charakterisieren. Hierbei spielen die Preise keine Rolle.
2. Sodann haben wir uns daran zu erinnern, wie sich die Haushalte und Unternehmen an die gegebenen Güter- und Faktorpreise anpassen.
3. Schließlich ist zu zeigen, dass diese Anpassung an die gegebenen Güter- und Faktorpreise in einer Weise erfolgt, dass die ökonomische Situation tatsächlich Pareto-optimal ist.

Dabei argumentieren wir durchgängig auf der Basis „schön gekrümmter" Indifferenzkurven, Isoquanten, Produktionsmöglichkeitenkurven etc.. Auch setzen wir die Monotonie der Präferenzen voraus.

M.2.2 Optimalität im Tausch

Bevor wir zum eigentlichen Beweis der Optimalität im Tausch kommen, ist es notwendig, eine Tauschwirtschaft formal zu beschreiben. Wir nehmen vereinfachend den 2-Personen-2-Güter-Fall an und stellen ihn mithilfe der so genannten Tausch-Edgeworth-Box dar. Abb. M.1 stellt die Tausch-Edgeworth-Box für die zwei Güter 1 und 2 und die zwei Individuen A und B dar. Das Besondere an der Tausch-Edgeworth-Box ist, dass sie zwei Ursprünge hat, einen unten links für Individuum A und einen zweiten oben rechts für Individuum B.

Individuum A besitzt die Anfangsausstattung $\omega^A = \left(\omega_1^A, \omega_2^A\right)$, d.h. ω_1^A von Gut 1 und ω_2^A von Gut 2, und kann seine Präferenzen durch die Nutzenfunktion u^A darstellen. In analoger Weise verfügt Individuum B über die Anfangsausstattung $\omega^B = \left(\omega_1^B, \omega_2^B\right)$ und die Nutzenfunktion u^B. Beachten Sie jedoch die jeweiligen Ursprünge der zwei Koordinatensysteme.

Übung M.2.2. Besitzen die Individuen in der Abb. M.1 die gleichen Mengen von Gut 1, ist also $\omega_1^A = \omega_1^B$?

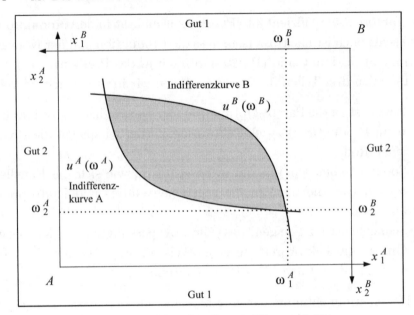

Abbildung M.1. Die Tausch-Edgeworth-Box

Jeder Punkt innerhalb der Box bezeichnet eine bestimmte Zuordnung (Allokation) der zwei Güter auf die beiden Individuen. Eine mögliche Zuordnung ist die Anfangsausstattung. Für alle möglichen Güterbündelpaare $\left(x^A, x^B\right)$ mit $x^A = \left(x_1^A, x_2^A\right)$ für Individuum A und $x^B = \left(x_1^B, x_2^B\right)$ für Individuum B hat $x_1^A + x_1^B = \omega_1^A + \omega_1^B$ und $x_2^A + x_2^B = \omega_2^A + \omega_2^B$ zu gelten.

Übung M.2.3. Interpretieren Sie die Länge und die Breite der Tausch-Edgeworth-Box!

Bei der Edgeworth-Box werden zwei Indifferenzkurvenschemata gleichzeitig dargestellt, wobei das eine, für Individuum A, wie gewöhnlich gezeichnet wird und das andere, für Individuum B, um $180°$ gedreht und nach oben rechts versetzt dargestellt wird.

Wir werden im Folgenden voraussetzen, dass die Indifferenzkurven „glatt", d.h. differenzierbar, und streng konvex sind und dass die Präferenzen monoton sind!

Übung M.2.4. Welche Güterbündel zieht Individuum A seiner Anfangsausstattung vor (siehe Abb. M.1)?

Übung M.2.5. Welche Güterbündel stellen beide Individuen besser als die Anfangsausstattung (siehe Abb. M.1)?

Die in der Tauschlinse (schraffierter Bereich Abb. M.1) liegenden Güterbündel stellen die Menge aller Pareto-Verbesserungen, ausgehend von der Anfangsausstattung, dar. Eine Pareto-optimale Allokation wird dann erreicht, wenn keine tatsächlichen Pareto-Verbesserungen mehr möglich sind, d.h. wenn kein Individuum besser gestellt werden kann, ohne das andere Individuum schlechter zu stellen. Man kann sich vorstellen, dass die Individuen durch freiwilligen Tausch einen solchen Pareto-optimalen Punkt erreichen. Solange ein solcher Punkt nicht erreicht ist, haben die Individuen Anreiz, durch Tausch eine Situation zu erreichen, die beide besser stellt.

Übung M.2.6. Wie viele Punkte enthält die Tauschlinse, wenn wir uns in einem Pareto-optimalen Punkt befinden?

Übung M.2.7. In einer Tauschwirtschaft mit zwei Haushalten ist die Grenzrate der Substitution für Haushalt A kleiner als für Haushalt B. Wie werden die Haushalte auf eine derartige Situation reagieren? Argumentieren Sie marginal! (Achtung: Beachten Sie, dass am „Rand" der Edgeworth-Box ein Sonderfall eintreten kann.)

Der geometrische Ort aller Pareto-Optima in der Tausch-Edgeworth-Box heißt Kontraktkurve oder Tauschgerade (siehe Abb. M.2).

Aus der Tausch-Edgeworth-Box lässt sich die Nutzenmöglichkeitenkurve ableiten. Die Nutzenmöglichkeitenkurve beschreibt das höchste Nutzenniveau, das Individuum B erreichen kann, wenn Individuum A ein bestimmtes, festes Nutzenniveau realisiert. Dabei verfährt man so, wie in Abb. M.3 dargestellt. Punkt R im oberen Teil der Abbildung ist ein Pareto-effizienter Punkt auf der Kontrakt-Kurve der Edgeworth-Box. Hier erreicht Individuum A ein Nutzenniveau in Höhe von u_A. Es ist aufgrund der Pareto-Optimalität des Punktes R nicht möglich, dem Individuum B ein höheres Nutzenniveau als u_B zukommen zu lassen. Die Nutzenwerte u_A und u_B sind im unteren Teil der Abbildung abgetragen. Man verfährt auf diese Weise mit allen Punkten auf der Kontrakt-Kurve und erhält so die Nutzenmöglichkeiten-Kurve.

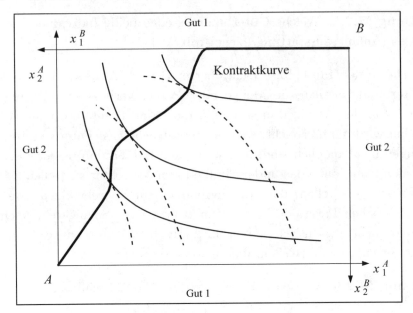

Abbildung M.2. Die Kontraktkurve

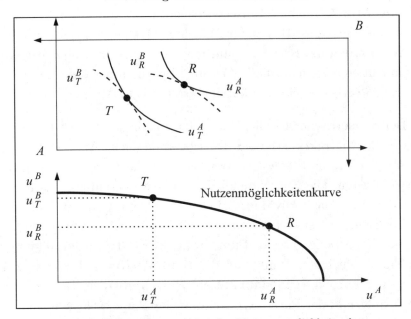

Abbildung M.3. Konstruktion der Nutzenmöglichkeitenkurve

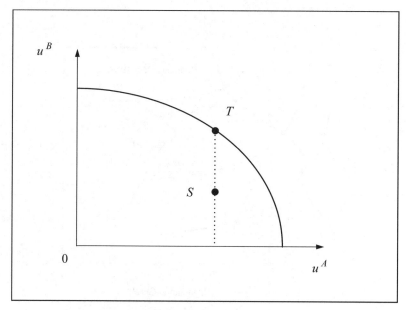

Abbildung M.4. Nutzenmöglichkeitenkurve

Übung M.2.8. Sind die Punkte S und T in Abb. M.4 Pareto-optimal?

Aufgrund der bisherigen Vorbereitungen können wir nun den ersten Teil des ersten Wohlfahrtstheorems beweisen. Wir zeigen, dass unter der Voraussetzung der vollkommenen Konkurrenz eine optimale Verteilung der hergestellten Güter erreicht wird. Im ersten Schritt charakterisieren wir die optimale Güterverteilung. Entlang der Tauschgeraden gilt, wie aus Aufg. M.2.7 bekannt ist (nicht am Rand, nicht bei Knickpunkten),

$$\left| \frac{dx_2^A}{dx_1^A} \right| = MRS^A \overset{!}{=} MRS^B = \left| \frac{dx_2^B}{dx_1^B} \right|.$$

Der zweite Schritt besteht darin, die individuellen Entscheidungen der Haushalte bei vorgegebenen Preisen zu ermitteln.

Übung M.2.9. Nach welcher Regel bestimmt sich das Haushaltsoptimum bei gegebenen Preisen, wenn wir Monotonie und Konvexität voraussetzen?

Da im Haushaltsoptimum für jeden der beiden Haushalte die Grenzrate der Substitution gleich dem Preisverhältnis ist, sind die Grenzra-

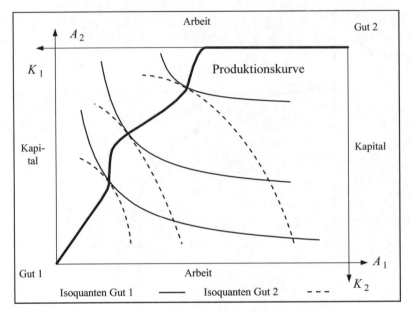

Abbildung M.5. Die Produktions-Edgeworth-Box

ten der Substitution für die beiden, unabhängig sich an das Preisverhältnis anpassenden Haushalte gleich:

$$MRS^A \overset{!}{=} \frac{p_1}{p_2} \overset{!}{=} MRS^B.$$

Gerade diese Gleichheit ist jedoch die Bedingung für Tauschoptimalität!

M.2.3 Optimalität im Faktoreinsatz

Im Optimum muss nicht nur der Konsum effizient sein; ineffiziente
Produktion oder ineffizienten Output-Mix darf es auch nicht geben.
Effiziente Produktion heißt, dass keine weitere Einheit von Gut 1 produziert werden kann, ohne auf die Produktion von Gut 2 verzichten zu
müssen. Anstelle der Tausch-Edgeworth-Box verwenden wir nun die
Produktions-Edgeworth-Box (siehe Abb. M.5). Bei dieser Box werden
zwei Isoquantenschemata ineinandergestülpt. An den Achsen sind die
(annahmegemäß nur) zwei Produktionsfaktoren abgetragen. A steht
dabei für den Faktor Arbeit und K für den Faktor Kapital.

Übung M.2.10. Interpretieren Sie einen beliebigen Punkt in der Produktions-Edgeworth-Box sowie die Länge und Breite der Box (Abb. M.5)!

Wir gehen wiederum in drei Schritten vor. Erstens werden Sie in der nächsten Aufgabe zu zeigen haben, dass Optimalität im Faktoreinsatz

$$\left| \frac{dK_1}{dA_1} \right| = MRTS_1 \stackrel{!}{=} MRTS_2 = \left| \frac{dK_2}{dA_2} \right|$$

impliziert.

Übung M.2.11. Warum müssen die Grenzraten der technischen Substitution für beide Güter gleich sein? Argumentieren Sie wiederum marginal, und gehen Sie von Ungleichheit aus!

Der geometrische Ort der Kombinationen aus Kapital und Arbeit, die die Gleichheit der Grenzraten der technischen Substitution erfüllen, heißt die Produktionskurve.

Übung M.2.12. Ergänzen Sie: Die Produktionskurve in der Produktions-Edgeworth-Box entspricht der ... in der ... -Edgeworth-Box.

Zweitens ist Ihnen aus der Unternehmenstheorie bekannt, wie die Unternehmen bei festen Faktorpreisen w (für den Faktor Arbeit) und r (für den Faktor Kapital) die Faktornachfrage zu gestalten haben. Aufgrund der Kostenminimierung hat für jedes Gut

$$MRTS = \left| \frac{dK}{dA} \right| \stackrel{!}{=} \frac{w}{r}$$

zu gelten, d.h. die Grenzrate der technischen Substitution muss gleich dem Faktorpreisverhältnis sein. Drittens und schließlich gilt diese Bedingung jedoch für alle Güter (und für alle Unternehmen), so dass in der Tat die Grenzraten der technischen Substitution für alle Güter bei vollkommener Konkurrenz gleich sein müssen. Damit haben wir den zweiten Teil des ersten Wohlfahrtstheorems gezeigt.

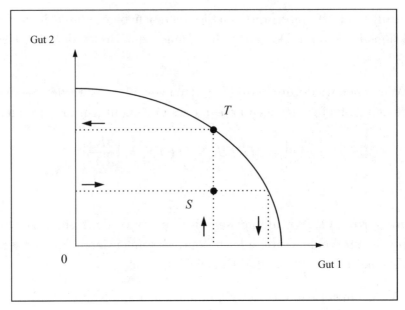

Abbildung M.6. Produktionsmöglichkeitenkurve

M.2.4 Optimale Abstimmung von Produktion und Konsum

Um den dritten Teil des Beweises zum ersten Wohlfahrtstheorem vorzubereiten, müssen wir zunächst die Produktionsmöglichkeitenkurve bzw. Transformationskurve $x_2 = f(x_1)$ ableiten. Die Produktionsmöglichkeitenkurve ergibt sich aus der Produktions-Edgeworth-Box so wie die Nutzenmöglichkeitenkurve aus der Tausch-Edgeworth-Box. Die Produktionsmöglichkeitenkurve liefert den höchstmöglichen Output für Gut 1, wenn die Outputmenge von Gut 2 auf ein bestimmtes, festes Produktionsniveau festgelegt ist (siehe Abb. M.6).

Übung M.2.13. Führen Sie die graphische Herleitung der Produktionsmöglichkeitenkurve durch! Orientieren Sie sich dabei an der Herleitung der Nutzenmöglichkeitenkurve!

Die betragsmäßige Steigung der Produktionsmöglichkeitenkurve liefert die Transformationsrate (MRT = marginal rate of transformation). Sie gibt an, auf wie viele Einheiten von Gut 2 man verzichten muss, um eine Einheit von Gut 1 mehr produzieren zu können, d.h.

die Opportunitätskosten von Gut 1 ausgedrückt in Einheiten von Gut 2.

Übung M.2.14. Die Produktionsmöglichkeitenkurve einer Volkswirtschaft lautet $x_2 = 1000 - \frac{1}{5}x_1$. Bestimmen Sie die Transformationsrate und erläutern Sie deren Bedeutung anhand einer Skizze!

Man kann zeigen, dass die Transformationsrate mit den Grenzkosten zusammenhängt. Dazu bemerken wir zunächst, dass innerhalb der Produktions-Edgeworth-Box die Produktionskosten bei vollkommener Konkurrenz (Preisnehmerschaft!) konstant sind.

Übung M.2.15. Warum?

Entlang der Produktionskurve ändern sich die Kosten nicht. Wenn wir die Kostenfunktion $C(x_1, x_2) = C(x_1, f(x_1))$ nach x_1 ableiten und gleich null setzen, erhalten wir:

$$\frac{\partial C}{\partial x_1} + \frac{\partial C}{\partial x_2}\frac{df(x_1)}{dx_1} = 0$$

und somit:

$$MRT = -\frac{df(x_1)}{dx_1} = \frac{MC_1}{MC_2}. \tag{M.1}$$

Jetzt endlich kommen wir zum dritten Teil des ersten Wohlfahrtstheorems. Zum einen kann man (Sie!) zeigen, dass die Grenzraten der Substitution für alle Individuen gleich der Grenzrate der Transformation sein müssen, damit wir uns im Pareto-Optimum befinden.

Übung M.2.16. Zeigen Sie, dass das Pareto-Optimum verfehlt wird, falls die Grenzrate der Substitution für irgend ein Individuum ungleich der Transformationsrate ist!

Zum anderen ist

$$\left|\frac{dx_2}{dx_1}\right|^{\text{Produktionsmöglichkeitenkurve}} = MRT = MRS = \left|\frac{dx_2}{dx_1}\right|^{\text{Indifferenzkurve}}$$

bei vollkommener Konkurrenz tatsächlich für alle Güterpaare gegeben. Denn bei vollkommener Konkurrenz wird die gewinnmaximale Ausbringungsmenge für jedes Gut gemäß der „Preis gleich Grenzkosten"-Regel bestimmt:

$$MC_1 \overset{!}{=} p_1 \text{ und } MC_2 \overset{!}{=} p_2. \tag{M.2}$$

Übung M.2.17. Warum?

Schließlich ergibt sich aus den Gl. M.1 und M.2 und aus der Optimalbedingung der Haushaltstheorie

$$MRT = \frac{MC_1}{MC_2} \overset{!}{=} \frac{p_1}{p_2} \overset{!}{=} MRS.$$

Die Produzenten und die Konsumenten passen sich also derart an das gegebene Preisverhältnis an, dass die Grenzrate der Substitution gleich der Transformationsrate ist. Bei vollkommener Konkurrenz ergibt sich also eine optimale Abstimmung von Produktion und Konsum.

Graphisch spiegelt sich die Gleichheit der Grenzrate der Transformation und der Grenzrate der Substitution in Abb. M.7 wieder. Die Abbildung zeigt die Transformationskurve. Punkt B befindet sich auf der Transformationskurve und entspricht daher einem Punkt auf der Produktionskurve in der Produktions-Edgeworth-Box. Punkt B definiert zugleich eine Tausch-Edgeworth-Box für zwei Individuen, A und B. Im Tauschoptimum sind die Grenzraten der Substitution der Individuen gleich dem Betrag von $\tan a$ und daher, so haben wir hergeleitet, gleich der Grenzrate der Transformation.

M.2.5 Kurzer Ausblick und Zusammenfassung

Wir haben nun in drei Schritten das erste Wohlfahrtstheorem bewiesen: Ein Gleichgewicht in einem System vollkommener Konkurrenzmärkte ist Pareto-effizient. Abb. M.8 fasst das Bewiesene zusammen. Auf der linken Seite der Übersicht sind die Bedingungen für Pareto-Optimalität dargestellt, auf der rechten Seite sind die Gleichungsketten angegeben, nach denen die Pareto-optimalen Bedingungen auf vollkommenen Märkten tatsächlich erfüllt sind.

Das erste Wohlfahrtstheorem ist ein sehr bemerkenswertes Ergebnis. Jeder einzelne Haushalt und jedes einzelne Unternehmen orientiert sich in Märkten lediglich an den Preisen. Dennoch verhalten sich alle insgesamt so,

1. dass es unmöglich ist, einen Haushalt besser zu stellen, ohne einen anderen schlechter zu stellen (Pareto-Optimalität im Tausch),

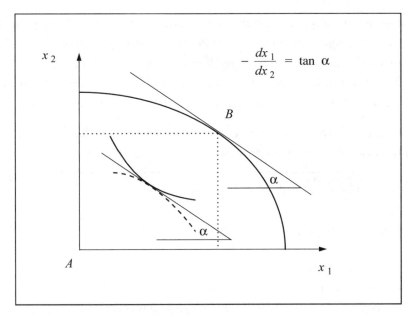

Abbildung M.7. Tausch-Edgeworth-Box und Produktionsmöglichkeitenkurve

Pareto-Optimalität verlangt	bei vollkommener Konkurrenz
$MRS^A = MRS^B$ Optimalität im Tausch	$MRS^A = \dfrac{p_1}{p_2} = MRS^B$
$MRTS_1 = MRTS_2$ Optimalität in der Produktion	$MRTS_1 = \dfrac{w_1}{w_2} = MRTS_2$
$MRS = MRT$ Optimaler Produktmix	$MRS = \dfrac{p_1}{p_2} = \dfrac{MC_1}{MC_2} = MRT$

Abbildung M.8. Eigenschaften des Paretooptimums

2. dass es unmöglich ist, durch eine andere Allokation der gegebenen Faktormengen auf die herzustellenden Güter mehr von einem Gut zu produzieren, ohne weniger von anderen herzustellen, und

3. dass durch Mehrproduktion von einem Gut und Minderproduktion von einem anderen Gut kein Haushalt besser zu stellen ist.

In einem System vollkommener Konkurrenz führt das „egoistische" Handeln der Einzelnen insgesamt zu einem „guten" Ergebnis.

> Freie Märkte sind also eine wunderbare Sache.

M.3 Neue Begriffe

- Pareto-Optimalität
- Pareto-Effizienz
- Pareto-Verbesserung (tatsächliche $\sim$, potentielle $\sim$)
- Kaldor-Kriterium
- erster Hauptsatz der Wohlfahrtstheorie
- Tausch-Edgeworth-Box, Produktions-Edgeworth-Box
- Tauschlinse
- Kontraktkurve, Produktionskurve
- Tauschgerade
- Nutzenmöglichkeitenkurve
- Produktionsmöglichkeitenkurve
- Transformationskurve
- Transformationsrate

M.4 Literaturempfehlungen und Übungsaufgaben

M.4.1 Literaturempfehlungen

Eine sehr schöne Einführung zum Thema dieses Kapitels bietet das erste Kapitel des Lehrbuches von HILDENBRANDT/KIRMAN (1988). Dass Märkte eine wunderbare Sache sind, lässt sich auch anarcho-liberal begründen; sehr unterhaltsam und provozierend ist hier FRIEDMAN (1989). Weitere Anwendungen der Pareto-Optimalität findet der Leser in CASAJUS/WIESE (2001).

M.4.2 Übungsaufgaben

Übung M.4.1. Zwei Konsumenten treffen auf einem Tauschmarkt zusammen. Beide haben die Nutzenfunktion $u(x_1, x_2) = x_1 x_2$. Die Anfangsausstattung des Konsumenten A ist $(10, 90)$, die des Konsumenten B $(90, 10)$.

a) Stellen Sie die Ausgangssituation graphisch dar!

b) Bestimmen Sie die Kontraktkurve und zeichnen Sie diese in die Graphik ein!

c) Nennen Sie das beste Güterbündel, das Individuum B, ausgehend von seiner Anfangsausstattung, durch freiwilligen Tausch erreichen kann!

d) Geben Sie, ausgehend von der Anfangsausstattung beider Konsumenten, die Menge der Pareto-Verbesserungen (Tauschlinse) und innerhalb dieser Menge die Pareto-effizienten Pareto-Verbesserungen in der Graphik an!

e) Bestimmen Sie die Nutzenmöglichkeitenkurve und skizzieren Sie diese!

Übung M.4.2. David Ricardo, ein englischer Klassiker der Ökonomie (1772–1823), hat gezeigt, dass die Verschiedenheiten der Transformationsraten zwischen Ländern Anlass zu internationalem Handel gibt. Das können Sie auch. Nehmen Sie an, dass sowohl England als auch Portugal Wein (W) und Tuch (T) produzieren. Die Transformationsrate $MRT = \left| \frac{dW}{dT} \right|$ betrage für England 2 und für Portugal 3. Zeigen Sie, dass sich Handel (in welche Richtung?) für die beiden Länder lohnt.

M.5 Lösungen zu den Aufgaben

M.0.1. Können die Präferenzen eines Individuums durch eine Nutzenfunktion dargestellt werden, so finden sich durch streng monoton steigende Transformation unendlich viele weitere Nutzenfunktionen, die im Sinne der ordinalen Nutzentheorie diese Präferenzen beschreiben. Welche Nutzenfunktionen zweier Individuen soll man nun wählen, um ihre Nutzen „vergleichen" zu können?

M.1.1. Eine Situation ist Pareto-optimal, wenn keine tatsächlichen Pareto-Verbesserungen möglich sind.

M.1.2. a) Wird Vermögen so umverteilt, dass sich die Gleichheit an Vermögen erhöht, dann geschieht dies zum Nachteil der Vermögenden. Eine solche Umverteilung stellt dann keine tatsächliche Pareto-Verbesserung dar.

b) Diese Situation ist pareto-optimal. Niemand kann besser gestellt werden, ohne dass das Individuum, das alles besitzt, schlechter gestellt wird.

M.2.1. Vgl. Kap. L.

M.2.2. Nein, offenbar ist ω_1^A viel größer als ω_1^B.

M.2.3. Die Länge der Tausch-Edgeworth-Box gibt die Anzahl der Einheiten von Gut 1 wieder, die beide Individuen zusammen besitzen, d.h. die Summe der Anfangsausstattungen. Analog ist die Breite der Tausch-Edgeworth-Box $\omega_2^A + \omega_2^B$.

M.2.4. Individuum A präferiert all die Güterbündel x_A, für die gilt: $u^A\left(x^A\right) > u^A\left(\omega^A\right)$. In der Abb. M.1 handelt es sich um die Güterbündel, die rechts und oberhalb der Indifferenzkurve, die die Anfangsausstattung enthält, liegen.

M.2.5. Alle Güterbündel, die in dem schraffierten Bereich (Tauschlinse) der Abb. M.1 liegen. Das sind die x^A und x^B mit $u^A\left(x^A\right) > u^A\left(\omega^A\right)$, $u^B\left(x^B\right) > u^B\left(\omega^B\right)$, $x_1^A + x_1^B = \omega_1^A + \omega_1^B$ und $x_2^A + x_2^B = \omega_2^A + \omega_2^B$.

M.2.6. Da die Indifferenzkurven gemäß Annahme hier nur „glatt" und streng konvex sind, enthält die Tauschlinse nur den pareto-optimalen Punkt. Die Indifferenzkurven berühren sich (vgl. auch Abb. M.2).

M.2.7.

$$\left|\frac{dx_2^A}{dx_1^A}\right| = MRS^A < MRS^B = \left|\frac{dx_2^B}{dx_1^B}\right|$$

Haushalt A ist bereit, eine kleine Einheit von Gut 1 aufzugeben, wenn er mindestens MRS^A Einheiten von Gut 2 bekommt. Erhält Haushalt B diese kleine Einheit an Gut 1 vom Haushalt A, so ist er bereit, bis zu MRS^B Einheiten von Gut 2 aufzugeben. Da hier $MRS^A < MRS^B$ ist, kann Haushalt B gegen die eine Einheit an Gut 1 mehr anbieten, als Haushalt A als Entschädigung braucht. Die Differenz ist der Handelsgewinn, der die Verbesserung beider Tauschpartner ermöglicht. Nur wenn der Fall eintritt, dass dem Haushalt A keine Einheit von Gut 1 zur Verfügung steht, kommt kein Tausch zustande. Dies entspricht einem Güterbündel am linken Rand der Tausch-Edgeworth-Box.

M.2.8. Punkt S ist nicht Pareto-optimal. Individuum B könnte bei gleichbleibendem Nutzen von A besser gestellt werden, indem Punkt T gewählt wird. Von T ausgehend ist keine Pareto-Verbesserung möglich; T ist also Pareto-optimal.

M.2.9.

$$MRS = \frac{dx_2}{dx_1} \stackrel{!}{=} -\frac{p_1}{p_2} \quad \text{und}$$

$$p_1 x_1 + p_2 x_2 \stackrel{!}{=} m.$$

M.2.10. Die Projektion eines Punktes der Produktions-Edgeworth-Box auf die untere horizontale Achse gibt den Arbeitseinsatz, die Projektion auf die linke vertikale Achse den Kapitaleinsatz zur Produktion von Gut 1 an. Dreht man das Blatt um 180 Grad, liegt die gleiche Situation für Gut 2 vor. Die Breite gibt das für die Produktion insgesamt verfügbare Kapital wieder. Gleiches gilt bei der Länge für die Arbeit.

M.2.11. Annahme:

$$\left|\frac{dK_2}{dA_2}\right| = MRTS_2 > MRTS_1 = \left|\frac{dK_1}{dA_1}\right|$$

Wenn der Produzent von Gut 1 eine Einheit Arbeit weniger einsetzt und zusätzlich $MRTS_1$ an Kapital einsetzt, produziert er dieselbe Menge von Gut 1. Setzt nun der Produzent von Gut 2 diese Einheit Arbeit ein, so kann er auf $MRTS_2$ Kapitaleinheiten verzichten, um die ursprüngliche Menge an Gut 2 zu produzieren. Da $MRTS_2 > MRTS_1$ ist, bleibt nach dieser Produktionsänderung Kapital übrig, obwohl derselbe Output produziert wird. Sind die Grenzraten der technischen Substitution für beide Güter ungleich, so werden also die Faktoren nicht optimal ausgenutzt.

M.2.12. Die Produktionskurve in der Produktions-Edgeworth-Box entspricht der Kontraktkurve in der Tausch-Edgeworth-Box.

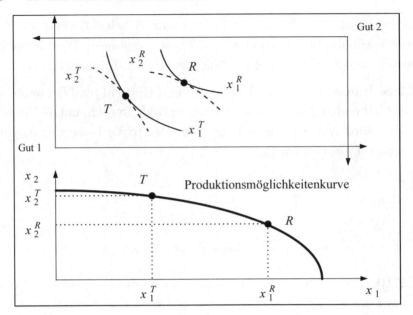

Abbildung M.9. Konstruktion der Produktionsmöglichkeitenkurve

M.2.13. Aus der Produktions-Edgeworth-Box lässt sich die Produktionsmöglichkeitenkurve ableiten. Die Produktionsmöglichkeitenkurve beschreibt die höchste Outputmenge an Gut 2, die man erreichen kann, wenn man den Output an Gut 1 auf einem bestimmten Niveau festhält. Dabei verfährt man so, wie in Abb. M.9 dargestellt. Die Punkte R und T im oberen Teil der Abbildung sind Pareto-effiziente Punkte auf der Produktionskurve der Edgeworth-Box. Bei R erreicht man ein Outputtupel (x_1^R, x_2^R) und bei T analog. Aufgrund der Pareto-Optimalität der Punkte R und T ist es nicht möglich, einen höheren Output an Gut 2 bei gleichzeitigem Output x_1^R bzw. x_1^T an Gut 1 zu realisieren. Die Outputwerte (x_1^R, x_2^R) und (x_1^T, x_2^T) sind im unteren Teil der Abbildung abgetragen. Man verfährt auf diese Weise mit allen Punkten auf der Produktionskurve und erhält so die Produktions-Möglichkeiten-Kurve.

M.2.14. $MRT = \frac{dx_2}{dx_1} = -\frac{1}{5}$. Verzichtet man auf eine Einheit von Gut 2, kann man 5 Einheiten von Gut 1 mehr produzieren (Abb. M.10).

M.2.15. Die gesamten Produktionskosten betragen

$$A_1 w + K_1 r + A_2 w + K_2 r = (A_1 + A_2)\, w + (K_1 + K_2)\, r$$
$$= A_{Ges} w + K_{Ges} r = const,$$

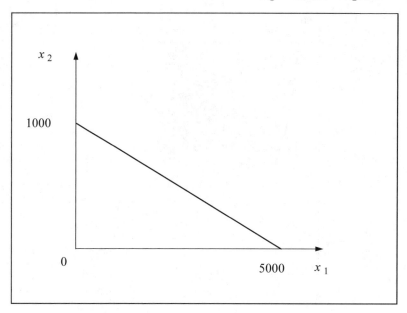

Abbildung M.10. Produktionsmöglichkeitenkurve

da das gesamte Angebot an Arbeit und Kapital gegeben ist.

M.2.16. Es wurde bereits gezeigt, dass im Tauschoptimum die Grenz-raten der Substitution für alle Individuen gleich sein müssen. Ange-nommen,

$$MRS^A > MRT \Leftrightarrow \left| \frac{dx_2^A}{dx_1^A} \right| > \left| \frac{dx_2}{dx_1} \right|.$$

Erhält das Individuum A eine kleine Einheit von Gut 1 mehr, so kann es auf MRS^A Einheiten von Gut 2 verzichten, ohne sein Nutzenniveau zu verlassen. Erhöht man die Produktion um eine Einheit von Gut 1, dann werden $MRT < MRS^A$ Einheiten von Gut 2 weniger erzeugt. Individuum A ist also bereit, als Gegenleistung für den Mehrkonsum einer Einheit von Gut 1 auf mehr Einheiten von Gut 2 zu verzichten, als die Produktion dieses Gutes zurückgehen muss, um die besagte Einheit von Gut 1 zusätzlich produzieren zu können. Verlangt man von Individuum A nur den Konsumverzicht $MRT < MRS^A$, so ist A besser gestellt, ohne die Konsummöglichkeiten der anderen Individuen einzuschränken.

Ist die Grenzrate der Substitution ungleich der Grenzrate der Trans-formation, dann kann also kein Pareto-Optimum vorliegen.

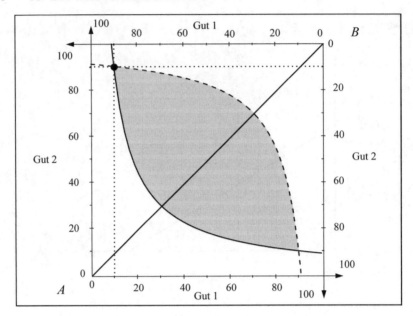

Abbildung M.11.

M.2.17. Aus der Gewinnmaximierung folgt: $MC = MR$. Bei vollkommener Konkurrenz gilt: $MR = p$. Somit gilt hier: $MC = p$.

M.4.1. a) Vgl. Abb. M.11,

b) $x_1^A = x_2^A$,

c) $(70, 70)$.

d) Die Tauschlinse ist in der Abb. M.11 schraffiert, die pareto-effizienten Pareto-Verbesserungen entsprechen der Kontraktkurve innerhalb der Tauschlinse.

e) $u_B(u_A) = \left(100 - \sqrt{u_A}\right)^2$.

M.4.2. England exportiert Tuch nach Portugal und Portugal Wein nach England.

N. Monetäre Bewertung von Umwelteinflüssen

Im letzten Kapitel haben wir mit der Pareto-Verbesserung eine Möglichkeit kennen gelernt, ökonomische Situationen im Sinne des „besser" oder „schlechter" ordnen zu können. Allerdings ist diese Ordnung nicht vollständig; bei zwei ökonomischen Situationen A und B ist es durchaus möglich, dass A keine Pareto-Verbesserung von B und zugleich B keine Pareto-Verbesserung von A darstellt. Dieses Problem fällt weg, wenn man es mit monetären, d.h. in Geldeinheiten ausdrückbare, Bewertungen von „Umweltsituationen" zu tun hat.

Abschnitt N.1 führt die zentralen Konzepte der kompensatorischen und der äquivalenten Variation ein und wendet sie auf unterschiedliche Bereiche an. Für die Bewertung von Preisänderungen verwendet man die Konsumentenrente und die Produzentenrente; konzeptionell befassen wir uns mit ihnen in Abschnitt N.2, die Anwendungen auf wirtschaftspolitische Fragen finden sich in Abschnitt N.3.

N.1 Kompensatorische und äquivalente Variation

N.1.1 Definitionen

Es gibt im Grunde zwei unterschiedliche Möglichkeiten, die Änderung ökonomischer Situationen monetär zu erfassen, nämlich mit der kompensatorischen (CV) und der äquivalenten (EV) Variation (siehe Abb. N.1).

Bei einer kompensatorischen Variation ist der Umwelteinfluss bereits (gedanklich) eingetreten, und wir können uns fragen, welche Änderung seines Einkommens das Individuum genau so gut wie vorher stellt. Die kompensatorische Variation ist als eine Einkommenänderung **als Ausgleich für** eine Änderung der Umwelt definiert.

Äquivalente Variation	Kompensatorische Variation
anstelle des Eintritts eines Ereignisses	**aufgrund** des Eintritts eines Ereignisses
Variation erfolgt äquivalent (= gleichwertig)	Variation erfolgt kompensatorisch (= ausgleichend)

Abbildung N.1. Variationen sind monetäre Bewertungen von Ereignissen

Bei der äquivalenten Variation überlegen wir uns „vor" dem Umwelteinfluss, welche Änderung seines Einkommens das Individuum genau so gut stellt, wie es durch den Umwelteinfluss gestellt werden würde. Also ist die äquivalente Variation eine Einkommensänderung **anstelle** einer Umweltveränderung.

N.1.2 Anwendungsbeispiel Luftverschmutzung

Um diesen Sachverhalt zu verdeutlichen, wollen wir zunächst für Luftverschmutzung die sich ergebenden kompensatorischen und äquivalenten Variationen bestimmen. In einem späteren Abschnitt wollen wir Preisänderungen monetär bewerten.

Im Folgenden betrachten wir ein Individuum, dessen Nutzen u vom verfügbaren Einkommen E und der Luftqualität Q abhängt:

$$u = u(E, Q).$$

Weiter nehmen wir an, dass das Individuum im Ausgangspunkt über ein Einkommen der Höhe E_2 verfügt und die Luftqualität A beträgt; in der Abb. N.2 entspricht dies dem Punkt a, durch den die Indifferenzkurve I_1 verläuft. Nun kann die Luftqualität durch eine umweltpolitische Maßnahme von A nach B verbessert werden; das wirkt sich unmittelbar wohlfahrtssteigernd aus, Monotonie vorausgesetzt. Wie können wir die dadurch hervorgerufene Erhöhung der Wohlfahrt in Geldeinheiten ausdrücken?

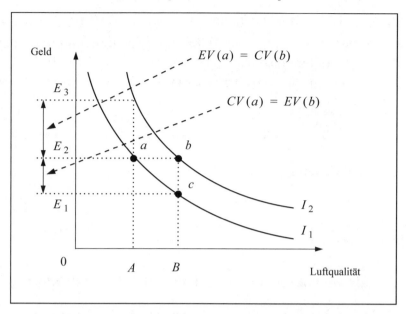

Abbildung N.2. Indifferenzkurvenmodell zur Erklärung von CV und EV

Bei der kompensatorischen Variation fragen wir nach dem Geldbetrag $CV \geq 0$, den das Individuum für eine Verbesserung der Umwelt maximal zu zahlen bereit ist. Er ist implizit definiert durch

$$u(E_2, A) = u(E_2 - CV, B).$$

Die Umweltverbesserung bringt das Individuum zunächst auf Punkt b und die Indifferenzkurve I_2. Wird nun das Einkommen auf E_1 reduziert, gelangt das Individuum auf Punkt c und damit wieder auf die alte Indifferenzkurve I_1. Die Differenz

$$CV = E_2 - E_1$$

ist also derjenige Betrag, den das Individuum für die Umweltverbesserung maximal zu zahlen bereit ist. Zahlte es weniger, würde es sich besser stellen; zahlte es mehr, stellte es sich schlechter.

Dagegen suchen wir bei der äquivalenten Variation denjenigen Geldbetrag $EV \geq 0$, der das Individuum auf das gleiche Nutzenniveau bringt wie die betrachtete Verbesserung der Luftqualität. Die Verbesserung der Luftqualität bewirkt, dass das Individuum von der

Indifferenzkurve I_1 auf die Indifferenzkurve I_2 gelangt. Anstelle der Umweltverbesserung könnte ein Geldbetrag das Individuum ebenfalls auf die höhere Indifferenzkurve gelangen lassen. Nach der Höhe dieses Geldbetrages fragt die äquivalente Variation EV der Umweltverbesserung. Sie ist durch

$$u\left(E_2 + EV, A\right) = u\left(E_2, B\right)$$

definiert und anhand der Graphik als

$$EV = E_3 - E_2$$

zu bestimmen.

N.1.3 Zahlungsbereitschaft und Entschädigungsforderung

Wir haben kompensatorische und äquivalente Variation jeweils als einen nichtnegativen Geldbetrag definiert, der Indifferenz zwischen verschiedenen ökonomischen Situationen bewirkt. Bisweilen erhöht der Geldbetrag das Einkommen des Individuums (wie im Falle der äquivalenten Variation oben), bisweilen ist der Geldbetrag vom Einkommen zu subtrahieren (wie im Falle der kompensatorischen Variation oben). Bei Erhöhung des Einkommens nennt man den Geldbetrag, der Indifferenz zwischen verschiedenen ökonomischen Situationen herstellt, Entschädigungsforderung. Verringert der Geldbetrag dagegen das Einkommen, spricht man von Zahlungsbereitschaft.

Übung N.1.1. Sie haben den Begriff der Zahlungsbereitschaft in Zusammenhang mit den Indifferenzkurven kennen gelernt. Was genau bedeutet Zahlungsbereitschaft in diesem Zusammenhang? Ist sie als kompensatorische oder als äquivalente Variation anzusprechen?

In der Haushaltstheorie ist bei Indifferenzkurven „ohne Knick" die Zahlungsbereitschaft für eine zusätzliche Einheit von Gut 1 gleich der Entschädigungsforderung für eine zusätzliche Einheit von Gut 1, so lange die „Einheit" hinreichend klein ist.

Die zwei Begriffspaare „kompensatorische Variation/äquivalente Variation" und „Zahlungsbereitschaft/Entschädigungsforderung" sind

	Zahlungs- bereitschaft	Entschädigungs- forderung
Umwelt- verbesse- rung	Wie viel würden Sie höchstens für eine Verbesserung zahlen? **CV(a)**	Welche Mindest-summe verlangen Sie dafür, dass die Verbesse-rung nicht eintritt? **EV(a)**
Umwelt- verschlech- terung	Was sind Sie höchstens bereit zu zahlen, damit die Verschlechte-rung nicht eintritt? **EV(b)**	Was verlangen Sie mindestens als Ent-schädigung für eine Verschlechterung? **CV(b)**

Abbildung N.3. Mögliche Fragestellungen

in beliebiger Weise kombinierbar. Dazu wenden wir uns wieder dem Beispiel der Luftverschmutzung zu. Zieht man neben einer Umweltver-besserung auch mögliche Umweltverschlechterungen in Betracht, so ist man zusammenfassend für die Ermittlung der kompensatorischen und äquivalenten Variation auf die in Abb. N.3 genannten Fragen geführt.

Übung N.1.2. Welche der Fragen in der Abb. N.3 wird gestellt, wenn wir in Abb. N.2 von b und einer äquivalenten Variation ausgehen?

N.1.4 Anwendungsbeispiel Preisänderung

Preiserhöhungen für Haushalte sind ein weiteres Beispiel für einen Um-welteinfluss, anhand dessen wir uns die kompensatorische und äqui-valente Variation verdeutlichen können. Wir betrachten die Situation eines Haushaltes, dessen Optimum vor der Preiserhöhung durch Punkt O (vgl. Abb. N.4) gegeben ist. Wir nehmen an, dass sich der Preis p_1 von Gut 1 erhöht und es damit zu einer Drehung der Budgetgeraden kommt. Punkt A ist das neue Haushaltsoptimum. Wie stark ist der

Konsument durch die Preiserhöhung betroffen? Auf diese Frage gibt es zwei mögliche Antworten in Form der kompensatorischen oder in Form der äquivalenten Variation.

Übung N.1.3. Überlegen Sie sich, ob der Ausgleich für die durchgeführte Preiserhöhung eine äquivalente oder eine kompensatorische Variation ist!

Als Ausgleich für die Preiserhöhung hat man dem Haushalt so viel zusätzliches Einkommen zu verschaffen, dass er indifferent zwischen der Ausgangssituation des Punkts O und der sich dann neu ergebenden Situation nach Einkommenserhöhung ist. Die Parallelverschiebung der Budgetgeraden muss jedoch nicht so weit erfolgen, dass die neue Budgetgerade durch Punkt O verläuft. Nur das alte Nutzenniveau soll wieder erreicht werden. Dazu ist die Verschiebung lediglich bis zu einem Berührpunkt mit der alten Indifferenzkurve notwendig. Wir erhalten ein neues Optimum auf der alten Indifferenzkurve im Punkt C. An der Abszisse ist die kompensatorische Variation in Einheiten von Gut 1 direkt ablesbar (CV_1); alternativ kann sie an der Ordinate in Einheiten von Gut 2 bestimmt werden (CV_2). Als monetäre Größe beträgt die kompensatorische Variation für die Preiserhöhung

$$CV = p_1 \cdot CV_1 = p_2 \cdot CV_2.$$

Für Spezialfälle lässt sich die kompensatorische Variation bisweilen mit vertretbarem Aufwand berechnen. Nehmen wir Präferenzen vom Cobb-Douglas-Typ der Form

$$u(x_1, x_2) = x_1^a x_2^{1-a} \qquad (0 < a < 1)$$

und eine Preissenkung des ersten Gutes von p_1^h nach $p_1^n < p_1^h$. Die kompensatorische Variation ist die Zahlungsbereitschaft für die Preissenkung, also die vom Individuum zu entrichtende Geldsumme, die das Individuum nach erfolgter Preissenkung genau so gut stellt wie vorher. Man erhält die kompensatorische Variation somit aus der Gleichung

$$\underbrace{\left(a\frac{m}{p_1^h}\right)^a \left((1-a)\frac{m}{p_2}\right)^{1-a}}_{\text{Nutzen bei altem, hohen Preis}} = \underbrace{\left(a\frac{m-CV}{p_1^n}\right)^a \left((1-a)\frac{m-CV}{p_2}\right)^{1-a}}_{\substack{\text{Nutzen bei neuem, niedrigen Preis} \\ \text{und kompensierender Variation}}}.$$

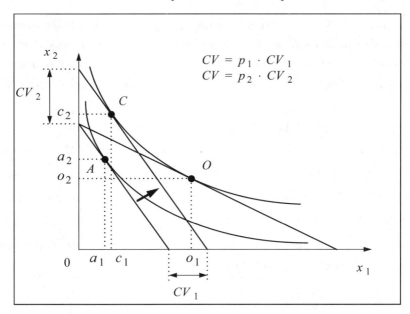

Abbildung N.4. Schaubild zur kompensatorischen Variation

Durch einige nicht zu schwere Umformungen erhält man die kompensatorische Variation

$$CV = m\left(1 - \left(\frac{p_1^n}{p_1^h}\right)^a\right).$$

Übung N.1.4. Bestimmen Sie die kompensatorische Variation für die Preissenkung des ersten Gutes von p_1^h nach $p_1^n < p_1^h$ für quasilineare Nutzenfunktionen der Form

$$u(x_1, x_2) = \ln x_1 + x_2 \qquad (x_1 > 0)!$$

Setzen Sie $\frac{m}{p_2} > 1$ (für ein inneres Optimum) voraus!

Wir wollen nun versuchen, die kompensatorische Variation einer Preissteigerung (von p_1^n nach p_1^h) mithilfe der Ausgabenfunktion aus Kap. D auszudrücken. Zur Erinnerung: Die Ausgabenfunktion $e(p_1, p_2, \overline{u})$ gibt bei den Preisen p_1 und p_2 die minimalen Ausgaben an, die zur Erreichung des Nutzenniveaus $\overline{u}$ notwendig sind. Bei der kompensatorischen Variation geht es darum, nach der Preissteigerung wieder so gut gestellt zu sein wie vorher. Sei dazu u^n das maximal erreichbare

Nutzenniveau bei den alten Preisen p_1^n, p_2 und dem Einkommen m. Es gilt also $m = e(p_1^n, p_2, u^n)$. Nach der Preiserhöhung ist die höhere Geldsumme $e(p_1^h, p_2, u^n)$ notwendig, um das alte Nutzenniveau wieder zu erreichen. Die kompensatorische Variation für die Preiserhöhung ist also

$$e\left(p_1^h, p_2, u^n\right) - e(p_1^n, p_2, u^n).$$

Es ist jetzt an der Zeit, die äquivalente Variation für Preisänderungen zu behandeln.

Übung N.1.5. Stellen Sie die äquivalente Variation für eine Preiserhöhung von Gut 1 graphisch dar!

Wir berechnen die äquivalente Variation wiederum für Präferenzen vom Cobb-Douglas-Typ der Form

$$u(x_1, x_2) = x_1^a x_2^{1-a} \qquad (0 < a < 1)$$

und eine Preissenkung des ersten Gutes von p_1^h nach $p_1^n < p_1^h$. Die äquivalente Variation ist die Entschädigungsforderung für die Preissenkung, also die an das Individuum zu zahlende Geldsumme, die das Individuum genauso gut stellt wie die infrage stehende Preissenkung. Die äquivalente Variation ergibt sich somit implizit aus der Gleichung

$$\underbrace{\left(a\frac{m}{p_1^n}\right)^a \left((1-a)\frac{m}{p_2}\right)^{1-a}}_{\text{Nutzen bei neuem, niedrigen Preis}} = \underbrace{\left(a\frac{m+EV}{p_1^h}\right)^a \left((1-a)\frac{m+EV}{p_2}\right)^{1-a}}_{\text{bei altem, hohen Preis und äquivalenter Variation}}.$$

Wir lösen diese Gleichung nach EV auf und erhalten

$$EV = m\left(\left(\frac{p_1^h}{p_1^n}\right)^a - 1\right).$$

Vergleicht man für Präferenzen vom Cobb-Douglas-Typ die äquivalente mit der kompensatorischen Variation, so erhält man

Entschädigungsforderung > Zahlungsbereitschaft.

Dieses Ergebnis ist nicht sehr erstaunlich: Die Zahlungsbereitschaft geht von einem begrenzten gegebenen Einkommen aus; die Entschädigungsforderung ist nach oben unbegrenzt. Tatsächlich kann man zeigen, dass für normale Güter die Zahlungsbereitschaft für Preissenkungen nie größer ist als die Entschädigungsforderung. Allerdings gibt es

Spezialfälle, in denen beide gleich sind. Diese Aussage werden Sie bestätigt finden, wenn Sie die folgende Aufgabe lösen und mit der Lösung von Aufg. N.1.4 vergleichen.

Übung N.1.6. Bestimmen Sie die äquivalente Variation für die Preissenkung des ersten Gutes von p_1^h nach $p_1^n < p_1^h$ für quasilineare Nutzenfunktionen der Form

$$u\,(x_1, x_2) = \ln x_1 + x_2 \qquad (x_1 > 0)!$$

Setzen Sie wiederum $\frac{m}{p_2} > 1$ (für ein inneres Optimum) voraus!

Übung N.1.7. Wie kann man die äquivalente Variation einer Preissteigerung (von p_1^n nach p_1^h) mithilfe der Ausgabenfunktion (siehe S. 297) ausdrücken?

N.2 Konsumenten- und Produzentenrente

N.2.1 Äquivalente oder kompensatorische Variation?

Der monetäre Wert einer Preissenkung, so haben wir im vorangehenden Abschnitt gelernt, ist als kompensatorische oder als äquivalente Variation anzusprechen, wobei die Zahlungsbereitschaft für die Preissenkung niedriger als die oder gleich der Entschädigungsforderung für das Ausbleiben der Preissenkung ist. Je nach der ökonomischen Fragestellung drängt sich dabei die Berechnung des Wertes der Preisänderung als äquivalente oder als kompensatorische Variation bzw. mithilfe der Zahlungsbereitschaft oder der Entschädigungsforderung auf.

Auf Märkten gilt das „quid pro quo" oder „man erhält nichts geschenkt" und die relevante monetäre Bewertung ist kompensatorisch. Natürlich könnte man fragen, wie hoch der äquivalente Ausgleich für einen potentiellen Konsumenten ist, wenn dieser auf den Konsum eines Gutes verzichtet. Da das Gut (so nehmen wir an) ihm zunächst nicht gehört, ist diese Frage allerdings etwas ulkig. Entscheidender ist die Frage, ob der Konsument für eine Einheit eines gegebenen Gutes eine Zahlungsbereitschaft hat, die oberhalb des Preises liegt. Auch für Produzenten ist die äquivalente Variation formulierbar: Wie viel wäre der

Produzent dafür bereit zu zahlen, dass er ein Gut nicht zu produzieren und herzugeben braucht. Typischerweise nehmen wir jedoch an, dass es ohnehin in das Belieben des Produzenten gestellt ist, auf die Produktion zu verzichten. Die relevante Frage lautet daher eher, ob der Grenzerlös einer zusätzlich zu produzierenden Einheit über der Entschädigungsforderung für diese zusätzliche Einheit, den Grenzkosten, liegt, so dass sich die Mehrproduktion lohnt.

Übung N.2.1. Ordnen Sie die obigen Überlegungen zu Konsumenten und Produzenten in die Abb. N.3 ein!

In den nächsten beiden Abschnitten belegen wir, dass man die Fläche „links" der Nachfragekurve für die Berechnung der Konsumentenrente heranziehen kann. Im nächsten, mathematisch ein wenig schwierigen Abschnitt geschieht dies aus der Sicht der Nachfragefunktion, im übernächsten aus der Sicht der inversen Nachfragefunktion.

N.2.2 Die Konsumentenrente aus Sicht der Nachfragefunktion (Exkurs)

Ausgabenfunktion und Hicks'sche Nachfrage. In Kap. D haben wir auf S. 82 ff. die Ausgabenfunktion und die dazugehörige Hicks'sche Nachfrage kennen gelernt. Wir wiederholen daher: Die Ausgabenfunktion e gibt das bei den Preisen p_1 und p_2 zur Erreichung eines Nutzenniveaus $\overline{u}$ notwendige Einkommen an. Sie ist also durch

$$e\left(p_1, p_2, \overline{u}\right) := \min_{\substack{x_1, x_2 \\ \text{mit } \overline{u} = u(x_1, x_2)}} \left(p_1 x_1 + p_2 x_2\right)$$

zu definieren. Mit $\chi_1\left(p_1, p_2, \overline{u}\right)$ und $\chi_2\left(p_1, p_2, \overline{u}\right)$ bezeichnen wir die Hicks'schen Nachfragemengen, die dieses Minimierungsproblem lösen. Die Hicks'sche Nachfrage hält das Nutzenniveau konstant und muss daher das Einkommen bei Preissenkungen zum Ausgleich verringern.

Schließlich hatten wir uns die Gleichheit

$$x_1\left(p_1, p_2, e\left(p_1, p_2, \overline{u}\right)\right) = \chi_1\left(p_1, p_2, \overline{u}\right)$$

klargemacht. Sei dazu $\overline{u}$ ein vorgegebenes Nutzenniveau und $m = e\left(p_1, p_2, \overline{u}\right)$ die minimalen Ausgaben zur Erreichung dieses Nutzenniveaus. Dann erhält man dieselbe Antwort auf folgende Fragen:

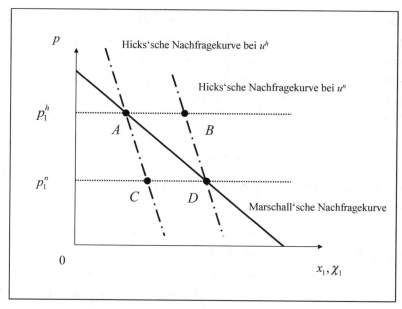

Abbildung N.5. Die monetäre Bewertung einer Preissenkung

- Welche Gütermengen sind zu wählen, um mit dem Einkommen m den Nutzen zu maximieren? Antwort: $x_1 (p_1, p_2, e (p_1, p_2, \overline{u}))$ und $x_2 (p_1, p_2, e (p_1, p_2, \overline{u}))$.
- Welche Gütermengen sind zu wählen, falls $\overline{u}$ mit möglichst geringem Einkommen erzielt werden soll? Antwort: $\chi_1 (p_1, p_2, \overline{u})$ und $\chi_2 (p_1, p_2, \overline{u})$.

Der Leser betrachte nun Abb. N.5 und hier Punkt A mit den Preisen p_1^h, p_2 und dem Einkommen m. Diese Parameter lassen ein bestimmtes Nutzenniveau u^h erreichen, nämlich im Haushaltsoptimum

$$\left(x_1 \left(p_1^h, p_2, m \right), x_2 \left(p_1^h, p_2, m \right) \right).$$

Gibt man umgekehrt dieses Nutzenniveau u^h und die Preise p_1^h und p_2 vor, so haben wir die Gleichheit von Marshall'scher und Hicks'scher Nachfrage in A :

$$x_1 \left(p_1^h, p_2, m \right) = \chi_1 \left(p_1^h, p_2, u^h \right).$$

Wir betrachten nun eine Preissenkung von p_1^h nach p_1^n. Bei der Marshall'schen Nachfragekurve (durchgezogene Linie AD) bleibt das Einkommen konstant und der Nutzen erhöht sich, von u^h nach u^n. Bei der Hicks'schen Nachfragekurve (gestrichelte Linie AC) wird der Nutzen konstant auf u^h gehalten und das Einkommen muss verringert werden. Es gibt in der Abbildung eine zweite Hicks'sche Nachfragekurve (die gestrichelte Linie BD). Sie hat ihren Ausgangspunkt im Punkt D,

$$x_1\left(p_1^n, p_2, m\right) = \chi_1\left(p_1^n, p_2, u^n\right),$$

und ist durch das höhere Nutzenniveau u^n definiert.

Übung N.2.2. Der Leser mache sich $e\left(p_1^h, p_2, u^h\right) = e\left(p_1^n, p_2, u^n\right)$ klar.

Wir wollen uns nun überlegen, warum (bzw. wann) die Hicks'schen Nachfragekurven steiler eingezeichnet sind als die Marshall'sche. Aufgrund der Preissenkung von p_1^h nach p_1^n ist bei konstantem Nutzen das Einkommen kompensatorisch zu reduzieren. Und bei reduziertem Einkommen fragt der Haushalt von einem Gut weniger nach, falls dieses normal ist. Also: Ist Gut 1 normal, so sind die Hicks'schen Nachfragekurven steiler als die Marshall'sche.

Bevor wir die Frage beantworten können, was der Zusammenhang zwischen den Nachfragekonzepten und der Konsumentenrente ist, haben wir noch eine Feststellung zu treffen:

$$\frac{\partial e\left(p_1, p_2, \overline{u}\right)}{\partial p_1} = \chi_1\left(p_1, p_2, \overline{u}\right). \tag{N.1}$$

Die partielle Ableitung der Ausgabenfunktion nach dem Preis eines Gutes ergibt also gerade die Hicks'sche Nachfrage nach diesem Gut. Zunächst machen wir uns $\frac{\partial e(p_1, p_2, \overline{u})}{\partial p_1} \leq \chi_1\left(p_1, p_2, \overline{u}\right)$ klar. Erhält man nämlich aufgrund der Preiserhöhung von Gut 1 um eine Einheit zusätzliche Mittel in Höhe von $\chi_1\left(p_1, p_2, \overline{u}\right)$, kann man sich das alte Güterbündel wiederum leisten und verbliebe dann auf dem Nutzenniveau $\overline{u}$. Allerdings wäre es doch denkbar, dass $\frac{\partial e(p_1, p_2, \overline{u})}{\partial p_1}$ echt kleiner als $\chi_1\left(p_1, p_2, \overline{u}\right)$ ist? Denn die Preiserhöhung könnte Anlass geben, ein anderes Güterbündel zu wählen, das mit geringeren Ausgaben als $\chi_1\left(p_1, p_2, \overline{u}\right)$ zum Nutzen $\overline{u}$ führt. Diese plausible Vermutung ist allerdings nicht richtig, was mithilfe des Umhüllendentheorems oder auch anderer Ansätze (siehe MAS-COLELL, WHINSTON/GREEN (1995, S. 68 f.)) gezeigt werden kann.

Die graphische Darstellung der Konsumentenrente. Wir betrachten wiederum Abb. N.5 und Punkt A mit dem Einkommen m und dem bei den Preisen p_1^h und p_2 erreichbaren Nutzenniveau u^h. Wie hoch sind kompensatorische und äquivalente Variation für eine Preissenkung von Gut 1 von p_1^h nach p_1^n?

Beim niedrigeren Preis p_1^n kann man dem Haushalt Einkommen so wegnehmen, dass er sich genauso gut stellt wie vorher (kompensatorische Variation). Man würde ihm also

$$e\left(p_1^h, p_2, u^h\right) - e\left(p_1^n, p_2, u^h\right)$$

wegnehmen können; er bleibt dann auf dem Nutzenniveau u^h (Punkt C).

Die äquivalente Variation für die Preissenkung fragt danach, wie viel an den Haushalt anstelle der Preissenkung zu zahlen wäre. Die Preissenkung würde dem Haushalt das Nutzenniveau u^n bieten. Dieses Nutzenniveau könnte er durch die Zahlung von

$$e\left(p_1^h, p_2, u^n\right) - e\left(p_1^h, p_2, u^h\right) = e\left(p_1^h, p_2, u^n\right) - e(p_1^n, p_2, u^n)$$

erreichen (Punkt B) (siehe Aufg. N.2.2).

Aufgrund von Gl. N.1 können wir die kompensatorische Variation für die Preissenkung so schreiben:

$$e\left(p_1^h, p_2, u^h\right) - e\left(p_1^n, p_2, u^h\right)$$

$$= \int_{p_1^n}^{p_1^h} \frac{\partial e\left(p_1, p_2, u^h\right)}{\partial p_1} dp_1$$

$$= \int_{p_1^n}^{p_1^h} \chi_1\left(p_1, p_2, u^h\right) dp_1.$$

In Abb. N.5 identifiziert man die kompensatorische Variation der Preissenkung also mit der Fläche links der Hicks'schen Nachfragekurve (AC) zwischen p_1^n und p_1^h, also als Fläche $p_1^h A C p_1^n$.

Die äquivalente Variation schreibt sich so:

$$e\left(p_1^h, p_2, u^n\right) - e(p_1^n, p_2, u^n) = \int_{p_1^n}^{p_1^h} \frac{\partial e\left(p_1, p_2, u^n\right)}{\partial p_1} dp_1$$

$$= \int_{p_1^n}^{p_1^h} \chi_1\left(p_1, p_2, u^n\right) dp_1.$$

Graphisch ist dies die Fläche links der Hicks'schen Nachfragekurve (BD) zwischen p_1^n und p_1^h, mithin die Fläche $p^h BD p^n$.

Offenbar ist die Entschädigungsforderung für nicht erfolgende Preissenkung (äquivalente Variation) größer als der links der Nachfragekurve zu messende Flächeninhalt $p^h AD p^n$, der wiederum größer ist als die Zahlungsbereitschaft für erfolgte Preissenkung (kompensatorische Variation). Wenn man ohnehin unsicher ist, ob man kompensatorische oder äquivalente Variation zu nehmen hat, bietet sich also die Nachfragekurve als Kompromiss an. Sie hat zudem den Vorteil, durch Marktforschung wohl leichter ermittelbar zu sein als die Hicks'schen Kurven, bei denen man Konstanz der Nutzen benötigt.

Die entsprechende Fläche links der Nachfragekurve zu nennen ist eine mehr oder weniger gute Annäherung an die kompensatorische oder die äquivalente Variation. Man kann zeigen: Je geringer der Einkommenseffekt ist, desto näher liegen kompensatorische und äquivalente Variation beieinander. Insbesondere ist die äquivalente Variation gleich der kompensatorischen bei quasilinearen Präferenzen (vgl. die Aufgaben N.1.4 und N.1.6).

Übung N.2.3. Berechnen Sie mit Blick auf Abb. N.5 für Präferenzen vom Typ Cobb-Douglas der Form

$$u\,(x_1, x_2) = x_1^a x_2^{1-a} \qquad (0 < a < 1)$$

die Fläche $p^h AD p^n$! Können Sie bestätigen, dass diese Fläche größer als die kompensatorische Variation für die Preissenkung und kleiner als die äquivalente Variation ist? Die Fläche mithilfe eines Integrales auszurechen, sollten Sie selbst schaffen; der Größenvergleich ist ein wenig schwerer.

Zur Definition der Konsumentenrente betrachten wir spezielle Preissenkungen: Wir setzen

$$p^h = \text{Prohibitivpreis.}$$

Die monetäre Bewertung der Preissenkung vom Prohibitivpreis auf einen Preis p^n nennt man Konsumentenrente $KR\,(p^n)$, wenn sie mithilfe der Fläche links der Nachfragekurve gemessen wird. Beim Prohibitivpreis fragt der Konsument die Menge null nach, beim Preis p^n die

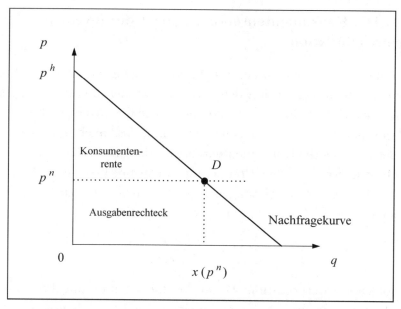

Abbildung N.6. Konsumentenrente und Ausgabenrechteck

Menge $x(p^n)$. Abb. N.6 zeigt, dass die Konsumentenrente (das Dreieck $p^h Dp^n$) die Differenz der gesamten Fläche unterhalb der Nachfragekurve bis zur Menge $x(p^n)$ und des Ausgabenrechtecks $0x(p^n)Dp^n$ ist.

Durch einen Vergleich der Abb. N.5 und N.6 sehen Sie, dass man mithilfe der Konsumentenrente den monetären Wert einer Preissenkung im Sinne der Kurve links der Nachfragekurve nicht nur für den Prohibitivpreis, sondern auch für jeden beliebigen Preis ausdrücken kann. Analytisch ist dies durch

$$p^h ADp^n = KR(p^n) - KR\left(p^h\right)$$

möglich.

Übung N.2.4. Geben Sie die obige Gleichung graphisch wieder!

Die bisherige Analyse ging von einer individuellen Nachfragefunktion aus. Allerdings übertragen sich die Begriffe (und Probleme) direkt auf die aggregierte Nachfragefunktion. Für alle Konsumenten auf einem Markt nennt man die Fläche links von der Marktnachfragekurve ebenfalls die Konsumentenrente.

N.2.3 Die Konsumentenrente aus Sicht der inversen Nachfragefunktion

Wir haben die Konsumentenrente im vorangegangenen Abschnitt mithilfe der Nachfragefunktion definiert. Wir werden uns in diesem Abschnitt der Konsumentenrente aus der Sicht der inversen Nachfragefunktion nähern. Schließlich sehen wir dann, dass auch in dieser zweiten Betrachtung die Konsumentenrente als das „Dreieck" zwischen der Nachfragekurve und einer Preisgeraden anzusprechen ist.

Für die alternative Herangehensweise schauen wir zurück auf die Haushaltstheorie. Die Grenzrate der Substitution

$$MRS = \left| \frac{dx_2}{dx_1} \right|$$

hat folgende Interpretation: Wenn das Individuum eine Einheit von Gut 1 mehr konsumiert, ist es bereit, auf MRS Einheiten von Gut 2 zu verzichten (Zahlungsbereitschaft in Einheiten von Gut 2). Wir nehmen nun an, dass das Gut 2 Geld und somit der Preis von Gut 2 gleich eins ist. Dann ist die Grenzrate der Substitution in Geldeinheiten zu messen: Wie viele Geldeinheiten ist das Individuum bereit, für eine zusätzliche Einheit von Gut 1 aufzugeben?

Die Antwort auf diese Frage erhalten wir (für ein inneres Haushaltsoptimum) durch die Gleichheit von Grenzrate der Substitution und Steigung der Budgetgeraden:

$$MRS \overset{!}{=} \frac{p_1}{p_2} = p_1.$$

Die (monetäre) Zahlungsbereitschaft für eine zusätzliche Einheit von Gut 1 ist also gleich dem Preis von Gut 1!

Gehen wir nun von verschiedenen Individuen aus, erhalten wir in der Regel verschiedene Zahlungsbereitschaften, sagen wir r_1 bis r_4. Auch kann ein einzelnes Individuum verschiedene Zahlungsbereitschaften für verschiedene Gütereinheiten haben. Wir ordnen die Zahlungsbereitschaften der Größe nach und es ergibt sich Abb. N.7.

Auf diese Weise erhalten wir die Nachfragekurve für Gut 1. Umgekehrt lassen sich einer gegebenen inversen Nachfragefunktion p die

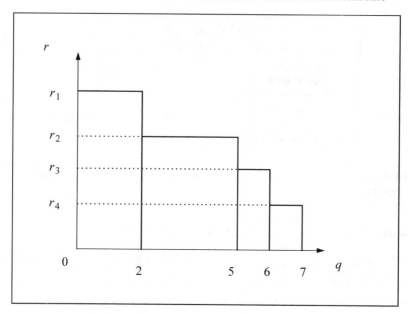

Abbildung N.7. Reservationspreise

Zahlungsbereitschaften entnehmen: Bei der Menge q ist $p(q)$ die Zahlungsbereitschaft für die q-te Einheit. Die Fläche unter der Nachfragekurve bis zu einer bestimmten Menge q^n nennen wir die Bruttokonsumentenrente $BKR(q^n)$. Sie ist die aggregierte Zahlungsbereitschaft aller Individuen für q^n Einheiten des betreffenden Gutes und als Summe der mit den Nachfragemengen multiplizierten Zahlungsbereitschaften auszurechnen.

Übung N.2.5. Wie hoch ist in Abb. N.7 $BKR(4)$?

Ist die Zahlungsbereitschaft r größer als der Marktpreis $p(q)$, kommt es zum Kauf. Die Differenz aus r und $p(q)$ nennt man die Nettokonsumentenrente NKR oder einfacher die Konsumentenrente KR. Während die Bruttokonsumentenrente $BKR(q)$ ein ungefähres Maß für die Zahlungsbereitschaft eines Konsumenten für q Einheiten darstellt, sagt die $NKR(q)$ aus, wie viel der Konsument dafür bereit ist zu zahlen, dass er q Einheiten zum Preis von $p(q)$ erstehen kann. Addieren wir die Rente aller Konsumenten bis zur Menge q, erhalten wir die Nettokonsumentenrente $NKR(q) = KR(q)$.

	individuell	aggregiert
Zahlungs-bereitschaft	r	$BKR(q)$
Konsumenten-rente	$r - p$	$NKR(q) = KR(q)$

Abbildung N.8. Zahlungsbereitschaft und Konsumentenrente (individuell und aggregiert)

Übung N.2.6. Wie hoch ist in Abb. N.7 $NKR\,(6)$?

Wir haben nun die Zahlungsbereitschaft für eine zusätzliche Einheit eines Gutes und die Konsumentenrente für eine zusätzliche Einheit des Gutes kennen gelernt. Daneben gibt es die entsprechenden aggregierten Größen. Abb. N.8 fasst die soeben gelernten Vokabeln zusammen.

Übung N.2.7. Wann ist die Konsumentenrente gleich null?

Im Beispiel der Abb. N.7 konnten wir aufgrund der diskreten Darstellung die Brutto- und Nettokonsumentenrente durch Summation bestimmen. Ist die inverse Nachfragefunktion jedoch kontinuierlich, ist anstelle der Summation die Integration zu verwenden. Für die inverse Nachfragefunktion $p\,(q)$ errechnet man die Bruttokonsumentenrente bei der Menge q^n (siehe Abb. N.9) als

$$BKR\,(q^n) = \int_0^{q^n} p\,(q)\,dq$$

und die Nettokonsumentenrente ist dann gleich

$$KR\,(q^n) = \int_0^{q^n} (p\,(q) - p^n)\,dq$$

$$= \int_0^{q^n} p\,(q)\,dq - p^n q^n$$

$$= BKR\,(q^n) - r\,(q^n)\,.$$

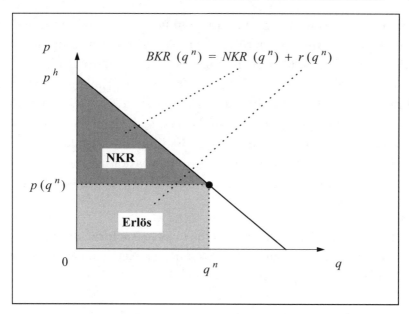

Abbildung N.9. Netto- und Bruttokonsumentenrente

Die Konsumentenrente, die wir in diesem Abschnitt bestimmt haben, ist graphisch dieselbe wie im vorangegangenen Abschnitt. Wir haben auch hier zu bedenken, dass unsere Herleitung nicht genau die Zahlungsbereitschaft für Preissenkungen wiedergibt. Um dies klarzumachen, erinnern wir an die zwei Schritte:

1. Zunächst haben wir aus der monetären Zahlungsbereitschaft, die wir durch

$$MRS \overset{!}{=} \frac{p_1}{p_2} = p_1$$

   bestimmt haben, die Höhe der Nachfragekurve erhalten.

2. Anschließend haben wir die Bruttokonsumentenrente durch Summation bzw. Integration über die Konsummenge bestimmt.

Betrachten wir die Bruttokonsumentenrente für die ersten zwei von einem Individuum zu konsumierenden Einheiten. Die Bruttokonsumentenrente berechnen wir als die Fläche unter der Nachfragekurve für die ersten zwei Einheiten. Diese Fläche ist jedoch nur approximativ als Zahlungsbereitschaft für diese ersten zwei Einheiten anzusprechen. Denn die Zahlungsbereitschaft für die zweite Einheit hängt im

Allgemeinen davon ab, wie viel Einkommen das Individuum hat und damit von dem für die erste Einheit Gezahlten. (Das gilt nicht für Präferenzen ohne Einkommenseffekt, also z.B. für quasilineare Nutzenfunktionen). Ist das Individuum für die erste Einheit in Höhe der Zahlungsbereitschaft für diese erste Einheit zur Kasse gebeten worden, ist seine Zahlungsbereitschaft für die zweite Einheit im Allgemeinen geringer als der Preis, zu dem das Individuum zwei Einheiten zu kaufen bereit ist. Entsprechend dieser Argumentation ist die Zahlungsbereitschaft für eine Preissenkung geringer als die Fläche links von der Nachfragekurve.

Übung N.2.8. Berechnen Sie für die inverse Nachfragefunktion $p(q) = 20 - 4q$ die Bruttokonsumentenrente und die Nettokonsumentenrente, falls der Marktpreis $p = 4$ beträgt!

N.2.4 Die Produzentenrente

Während die Konsumentenrente auf der Zahlungsbereitschaft für den Konsum von Gütern aufbaut, basiert die Produzentenrente auf der Entschädigungsforderung für die Produktion von Gütern. Die minimale Entschädigungsforderung für die Produktion einer zusätzlichen Einheit eines Gutes sind die Grenzkosten: Der Gewinn eines Unternehmens bleibt konstant, wenn ihm für die Produktion einer zusätzlichen Einheit genau die Grenzkosten ersetzt werden. Ist der Preis gleich den Grenzkosten, ist der preisnehmende Produzent indifferent zwischen Anbieten und Nichtanbieten der letzten Einheit (siehe auch Abb. N.10). Zum Glück hat man bei der Produzentenrente keine Einkommenseffekte zu bedenken.

Die Produzentenrente definieren wir nun analog zur Konsumentenrente. Die Konsumentenrente $KR(p)$ ist ein approximatives Maß für die Zahlungsbereitschaft von Konsumenten dafür, am Markt zum Preis p einkaufen zu dürfen. Die Produzentenrente $PR(p)$ ist ein Maß für die Zahlungsbereitschaft von Produzenten dafür, am Markt zum Preis von p verkaufen zu dürfen. Die Produzentenrente für eine Einheit beträgt jeweils

$$p - MC,$$

	für eine Einheit	für alle betrachteten Einheiten
Entschädigungsforderung	MC	c_v
Produzentenrente	$p - MC$	$NPR = PR$

Abbildung N.10. Enschädigungsforderung und Produzentenrente

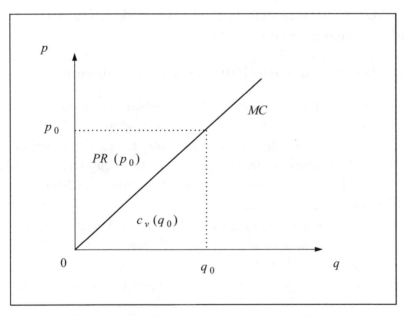

Abbildung N.11. Produzentenrente und variable Kosten

bei einem Preis p_0 (siehe Abb. N.11) ergibt sich die Produzentenrente für alle betrachteten Einheiten als Summe bzw. Integral dieser Differenzen bis zur Menge $q_0 = q(p_0)$. Diese Fläche bezeichnen wir mit $NPR(p_0) = PR(p_0)$.

In kurzer Frist können fixe Kosten anfallen. Dann ist die Produzentenrente nicht mit dem Gewinn identisch. Abb. N.11 verdeutlicht die Zusammenhänge zwischen Produzentenrente und variablen Kosten. Die Produzentenrente kann als Differenz von Erlös und variablen Kosten oder als Summe aus Gewinn und fixen Kosten berechnet werden:

$$PR\,(p_0) = \underbrace{p_0 q_0}_{\text{Erlös}} - \underbrace{c_v\,(q_0)}_{\text{Variable Kosten}}$$

$$= \underbrace{(p_0 q_0 - c_v\,(q_0) - F)}_{\text{Gewinn}} + \underbrace{F}_{\text{Fixkosten}}$$

Übung N.2.9. Ein Unternehmen hat die Kostenfunktion $c(q) = q^2 + 2q + 2$. Berechnen Sie den Gewinn und die Produzentenrente, falls der Marktpreis $p = 10$ beträgt!

N.3 Wohlfahrtstheorie auf der Basis der Konsumenten- und Produzentenrente

N.3.1 Bewertung wirtschaftspolitischer Maßnahmen

Konsumenten- und Produzentenrenten haben eine große Bedeutung in der Wirtschaftspolitik; mit ihnen lassen sich die Auswirkungen wirtschaftspolitischer Maßnahmen bewerten. Ist das Steueraufkommen durch die Maßnahme nicht betroffen, gilt diejenige wirtschaftspolitische Maßnahme als die beste, bei der die Summe aus Konsumenten- und Produzentenrente maximal ist. Dabei geht man davon aus, dass es für die Beurteilung einer Maßnahme ohne Belang ist, ob es Konsument A oder Konsument B oder Produzent C oder Produzent D sind, die in den Genuss einer Rente kommen.

Sind zusätzlich Steuern zu berücksichtigen ist die Summe aus

> Konsumentenrente,
>
> Produzentenrente und
>
> Steuereinnahmen

zu maximieren. Diesem Vorgehen liegt die Annahme zu Grunde, dass es unerheblich ist, in welcher Tasche (Haushalte, Unternehmen, Staat) sich Geldsummen bzw. Renten befinden. Verteilungsaspekte bleiben somit unberücksichtigt.

Abb. N.12 zeigt in einem Marktdiagramm die Konsumenten- und die Produzentenrente bei der Absatzmenge q_0 und beim Preis p_0. Der Leser beachte, dass die dargestellte Produzentenrente nicht $PR\,(p_0)$

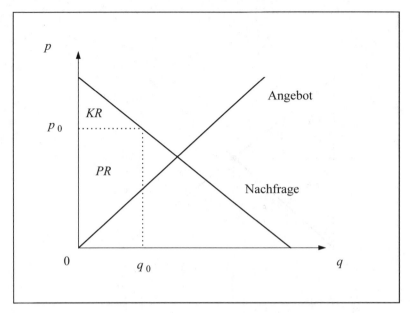

Abbildung N.12. Nicht-optimale Preis-Mengen-Kombination

oder $PR(q_0)$ ist. Die Preis-Mengen-Kombination (p_0, q_0) ist offenbar nicht optimal. Denn bei einer höheren Menge wäre die Summe aus Konsumenten- und Produzentenrente höher. Sie wird maximal im Gleichgewichtspunkt R, der in Abb. N.13 dargestellt ist.

Übung N.3.1. Warum?

Der Schnittpunkt von Angebots- und Nachfragekurve ist deshalb so wichtig, weil hier die Zahlungsbereitschaft (Höhe der Nachfragekurve) für eine zusätzliche Einheit des Gutes gleich den Grenzkosten (Höhe der Angebotskurve) ist. Ist die am Markt umgesetzte Menge kleiner als die Gleichgewichtsmenge und damit die Zahlungsbereitschaft größer als die Grenzkosten, so lohnt sich die Ausdehnung um zumindest eine Einheit; ein Konsument ist dann bereit, mehr als die Grenzkosten zu zahlen, um die zusätzliche Einheit konsumieren zu können. Umgekehrt lohnt die Produktion nicht, falls die Grenzkosten höher als die Zahlungsbereitschaft sind.

Bei einer Abweichung vom Referenzpunkt entsteht ein Wohlfahrtsverlust (W). Dieser ist definiert als Differenz aus maximaler Summe und tatsächlicher Summe von Produzenten- und Konsumentenrente,

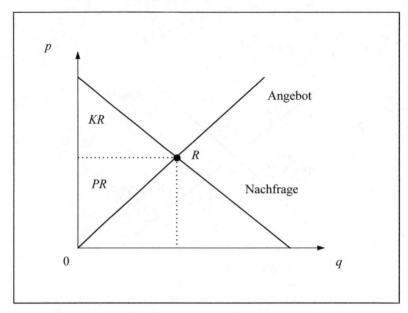

Abbildung N.13. Produzenten- und Konsumentenrente/ Referenzpunkt

gegebenenfalls unter Berücksichtigung der Steuereinnahmen. Im Weiteren wollen wir uns mit Abweichungen vom Referenzpunkt beschäftigen. Wir werden in diesem Kapitel zwei Abweichungen näher betrachten: den Fall der Mindestpreise und den der Mengensteuer. Die wohlfahrtstheoretische Analyse des Monopolfalls findet der Leser in Kap. O.

N.3.2 Mindestpreise

Mindestpreise werden z.B. auf landwirtschaftlichen Märkten festgelegt. Dagegen gibt es auf dem Wohnungsmarkt häufig Höchstpreise.

Übung N.3.2. Sollte ein wirkungsvoller Mindestpreis über oder unter dem Gleichgewichtspreis liegen?

Der Mindestpreis ist in der Abb. N.14 mit p_M gekennzeichnet. Durch den erhöhten Preis wird weniger nachgefragt, weil die Konsumenten mit einer niedrigeren Zahlungsbereitschaft (zwischen p_M und p_0) nicht mehr konsumieren. Es ändert sich die Konsumentenrente. Aber auch die Produzentenrente ändert sich, weil jetzt weniger Güter angeboten werden, jedoch zu einem höheren Preis.

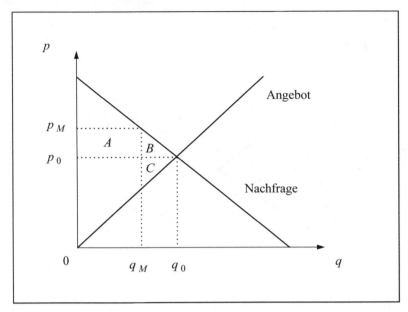

Abbildung N.14. Konsumenten- und Produzentenrente bei einer Mindestpreisregulierung

Übung N.3.3. Um wie viel ändern sich die Konsumentenrente und die Produzentenrente? Um wie viel geht die Summe aus Produzenten- und Konsumentenrente zurück? Beziehen Sie sich bei Ihrer Antwort auf Abb. N.14!

N.3.3 Mengensteuer

Als zweite Anwendung wollen wir nun überlegen, wie eine Mengensteuer aus wohlfahrtstheoretischer Sicht zu beurteilen ist. Aufgrund einer Mengensteuer t erhöhen sich die Grenzkosten von MC auf $MC + t$. Graphisch wird dadurch eine Parallelverschiebung der Angebotskurve nach oben bewirkt. Das Ausmaß der Verschiebung beträgt genau t. Der neue Gleichgewichtspreis muss jedoch keinesfalls um t über dem alten liegen (siehe Abb. N.15).

Übung N.3.4. Die Angebotsfunktion eines Unternehmens sei $S(p) = \frac{1}{2}p - 2$ und die inverse Marktnachfragefunktion ist $p(q) = 24 - 3q$. Wie verändert eine Mengensteuer von $t = 5$ den Gleichgewichtspreis?

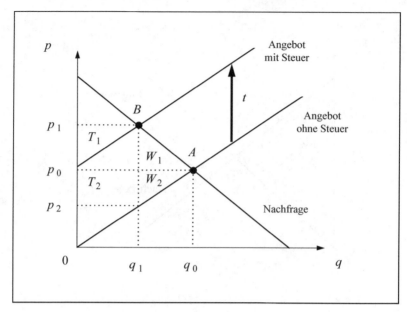

Abbildung N.15. Wohlfahrtsverlust bei einer Mengensteuer

Eine Steuer entspricht einer Umverteilung von Vermögen vom privaten Haushalt und vom Produzenten zum Staat. Zur Wohlfahrtsmaximierung wird daher nicht nur die Summe aus Konsumentenrente und Produzentenrente maximiert, sondern die Summe der beiden Renten und der Steuer.

Wie wir aus der Abb. N.15 ersehen können, erhöht die Mengensteuer den Preis von p_0 auf p_1. Es ist sinnvoll, die Auswirkungen der Steuer auf Einheiten von 0 bis q_1 von den Auswirkungen auf die Einheiten von q_1 bis q_0 getrennt zu analysieren.

1. Für die ersten q_1 Einheiten gilt:
   Die Konsumentenrente verringert sich um den Teil T_1 des erhobenen Steuerbetrages: $(p_1 - p_0)\, q_1 = T_1$.
   Die Produzentenrente verringert sich um den Teil T_2 des erhobenen Steuerbetrages: $(p_0 - p_2)\, q_1 = T_2$.
   Die Summe aus T_1 und T_2 ist jedoch nicht wohlfahrtsrelevant, weil die Steuer in genau der Höhe $T_1 + T_2$ dem Staat zugute kommt.
2. Für die Einheiten von q_1 bis q_0 gilt:
   Der erhöhte Preis reduziert den Absatz von q_0 auf q_1 . Dadurch ver-

ringert sich die Konsumentenrente um $\frac{1}{2}(p_1 - p_0)(q_0 - q_1) = W_1$. Die Produzentenrente wird um $\frac{1}{2}(p_0 - p_2)(q_0 - q_1) = W_2$ reduziert.

Zusammenfassend resultiert der Wohlfahrtsverlust der Mengensteuer aus der Verringerung des Marktvolumens.

N.4 Neue Begriffe

- Kompensatorische Variation
- Äquivalente Variation
- Zahlungsbereitschaft
- Entschädigungsforderung
- Konsumentenrente (Brutto-, Netto-)
- Produzentenrente
- Reservationspreis
- Wohlfahrtsverlust
- Pareto-Verbesserung

N.5 Literaturempfehlungen und Übungsaufgaben

N.5.1 Literaturempfehlungen

Ein Thema dieses Kapitels ist die Bewertung wirtschaftspolitischer Maßnahmen. Eine moderne Einführung in die Wirtschaftspolitik bietet WEIMANN (2001).

N.5.2 Übungsaufgaben

Übung N.5.1. Bei einer Nutzenfunktion $u = (x_1 \cdot x_2)^{\frac{1}{2}}$ und den Preisen $p_1 = 1$ und $p_2 = 1$ steigt der Preis des Gutes 1 auf 2. Das Einkommen m beträgt 100. Wie groß sind äquivalente und kompensatorische Variation?

Übung N.5.2. Die Nutzenfunktion eines Individuums, das die Güter x und y konsumieren kann, lautet $u(x, y) = \min\{x, y\}$. Die Preise für die Güter x und y sind $p_x = 2$ (oder $p_x = 3$) bzw. $p_y = 1$. Das Einkommen, das vollständig für beide Güter ausgegeben wird, beträgt 12.

a) Wie lautet das optimale Konsumbündel bei $p_x = 2$? Wie bei $p_x = 3$?

b) Welche Mindestsumme muss dem Individuum gegeben werden, damit es sich nach der Preiserhöhung von Gut x von 2 auf 3 genauso gut stellt wie vorher? Handelt es sich hier um eine kompensatorische oder um eine äquivalente Variation?

c) Wie viel wäre das Individuum maximal bereit zu zahlen, damit die Preiserhöhung nicht stattfindet? Handelt es sich hier um eine kompensatorische oder um eine äquivalente Variation?

Übung N.5.3. Die Nutzenfunktion eines Individuums, das die Güter x und y konsumieren kann, lautet $u(x, y) = x \cdot y$. Die Preise für die Güter x und y sind $p_x = 2$ (oder $p_x = 8$) bzw. $p_y = 2$. Das Einkommen, das vollständig für beide Güter ausgegeben wird, beträgt 32.

a) Wie lautet das optimale Konsumbündel bei $p_x = 2$? Wie bei $p_x = 8$?

b) Welche Mindestsumme muss dem Individuum gegeben werden, damit es sich nach der Preiserhöhung von Gut x von 2 auf 8 genauso gut stellt wie vorher? Handelt es sich hier um eine kompensatorische oder um eine äquivalente Variation?

c) Wie viel wäre das Individuum maximal bereit zu zahlen, damit die Preiserhöhung nicht statt findet? Handelt es sich hier um eine kompensatorische oder um eine äquivalente Variation?

Übung N.5.4. Die Nachfragefunktion lautet $q(p) = 20 - 2p$. Wie groß ist die Konsumentenrente bei einem Preis von 3?

Übung N.5.5. Wie groß ist die Produzentenrente bei einer Kostenfunktion $c(y) = y^2 + 30$ und einem Preis von 20?

Übung N.5.6. Die (inverse) Marktnachfragefunktion für ein Gut sei $p = 30 - 3q$. Wie hoch ist die Konsumentenrente bei $q = 5$?

Übung N.5.7. Die Marktnachfrage q einer Wirtschaft nach einem Gut sei durch $q(p) = 5 - \frac{1}{2}p$ gegeben. Wie ändert sich die Konsumentenrente, wenn der Marktpreis p von 6 auf 4 fällt?

Übung N.5.8. Die Abb. N.16 gibt die Entschädigungsforderungen der Landwirte A, B, C, D, E und F wieder. Wie groß ist die Produzentenrente bei einem Marktpreis von $25 \frac{Euro}{dt}$?

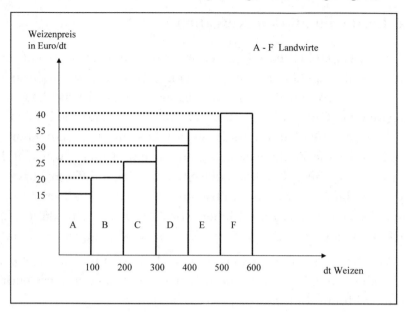

Abbildung N.16. Im Märzen der Bauer ...

Übung N.5.9. Ein Unternehmen auf einem Konkurrenzmarkt (d.h. es setzt $p = MC$) hat die Kostenfunktion $C(y) = 10 + 5y + y^2$.

a) Ermitteln Sie Gewinn und Produzentenrente bei einem Marktpreis von 15!

b) Erläutern Sie den Zusammenhang zwischen Umsatz, Produzentenrente, Gewinn und Kosten!

Übung N.5.10. Bei einer Angebotsfunktion $S(p) = 1,5p - 3$ und einer Nachfragefunktion $D(p) = -\frac{p}{2} + 5$ wird durch den Staat ein Mindestpreis von 6 festgesetzt. Wie hoch ist die Konsumenten- und Produzentenrente vor und nach der Mindestpreisfestsetzung und wie hoch ist der Wohlfahrtsverlust?

Übung N.5.11. Sowohl die Nachfrage- als auch die Angebotskurve seien linear. Beschreiben und vergleichen Sie den Wohlfahrtsverlust, wenn eine Mengensteuer von € 10 erhoben bzw. eine Subvention von € 10 für das Gut gewährt wird.

N.6 Lösungen zu den Aufgaben

N.1.1. In Kap. C (Seite 46) haben wir die Zahlungsbereitschaft eines Haushalts, der die Güter 1 und 2 konsumiert, für eine zusätzliche Einheit von Gut 1 betrachtet. Die Zahlungsbereitschaft ist die Anzahl der Einheiten von Gut 2, die der Haushalt für eine zusätzliche Einheit von Gut 1 so hergeben kann, dass er zu der Ausgangslage indifferent ist. Graphisch ist die Zahlungsbereitschaft für eine Einheit von Gut 1 in Einheiten von Gut 2 der Betrag der Steigung der Indifferenzkurve und analytisch die Grenzrate der Substitution. Der Haushalt erhält dabei (zumindest gedanklich) die Einheit von Gut 1 und gibt dafür einige Einheiten von Gut 2. Die Variation ist also eine kompensatorische.

N.1.2. Wir müssten uns fragen, was das Individuum höchstens bereit ist zu zahlen, damit die Verschlechterung (von b nach a) nicht eintritt. Das Individuum wäre $E_2 - E_1$ bereit zu zahlen.

N.1.3. Eine Preiserhöhung entspricht einer Umweltverschlechterung und wir fragen, wie viel wir dem Konsumenten geben müssten, damit er genauso gut steht wie vor dem Umwelteinfluss (Entschädigungsforderung). Die Änderung findet also tatsächlich statt und die Variation ist kompensatorisch. Dies könnten wir alternativ Abb. N.3 entnehmen.

N.1.4. Es ist Ihnen hoffentlich nicht schwer gefallen, das Haushaltsoptimum

$$x_1^* = \frac{p_2}{p_1}$$

und

$$x_2^* = \frac{m}{p_2} - 1 > 0$$

zu ermitteln (ansonsten, blättern Sie zurück zu Aufg. D.9.4 auf S. 85). Wir erhalten nun die kompensatorische Variation aus der Gleichung

$$\underbrace{\ln \frac{p_2}{p_1^h} + \frac{m}{p_2} - 1}_{\text{Nutzen bei altem, hohen Preis}} = \underbrace{\ln \frac{p_2}{p_1^n} + \frac{m - CV}{p_2} - 1}_{\substack{\text{Nutzen bei neuem, niedrigen Preis} \\ \text{und kompensierender Variation}}}.$$

Sie ergibt sich als

$$CV = p_2 \ln \frac{p_1^h}{p_1^n}.$$

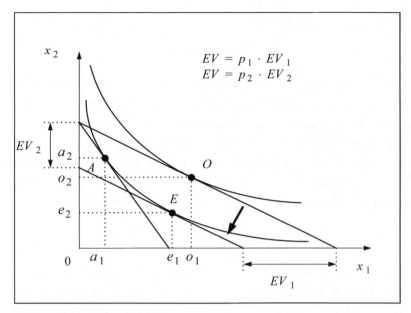

Abbildung N.17. Schaubild zur äquivalenten Variation

N.1.5. Wir könnten uns aber auch die Frage stellen, wie viel Geld müsste man dem Konsumenten vor der Preiserhöhung wegnehmen, damit er genauso schlecht gestellt wäre, wie ihn eine Preiserhöhung stellen würde (äquivalent schädigen). Grafisch heißt das, dass die alte Budgetgerade so weit verschoben werden muss, bis das neue Nutzenniveau erreicht ist. Wir erhalten ein neues optimales Güterbündel auf der neuen Indifferenzkurve im Punkt E (siehe Abb. N.17).

N.1.6. Die äquivalente Variation ergibt sich aufgrund des Haushaltsoptimums

$$x_1^* = \frac{p_2}{p_1}$$

und

$$x_2^* = \frac{m}{p_2} - 1 > 0$$

durch

$$\underbrace{\ln \frac{p_2}{p_1^n} + \frac{m}{p_2} - 1}_{\substack{\text{Nutzen bei neuem,} \\ \text{niedrigen Preis}}} = \underbrace{\ln \frac{p_2}{p_1^h} + \frac{m + EV}{p_2} - 1}_{\substack{\text{Nutzen bei altem, hohen Preis} \\ \text{und äquivalenter Variation}}} \quad .$$

Umformungen ergeben

$$EV = p_2 \ln \frac{p_1^h}{p_1^n}.$$

N.1.7. Bei der äquivalenten Variation ist das Nutzenniveau nach der Preissteigerung relevant. Wir nennen das bei den neuen Preisen p_1^h, p_2 und dem Einkommen m maximal erreichbare Nutzenniveau u^h. Wir bemerken $m = e\left(p_1^h, p_2, u^h\right)$. Die äquivalente Variation läuft auf folgende Frage hinaus: Welche Geldsumme könnte man dem Haushalt nun anstelle einer Preiserhöhung abnehmen, so dass er in beiden alternativen Fällen gleich gestellt wäre? Die Antwort ist

$$e\left(p_1^h, p_2, u^h\right) - e\left(p_1^n, p_2, u^h\right).$$

N.2.1. Konsumenten erhalten durch den Markt die Möglichkeit, ein Gut zu kaufen. Dies ist eine Umweltverbesserung, für die sie zu zahlen haben. Der maximale Betrag, der sie zwischen Kauf und Nichtkauf indifferent macht, ist die Zahlungsbereitschaft und gemäß Abb. N.3 eine kompensatorische Variation. Produzenten geben ihre Produkte ab und es stellt sich die Frage, wie viel sie als minimale Entschädigungsforderung für die „Umweltverschlechterung" (Produktionskosten) zu verlangen haben. Auch hier handelt es sich um eine kompensatorische Variation.

N.2.2. $e\left(p_1^h, p_2, u^h\right)$ sind die minimalen Ausgaben zur Erreichung des Nutzenniveaus u^h beim Preis p_1^h (also im Punkt A) und $e\left(p_1^n, p_2, u^n\right)$ sind die minimalen Ausgaben zur Erreichung des Nutzenniveaus u^n beim Preis p_1^n (Punkt D). Die Punkte A und D liegen jedoch auf der Nachfragekurve $x_1\left(p_1, p_2, m\right)$; das Einkommen bzw. die minimalen Ausgaben beträgt also jeweils m.

N.2.3. Die Fläche $p^h A D p^n$ kann man mithilfe eines Integrales bestimmen. Es ergibt sich

$$p^h A D p^n = \int_{p^n}^{p^h} x(p)dp = \int_{p^n}^{p^h} \frac{am}{p} dp = [am \cdot \ln p]_{p^n}^{p^h} = am \cdot \ln \frac{p^h}{p^n}.$$

Es ist $EV = m\left(\left(\frac{p_1^h}{p_1^n}\right)^a - 1\right)$ und $CV = m\left(1 - \left(\frac{p_1^n}{p_1^h}\right)^a\right)$.

Untersucht man zunächst die Funktion $f(x) = x - 1 - \ln x$, so sieht man leicht, dass $f(1) = 0$. Weiterhin ist $f'(x) = 1 - \frac{1}{x}$ mit einziger Nullstelle 1 und $f''(1) = 2$. Die Funktion hat somit im Intervall $(0, \infty)$ ein Minimum bei 1 mit dem Funktionswert 0, also ist $f(x) \geq 0$ für alle $x \in (0, \infty)$.

Betrachtet man jetzt die Differenz

$$EV - p^h ADp^n = m \left(\left(\frac{p_1^h}{p_1^n} \right)^a - 1 \right) - am \cdot \ln \frac{p^h}{p^n}$$

$$= m \left(\left(\frac{p_1^h}{p_1^n} \right)^a - 1 - \ln \left(\frac{p_1^h}{p_1^n} \right)^a \right)$$

$$= m \cdot f \left(\left(\frac{p_1^h}{p_1^n} \right)^a \right),$$

so ist diese wegen obiger Betrachtung stets positiv, da $\frac{p_1^h}{p_1^n} > 1$ ist. Also ist die äquivalente Variation größer als die Fläche $p^h ADp^n$.

Betrachtet man nun die Differenz

$$CV - p^h ADp^n = m \left(1 - \left(\frac{p_1^n}{p_1^h} \right)^a \right) - am \cdot \ln \frac{p^h}{p^n}$$

$$= -m \left(\left(\frac{p_1^n}{p_1^h} \right)^a - 1 + \ln \left(\frac{p_1^h}{p_1^n} \right)^a \right)$$

$$= -m \left(\left(\frac{p_1^n}{p_1^h} \right)^a - 1 - \ln \left(\frac{p_1^n}{p_1^h} \right)^a \right)$$

$$= -m \cdot f \left(\left(\frac{p_1^n}{p_1^h} \right)^a \right),$$

so ist diese wegen obiger Betrachtung stets negativ, da $0 < \frac{p_1^n}{p_1^h} < 1$ ist. Also ist die kompensatorische Variation kleiner als die Fläche $p^h ADp^n$.

N.2.4. Das Viereck $p^h ADp^n$ erhält man, indem man vom Dreieck $p^P Dp^n$ $(= KR(p^n))$ das Dreieck $p^P Ap^h$ $(= KR(p^h))$ abzieht (vgl. Abb. N.18).

N.2.5. Mit Blick auf Abb. N.7 ergibt sich

$$BKR(4) = 2r_1 + 2r_2.$$

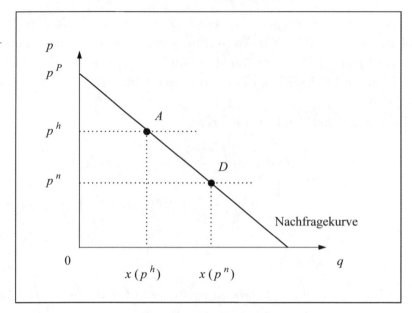

Abbildung N.18. Konsumentenrente

N.2.6. Wir errechnen

$$NKR\,(6) = 2\,(r_1 - r_3) + 3\,(r_2 - r_3) + 1\,(r_3 - r_3)\,.$$

N.2.7. a) Für den marginalen Konsumenten ist die Konsumentenrente gleich null, d.h. für den Konsumenten, der indifferent zwischen Kauf und Nichtkauf ist, weil für ihn der Marktpreis gleich der Zahlungsbereitschaft ist.

b) die Konsumentenrente ist auch bei vollständiger Preisdiskriminierung (Preisdiskriminierung 1. Grades) gleich null, da die verschiedenen Marktpreise den Zahlungsbereitschaften angeglichen werden und somit **alle** Differenzen aus r und p gleich null sind.

N.2.8. Aus $p = 4$ folgt $q(p) = 4$. Der Prohibitivpreis beträgt $p^P = 20$. Die Nettokonsumentenrente berechnet sich also als

$$NKR = \frac{1}{2}(20 - 4) \cdot 4 = 32$$

und die Bruttokonsumentenrente als Summe von Nettokonsumentenrente und Erlös

$$BKR = NKR + p \cdot q = 32 + 16 = 48.$$

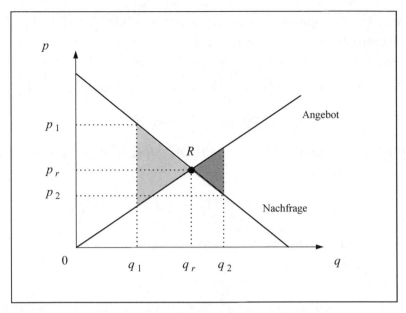

Abbildung N.19. Verluste durch Abweichungen vom Referenzpunkt

N.2.9. Der optimale Output bestimmt sich aus

$$MC = 2q + 2 \stackrel{!}{=} 10 = p,$$

also werden $q = 4$ Einheiten produziert. Der Gewinn beträgt

$$\pi = p \cdot q - c(q) = 10 \cdot 4 - (4^2 + 2 \cdot 4 + 2) = 14.$$

Die Produzentenrente ist die Differenz zwischen Erlös und variablen Kosten

$$PR = p \cdot q - c_v(q) = 10 \cdot 4 - (4^2 + 2 \cdot 4) = 16.$$

N.3.1. Wie wir aus der Abb. N.19 ersehen können, ergibt sich bei Abweichungen vom Referenzpunkt jeweils die markierte Fläche, welche wir von der Summe von Konsumenten- und Produzentenrente abziehen müssen. Damit ist ersichtlich, dass eine Abweichung vom Referenzpunkt zu keiner **maximalen** Summe von Konsumenten- und Produzentenrente führt (nur im Punkt R).

N.3.2. Ein Mindestpreis unter dem Gleichgewichtspreis ist wirkungslos.

N.3.3. Die Konsumentenrente verringert sich um A und B. Die Produzentenrente erhöht sich um A geht um C zurück. Die Summe von Konsumenten- und Produzentenrente geht um $C + B$ zurück.

N.3.4. Der Gleichgewichtsoutput ist bestimmt durch

$$2y + 4 = 24 - 3y,$$

also ist $y = 4$ und damit $p = 12$. Die Mengensteuer verändert die Angebotsfunktion

$$S_t(p) = S(p - t) = \frac{1}{2}(p - 5) - 2 = \frac{1}{2}p - 4,5.$$

Damit ist der Gleichgewichtsoutput bestimmt durch

$$2y + 9 = 24 - 3y,$$

also ist $y = 3$ und damit $p = 15$. Der Gleichgewichtspreis ändert sich also nicht in Höhe der Mengensteuer.

N.5.1. $CV = 100\left(\sqrt{2} - 1\right)$
$EV = 100 - 50\sqrt{2}$

N.5.2. a) $(4, 4)$ bzw. $(3, 3)$ bei $p_x = 3$
b) kompensatorische Variation, 4
c) äquivalente Variation, 3

N.5.3. a) $(8, 8)$ bzw. $(2, 8)$ bei $p_x = 8$
b) kompensatorische Variation, 32
c) äquivalente Variation, 16

N.5.4. $KR = 49$

N.5.5. $PR = 100$

N.5.6. $KR = \frac{75}{2}$

N.5.7. Die Konsumentenrente steigt um 5.

N.5.8. $PR = 1500 \ (7500 - 6000)$

N.5.9. a) Gewinn $= 15$; Produzentenrente $= 25$
b) Umsatz - Kosten $=$ Gewinn
Umsatz - variable Kosten $=$ Produzentenrente
Produzentenrente - fixe Kosten $=$ Gewinn

N.5.10. Die Konsumentenrente beträgt vor der Mindestpreisfestsetzung 9 und die Produzentenrente 3. Danach ändert sich die Konsumentenrente auf 4 und die Produzentenrente auf $\frac{20}{3}$. Der Wohlfahrtsverlust ist $\frac{4}{3}$.

N.5.11. Der Wohlfahrtsverlust ist in beiden Fällen gleich.

Teil IV

Marktformenlehre

Teil III dieses Buches hat sich mit der vollkommenen Konkurrenz und der Wohlfahrtsanalyse beschäftigt. Die Unternehmen bei vollkommener Konkurrenz sind Preisnehmer und glauben, keinen Einfluss auf den Preis zu haben. In diesem Teil geht es dagegen um die Analyse von Märkten, bei denen auf einer der Marktseiten nur ein Marktteilnehmer bzw. nur wenige Marktteilnehmer sind. Am einfachsten ist die Situation mit nur einem Marktteilnehmer zu behandeln. Gibt es nur ein Unternehmen als Verkäufer, sprechen wir von einem Monopol, gibt es dagegen nur ein Unternehmen als Käufer, haben wir es mit dem Monopson zu tun. Die Monopol- und Monopsontheorie stellen wir in Kap. O dar. Dabei werden wir die wohlfahrtstheoretischen Analyseinstrumente, die wir im letzten Teil kennen gelernt haben, anwenden können.

Bei mehr als einem, aber nicht „sehr vielen" Wirtschaftssubjekten bietet sich die Anwendung der (nichtkooperativen) Spieltheorie an. Bei ihr geht es gerade um Situationen, in denen mehrere Individuen Einfluss auch auf das Wohlergehen der anderen haben. Eine sehr einfache Einführung in die Spieltheorie bietet Kap. P. Sie findet in Kap. Q Anwendung auf einen Markt mit wenigen Anbietern, d.h. einen Oligopolmarkt.

Wir gehen bei der Analyse sowohl des Monopols als auch des Oligopols davon aus, dass ein Marktzutritt weiterer Unternehmen unterbleibt. Das ist natürlich eine sehr einschränkende Annahme, die insbesondere in der so genannten Industrieökonomik aufgehoben wird. Der Leser, der mit den hier vorgebrachten Analysen (hoffentlich!) unzufrieden ist, sollte den Literaturhinweisen am Ende der Kapitel folgen.

O. Monopol und Monopson

Die Theorie des monopolistischen Anbieterverhaltens stellt die Situation eines einzigen Anbieters im Markt, eines Angebots-Monopolisten, dar, dessen unternehmerische Preis-Absatz-Kurve mit der Marktnachfragekurve zusammenfällt und dessen Aufgabe darin besteht, in Anbetracht seiner Kosten den gewinnmaximalen Punkt auf der Marktnachfragekurve zu finden. Er hat dabei die Wahl, entweder die gewinnmaximale Menge zu bestimmen (Mengenpolitik); der zugehörige Preis ergibt sich dann aus der inversen Marktnachfragefunktion. Oder er kann den gewinnmaximalen Preis bestimmen (Preispolitik); die zugehörige Absatzmenge erhält er aus der Marktnachfragefunktion. Im ersten Abschnitt O.1 gehen wir davon aus, dass der Monopolist für alle Konsumenten einen einheitlichen Preis verlangt. Dagegen analysieren wir in Abschnitt O.2 verschiedene Arten der Preisdifferenzierung mit interessanten Wohlfahrtskonsequenzen. Abschnitt O.3 widmet sich dann der Wirkung von Mengen- und Gewinnsteuern. Schließlich ist Abschnitt O.4 der Analyse der Monopsons gewidmet, die wir jedoch sehr viel knapper halten.

O.1 Das Monopol bei einheitlichem Preis

O.1.1 Mengenpolitik

Zur Analyse der monopolistischen Mengenpolitik ist zunächst der Gewinn des Monopolisten in Mengen zu spezifizieren, der dann durch die geeignete Mengenfestsetzung maximiert wird. Bezeichnet man die Marktnachfragefunktion bzw. die Preis-Absatzfunktion des Monopolisten mit $y = y(p)$ und ihre Inverse mit $p = p(y)$, wobei p den Produkt-

bzw. Marktpreis und y die gesamte Produktions- bzw. Absatzmenge des Marktes angibt, dann ist der Gewinn π des Monopolisten aus mengenpolitischer Perspektive definiert als

$$\pi(y) = r(y) - c(y)$$
$$= p(y)y - c(y),$$

wobei $c(y)$ die Gesamtkosten und $r(y)$ den Erlös (Umsatz) des Monopolisten bedeuten.

Der Monopolist wird seine Angebotsmenge so lange ausdehnen, wie der zusätzliche Erlös der Mengenausdehnung um eine Einheit (Grenzerlös) die zusätzlichen Kosten dieser Einheit (Grenzkosten) übertrifft. Bei der Absatzmenge, bei der der Grenzerlös gerade den Grenzkosten entspricht, erreicht der Monopolist sein Gewinnmaximum. Die gewinnmaximale Absatzregel lautet mithin: „Biete die Menge an, bei der gilt: Grenzerlös = Grenzkosten." Würde der Monopolist die Angebotsmenge weiter ausdehnen, erhielte er für jede zusätzliche Einheit weniger, als ihn diese Einheit kostete, so dass der Gewinn wieder sänke.

Übung O.1.1. Die Analyse des Grenzerlöses haben wir in Kap. H bereits vorgenommen. Bitte, wiederholen Sie, wie der Grenzerlös $MR = \frac{dr}{dy}$ analytisch bestimmt wird und wie er sich interpretieren lässt! Stellen Sie anschließend die Amoroso-Robinson-Relation (selbständig!) auf, die den Grenzerlös in Beziehung zur Preiselastizität der Nachfrage setzt!

Formal lässt sich die „Grenzerlös = Grenzkosten"-Regel leicht zeigen. Die notwendige Bedingung für das Gewinnmaximum lautet

$$\frac{d\pi}{dy} = \frac{dr}{dy} - \frac{dc}{dy} \overset{!}{=} 0$$

bzw.

$$MR \overset{!}{=} MC.$$

Graphisch lässt sich das Gewinnmaximum wie in Abb. O.1 ermitteln: Man findet durch den Schnittpunkt der Grenzkosten- mit der Grenzerlöskurve die gewinnmaximale Menge y^M. Oberhalb von y^M findet man den Cournot-Punkt auf der Nachfragekurve, womit man

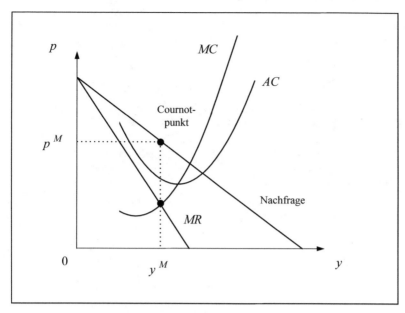

Abbildung O.1. Der Cournot-Punkt

den gewinnmaximalen Preis p^M ermittelt hat. Dieses Modell und auch eines für mehrere Unternehmen (Kap. Q) geht auf Antoine Augustin Cournot (1801–1877) zurück.

Übung O.1.2. Welcher Preis maximiert den Gesamterlös bei der inversen Nachfragefunktion $p(y) = 27 - y^2$? Welcher Preis maximiert den Gewinn, falls die Grenzkosten 15 betragen?

Übung O.1.3. Wie bestimmt man die Angebotskurve im Monopolfall?

Bei vollständiger Konkurrenz lautet die Gewinnmaximierungsregel „Preis = Grenzkosten". Der Monopolist wird im Allgemeinen den Preis oberhalb der Grenzkosten festsetzen wollen (siehe auch Abb. O.1). Wie sehr wird sich der gewinnmaximale Preis von den Grenzkosten unterscheiden? Da die Differenz $p - MC$ von den verwendeten Preis- und Mengeneinheiten abhängt, ist es üblich den relativen Aufschlag auf die Grenzkosten

$$\frac{p - MC}{p}$$

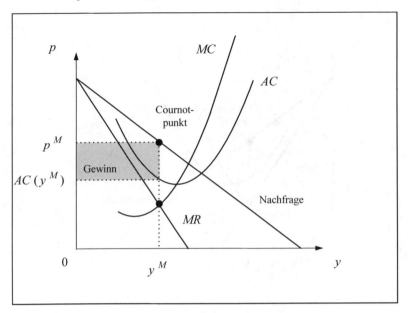

Abbildung O.2. Der Monopolgewinn

zu verwenden. Man nennt diesen Ausdruck Lerner'scher Monopolgrad. Mithilfe der Amoroso-Robinson-Relation lässt er sich recht einfach ausrechnen.

Übung O.1.4. Zeigen Sie: Der relative Aufschlag auf die Grenzkosten, $\frac{p-MC}{p}$, ist umso höher, je unelastischer die Nachfrage ist.

Neben dem Monopolgrad ist natürlich der Monopolgewinn interessant. Er lässt sich analytisch so ausdrücken:

$$\pi(y) = r(y) - c(y)$$
$$= y \left[\frac{r(y)}{y} - \frac{c(y)}{y} \right]$$
$$= y \left[p - AC \right].$$

Sie können diesen Gewinn nun in Abb. O.2 graphisch identifizieren. Er ist das Produkt aus abgesetzter Menge und Stückgewinn und somit durch ein Rechteck darstellbar.

O.1.2 Preispolitik

Im vorangegangenen Abschnitt haben wir auf der Grundlage der inversen Nachfragefunktion nach der gewinnmaximalen Ausbringungsmenge gesucht. In diesem Abschnitt nehmen wir die Perspektive der Nachfragefunktion ein und bestimmen den gewinnmaximalen Preis. Die mathematische Betrachtung ergibt

$$\frac{d\pi}{dp} = \frac{dr}{dp} - \frac{dc}{dp} \overset{!}{=} 0$$

bzw.

$$MR_p \overset{!}{=} MC_p,$$

wobei $MR_p = \frac{dr}{dp}$ der Grenzerlös bezüglich des Preises ist und $MC_p = \frac{dc}{dp}$ die Grenzkosten bezüglich des Preises bedeutet.

Der Grenzerlös bezüglich des Preises lässt sich für einen Monopolisten wieder aus zwei Teilen zusammengesetzt darstellen:

$$MR_p = \frac{dr}{dp} = y + p\frac{dy}{dp}.$$

Zum einen erhöht eine Preissteigerung (um einen Cent) den Erlös aus der bisher verkauften Menge um y (Cent); zum anderen bewirkt die Preiserhöhung eine Absatzreduzierung und führt zu einem Mindererlös von $p\frac{dy}{dp}$ (Cent).

Die Grenzkosten bezüglich des Preises

$$MC_p = \frac{dc}{dp} = \frac{dc}{dy}\frac{dy}{dp}$$

sind negativ: Mit der Preissteigerung geht eine Mengenreduzierung und daher eine Kostenreduzierung einher.

Übung O.1.5. Die Nachfragefunktion sei gegeben durch $y(p) = 12 - 2p$ und die Kostenfunktion des Monopolisten sei $c(y) = y^2 + 3$. Bestimmen Sie den gewinnmaximalen Preis!

Zum Abschluss dieses Abschnittes zur Preispolitik soll die Äquivalenz der gewinnmaximalen Mengen- und Preispolitik noch einmal betont werden. Sie kommt auch in Abb. O.3 zum Ausdruck. Diese

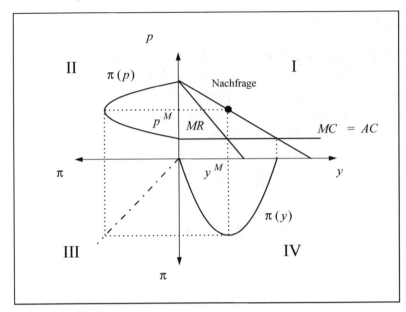

Abbildung O.3. Optimale Angebots- und Preisregel im Monopol

zeigt in einem Vier-Quadranten-Schema die zum Monopolmarkt (I. Quadrant) gehörende Gewinnglocke $\pi(p)$ des Monopolisten in Abhängigkeit vom Preis mit ihrem Maximum beim Monopolpreis p^M (II. Quadrant) und die korrespondierende Gewinnglocke $\pi(y)$ in Abhängigkeit von der Menge mit ihrem Maximum bei der Monopolmenge y^M (IV. Quadrant).

O.1.3 Wohlfahrtsanalyse

Die Summe aus Konsumenten- und Produzentenrenten ist auf einem Markt bei vollkommener Konkurrenz maximal. Im Monopol ist sie im Allgemeinen nicht maximal. Im Cournot-Punkt ist der Preis, d.h. die marginale Zahlungsbereitschaft, höher als die Grenzkosten (siehe Abb. O.4). Von der gewinnmaximalen Menge ausgehend sollte daher mehr produziert werden: Einige Konsumenten sind bereit, mehr zu zahlen, als die zusätzliche Produktion kostet. Dies gilt für alle Mengen zwischen y^M (ermittelt durch die „Grenzerlös = Grenzkosten"-Regel) und y^W (ermittelt durch die „Preis = Grenzkosten"-Regel). Die den Wohlfahrtsverlusten entsprechende Fläche ist in Abb. O.4 schraffiert.

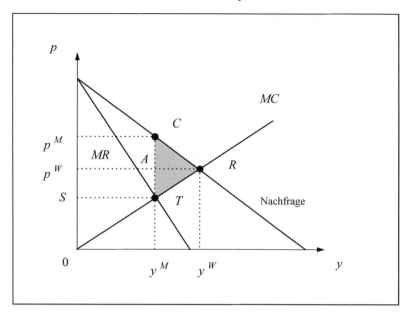

Abbildung O.4. Wohlfahrtsverluste aufgrund zu geringer Produktion im Monopol

Übung O.1.6. Wo ist in der Abb. O.4 die Summe aus Konsumenten- und Produzentenrente maximal?

Übung O.1.7. Wie ändern sich die Produzenten- und die Konsumentenrente in Abb. O.4 in Bezug auf die vollständige Konkurrenz?

Übung O.1.8. Bei einer Nachfragefunktion $D(q) = -2q + 12$ und einer Grenzkostenkurve $MC(q) = 2q$ entsteht im Monopolfall ein Wohlfahrtsverlust. Berechnen Sie diesen!

Im Cournotpunkt C ist der Wohlfahrtsverlust größer als null. Allein aus der Tatsache, dass wir von diesem Punkt C zu R (siehe Abbildung O.4) übergehen würden, können wir jedoch nicht auf eine Pareto-Verbesserung schließen, obwohl in diesem Punkt der Wohlfahrtsverlust null wäre. Denn eine Pareto-Verbesserung liegt vor, wenn sich mindestens einer besser und keiner schlechter stellt als vorher. Und der Übergang zur Situation ohne Wohlfahrtsverluste stellt den Monopolisten schlechter.

Wohlfahrtsverluste eröffnen aber die Möglichkeit zu potentiellen Pareto-Verbesserungen.

Übung O.1.9. Betrachten Sie die Situation eines Cournot-Monopols. Warum ist der Übergang von der gewinnmaximalen Menge zur wohlfahrtsoptimalen Menge keine tatsächliche Pareto-Verbesserung? Warum ist es eine potentielle Pareto-Verbesserung? Beantworten Sie diese beiden Fragen anhand einer Graphik mit linearer Nachfragekurve und konstanten Grenzkosten.

Wenn Wohlfahrtsverluste vorliegen, könnten die Begünstigten einer Maßnahme die Benachteiligten voll entschädigen (kompensieren) und danach immer noch besser dastehen als vorher. Aufgrund des Kaldor-Hicks-Kompensationskriteriums ist eine solche Maßnahme zu empfehlen.

Übung O.1.10. Sollte man aufgrund des Kaldor-Hicks-Kompensationskriteriums den Übergang von C zu R (Abb. O.4) befürworten?

O.2 Preisdiskriminierung

Bisher suchten wir für den Monopolisten nach dem gewinnmaximierenden Marktpreis. Wenn der Monopolist in der Lage ist, anstelle einer einzigen aggregierten Nachfragefunktion die Nachfragefunktionen bestimmter Kundensegmente zu bestimmen, so kann er einen höheren Gewinn erzielen. Man spricht dann auch von Preisdiskriminierung. Die folgenden drei Formen der Preisdiskriminierung sind die am häufigsten in der Literatur genannten:

1. Preisdiskriminierung ersten Grades: Jeder Konsument bezahlt entsprechend seiner Zahlungsbereitschaft. Daraus ergibt sich die vollständige Abschöpfung der Konsumentenrente.
2. Preisdiskriminierung zweiten Grades: Für unterschiedliche Mengen werden unterschiedliche Preise verlangt (z.B. Mengenrabatt). Damit wird eine Segmentierung der Kundschaft anhand der (von ihnen nachgefragten) Menge durchgeführt.
3. Preisdiskriminierung dritten Grades: Die Konsumenten werden in Gruppen eingeteilt. Innerhalb der Gruppe zahlt jeder den gleichen Preis, für verschiedene Gruppen gelten jedoch unterschiedliche Preise.

Die Preisdiskriminierung zweiten Grades werden wir im Folgenden nicht weiter betrachten.

Übung O.2.1. Ein Buchverkäufer kann ein Buch zu konstanten Grenzkosten von € 8 herstellen (keine Fixkosten), und 11 potentielle Käufer haben maximale Zahlungsbereitschaften von € 55, € 50, € 45, ... , € 10 und € 5. Die Käufer werden also einen Preis unter ihrer maximalen Zahlungsbereitschaft oder gleich ihrer maximalen Zahlungsbereitschaft gerade noch akzeptieren und ein Buch kaufen. Bei einem Preis oberhalb ihrer Zahlungsbereitschaft kaufen sie nicht.

a) Welcher Preis maximiert den Gewinn des Buchverkäufers, falls allen Konsumenten der gleiche Preis genannt werden muss. Wie viele Bücher werden abgesetzt? Wie hoch ist der Gewinn?

b) Welche Preise wird der Buchverkäufer den Konsumenten nennen, falls er von jedem einen anderen Preis verlangen kann und die Zahlungsbereitschaften genau kennt? Wie viele Bücher werden abgesetzt? Wie hoch ist der Gewinn? Wie nennt man diese Art der Preisdiskriminierung?

O.2.1 Preisdiskriminierung ersten Grades

Bei der Preisdiskriminierung ersten Grades ist der Grenzerlös gleich dem Preis. Denn die durch den Verkauf der letzten Einheit bewirkte Preissenkung wird nicht auf alle bisherigen Einheiten angewandt. Damit haben wir in diesem Lehrbuch drei Fälle kennengelernt, in denen der Grenzerlös gleich dem Preis ist.

Formal erhalten wir die „Preis gleich Grenzkosten"-Regel bei vollständiger Preisdifferenzierung aufgrund des Maximierungsproblems

$$\max_{y} \left(\int_0^y p(q)\, dq - c(y) \right),$$

das zur Bedingung erster Ordnung

$$p(y) \overset{!}{=} \frac{dc}{dy}$$

führt. Beachten Sie, dass $\frac{d\left(\int_0^y p(q)dq\right)}{dy} = p(y)$ gilt: Die Ableitung eines Integrales nach der oberen Integrationsgrenze ergibt den Wert des Integranden (hier $p(q)$) an der Stelle der oberen Grenze.

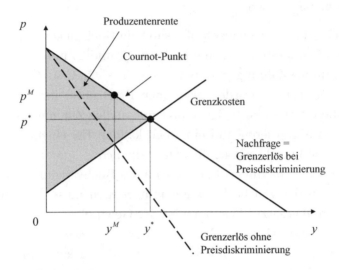

Abbildung O.5. Preisdiskriminierung ersten Grades

Übung O.2.2. Geben Sie die drei Fälle an, in denen der Grenzerlös gleich dem Preis ist!

Bei Preisdiskriminierung ersten Grades vereinfacht sich die „Grenzerlös = Grenzkosten"-Regel zur „Preis = Grenzkosten"-Regel und jede Einheit, bei der die Zahlungsbereitschaft (abzulesen bei der inversen Nachfragefunktion) größer ist als die Grenzkosten, wird der diskriminierende Monopolist mit Gewinn produzieren und verkaufen. Die Konsumentenrente beträgt null und Wohlfahrtsverluste fallen ebenfalls nicht an. Die maximal mögliche Summe aus Konsumenten- und Produzentenrente geht allein in der Produzentenrente auf. Die Abb. O.5 veranschaulicht dies.

Übung O.2.3. Ein Monopolist agiert auf einem Markt mit einer aggregierten Marktnachfrage $D(p) = 12 - 0{,}5 \cdot p$. Die Kostenfunktion des Unternehmens sei $C(y) = y^2 + 2$. Wie hoch ist der Gewinn des Unternehmers, wenn er Preisdiskriminierung ersten Grades betreibt?

O.2.2 Preisdiskriminierung dritten Grades

Vollständige Preisdifferenzierung (oder Preisdifferenzierung ersten Grades) ist ein theoretischer Grenzfall, der mit hohen Informations- und Implementierungskosten verbunden ist. Preisdifferenzierung dritten Grades, d.h. die Aufspaltung in zwei oder mehr Teilmärkte (z.B. Studenten, Rentner, Kinder, Tages- versus Nachtnachfrage) ist eine realistischere Möglichkeit der Differenzierung. Bei der Preisdiskriminierung dritten Grades (getrennte Teilmärkte) lässt sich ein interessanter Zusammenhang zwischen der Preiselastizität auf den jeweiligen Teilmärkten und der Preishöhe feststellen: Je geringer die Elastizität in einem Teilmarkt ist, desto höher muss der Preis sein. Dies ist als die inverse Elastizitätenregel bekannt.

Dazu betrachtet man die inversen Preis-Absatz-Funktionen für Teilmarkt 1 und Teilmarkt 2. Sie werden mit $p_1(y_1)$ und $p_2(y_2)$ bezeichnet. Die Produktion von $y_1 + y_2$ erfolgt in einem Betrieb und kostet $c(y_1 + y_2)$. Der zu maximierende Gewinn lässt sich also so schreiben:

$$p_1(y_1) y_1 + p_2(y_2) y_2 - c(y_1 + y_2).$$

Man erhält die gewinnmaximierenden Mengen, wenn man die partiellen Ableitungen nach y_1 und y_2 bestimmt und gleich null setzt. Als Resultat erhält man folgende zwei Optimierungsbedingungen:

$$MR_1(y_1) \overset{!}{=} MC(y_1 + y_2) \tag{O.1}$$

$$MR_2(y_2) \overset{!}{=} MC(y_1 + y_2). \tag{O.2}$$

Die Grenzkosten, $MC(y_1 + y_2)$ müssen also dem Grenzerlös in jedem Teilmarkt, $MR_i(y_i)$ mit $i \in \{1, 2\}$ entsprechen.

Übung O.2.4. Warum müssen die Grenzerlöse im Optimum gleich sein?

Mithilfe der Amoroso-Robinson-Relation kann man obige Gl. O.1 und O.2 weiter umformen:

$$p_1(y_1)\left(1 + \frac{1}{\varepsilon_{y_1,p_1}}\right) \overset{!}{=} MC(y_1 + y_2),$$

$$p_2(y_2)\left(1 + \frac{1}{\varepsilon_{y_2,p_2}}\right) \overset{!}{=} MC(y_1 + y_2).$$

Übung O.2.5. Wenn im Gewinnmaximum $p_1 < p_2$ gilt, was folgt dann für die Elastizitäten?

Übung O.2.6. Betrachten Sie folgendes Zahlenbeispiel. Auf dem ersten Teilmarkt gilt die inverse Nachfragefunktion $p_1 = 12 - 4y_1$, auf dem zweiten Teilmarkt die inverse Nachfragefunktion $p_2 = 8 - \frac{1}{2}y_2$. Die Grenzkosten betragen 4. Wie hoch sind die Preise auf den Teilmärkten? Bestätigt sich die inverse Elastizitätenregel?

O.3 Mengen- und Gewinnsteuern

O.3.1 Mengensteuer

In diesem letzten Abschnitt zur Monopoltheorie (der nächste beschäftigt sich mit einem Monopson) wollen wir analysieren, wie sich Mengensteuern und Gewinnsteuern auf die produzierte Menge und die Preise auswirken. Zudem interessieren uns die Wohlfahrtswirkungen der Steuern.

Bei einer Mengensteuer fordert der Staat pro erzeugter Wareneinheit pauschal einen Betrag in der Höhe von t. Dabei ist es letztlich unerheblich, ob die Steuer vom Konsumenten oder vom Produzenten abzuführen ist. Wir analysieren die Mengensteuer so, als ob der Produzent sie zu zahlen hätte. Eine Mengensteuer verteuert die Produktion für jede Einheit um den Steuersatz t. Anstelle der Grenzkosten MC liegen also Grenzkosten in Höhe von $MC + t$ vor.

Bei einer linearen inversen Nachfragefunktion $p = a - by$ kann man den Grenzerlös leicht berechnen. Man setzt den Grenzerlös gleich den Grenzkosten, $MC + t$, um die gewinnmaximale Produktionsmenge zu ermitteln.

Übung O.3.1. Wie lautet der Grenzerlös bei der inversen Nachfragefunktion $p = a - by$? Wie hoch ist der Preis im Optimum, wenn die Grenzkosten $MC + t$ betragen?

Im Optimum gilt $y = \frac{1}{2b}(a - MC - t)$. Nun lässt sich durch komparative Statik ermitteln, wie die optimale Produktionsmenge von der

Steuer bestimmt wird. Es gilt $\frac{dy}{dt} = -\frac{1}{2b}$. Je steiler also die Nachfrage-kurve ist, desto weniger wird die Steuer die angebotene Optimalmenge beeinflussen. Der Einfluss der Steuer auf den Marktpreis kann entweder direkt über den gewinnmaximalen Preis (der in der vorangegangenen Aufgabe ermittelt wurde) hergeleitet werden, oder aber wir benutzen den soeben aufgeschriebenen Einfluss der Steuer auf Outputmenge und rechnen

$$\frac{dp^{\text{Monopol}}}{dt} = \frac{dp}{dy}\frac{dy}{dt} = (-b)\left(-\frac{1}{2b}\right) = \frac{1}{2}.$$

Wenn die Steuer um einen Euro angehoben wird, steigt der Preis um einen halben Euro. Man sagt, die Steuer wird zur Hälfte überwälzt, d.h. an die Konsumenten in Form eines höheren Preises weitergegeben. Analysen dieser Art heißen in der Finanzwissenschaft Inzidenzanaly-sen. Während in diesem Fall die Unternehmung der Steuerschuldner ist, sind sowohl Unternehmen als auch Haushalte die „Steuerträger", also diejenigen, deren ökonomische Position durch die Steuer nachteilig berührt wird. Tatsächlich ist die ökonomische Last (engl. burden), die Unternehmen und Konsumenten zu tragen haben, höher als der Steu-erbetrag, den der Staat einnimmt. Der ökonomische Schaden, der die Steuerlast übersteigt, heißt im Englischen „excess burden". Es handelt sich dabei um den Wohlfahrtsverlust aufgrund der Steuererhebung.

Bei Wohlfahrtsanalysen ohne Steuern kann man als einfaches Krite-rium für die ökonomische Wohlfahrt die Summe von Konsumentenren-te und Produzentenrente nehmen. In einem Modell mit Steuerzahlung addiert man zu dieser Summe den Steuerbetrag hinzu. Denn, so könnte man argumentieren, die Steuerzahlung selbst ist lediglich eine Umver-teilung von privaten in öffentliche Taschen und reduziert als solche die Wohlfahrt nicht.

Übung O.3.2. Gegeben sei die aggregierte Nachfrage mit $y(p) = 8 - 1/2p$. Der Monopolist auf diesem Markt habe konstante Grenz-kosten $MC = 4$. Fixkosten entstehen nicht. Der Staat erhebe eine Mengensteuer in Höhe von $t = 4$.

a) Wie hoch sind Preis, Konsumentenrente und Gewinn des Produ-zenten jeweils vor und nach Steuererhebung?

b) Wie hoch ist das Steueraufkommen?

c) Skizzieren Sie den Wohlfahrtsverlust!

O.3.2 Gewinnsteuer

Bei einer Gewinnsteuer wird ein Teil des Gewinns an den Staat abgeführt. Ist dieser Teil (Prozentsatz), τ , konstant, so bleibt anstelle des Vorsteuergewinns $r(y) - c(y)$ nur der Nachsteuergewinn

$$(1 - \tau)\left[r(y) - c(y)\right]$$

übrig. Das Unternehmen trachtet danach, den Nachsteuergewinn zu maximieren. Die Ableitung des Nachsteuergewinns ist genau dann null, wenn die Ableitung des Gewinns vor Steuern null ist. Die gewinnmaximale Ausbringungsmenge ändert sich also nicht. Die Gewinnsteuer hat also keinen Einfluss auf die gewinnmaximale Outputmenge. Von daher wird die Gewinnsteuer als eine Steuer, die das Verhalten der Unternehmen nicht beeinflusst und keinen „excess burden" hervorruft, von vielen Ökonomen gegenüber Mengensteuern bevorzugt.

O.4 Monopson

In den bisherigen Analysen hatten wir angenommen, dass die Nachfrage der Unternehmen nach Produktionsfaktoren die Faktorpreise unbeeinflusst lässt. Die Unternehmen agieren dann als Preisnehmer bzw. Mengenanpasser auf den Faktormärkten. Die Regel für die optimale Faktornachfrage lautet in diesem Fall: *Faktorpreis = Grenzwertprodukt*. Die horizontale Angebotskurve, die hinter dieser Regel steht, ist für den Fall plausibel, dass das Unternehmen eines von sehr vielen Unternehmen ist, so dass die eigene Nachfrage nicht ins Gewicht fällt. Ein **Monopsonist**, ein Alleinkäufer, sieht sich jedoch dem gesamten Marktangebot gegenüber. Und Angebotskurven sind im Allgemeinen ansteigend; mit der jeweils benötigten Faktoreinsatzmenge steigt der Faktorpreis.

Ist $y = f(x_1, x_2)$ die Produktionsmenge bei der Faktoreinsatzmengenkombination (x_1, x_2), lässt sich der Gewinn in Abhängigkeit von den Faktoreinsatzmengen so schreiben:

$$\pi(x_1, x_2) = \underbrace{p\left(f(x_1, x_2)\right) \cdot f(x_1, x_2)}_{\text{Erlös}} - \underbrace{\left(w_1(x_1)\,x_1 + w_2(x_2)\,x_2\right)}_{\text{Kosten}}.$$

Durch partielles Differenzieren nach x_1 (beispielsweise) und Umformung erhält man

$$
\begin{aligned}
\frac{\partial \pi (x_1, x_2)}{\partial x_1} &= \frac{\partial \left(p \left(f \left(x_1, x_2 \right) \right) \cdot f \left(x_1, x_2 \right) \right)}{\partial x_1} - \left(w_1 \left(x_1 \right) + \frac{d w_1 \left(x_1 \right)}{d x_1} x_1 \right) \\
&= \frac{dp}{dy} \frac{\partial y}{\partial x_1} y + p \left(y \right) \frac{\partial y}{\partial x_1} - \left(w_1 \left(x_1 \right) + \frac{d w_1 \left(x_1 \right)}{d x_1} x_1 \right) \\
&= \left(\frac{dp}{dy} y + p \left(y \right) \right) \frac{\partial y}{\partial x_1} - MC_1 \\
&= MR \cdot MP_1 - MC_1 \\
&= MR_1 - MC_1 \overset{!}{=} 0
\end{aligned}
$$

und damit die Regel, dass das Grenzerlösprodukt des Produktionsfaktors 1 (MR_1 = marginal revenue product of factor 1) gleich den Grenzkosten des Produktionsfaktors 1 (MC_1 = marginal cost of factor 1) sein muss:

$$
MR_1 \overset{!}{=} MC_1,
$$

$$
MR_2 \overset{!}{=} MC_2.
$$

Übung O.4.1. Wie bestimmt man die Faktornachfragekurve im Monopsonfall?

Die obige Herleitung zeigt, dass das Grenzerlösprodukt von Faktor 1, MR_1, das Produkt der Grenzproduktivität des Faktors 1, $MP_1 = \frac{\partial y}{\partial x_1}$, und des Grenzerlöses, $MR = \left(p + \frac{dp}{dy} y \right)$, ist. Dies ist ökonomisch gut erklärbar: Eine zusätzliche Einheit von Faktor 1 dient zur Herstellung von MP_1 Einheiten des Gutes, von dem eine Einheit einen zusätzlichen Erlös von MR bewirkt:

$$
MR_1 = \frac{dr}{dy} \frac{\partial y}{\partial x_1} = MR \cdot MP_1.
$$

Wir wenden uns jetzt den Kosten zu. Die Kosten für Faktor 1 betragen $w_1 \left(x_1 \right) x_1$. Der Faktorpreis hängt von der abgesetzten Faktormenge ab. $w_1 \left(x_1 \right)$ ist die inverse Angebotsfunktion für den Faktor 1, von der wir $\frac{dw_1}{dx_1} \geq 0$ annehmen. Die obigen Rechnungen deuten an, dass die Grenzkosten des Faktors 1 ungleich dessen Faktorpreis sind. Dies mag zunächst erstaunen, denn $MC_1 = \frac{\partial c}{\partial x_1}$ gibt an, um wie viel die Ausgaben für den Faktor 1 steigen, wenn noch eine Einheit von diesem Faktor zusätzlich erstanden wird. Doch erinnern wir uns zurück an Kap. H!

Übung O.4.2. Warum ist der Grenzerlös nicht gleich dem Preis (Nachfrageanalyse)?

Der Grenzerlös ist nicht gleich dem Preis und in ähnlicher Weise sind die Grenzkosten eines Faktors vom Faktorpreis verschieden. Leitet man die Kosten für Faktor 1 nach der Anzahl der Faktoreinheiten ab, so erhält man die Grenzkosten von Faktor 1:

$$MC_1 = \frac{\partial c}{\partial x_1} = w_1 + \frac{dw_1}{dx_1}x_1.$$

Eine weitere Einheit des Faktors 1 erhöht die Faktorkosten zunächst einmal um den Faktorpreis. Um diesen weiteren Faktor zu bekommen, muss man jedoch bei steigender Angebotskurve eine Faktorpreissteigung in Kauf nehmen, die auf alle Faktoreinheiten anzuwenden ist.

Man kann natürlich für die Faktoren 1 und 2 konkretere Beispiele nehmen. Ein Monopsonist könnte beispielsweise der alleinige Nachfrager des Faktors Arbeit auf einer entlegenen Insel sein. Abb. O.6 veranschaulicht die lineare inverse Arbeitsangebotsfunktion $w(A) = a + bA$ und die zugehörige Grenzkostenfunktion des Faktors Arbeit, MC_A. Das Unternehmen fragt so lange den Faktor nach, bis das Grenzerlösprodukt des Faktors gleich den Grenzkosten dieses Faktors ist. Der Lohnsatz wird dann auf der Ordinate abgelesen. Er liegt unter dem Grenzerlösprodukt der Arbeit.

Die Grenzkostenkurve des Faktors Arbeit ist doppelt so steil wie die Arbeitsangebotskurve. Das mag den Leser daran erinnern, dass wir in Kap. H erfahren haben, dass bei einer linearen Nachfragefunktion die Grenzerlöskurve doppelt so steil wie die Nachfragekurve ist. Sie können nun selbst nachprüfen, dass die Grenzkostenkurve der Arbeit richtig gezeichnet ist.

Übung O.4.3. Wie lautet die Grenzkostenfunktion des Faktors Arbeit (A) bei linearer inverser Faktorangebotsfunktion $w(A) = a + bA$?

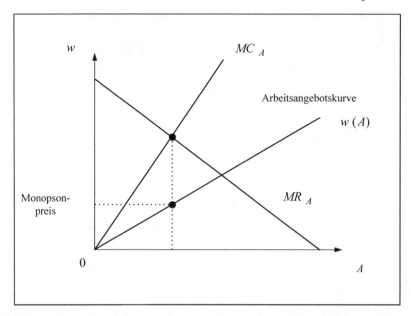

Abbildung O.6. Die Arbeitsnachfrage richtet sich nach dem Grenzerlösprodukt der Arbeit und nach den Grenzkosten der Arbeit

Übung O.4.4. Wie lassen sich die Kosten des Faktors Arbeit in Abb. O.6 graphisch ausdrücken? Es gibt zwei Möglichkeiten!

Für Nachfragekurven haben wir die Preiselastizität der Nachfrage definiert. Analog lässt sich für Angebotsfunktionen die Angebotselastizität definieren. Auch eine Amoroso-Robinson-Relation gibt es hier wieder. All dies können Sie selbständig entwickeln.

Übung O.4.5. Wie sollte man die Angebotselastizität der Arbeit definieren? Wie hängen die Grenzkosten der Arbeit mit dieser Angebotselastizität zusammen?

Abschließend stellen wir die Optimalbedingungen für den Faktoreinsatz in einer Übersicht zusammen. Dabei berücksichtigen wir, dass ein Unternehmen, das auf Faktormärkten Nachfrager und auf Gütermärkten Anbieter ist, im einen und/oder dem anderen Markt Preisnehmer sein kann. Den allgemeinen Fall und die Spezialfälle gibt Abb. O.7 wieder. Hierbei steht MVP für marginal value product oder Grenzwertprodukt.

Gütermarkt	Faktormarkt
Optimalitätsbedingung für den Faktoreinsatz	
$MR_1 = \dfrac{\partial r}{\partial x_1} = \dfrac{dr}{dy}\dfrac{\partial y}{\partial x_1}$ $= MR \cdot MP_1$	$MC_1 = \dfrac{\partial c}{\partial x_1} = w_1 + x_1\dfrac{dw_1}{dx_1}$
Spezialfall: Preisnehmer auf dem Gütermarkt $(MR = p)$ $MR_1 = pMP_1 = MVP_1$	Spezialfall: Preisnehmer auf dem Faktormarkt $\left(\frac{dw_1}{dx_1} = 0\right)$ $MC_1 = w_1$

Abbildung O.7. Die Optimalitätsbedingungen für die Faktornachfrageentscheidung

O.5 Neue Begriffe

- Monopol
- Cournot-Punkt
- Lernerscher Monopolgrad
- Preisdiskriminierung ersten, zweiten und dritten Grades
- inverse Elastizitätenregel
- Mengensteuer
- Gewinnsteuer
- Wohlfahrtsanalyse
- Monopson
- Grenzkosten eines Faktors
- Grenzerlöse eines Faktors, Grenzwertprodukt
- Angebotselastizität

O.6 Literaturempfehlungen und Übungsaufgaben

O.6.1 Literaturempfehlungen

Zur Entgeltpolitik aus Marketingsicht verweisen wir auf §4 des Lehrbuchs von NIESCHLAG, DICHTL/HÖRSCHGEN (1997). Der betriebswirtschaftliche Klassiker des Preismanagements ist SIMON (1992).

O.6.2 Übungsaufgaben

Übung O.6.1. Der Monopolist produziert ein Gut y. Die Nachfragekurve ist $y = 100 - p$. Die Produktion findet in zwei verschiedenen Betriebsstätten statt, in denen y_1 bzw. y_2 produziert wird. (Dementsprechend beträgt die Gesamtproduktion $y = y_1 + y_2$.) Die Grenzkostenkurven der zwei Betriebsstätten betragen $MC_1 = y_1 - 5$ bzw. $MC_2 = \frac{1}{2}y_2 - 5$. Im Optimum müssen die Grenzkosten in jeder der Betriebsstätten gleich sein (warum?). Berechnen Sie, wie viele Einheiten in Betriebsstätte 1 und wie viele in Betriebsstätte 2 hergestellt werden sollten.

Übung O.6.2. Ein Monopolist maximiert seinen Gewinn bei y^n, falls er die Kostenfunktion c^n hat. Bei einer anderen, ungünstigeren Kostenfunktion c^h gilt $c^h(y) > c^n(y)$ für jede Produktionsmenge y. Die optimale Produktionsmenge bei dieser ungünstigeren Kostenfunktion betrage y^h. Beweisen Sie, dass der Monopolist mit c^h einen geringeren Gewinn macht als mit c^n.
(Hinweis: Umständliche Rechnungen führen nicht zum Ziel, sondern zwei zu begründende Ungleichungen.)

Übung O.6.3. Staatlich verordnete Höchstpreise führen häufig dazu, dass die nachgefragte Menge steigt, die angebotene Menge sinkt und damit eine Überschussnachfrage entsteht. Für eine positiv geneigte Angebotskurve und eine negativ geneigte Nachfragekurve lässt sich das leicht veranschaulichen (vgl. Abb. O.8). Im dargestellten Fall sinkt die abgesetzte Menge gegenüber dem unregulierten Gleichgewichtspreis. Beim Monopol muss ein Höchstpreis dagegen nicht zu einer Reduzierung des Absatzes führen. Machen Sie sich dabei zunächst klar, wie der Höchstpreis die Nachfragefunktion ändert und dann, wie er die Grenzerlösfunktion ändert! Können Sie das zeigen?

Übung O.6.4. Ein Monopolist weiß, dass die inverse Nachfragekurve einer Person $p = 0,002M - q$ beträgt, wobei M das Einkommen der Person ist. Der Monopolist kennt das Einkommen jedes einzelnen Konsumenten und kann entsprechend dem Einkommen Preisdiskriminierung betreiben. Die Gesamtkostenfunktion lautet $c(y) = 100y$. Welchen Preis wird er von einer Person mit dem Einkommen M verlangen?

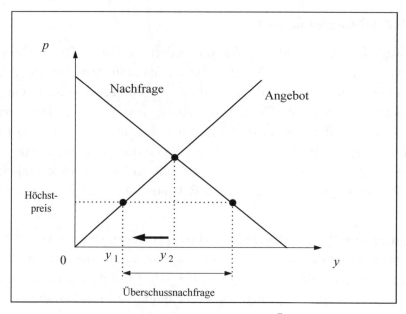

Abbildung O.8. Höchstpreise führen zu einer Überschussnachfrage

Berechnen Sie die Funktion $p(M)$, und machen Sie deutlich, wie Sie zu dieser Lösung gekommen sind!

Übung O.6.5. Das städtische Schwimmbad verursacht jährlich Kosten von $c(x) = 1.500.000$, wobei x die Anzahl der Besucher pro Jahr ist. Die Nachfrage der erwachsenen Besucher wird durch $x_E = 400.000 - 40.000 p_E$ beschrieben, die Nachfrage der Kinder durch $x_K = 400.000 - 200.000 p_K$, wobei p_E und p_K Eintrittsgelder bezeichnen.

Durch welche Preispolitik kann das Schwimmbad seine Verluste minimieren? Wie hoch sind die dazugehörigen Besucherzahlen?

Übung O.6.6. Ein Monopolist mit konstanten Grenzkosten sieht sich einer Nachfragekurve mit konstanter Nachfrageelastizität mit $|\varepsilon_{x,p}| > 1$ gegenüber. Der Monopolist praktiziert keine Preisdiskriminierung. Das Parlament erhebt eine Stücksteuer in Höhe von einem Euro. Um wie viel wird der Monopolist den Preis anheben?

Übung O.6.7. Ein gewinnmaximierender Monopsonist beschäftigt sowohl Männer als auch Frauen. Es gibt keine Produktivitätsunterschiede zwischen den Geschlechtern. Um M Männer zu beschäftigen, muss den Männern ein Lohnsatz von AM gezahlt werden, wobei A eine positive Konstante ist. Um F Frauen anzustellen, muss der Monopsonist den Frauen den Lohnsatz BF^c zahlen, wobei B und c positive Konstanten sind. Welche Anforderungen an die Konstanten A, B und/oder c müssen erfüllt sein, damit der Monopsonist den Frauen einen niedrigeren Lohn zahlt als den Männern?

Übung O.6.8. Wie hoch sind die Angebotselastizitäten bei der vorigen Frage?

Übung O.6.9. Im vorliegenden Beispiel ist die Angebotselastizität bei derjenigen Gruppe am niedrigsten, die den niedrigsten Lohn erhält. Muss das so sein?

Übung O.6.10. Die Banana Co. ist einziger Arbeitgeber auf der Insel Banana. Der Faktorpreis der Arbeit L ergibt sich aus $w(L) = 10 + L$, die Produktionsfunktion lautet $f(L) = 10 \cdot L$. Der Weltmarktpreis für Bananen liegt bei 2. Wie hoch ist die Nachfrage des Monopolisten nach Arbeit, wenn er seinen Gewinn maximieren möchte? Wie hoch ist dann der Arbeitslohn?

Übung O.6.11. Ein Unternehmen beschäftige sowohl Männer als auch Frauen. Das Arbeitsangebot von Frauen sei gegeben mit $F = w_F - 5$, das der Männer mit $M = w_M - 15$, wobei w_F der Lohn für Frauen und w_M der für Männer ist. Das Unternehmen arbeite entsprechend der Produktionsfunktion $y = (F + M)^{0,5}$. Der Produktpreis sei 54.

Gibt es einen Lohnunterschied zwischen Männern und Frauen? Wenn ja, wie hoch ist dieser?

Übung O.6.12. Wie kann ein Mindestlohn beim Monopson die Anzahl der Beschäftigten erhöhen? Denken Sie bei der Lösung an den ähnlichen Fall des Höchstpreises beim Monopol!

O.7 Lösungen zu den Aufgaben

O.1.1. Man kann sich den Grenzerlös aus zwei Teilen zusammengesetzt vorstellen: Zum einen erfährt der Monopolist eine Erlössteigerung aus dem Angebot einer zusätzlichen Einheit um den Preis dieser Einheit ($p > 0$). Zum anderen muss er eine Erlöseinbuße in Kauf nehmen, weil die Abnehmer - bei negativ geneigter Marktnachfrage - nicht bereit sind, das erhöhte Angebot zum alten Preis abzunehmen. Diese Erlöseinbuße berechnet sich aus dem Produkt des Preisabschlags, den der Monopolist zum Absatz der letzten abzusetzenden Einheit einräumen muss, mit der Zahl der bisher verkauften Einheiten (d.h. $y\frac{dp}{dy} < 0$). Folglich ist der Grenzerlös gegeben durch:

$$MR = p + y\frac{dp}{dy}.$$

Die Amoroso-Robinson-Relation lautet

$$MR = p\left(1 + \frac{1}{\varepsilon_{q,p}}\right).$$

O.1.2. Der Erlös beträgt

$$R(y) = y \cdot p(y) = 27y - y^3.$$

Notwendig für den maximalen Erlös ist

$$MR(y) = 27 - 3y^2 \stackrel{!}{=} 0,$$

also ist der optimale Output $y = 3$ und der erlösmaximale Preis beträgt 18.

Für den maximalen Gewinn gilt

$$MR(y) = 27 - 3y^2 \stackrel{!}{=} 15 = MC(y),$$

also ist die optimale Outputmenge $y = 2$ und der gewinnmaximale Preis beträgt 23.

O.1.3. Auf die Frage: „Welche Menge möchte der Monopolist bei alternativen Preisen anbieten?", gibt es keine sinnvolle Antwort, denn der Monopolist bestimmt den gewinnmaximalen Punkt auf der Nachfragekurve und somit die optimale Preis-Mengen-Kombination. Es gibt im Monopol somit keine Angebotskurve. Es handelte sich also um eine (hinterhältige) Fangfrage.

O.1.4. Aufgrund der Amoroso-Robinson-Relation gilt $MR = p\left(1 + \frac{1}{\varepsilon}\right)$, wobei ε die Preiselastizität der Nachfrage ist. Weiter gilt im Optimum $MC \overset{!}{=} MR$. Dann erhalten wir

$$\frac{p - MC}{p} \overset{!}{=} \frac{p - MR}{p} = \frac{p - p\left(1 + \frac{1}{\varepsilon}\right)}{p} = \frac{1}{-\varepsilon}.$$

O.1.5. Der Grenzerlös und die Grenzkosten bezüglich des Preises betragen

$$MR_p = 12 - 4p, \qquad MC_p = -48 + 8p.$$

Damit errechnet sich der gewinnmaximale Preis aus $MR_p \overset{!}{=} MC_p$ als $p = 5$.

O.1.6. Im Punkt R ist die Summe maximal, da der Punkt R dem Referenzpunkt entspricht.

O.1.7. Die Konsumentenrente verringert sich um die Fläche $p^W R C p^M$, die Produzentenrente erhöht sich um die Fläche $p^W A C p^M$ und verringert sich um die Fläche TAR.

O.1.8. Der Referenzpunkt errechnet sich durch Gleichsetzen von Nachfrage- und Grenzkostenfunktion als $q = 3$ und $p = 6$. Dabei sind Produzentenrente und Konsumentenrente jeweils gleich 9, ihre Summe also 18. Das Gewinnoptimum des Monopolisten erhält man durch die „Grenzkosten = Grenzerlös"-Regel als $q = 2$ und $p = 8$. Dabei beträgt die Produzentenrente 12 und die Konsumentenrente 4, ihre Summe 16. Also ist der Wohlfahrtsverlust gleich 2.

O.1.9. Gegeben sind konstante Grenzkosten $MC = c$ des Monopolisten sowie die lineare Nachfragefunktion $p(x) = a - bx$ der Konsumenten, mit $a > c$.
Der Monopolist maximiert seinen Gewinn, wenn die Grenzkosten gleich dem Grenzerlös sind: $c = MC = MR = a - 2bx$. Der Monopolist stellt die Menge $x = \frac{1}{2b}(a - c)$ her, sein Gewinn beträgt $\frac{1}{4b}(a - c)^2$. Dies entspricht der in Abb. O.9 mit A gekennzeichneten Fläche.
Die wohlfahrtsoptimale Menge erhält man, wenn der Preis gleich den Grenzkosten ist: $a - bx = p(x) = MC = c$. Es wird die Menge $x = \frac{1}{b}(a - c)$ hergestellt. Der Übergang von der gewinnmaximalen Menge zur wohlfahrtsoptimalen Menge stellt keine tatsächliche Pareto-Verbesserung dar, da der Gewinn des Monopolisten von $\frac{1}{4b}(a - c)^2$ auf

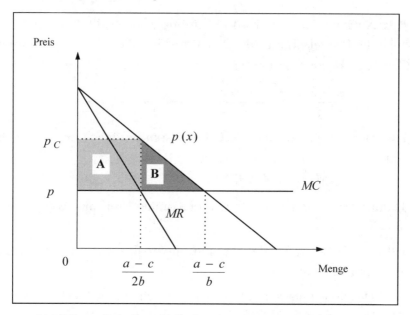

Abbildung O.9. Potentielle Paretoverbesserungen im Monopol

null sinkt, er somit schlechter gestellt wird. Da sich die Nettokonsumentenrente um $A + B = \frac{1}{4b}(a-c)^2 + \frac{1}{8b}(a-c)^2$ erhöht, könnten die Konsumenten den Monopolisten voll entschädigen und dennoch selbst Nutznießer dieses Übergangs bleiben. Somit liegt beim Cournot-Monopol die Möglichkeit zu potentiellen Pareto-Verbesserungen vor.

O.1.10. Wenn gilt, dass die Flächen $CTR > 0$, dann können die Konsumenten dem Produzenten den Verlust an Produzentenrente, d.h. die Fläche $p^M C A p^W - TAR$ ersetzen und hätten immer noch

$$p^M C R p^W - (p^M C A p^W - TAR) = p^M C R p^W - p^M C A p^W + TAR$$
$$= CAR + TAR = CTR$$

übrig und würden besser dastehen als vorher.

O.2.1. a) Bei einem einheitlichen Preis verlangt der Buchverkäufer den Preis € 35. Dann werden 5 Käufer das Buch kaufen, und der Gewinn beträgt $175 - 40 = 135$. Würde er einerseits 6 Bücher verkaufen wollen, so müsste er den Preis auf € 30 senken; der Gewinn läge dann bei $180 - 48 = 132$. Würde er andererseits vier Bücher verkaufen wollen, so könnte er den Preis auf € 40 anheben; der Gewinn betrüge jedoch nur $160 - 32 = 128$.

b) Falls er jedem Konsumenten genau den Preis nennen könnte, der dessen Zahlungsbereitschaft entspricht, wird er mehr Bücher verkaufen wollen. Denn der Grenzerlös ist in diesem Fall gleich dem Preis. Er würde also an alle potentiellen Käufer mit Ausnahme desjenigen, dessen Zahlungsbereitschaft unter den Grenzkosten liegt, verkaufen. Der Gewinn ist dann $55 + 50 + 45 + \ldots + 15 + 10 - 8 \cdot 10 = 10 \cdot \frac{1}{2} 65 - 80 = 245$. Dies ist ein Beispiel für Preisdiskriminierung ersten Grades.

O.2.2. Der Grenzerlös $MR = p + \frac{dp}{dy} y$ ist gleich dem Preis p, wenn $\frac{dp}{dy} = 0$ ist (dann liegt Preisnehmerschaft vor, d.h. die Nachfragekurve ist horizontal) und/oder wenn $y = 0$ (dies liegt beim Verkauf der ersten Einheit oder bei Preisdiskriminierung ersten Grades vor) ist.

O.2.3. Bei Preisdiskriminierung 1. Grades wird so viel produziert, bis die Grenzkosten gleich dem Preis sind, d.h. für das Monopol gilt

$$MC = 2y \stackrel{!}{=} 24 - 2y = p.$$

Damit ergibt sich für die Produzentenrente

$$PR = \frac{6 \cdot 24}{2} = 72.$$

Der Gewinn errechnet sich aus der Produzentenrente vermindert um die Fixkosten

$$\pi = PR - C_F = 72 - 2 = 70.$$

O.2.4. Wären die Grenzerlöse in Teilmarkt 1 größer als in Teilmarkt 2, so könnte man den Erlös steigern, indem man in Teilmarkt 1 eine Einheit mehr und in Teilmarkt 2 eine Einheit weniger verkaufte. Da der Absatz und die Kosten auf diese Weise gleich blieben, könnte der Gewinn gesteigert werden. Es läge also kein Gewinnmaximum vor.

O.2.5. Man kann leicht errechnen, dass $|\varepsilon_{y_2,p_2}(y_2)| < |\varepsilon_{y_1,p_1}(y_1)|$ gelten muss.

O.2.6. Die gewinnoptimalen Preise, Mengen und Elastizitäten lauten: $y_1 = 1$, $p_1 = 8$, $\varepsilon_{y_1,p_1} = -2$ für Teilmarkt 1 und $y_2 = 4$, $p_2 = 6$, $\varepsilon_2 = -3$ für Teilmarkt 2. Natürlich muss die Regel auch für dieses Beispiel gelten.

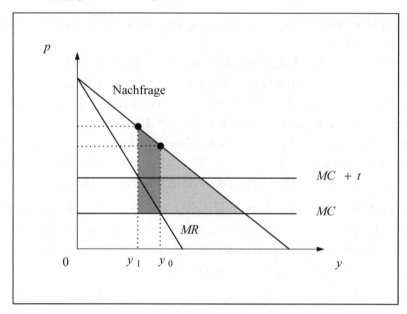

Abbildung O.10. Wohlfahrtsverluste im Monopol bei Mengensteuer

O.3.1. Die Formel für den Grenzerlös lautet $a - 2by$. (Die Grenzerlöskurve ist doppelt so steil wie die Nachfragekurve.) Setzt man den Grenzerlös mit den Grenzkosten gleich, also $a - 2by = MC + t$, so erhält man die optimale Produktionsmenge als $y = \frac{1}{2b}(a - MC - t)$ und den optimalen Preis als $\frac{1}{2}a + \frac{1}{2}(MC + t)$.

O.3.2. a) ohne Steuern: $p = 10$, $y = 3, \pi = 18$, Konsumentenrente $= 9$,

mit Steuern: $p = 12$, $y = 2$, $\pi = 8$, Konsumentenrente $= 4$.
b) 8.
c) Vgl. Abb. O.10. Durch die Mengensteuer wird die abgesetzte Menge noch weiter reduziert. Die Wohlfahrtsverluste erhöhen sich.

O.4.1. Sind Sie wieder reingefallen? Ebenso wie es im Monopol keine Angebotskurve gibt, existiert im Monopson keine Faktornachfragekurve. Der Monopsonist sucht sich auf der Angebotskurve den für ihn gewinnmaximalen Punkt.

O.4.2. Der Grenzerlös ist die Ableitung der Erlösfunktion nach der Menge. Es ergibt sich $MR = p + y\frac{dp}{dy}$. Durch den Verkauf einer weiteren Einheit steigt der Erlös einerseits um den Preis. Andererseits sinkt bei

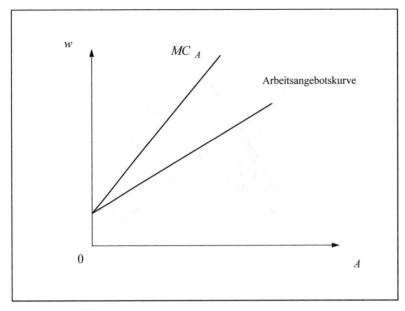

Abbildung O.11. Angebotskurve und Grenzkostenkurve im linearen Fall

negativ geneigter Nachfragekurve der Preis aufgrund des Verkaufes dieser letzten Einheit; dieser Preisdämpfungseffekt wirkt auf alle bisher verkauften Einheiten.

O.4.3. Die Grenzkostenkurve des Faktors Arbeit lautet $MC_A = a + 2bA$. Sie ist also doppelt so steil wie die Angebotskurve (vgl. Abb. O.11).

O.4.4. Zum einen ist die Fläche des Rechtecks mit dem Inhalt $A_0 w(A_0)$ in Abb. O.12 angesprochen. Dieselbe Fläche ergibt sich unter der Grenzkostenkurve der Arbeit von 0 bis A_0.

O.4.5. Die Angebotselastizität sollte als relative Änderung der angebotenen Arbeitsmenge in Bezug zur relativen Änderung des Lohnes definiert werden:

$$\varepsilon_{A,w} = \frac{\frac{dA}{A}}{\frac{dw}{w}} = \frac{dA}{dw}\frac{w}{A}.$$

Ähnlich wie in der Nachfragetheorie erhalten wir

$$MC_A = w + A\frac{dw}{dA} = w\left(1 + \frac{A}{w}\frac{dw}{dA}\right) = w\left(1 + \frac{1}{\varepsilon_{A,w}}\right).$$

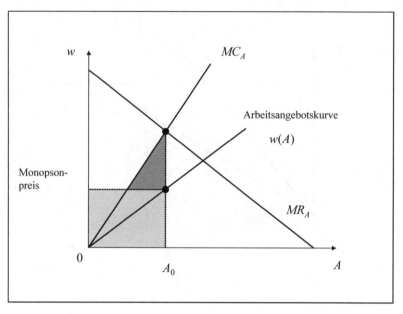

Abbildung O.12. Die Kosten der Arbeit, graphisch bestimmt

O.6.1. $y_1 = 15$, $y_2 = 30$, $p = 55$

O.6.2. Dies sollte Ihnen leicht fallen.

O.6.3. Abb. O.13 veranschaulicht die Veränderung der Nachfrage und des Grenzerlöses durch die Höchstpreissetzung. Der Monopolist wird zur Outputmenge y_1 übergehen, also den Output erhöhen.

O.6.4. $p(M) = 50 + 0,001M$ für $M \geq 50.000$

O.6.5. $p_E = 5$, $p_K = 1$, $x_E = 200000$, $x_K = 200000$

O.6.6. Er erhöht den Preis um mehr als eine Mark. Dies erhält man durch Einsetzen der Amoroso-Robinson-Relation in die Maximierungsbedingung.

O.6.7. Der Lohnsatz der Männer AM liegt also über dem Lohnsatz der Frauen BF^c, falls $\frac{1}{2}(1+c)BF^c > BF^c$ oder falls $c > 1$.

O.6.8. Die Angebotselastizität beträgt 1 bei den Männern und $\frac{1}{c}$ bei den Frauen.

O.6.9. Ja. Setzen Sie die Amoroso-Robinson-Relation in die Maximierungsbedingung ein und lösen Sie nach dem Preis auf.

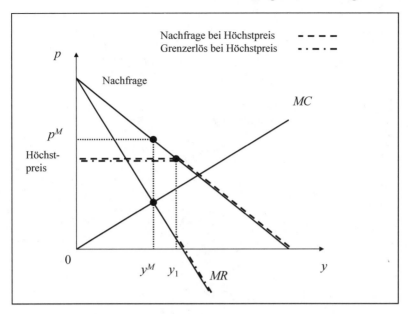

Abbildung O.13. Höchstpreis im Monopol

O.6.10. $L^* = 5$, $w^* = 15$.

O.6.11. Der Lohn für Männer ist hier um 5 größer als der für Frauen.

O.6.12. Versuchen Sie es selbst!

P. Spieltheorie

Dieses Kapitel widmet sich der Spieltheorie, die geeignet ist Konflikt- und Kooperationssituationen zwischen Individuen zu analysieren. Einige allgemeine Bemerkungen zur Spieltheorie findet der Leser im ersten Abschnitt. Spiele werden in zwei unterschiedlichen Beschreibungsarten dargestellt: Spiele in strategischer Form werden in Abschnitt P.2 erläutert und Spiele in extensiver Form in Abschnitt P.3.

P.1 Entscheidungstheorie und Spieltheorie

In Kap. G haben wir die Entscheidungstheorie unter Sicherheit und auch unter Unsicherheit kennen gelernt. Dieses Kapitel widmet sich der Spieltheorie. Beide Theorien haben es mit Entscheidungen zu tun, im ersten Fall den Entscheidungen einzelner Agenten, im zweiten Fall mit einem Geflecht von Entscheidungen mehrerer Agenten. Die Entscheidungstheorie behandelt die Entscheidungen von Agenten, die sich einer eventuell unsicheren Umwelt gegenübersehen. Das Haushalts-Optimum oder das Cournot-Monopol sind Beispiele für Ein-Personen-Situationen unter Sicherheit.

Soziale Situationen, in denen das Ergebnis für ein Individuum auch vom Verhalten anderer abhängt, werden durch die Spieltheorie analysiert. Die Situationen der Spieltheorie sind allerdings im Allgemeinen gar nicht spielerisch: Es geht dabei um den Wettbewerb zwischen Oligopolisten, um atomare Abschreckung, um Prinzipal-Agenten-Beziehungen in Unternehmen, um nur einige wenige, aber wichtige Anwendungen zu nennen. In unserem Buch geht dieses Kapitel unmittelbar dem Kapitel zur Oligopoltheorie voraus. Zudem werden wir die Spieltheorie in Kap. R anwenden können.

Die Aufgabe der Spieltheorie ist zweifach. Zum einen geht es um die „angemessene" Beschreibung und Modellierung von interaktiven Entscheidungssituationen. Dabei ist der Strategiebegriff zentral. Strategien geben in der (nichtkooperativen) Spieltheorie an, welche Aktionen die Individuen in allen möglichen Situationen und unter allen möglichen Informationszuständen wählen werden. Zum anderen obliegt es der Spieltheorie, aus der häufig sehr großen Menge möglicher Spielverläufe einen oder mehrere auszuzeichnen. Diese Auszeichnung erfolgt mithilfe des so genannten Nash-Gleichgewichts. Ein Nash-Gleichgewicht gibt für alle Spieler Strategien an, so dass es für keinen Spieler lohnend ist, einseitig abzuweichen.

Neben der nicht-kooperativen gibt es die kooperative Spieltheorie. Sie beschmutzt sich ihre Hände nicht mit den Details der Strategien, der Zugfolge oder des Wissens der Spieler. Sie stellt Axiome auf, die regeln, was der einzelne zu erwarten hat, z.B. aufgrund der Koalitionen, die er formen kann und der Ergebnisse, die die Koalitionen bewirken können. Der Kern, die Nash-Verhandlungslösung und der Shapley-Wert sind die wichtigsten Instrumente der kooperativen Spieltheorie. Sie ist nicht Gegenstand dieses Buches.

P.2 Spiele in strategischer Form

P.2.1 Von der Auszahlungsmatrix zum Bimatrixspiel

Spiele in strategischer Form für zwei Spieler lassen sich häufig als Bimatrixspiele einführen. In einem Bimatrixspiel gibt es eine Matrix für jeden der zwei Spieler. Eine solche Matrix ist dabei äußerlich von Ergebnismatrizen kaum zu unterscheiden. Ein Beispiel einer Ergebnismatrix hatten wir in Kap. G kennengelernt. Sie erinnern sich an den Regenschirm- bzw. Sonnenschirmproduzenten, dessen Gewinne in unterschiedlichen Umweltzuständen wir in Abb. P.1 reproduzieren.

Um die obige Ergebnismatrix als Spielmatrix im Falle zweier Spieler verstehen zu können, bräuchten wir dreierlei:

1. Zunächst wäre die Umwelt durch einen Spieler zu ersetzen; in unserem Beispiel bietet sich Petrus an. Dann können wir von einem

Umweltzustand

		schlechte Witterung	gute Witterung
Aktion	Regenschirm-produktion	100	81
	Sonnenschirm-produktion	64	121

Abbildung P.1. Eine Ergebnismatrix

Petrus

		schlechte Witterung	gute Witterung
Produzent	Regenschirm-produktion	10	9
	Sonnenschirm-produktion	8	11

Abbildung P.2. Eine Ergebnismatrix

Zeilenspieler (hier: Produzent) und einem Spaltenspieler (hier: Petrus) sprechen.

2. Sodann wären die ökonomischen Ergebnisse (hier: Gewinn des Produzenten) in Nutzenwerte im Sinne von von Neumann und Morgenstern zu übertragen. Die Ergebnismatrix wird dann zu einer Auszahlungsmatrix. Wäre der Produzent risikoavers mit der vNM-Nutzenfunktion $\sqrt{x}$, erhielten wir die Ergebnismatrix in Abb. P.2.

3. Schließlich bräuchten wir eine Auszahlungsmatrix für den zweiten Spieler (hier: Petrus). Dessen Auszahlungen hängen dann wiederum davon ab, ob der Produzent Regenschirme oder Sonnenschirme herstellt und ob Petrus selbst es regnen lässt oder Sonnenstrahlen herunterschickt. Über die Nutzenwerte von Petrus zu spekulieren, kann jedoch nicht Aufgabe eines Mikroökonomen sein.

Die Auszahlungsmatrizen der zwei Spieler lassen sich nun elegant zu einer so genannten Bimatrix zusammenfassen. Dazu sehen wir uns einige Beispiele an.

P.2.2 Einige einfache Bimatrixspiele

Als erstes Beispiel betrachten wir die Hirschjagd:

Jäger 2

Hirsch   Hase

		Hirsch	Hase
Jäger 1	Hirsch	5, 5	0, 4
	Hase	4, 0	4, 4

Die erste Zahl gibt die Auszahlung für Spieler 1 (Jäger 1), die zweite diejenige für Spieler 2 (Jäger 2) wieder. Die beiden Spieler, Jäger 1 und Jäger 2, stehen vor der Wahl, entweder ihre Kräfte auf die Erjagung eines Hirsches zu konzentrieren oder aber einen Hasen zu jagen. Die Hirschjagd erfordert die gemeinsame Anstrengung, während ein Hase von einem einzigen Jäger gefangen werden kann. Während ein Hase einen Nutzen von 4 erbringt, ergibt ein Hirsch so viel mehr Fleisch, dass auch nach Teilung der Jagdbeute sich für jeden ein Nutzen von 5 ergibt.

Jäger 1 möchte sich an der Hirschjagd beteiligen, falls Jäger 2 sich auf den Hirsch konzentriert. Falls Jäger 2 jedoch auf Hasenpirsch geht, möchte Jäger 1 seine Kraft nicht auf die erfolglose Hirschjagd vergeuden. Aus der Sicht von Spieler 1 (analog für Spieler 2) ergibt sich ein Entscheidungsproblem, das mit den Methoden der Entscheidungstheorie aus Kapitel G behandelt werden kann.

Übung P.2.1. Welche Wahl wird Jäger 1 treffen, falls er nach der
a) Maximin-Regel,
b) Maximax-Regel oder
c) Regel des minimalen Bedauerns
verfährt?

Bei welcher Wahrscheinlichkeit für die Strategie „Hirsch" auf Seiten von Jäger 2 führt die Hirschjagd zu einem größeren erwarteten Nutzen als die Hasenjagd für Jäger 1?

Als zweites betrachten wir das Spiel „matching pennies" bzw. „Kopf oder Zahl". Die zwei Spieler müssen sich für die Strategien Kopf oder Zahl entscheiden. Spieler 1 gewinnt einen Taler von Spieler 2 , falls beide Kopf oder beide Zahl gewählt haben, während Spieler 2 einen Taler von Spieler 1 gewinnt, falls die Strategiewahl unterschiedlich ausfällt. Wir erhalten dadurch die folgende Spielmatrix:

Spieler 2

Kopf   Zahl

		Kopf	Zahl
	Kopf	$1, -1$	$-1, 1$
Spieler 1			
	Zahl	$-1, 1$	$1, -1$

Die Strategien der Spieler fassen wir in so genannten Strategiekombinationen zusammen. So bedeutet das Paar (Kopf, Zahl) die Strategiekombination, bei der Spieler 1 Kopf wählt und Spieler 2 Zahl. Einer Strategiekombination läßt sich eine Auszahlungskombination zuordnen. Bei der Strategiekombination (Kopf,Zahl) erhält Spieler 1 die Auszahlung -1 und Spieler 2 die Auszahlung 1. In formaler Schreibweise bedeutet dies:

$$(u_{\text{Spieler 1}} (\text{Kopf}, \text{Zahl}), u_{\text{Spieler 2}} (\text{Kopf}, \text{Zahl})) = (-1, 1).$$

Als drittes Spiel nehmen wir den so genannten „Kampf der Geschlechter". Er wird zwischen Ehepartnern ausgefochten. Sie möchte gerne ins Theater, er zieht dagegen das Fußballspiel vor. Beide haben eine Präferenz dafür, mit dem Ehepartner etwas gemeinsam zu unternehmen. Gelingt es ihr beispielsweise, ihn zum Theaterbesuch zu

überreden, hat sie einen Nutzen von 4, während er einen von 3 hat.
Die Matrix des Kampfes der Geschlechter sieht so aus:

Er

Theater   Fußball

	Theater	Fußball
Theater	4, 3	2, 2
Fußball	1, 1	3, 4

Sie

Schließlich sei noch ein Blick auf das Hasenfußspiel geworfen. Zwei
Automobilisten rasen aufeinander zu. Die Fahrer haben die Strategien
„geradeaus fahren" und „ausweichen". Wer ausweicht, ist ein Feigling
(ein Hasenfuß) und erhält eine relativ geringe Auszahlung. Der Mutige
kann sich auf die Schulter klopfen, falls der andere nicht auch geradeaus
fährt. Man erhält die folgende Matrix:

Fahrer 2

geradeaus   aus-
fahren   weichen

	geradeaus fahren	ausweichen
geradeaus fahren	0, 0	4, 2
ausweichen	2, 4	3, 3

Fahrer 1

P.2.3 Dominante Strategien und Gefangenendilemma

Die Ergebnisse von Spielen vorauszusagen, ist bei interessanten Spielen häufig schwierig oder unmöglich. Es gibt jedoch Lösungskonzepte, die mögliche Ergebnisse finden helfen. Zwei einfache Lösungskonzepte für Spiele, die dominante Strategie und das Nash-Gleichgewicht, sollen vorgestellt werden. Für die Erklärung der Dominanz betrachten wir das in der Spieltheorie (und in Ökonomik, Philosophie und Soziologie) bekannteste Spiel, das Gefangenendilemma. Man stelle sich zwei Verdächtige (S und Z) vor, die dem Untersuchungsrichter vorgestellt werden. Beide haben jeweils die Möglichkeit, die gemeinschaftliche Tat zu leugnen (Strategie mit Index 1) oder zu gestehen (Strategie mit Index 2). Leugnen beide, so werden sie beide nur für ein Jahr inhaftiert (Nutzen hier $3, 3$). Gestehen beide die Tat, so werden sie zu jeweils 5 Jahren Gefängnis verurteilt (Nutzen hier $2, 2$). Ist nun nur einer der beiden geständig, so wird er als Kronzeuge freigesprochen (Nutzen hier 4) und sein früherer Partner erhält eine Haftstrafe von 8 Jahren (Nutzen hier 1). Die strategische Form dieses Spieles hat die folgende Gestalt.

Spieler S

		s_1	s_2
	z_1	$3, 3$	$1, 4$
Spieler Z			
	z_2	$4, 1$	$2, 2$

Die Spieler sind mit Z (für Zeile) und S (für Spalte) bezeichnet. Wählt Spieler Z Strategie z_2 und Spieler S Strategie s_1, so beträgt die Auszahlung für Spieler Z 4 und für Spieler S 1, was sich auch durch

$$(u_Z(z_2, s_1), u_S(z_2, s_1)) = (4, 1)$$

ausdrücken lässt.

Übung P.2.2. Wenn Spieler Z seine erste Strategie wählt, welche Strategie maximiert dann die Auszahlung für Spieler S?

Eine Strategie heißt dominant, wenn sie bei jeder Strategiewahl des Gegenspielers eine Auszahlung garantiert, die höher ist als bei jeder anderen Strategie.

Zur formalen Definition der Dominanz bezeichnen wir mit $\widehat{S}$ die Menge der Strategien von Spieler S und mit $\widehat{Z}$ die Menge der Strategien von Spieler Z. $\hat{s}$ heißt eine dominante Strategie für S, falls

$$ u_S\left(z, \hat{s}\right) > u_S\left(z, s\right) \text{ für alle } s \in \widehat{S}, \ s \neq \hat{s} \text{ und für alle } z \in \widehat{Z} $$

erfüllt ist. Ein rationaler Spieler wird also eine dominante Strategie wählen, wenn es eine solche gibt. Das Gefangenendilemma ist ein Spiel, bei dem beide Spieler über eine dominante Strategie verfügen.

Übung P.2.3. Welche Strategien sind beim Gefangenendilemma dominant?

Übung P.2.4. Überprüfen Sie, bitte, die Spiele Hirschjagd (S. 366), Kopf oder Zahl (S. 367) und Kampf der Geschlechter (S. 368) auf dominante Strategien.

Im Gefangenendilemma verfügen die Spieler über dominante Strategien und offenbar kann jeder Spieler nichts Besseres tun, als die dominante Strategie zu wählen. Das sich so ergebende Auszahlungspaar $(2, 2)$ hat jedoch einen Nachteil: Beide könnten sich besser stellen, wenn sie sich darauf einigen könnten, nicht die dominanten Strategien zu spielen. Dann bekämen beide die Auszahlung $(3, 3)$. Gefangenendilemmata sind durch diese beiden Aspekte charakterisiert:

1. Beide Spieler haben eine dominante Strategie.
2. Die Auszahlungen bei beiderseitiger Wahl der dominanten Strategien sind Pareto-inferior.

Das Gefangenendilemma kann zur Analyse von Oligopolsituationen (siehe Kap. Q) oder von Handelsbarrieren zwischen Nationen verwendet werden. Für das letzte Problem ist das Gefangenendilemma die richtige Spielfigur, falls zum einen der Aufbau von Handelsschranken eine dominante Aktion ist und zum anderen bei beiderseitigem freien Handel eine Wohlfahrtsverbesserung für beide Nationen gegenüber der Situation mit Handelsschranken eintritt. Nach den Vertretern des „aggressiven Unilateralismus" liegt hier allerdings kein Gefangenendilemma vor. Auch der einseitige Abbau von Handelsschranken nutzt dem betreffenden Land.

Übung P.2.5. Kennen Sie Gefangenendilemma-Spiele? Denken Sie z.B. an Steuerzahlung, Umweltschutz oder an das Leben in der Hausgemeinschaft!

Übung P.2.6. Ist die Situation, in der Spieler Z die Strategie z_1 und Spieler S die Strategie s_2 wählt, im obigen Gefangenen-Dilemma Pareto-inferior oder Pareto-optimal?

Beim Gefangenen-Dilemma ergibt sich ein Widerspruch zwischen individueller Rationalität (Wähle die dominante Strategie!) und kollektiver Rationalität (Vermeide Pareto-inferiore Ergebnisse!). Bei einmaligem Spiel ist dieses Dilemma nicht lösbar. Wird jedoch mehrmals hintereinander von denselben Individuen das gleiche Spiel gespielt (so genanntes Superspiel), so kann sich eventuell das kollektiv rationale Ergebnis im Nash-Gleichgewicht einstellen.

P.2.4 Nash-Gleichgewicht: Existenz und Eindeutigkeit

Während das Gefangenen-Dilemma dominante Strategien aufweist, ist dies bei den anderen Spielen, die wir kennengelernt haben, nicht der Fall. Wir werden daher überprüfen, ob es bei ihnen eventuell Nash-Gleichgewichte gibt. Zwei Strategien bilden ein Nash-Gleichgewicht, wenn es für jeden Spieler nachteilig ist, von seiner Strategiewahl abzurücken, solange der jeweils andere an seiner Strategie festhält. Am Beispiel der Hirschjagd kann man überprüfen, welche der vier Strategiekombinationen eventuell ein Nash-Gleichgewicht bildet:

Jäger 2

Hirsch   Hase

	Hirsch	Hase
Hirsch	5, 5	0, 4
Hase	4, 0	4, 4

Jäger 1

1. Die Strategiekombination (Hirsch, Hirsch) ist ein Nash-Gleichgewicht. Wiche Jäger 1 einseitig ab, erhielte er die Auszahlung 4 statt 5. Gleiches gilt für Jäger 2.
2. Die Strategiekombination (Hirsch, Hase) ist kein Gleichgewicht. Denn für Jäger 2 wäre ein Abweichen von Hase auf Hirsch vorteilhaft.
3. Die Strategiekombination (Hase, Hirsch) ist ebenfalls kein Gleichgewicht. Nun ist es Jäger 1, der sich durch einseitiges Abweichen besser stellt.
4. Die Strategiekombination (Hase, Hase) ist ein Nash-Gleichgewicht. Weder Jäger 1 noch Jäger 2 können sich einseitig verbessern. Sie erhielten jeweils anstelle der Auszahlung 4 die Auszahlung 0.

Wir definieren nun formal: Eine Strategiekombination (z', s') ist ein Nash-Gleichgewicht, wenn

$$u_Z\left(z', s'\right) \geq u_Z\left(z, s'\right) \text{ für alle } z \in \widehat{Z}$$

und

$$u_S\left(z', s'\right) \geq u_S\left(z', s\right) \text{ für alle } s \in \widehat{S}$$

gelten. Sie sollten nun Ihr Verständnis des Nash-Gleichgewichts an den folgenden drei Fragen erproben:

Übung P.2.7. Gibt es beim Kampf der Geschlechter Nash-Gleichgewichte? Mit anderen Worten: Gibt es Strategiekombinationen, bei denen einseitige Verbesserungsmöglichkeiten nicht existieren?

Übung P.2.8. Wahr oder falsch? Wenn alle Spieler eine optimale Antwort auf die Entscheidungen aller anderen Spieler wählen, befinden sie sich in einem Nash-Gleichgewicht.

Übung P.2.9. Wahr oder falsch? Wenn alle Spieler dominante Strategien wählen, ist die entsprechende Strategiekombination ein Nash-Gleichgewicht.

Bei der Hirschjagd haben wir alle möglichen Strategiekombinationen aufgeschrieben und jeweils die Gleichgewichte unter ihnen identifiziert. Bei sehr vielen oder sogar unendlich vielen Strategiekombinationen ist ein solches Verfahren nicht möglich. Dann ist es bisweilen hilfreich, so genannte Reaktionsfunktionen aufzustellen. Wir zeigen dies am Beispiel des Hasenfußspiels.

Fahrer 2

		geradeaus fahren	aus- weichen
	geradeaus fahren	0, 0	4, 2
Fahrer 1			
	aus- weichen	2, 4	3, 3

Eine Reaktionsfunktion für einen Spieler gibt seine jeweils optimalen Strategien bei gegebenen Strategien des Gegenspielers an. Beispielsweise ist für Fahrer 1 die Zuordnung

„Fahre geradeaus, wenn Fahrer 2 ausweicht;
weiche aus, wenn Fahrer 2 geradeaus fährt"

eine Reaktionsfunktion. Analog ist für Fahrer 2 die Zuordnung

> „Fahre geradeaus, wenn Fahrer 1 ausweicht;
>
> weiche aus, wenn Fahrer 1 geradeaus fährt"

ebenfalls eine Reaktionsfunktion. Ein Nash-Gleichgewicht ist eine Strategiekombination, die die Reaktionsfunktionen beider Spieler erfüllt. Dies ist beispielsweise für die Strategiekombination (geradeaus fahren, ausweichen) der Fall. Fährt Spieler 1 geradeaus, ist ausweichen für Spieler 2 eine optimale Strategie. Weicht umgekehrt Spieler 2 aus, ist geradeaus fahren für Spieler 1 optimal.

Die Reaktionsfunktionen sind also ein Mittel, Gleichgewichte zu bestimmen. Wir werden es im nächsten Kapitel häufig verwenden. Dabei gehen wir in folgenden zwei Schritten vor:

1. Zuerst werden die Reaktionsfunktionen aller Spieler bestimmt.
2. Anschließend sucht man nach denjenigen Strategiekombinationen, die alle Reaktionsfunktionen erfüllen.

Die Existenz eines Nash-Gleichgewichts ist nicht bei allen Spielen gegeben, wie das Spiel „Kopf oder Zahl" zeigt. Man kann jedoch zeigen, dass es bei jedem endlichen Spiel (endliche Anzahl von Spielern mit jeweils endlicher Anzahl von Strategien) ein Nash-Gleichgewicht in so genannten gemischten Strategien gibt. Eine gemischte Strategie ist die Zuordnung einer Wahrscheinlichkeitsverteilung auf die reinen Strategien. So könnte z.B. Spieler Z Kopf mit einer Wahrscheinlichkeit von $\frac{2}{3}$ und Zahl mit einer Wahrscheinlichkeit von $\frac{1}{3}$ auswählen. In obigem Zahlenbeispiel sind 50%-50%-Strategien für jeden Spieler optimal, falls der andere die 50%-50%-Strategie wählt. Wir lassen jedoch gemischte Strategien außer Acht.

Übung P.2.10. Wie bei jeder Gleichgewichtsanalyse stellt sich auch beim Nash-Gleichgewicht die Frage nach der Eindeutigkeit (wie viele Gleichgewichte gibt es) und der Existenz des Gleichgewichts (gibt es überhaupt ein Gleichgewicht). Das Nash-Gleichgewicht muss nicht eindeutig bestimmbar sein, denn es gibt Spiele mit mehreren Nash-Gleichgewichten. Beispiele sind ... oder .... Nicht jedes Spiel weist Gleichgewichte auf. Ein Gegenbeispiel ist ....

$$U_2$$

	aggressive Verteidigung	friedliches Verhalten
eintreten	$-1, -1$	$2, 1$
nicht eintreten	$0, 5$	$0, 5$

U_1 (label at left, between the two rows)

Abbildung P.3. Das Markteintrittsspiel in Matrixform

P.2.5 Beispiel: Das Markteintrittsspiel

Wir betrachten noch ein weiteres Beispiel, das uns später erlauben wird, die extensive Form einzuführen. Unternehmen 2 ist ein etabliertes Unternehmen, das bereits produziert, und Unternehmen 1 ist der potentielle Konkurrent, d.h. ein Unternehmen, das zwar noch nicht am Markt operiert, jedoch den Markteintritt erwägt. Die Strategien des potentiellen Konkurrenten lauten eintreten und nicht eintreten. Das etablierte Unternehmen kann sich nun aggressiv gegen den Eindringling verteidigen oder aber ein friedliches Verhalten an den Tag legen. Abb. P.3 stellt diese Situation in der strategischen Form dar.

Der Monopolgewinn des etablierten Unternehmens beträgt 5. Diesen Gewinn kann das etablierte Unternehmen realisieren, falls kein Markteintritt erfolgt. Tritt der potentielle Konkurrent in den Markt ein und reagiert der Etablierte mit Outputmengenerhöhung auf diesen Eintritt, so erreichen beide ein sehr niedriges oder gar negatives Gewinniveau (-1). Weiter ist angenommen, dass der potentielle Eindringling in dem Fall, dass er nicht mit Abwehrmaßnahmen des Etablierten konfrontiert wird, eine Auszahlung von 2 erhält, während der Gewinn des Etablierten durch den neuen Konkurrenten von 5 auf 1 sinkt.

Das Spiel hat zwei Nash-Gleichgewichte,

(eintreten, friedliches Verhalten)

und

(nicht eintreten, aggressive Verteidigung) .

Das zweite ist jedoch insofern problematisch, als es von Unternehmen 2 verlangt, eine dominierte Strategie zu spielen.

Zudem ergibt sich mit der Existenz von zwei Nash-Gleichgewichten ein *first-mover*-Vorteil: Der zuerst Ziehende kann sich das ihm genehme Gleichgewicht aussuchen. Der ökonomischen Natur der Sache nach fällt der *first-mover*-Vorteil dem potentiellen Konkurrenten zu, denn zunächst muss dieser über den Eintritt entscheiden und anschließend der Etablierte über etwaige Abwehrmaßnahmen. Dann ergibt sich (eintreten, friedliches Verhalten), der Eintritt findet statt, und die Wettbewerber arrangieren sich.

Der Etablierte kann jedoch versuchen, den *first-mover*-Vorteil an sich zu ziehen, indem er mit dem Kampf droht. Ist diese Ankündigung glaubhaft, dann muss der potentielle Konkurrent auf den Eintritt verzichten; das Gleichgewicht (nicht eintreten, aggressive Verteidigung) würde realisiert. Gerade in der Selbstverpflichtung, die Drohung tatsächlich wahrzumachen, liegt jedoch die Schwierigkeit für den Etablierten. Denn nach vollzogenem Eintritt schadet die aggressive Verteidigung nicht nur dem Eintretenden, sondern auch dem Etablierten selbst. Mit dieser Diskussion sind wir jedoch bereits in das Gebiet der extensiven Form, die die Reihenfolge der Züge thematisiert, übergegangen.

P.3 Spiele in extensiver Form

Die extensive Form ist eine reichhaltigere Beschreibung des Spiels als die strategische Form. Die Reihenfolge der Züge, die Auszahlungen für jede Zugfolge und die Informationsstände zu den jeweiligen Zeitpunkten sind festgelegt. Wir erläutern die extensive Form anhand des Markteintrittsspiels. Seine extensive Form ist in Abb. P.4 dargestellt.

Geht der potentielle Konkurrent davon aus, dass der Etablierte sich nach erfolgtem Markteintritt aggressiv verhalten wird, so ist „nicht eintreten" eine beste Antwort auf die angedrohte Aktion des Etablierten. Allerdings liegt die Wahrmachung der Drohung des Etablierten, nach

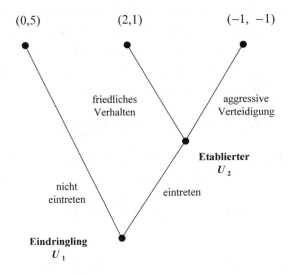

Abbildung P.4. Extensive Form des Markteintrittsspiels

vollzogenem Eintritt zu kämpfen, nicht im Interesse des Etablierten. Denn nach vollzogenem Eintritt bekommt er entweder die Auszahlung −1 (bei aggressiver Verteidigung) oder die Auszahlung +1 (bei friedlichem Verhalten). Man könnte also argumentieren, dass das Gleichgewicht

(nicht eintreten, aggressive Verteidigung)

insofern unplausibel ist, als es auf einer leeren Drohung beruht.

Es gibt eine reichhaltige spieltheoretische Literatur über die Selektion von unplausibel erscheinenden Gleichgewichten. Das am häufigsten verwandte Selektionskriterium ist die Teilspielperfektheit. Es führt dazu, dass Gleichgewichte, die auf leeren Drohungen beruhen, ausgeschlossen werden.

Jedes Spiel in extensiver Form hat sich selbst als Teilspiel und kann über weitere Teilspiele verfügen. Das Markteintrittsspiel (Abb. P.4) hat zwei Teilspiele. Das erste Teilspiel ist das gesamte Spiel, das zweite Teilspiel beginnt mit der Entscheidung des Etablierten.

Eine Strategiekombination ist ein teilspielperfektes Gleichgewicht, wenn sie ein Nash-Gleichgewicht für das gesamte Spiel darstellt und wenn zusätzlich die durch die Strategiekombinationen des gesamten Spiels induzierten Strategiekombinationen der jeweiligen Teilspiele ein Nash-Gleichgewicht dieser Teilspiele sind. In dem trivialen Teilspiel unseres Beispiels zieht nur noch Unternehmen 2; ein Gleichgewicht liegt dann vor, wenn Unternehmen 2 die dann gewinnmaximale Entscheidung trifft. Dies schließt das Gleichgewicht

$$(\text{nicht eintreten, aggressive Verteidigung})$$

aus: Nach erfolgtem Eintritt durch Unternehmen 1 ist friedliches Verhalten für Unternehmen 2 optimal. Somit bleibt nur das Gleichgewicht

$$(\text{eintreten, friedliches Verhalten})$$

übrig.

Hat ein Spiel in extensiver Form ein Gleichgewicht, so kann man sicherstellen, dass es ein teilspielperfektes ist, indem man die Methode des „Von-hinten-Lösens" (*backward-solving*) anwendet. Dabei geht man entgegen dem Spielverlauf vor und beginnt mit der letzten Stufe. Im Markteintrittsspiel betrachtet man also zunächst das Teilspiel, das nach erfolgtem Eintritt des potentiellen Konkurrenten beginnt. Das etablierte Unternehmen kann sich nun aggressiv oder friedlich verhalten, kämpfen oder nicht kämpfen. Nichtkämpfen ist offenbar besser, weil 1 größer als -1 ist. Der potentielle Konkurrent, der auf die Rationalität des etablierten Unternehmens hofft, kann nun getrost den Eintritt wagen. Er vergleicht die Auszahlung von 0 (bei nicht erfolgtem Eintritt) mit der Auszahlung von 2 (bei erfolgtem Eintritt und nichtkämpferischem Verhalten des Etablierten). Damit bleibt nur das (teilspielperfekte) Gleichgewicht (eintreten, friedliches Verhalten) übrig.

Wir werden Teilspielperfektheit in solchen einfachen Spielen bei der Analyse des sequentiellen (Stackelberg-) Mengenwettbewerbs (Kap. Q) anwenden.

P.4 Neue Begriffe

• interaktive Entscheidungstheorie

- extensive Form
- strategische Form
- Strategie, Strategiekombination
- Gefangenendilemma,
- Kampf der Geschlechter,
- Hasenfuß, Kopf oder Zahl, Hirschjagd
- dominante Strategie
- Pareto-Optimalität
- individuelle und kollektive Rationalität
- Nash-Gleichgewicht
- Teilspielperfektheit
- „first-mover"-Vorteil
- „second-mover"-Vorteil
- Existenz und Eindeutigkeit von Gleichgewichten

P.5 Literaturempfehlungen und Übungsaufgaben

P.5.1 Literaturempfehlungen

Im Bereich der englischsprachigen Lehrbücher zur Spieltheorie sei insbesondere das Lehrbuch von GIBBONS (1992) empfohlen, das die Theorie anhand einer Vielzahl ökonomischer Anwendungen erläutert. Vergnüglicher, aber weniger systematisch ist das Lehrbuch von BINMORE (1992). Eine gründliche Einführung in die Spieltheorie bieten schließlich die deutschsprachigen Lehrbücher von HOLLER/ILLING (2000) und WIESE (2002). Für Sonntagnachmittage sind dagegen SCHELLING (1960) oder DIXIT/NALEBUFF (1995) geeignet.

P.5.2 Übungsaufgaben

Übung P.5.1. Ein Spiel habe zwei Spieler und jeder von ihnen zwei mögliche Strategien - „Kooperation" oder „Konfrontation". Sie wählen unabhängig voneinander ihre Strategie. Wenn beide sich für „Kooperation" entscheiden, erhalten sie jeweils € 100, entscheiden sich beide für „Konfrontation", erhalten sie je € 0. Wählt einer „Kooperation" und der andere „Konfrontation", bekommt ersterer P Euro und letzterer F Euro. Bei welchen Auszahlungen P und F ist „Konfrontation" für beide Spieler eine dominante Strategie?

Übung P.5.2. Ein Spiel sei gegeben in seiner strategischen Form, wobei links die Auszahlung des Spielers A und rechts die des Spielers B aufgeführt ist. Bekannt sei, dass sie sich, wenn sie die Strategiekombination (unten, rechts) wählen, in einem Nash-Gleichgewicht befinden. Was wissen wir damit über die Konstanten a, b, c, d?

Spieler B

	links	rechts
oben	$1, a$	$c, 1$
unten	$1, b$	$d, 1$

Spieler A

Übung P.5.3. Adam und Eva begegnen sich zum allerersten Mal unter einem Apfelbaum. Nachdem sich beide u.a. über ihre Vorlieben für Obst ausgetauscht haben, verabreden sie ein weiteres Treffen unter einem der anderen Obstbäume in der Gegend und nahmen Abschied voneinander. Sie sind innerlich so aufgewühlt, dass sie vergessen, die Obstsorte festzulegen. Glücklicherweise gibt es in der Nähe nur noch einen sehr alten Pflaumen- und einen weniger alten Kirschbaum, und beide wissen, dass Adam Pflaumen, Eva aber Kirschen den Vorzug gibt. Ihre Auszahlungen verhalten sich schließlich derart: Treffen sich beide am Pflaumenbaum, hat Adam einen Nutzen in Höhe von 3 und Eva von 2, treffen sie sich am Kirschbaum, kehren sich die Auszahlungen um. Eilen beide zu verschiedenen Bäumen, ist der Nutzen für beide gleich 0. Bestimmen Sie alle Nash-Gleichgewichte!

P.6 Lösungen zu den Aufgaben

P.2.1. Wendet Jäger 1 die Maximin-Regel an, so wird er auf Hasenjagd gehen; die Hirschjagd ist bei der Maximax-Regel optimal. Die Regel des minimalen Bedauerns lässt ihn auf Hasenjagd gehen. Die Hirschjagd erbringt einen höheren erwarteten Nutzen als die Hasenjagd, falls

$$5w_2 + 0\,(1 - w_2) > 4w_2 + 4\,(1 - w_2)$$

was äquivalent zu

$$w_2 > \frac{4}{5}$$

ist. Die Hirschjagd ist also nur dann lohnend, falls Jäger 1 erwartet, dass Jäger 2 eine Wahrscheinlichkeit von mehr als $\frac{4}{5}$ dafür hat, sich an der Hirschjagd zu beteiligen.

P.2.2. Wählt Spieler Z die erste Strategie, ist es für Spieler S optimal, seine zweite zu wählen. Dies ergibt sich aus

$$u_S\,(z_1, s_2) = 4 > 3 = u_S\,(z_1, s_1)\,.$$

P.2.3. Beim Gefangenendilemma ist die Strategie s_2 für Spieler S dominant. Denn wenn Spieler Z die Strategie z_1 wählt, erhält Spieler S bei Wahl von s_2 eine höhere Auszahlung als bei Wahl von s_1 ($4 > 3$). Gegenüber z_2 ist s_2 ebenfalls die bessere Wahl ($2 > 1$). In ganz ähnlicher Weise lässt sich zeigen, dass Strategie z_2 für Spieler Z dominant ist.

P.2.4. Keines dieser Spiele weist eine dominante Strategie für irgend einen der Spieler auf. Betrachtet man z.B. das Spiel Hirschjagd (S. 366), so sieht man, dass für Jäger 1 die Strategie „Hirsch" nicht dominant ist, da, falls Jäger 2 „Hase" wählt, seine Auszahlung geringer ist als wenn er „Hase" wählen würde. Analog sieht man, dass auch „Hase" keine dominante Strategie für Jäger 1 ist. Für Jäger 2 stellt man die gleichen Überlegungen an und somit gibt es also keine dominanten Strategien.

P.2.5. Beispiel Steuerzahlung: Jeder Steuerzahler zieht es vor, wenn die anderen zur Finanzierung der öffentlichen Güter beitragen, er selbst sich jedoch davor „drücken" kann. Andererseits ist es den meisten lieber, wenn alle (sie selbst eingeschlossen) ihre Steuern ordnungsgemäß entrichten, als wenn keiner Steuern zahlt.

P.2.6. Die Auszahlung beträgt in dieser Situation 1 für Spieler Z und 4 für Spieler S. Es gibt keine Verbesserung für Spieler Z, ohne dass Spieler S schlechter gestellt wäre, folglich besteht Pareto-Optimalität. Insbesondere ist es nicht von Belang, dass die Summe bei einer anderen Strategiekombination höher sein könnte.

P.2.7. Wir überprüfen, welche der vier Strategiekombinationen eventuell ein Nash-Gleichgewicht bilden:

1. Die Strategiekombination (Theater, Theater) ist ein Nash-Gleichgewicht. Wiche „sie" einseitig ab, erhielte „sie" die Auszahlung 1 statt 4 und wiche „er" einseitig ab, erhielte „er" die Auszahlung 2 statt 3.

2. Die Strategiekombination (Theater, Fußball) ist kein Gleichgewicht. Denn für „ihn" wäre ein Abweichen von Fußball auf Theater vorteilhaft.

3. Die Strategiekombination (Fußball, Theater) ist auch kein Gleichgewicht. Denn „er" wäre durch ein Abweichen von Theater auf Fußball besser gestellt.

4. Die Strategiekombination (Fußball, Fußball) ist wiederum ein Nash-Gleichgewicht. Weder „sie" noch „er" können sich einseitig verbessern.

P.2.8. Wahr, denn wenn alle Spieler eine optimale Antwort auf die Entscheidungen aller anderen Spieler wählen, kann sich keiner durch einseitige Abweichung von der Strategie besser stellen.

P.2.9. Wahr, denn durch einseitiges Abweichen von einer dominanten Strategie kann sich kein Spieler besser stellen.

P.2.10. Die Eindeutigkeit des Gleichgewichts ist nicht immer gegeben, wie der „Kampf der Geschlechter" oder das Hasenfuß-Spiel zeigen. Die Existenz ist ebenfalls nicht gewährleistet, wie „matching pennies" zeigt.

P.5.1. Für $P < 0$ und $F > 100$.

P.5.2. Für $d \geq c$ und $b \leq 1$.

P.5.3. Wenn sich beide für den Kirschbaum oder beide für den Pflaumenbaum entscheiden, befinden sie sich in einem Nash-Gleichgewicht.

Q. Oligopoltheorie

Monopolisten und Polypolisten müssen sich nicht um Konkurrenten kümmern. Der Monopolist hat keine, der Polypolist so viele, dass er von den Aktionen der einzelnen Mitkonkurrenten nicht betroffen ist und seinerseits keinen Einfluss auf die anderen Unternehmen im Markt ausübt. Beim Oligopol gibt es dagegen nur „wenige" Unternehmen im Markt. Häufig werden wir den Spezialfall des Dyopols, in dem nur zwei Unternehmen am Markt konkurrieren, untersuchen. Der Gewinn des einzelnen Unternehmens hängt somit nicht nur von seinen eigenen Aktionen (Preissetzung, Werbungsanstrengungen, Qualitätspolitik etc.) ab, sondern auch vom Aktionsparametereinsatz der anderen Oligopolisten. Zudem beeinflusst jeder einzelne die anderen Konkurrenten durch seine Aktionen. Zur Analyse bietet sich somit die Spieltheorie an, die wir im vorangegangenen Kapitel dargestellt haben.

Wir stellen zwei Dyopolmodelle vor, die sich spieltheoretisch analysieren lassen, das Cournot-Modell (Abschnitt Q.1) und das Stackelberg-Modell (Abschnitt Q.2). In beiden Modellen sind die Aktionsparameter die Outputmengen. Die Güter sind homogen und der einheitliche Marktpreis spielt sich aufgrund der Summe der auf den Markt gebrachten Mengen ein. Vereinfachend sind nur jeweils zwei verschiedene Outputniveaus angegeben. Die Modelle unterscheiden sich durch die Reihenfolge der Züge. Abb. Q.1 zeigt, dass in beiden Modellen zunächst Unternehmen 1 und dann Unternehmen 2 die Outputmenge bestimmt. Allerdings weiß Unternehmen 2 beim Cournot-Modell nicht, welche Outputmenge Unternehmen 1 gewählt hat. Dies ist durch die so genannte Informationsmenge angedeutet, die die Entscheidungsknoten von Unternehmen 2 umfasst. Die Situation bei Cournot ist aufgrund der Unkenntnis von Unternehmen 2 von einer simultanen Outputmengenentscheidung nicht zu unterscheiden. Beim Stackelberg-Modell ist

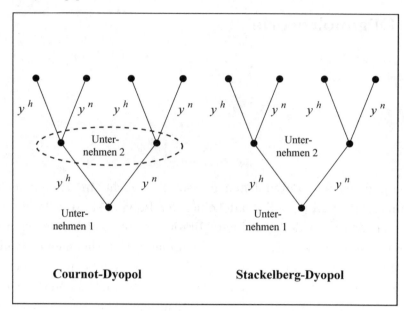

Abbildung Q.1. Zwei Oligopolmodelle

Unternehmen 2 dagegen über die Outputentscheidung von Unternehmen 1 informiert. Wie wir sehen werden, macht die unterschiedliche Informationslage einen großen Unterschied.

Schließlich beschäftigen wir uns in Abschnitt Q.3 mit dem Kartell. Die Unternehmen in einem Kartell versuchen, den gemeinsamen Gewinn zu maximieren. Eine Kartelllösung ist dabei in der Regel vorteilhaft für die beteiligten Unternehmen und nachteilig für die Konsumenten. Zum Glück gibt es theoretische Argumente dafür, dass Kartelle instabil sind.

Q.1 Das Cournot-Modell

Beim Cournot-Modell legen die Unternehmen ihre Angebotsmengen simultan fest. In diesem Abschnitt behandeln wir den Fall zweier Unternehmen, der folgende Abschnitt beschäftigt sich mit einer endlichen, aber beliebig großen Anzahl von Unternehmen. Das zugrunde liegende Spiel ist eines in strategischer Form.

Q.1.1 Das Cournot-Modell mit zwei Unternehmen

Für Unternehmen 1 (und analog für Unternehmen 2) gilt die Gewinn-funktion

$$\pi_1(y_1, y_2) = p(y_1 + y_2) y_1 - c_1(y_1), \qquad (Q.1)$$

wobei $y_1 \geq 0$ und $y_2 \geq 0$ die Outputmengen von Unternehmen 1 bzw. 2 sind und p die inverse Nachfragefunktion darstellt. Wir schreiben y für $y_1 + y_2$. Diese Gewinnfunktion beschreibt in kompakter Weise die strategische Form des Cournot-Spiels. Für alle möglichen Strategiekombinationen der Unternehmen ist damit die Auszahlung in Form des Gewinns beschrieben. Für diese strategische Form werden wir mithilfe des Reaktionskurven-Ansatzes die Lösungen bestimmen:

1. Im ersten Schritt bestimmen wir die Reaktionsfunktionen. Die Reaktionsfunktion y_1^R von Unternehmen 1 gibt dabei die gewinnmaximale Ausbringungsmenge y_1 bei gegebenem Output y_2 wieder. Wir schreiben dafür $y_1 = y_1^R(y_2)$. Analoges gilt für Unternehmen 2.

2. Im zweiten Schritt suchen wir nach Ausbringungsmengenkombinationen, die beide Reaktionsfunktionen erfüllen. Diese Ausbringungsmenge nennen wir das Cournot-Nash-Gleichgewicht und schreiben (y_1^C, y_2^C). Offenbar müssen

$$y_1^C \overset{!}{=} y_1^R(y_2^C) \text{ und } y_2^C \overset{!}{=} y_2^R(y_1^C)$$

gelten.

Zur Ableitung der Reaktionsfunktion von Unternehmen 1 hat man das Maximierungsproblem

$$\max_{y_1} \pi_1(y_1, y_2) = \max_{y_1} (p(y_1 + y_2) \cdot y_1 - c_1(y_1)) \qquad (Q.2)$$

zu lösen. Durch Differentiation erhält man die Bedingung

$$p + \frac{\partial p}{\partial Y} \frac{dY}{dy_1} y_1 - \frac{dc_1}{dy_1} \overset{!}{=} 0.$$

Da im Cournot-Modell die Outputmengenwahl simultan erfolgt, müssen wir

$$\frac{dy_2}{dy_1} = 0$$

und daher $\frac{\partial Y}{\partial y_1} = \frac{\partial (y_1 + y_2)}{\partial y_1} = 1$ annehmen. Die obige Optimalbedingung vereinfacht sich also zu

$$p + \frac{dp}{dY}y_1 - \frac{dc_1}{dy_1} \overset{!}{=} 0, \qquad (Q.3)$$

worin der Leser die mittlerweile sattsam bekannte „Grenzerlös = Grenzkosten"-Regel wieder erkennt.

Ohne nähere Kenntnis der inversen Nachfragefunktion und der Kostenfunktion lässt sich diese Optimalbedingung nicht nach y_1 auflösen. Wir gehen daher zu einem radikal vereinfachten Modell über, um das Cournot-Gleichgewicht explizit bestimmen zu können.

Für die explizite Berechnung verwenden wir folgende Modellannahmen:

1. Die Angebotsseite ist für beide Unternehmen durch konstante und identische Durchschnittskosten bestimmt: $MC = AC$.
2. Die inverse Nachfragefunktion lautet: $p(Y) = a - bY$.

Setzt man diese einfachen Funktionen in die Optimalbedingung Q.3 ein, erhält man für Unternehmen 1 die Reaktionsfunktion

$$y_1 = y_1^R(y_2) \overset{!}{=} \frac{a - MC}{2b} - \frac{y_2}{2}$$

und für Unternehmen 2 entsprechend

$$y_2 = y_2^R(y_1) \overset{!}{=} \frac{a - MC}{2b} - \frac{y_1}{2}.$$

Nachdem wir diesen ersten Schritt getan haben, bestimmen wir das Gleichgewicht als Mengenkombination, die beide Gleichungen erfüllt. Durch Einsetzen erhalten wir das Cournot-Nash-Gleichgewicht

$$(y_1^C, y_2^C) = \left(\frac{1}{3}\frac{a - MC}{b}, \frac{1}{3}\frac{a - MC}{b} \right).$$

Abb. Q.2 gibt die Reaktionsfunktionen graphisch wieder.

Übung Q.1.1. Überlegen Sie sich, wie die Achsenabschnitte der Reaktionskurven zu interpretieren sind!

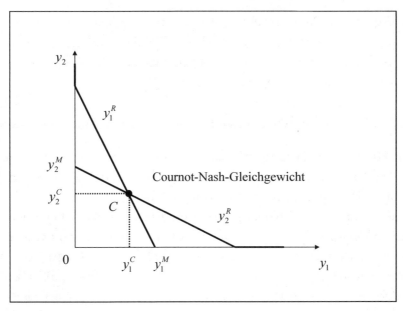

Abbildung Q.2. Das Cournot-Nash-Gleichgewicht im Schnittpunkt der zwei Reaktionskurven

Eine Mengenkombination, die beide Reaktionsfunktionen erfüllt, liegt im Schnittpunkt der beiden Reaktionskurven. Somit kann man Abb. Q.2 das Cournot-Nash-Gleichgewicht direkt entnehmen.

Mit etwas Rechenarbeit erhält man den Marktpreis im Cournot-Gleichgewicht

$$p^C = \frac{a + 2MC}{3}$$

und den Gewinn von Unternehmen 1

$$\pi_1^C = \frac{1}{9b}(a - MC)^2.$$

Der Gewinn von Unternehmen 2 lässt sich analog bestimmen.

Übung Q.1.2. Die inverse Nachfragefunktion für ein homogenes Gut beträgt $p = 20 - y$. Die konstanten Stückkosten sind € 8. Wie hoch ist der Output von Cournot-Dyopolisten? Wie hoch ist der Output im Monopol? Vollziehen Sie bei der Lösung den gesamten Lösungsweg nach. Lediglich in die hergeleiteten Gleichgewichtsformeln einzusetzen, bringt nichts!

Übung Q.1.3. Man spricht in der Literatur bisweilen von der Cournot'schen Zweidrittellösung. Überlegen Sie sich, warum dies sinnvoll ist! Vergleichen Sie dazu die Ausbringungsmenge bei vollkommener Konkurrenz und im Dyopol!

Q.1.2 Simultaner Mengenwettbewerb mit n Unternehmen

Der Herfindahl-Index. Wir wollen nun, COURNOT (1838) folgend, den Wettbewerb für eine beliebige Anzahl von n Unternehmen betrachten. Da wir in diese Betrachtungen Überlegungen über die in der Branche herrschende Konzentration einflechten wollen, beginnen wir mit einer kurzen Einführung des prominentesten Konzentrationsmaßes, des Herfindahl-Indexes. Er ist eine Zahl zwischen 0 und 1 der Art, dass die Konzentration umso höher ist, je größer diese Zahl ausfällt. Konkret ist der Herfindahl-Konzentrationsindex H definiert als

$$H = \sum_{i=1}^{n} \left(\frac{y_i}{Y}\right)^2 = \sum_{i=1}^{n} s_i^2,$$

wobei $s_i = \frac{y_i}{Y}$ den Marktanteil des Unternehmens i am Gesamtmarkt wiedergibt. Bei n Unternehmen auf dem Markt kann man für H in suggestiver Weise auch $H(s_1, s_2, ..., s_n)$ schreiben.

Im Monopolfall gilt $H(1) = 1$. Falls zwei Unternehmen sich den Markt teilen, wobei ein Unternehmen 90% des Marktanteiles für sich behaupten kann, ist $H\left(\frac{9}{10}, \frac{1}{10}\right) = 0,90^2 + 0,10^2 = 0,82$.

Übung Q.1.4. Welchen Wert ermitteln Sie bei n Unternehmen für $H\left(\frac{1}{n}, ..., \frac{1}{n}\right)$?

Übung Q.1.5. Geben Sie eine Marktstruktur mit $H = 0$ an!

Übung Q.1.6. Finden Sie, dass der Herfindahl-Index ein gutes Maß für Konzentration ist? Welcher Markt ist konzentrierter, einer mit zwei gleich großen Unternehmen, einer mit drei Unternehmen mit Marktanteilen von $0,8$, $0,1$ und $0,1$ oder einer mit drei Unternehmen mit Marktanteilen von $0,6$, $0,2$ und $0,2$?

Der Lerner'sche Monopolgrad im Oligopol. Bei n Unternehmen ergibt sich die insgesamt produzierte Menge Y als Summe

$$Y = y_1 + y_2 + \ldots + y_n.$$

Die Bedingung für das Gewinnmaximum, das sich wie im Dyopol herleiten lässt, lautet für Unternehmen i:

$$MR(y_i) = p(Y) + y_i \frac{dp}{dY} \frac{\partial Y}{\partial y_i} \overset{!}{=} MC(y_i)$$

Zunächst verwenden wir wieder $\frac{\partial Y}{\partial y_i} = 1$ (Cournot-Modell!) und können die Amoroso-Robinson-Relation

$$MR(y_i) = p + y_i \frac{dp}{dY} = p\left(1 + \frac{y_i}{Y} \frac{Y}{p} \frac{dp}{dY}\right) = p\left(1 + \frac{s_i}{\varepsilon_{Y,p}}\right)$$

herleiten.

Man kann $\frac{\varepsilon_{Y,p}}{s_i}$ als die unternehmensspezifische Nachfrageelastizität bezeichnen. Sie ist für ein kleines Unternehmen groß, denn eine relative Mengenänderung eines kleinen Unternehmens beeinflusst den relativen Preis nur wenig. Die unternehmensspezifische Nachfrageelastizität ist für den Monopolisten dagegen gleich der Marktnachfrageelastizität $\varepsilon_{Y,p}$.

Übung Q.1.7. Wenn alle Unternehmen im Gleichgewicht gleich großen Anteil an der Produktion haben, wie kann man dann die unternehmensspezifische Nachfrageelastizität und die Amoroso-Robinson-Relation schreiben?

Der Quotient

$$\frac{p - MC}{p}$$

deutet an, um wie viel eine Branche bzw. der Monopolist den Preis für sein homogenes Produkt über den Grenzkosten wählen kann, wobei die Differenz auf den Preis bezogen wird. Bei vollkommener Konkurrenz beträgt er null. Dieser Quotient wird in der Literatur auch als Lerner'scher Monopolgrad bezeichnet.

Unter Verwendung der Amoroso-Robinson-Relation erhält man für Unternehmen i

$$\frac{p - MC_i}{p} = \frac{p - p\left[1 - \frac{s_i}{|\varepsilon_{Y,p}|}\right]}{p} = \frac{s_i}{|\varepsilon_{Y,p}|}.$$

Neben dem Monopolgrad für ein einzelnes Unternehmen lässt sich der Monopolgrad der gesamten Branche als das arithmetische Mittel der Monopolgrade aller Unternehmen der Branche bestimmen, wobei als Gewichtungsfaktoren die Marktanteile genommen werden. Der Lerner'sche Monopolgrad für die gesamte Branche beträgt

$$\sum_{i=1}^{n} s_i \frac{p - MC_i}{p} = \sum_{i=1}^{n} s_i \frac{s_i}{|\varepsilon_{Y,p}|} = \frac{H}{|\varepsilon_{Y,p}|}.$$

Der Monopolgrad der gesamten Branche ist damit umso höher,

1. je unelastischer die Marktnachfrage, d.h. je niedriger $|\varepsilon_{Y,p}|$,
2. je weniger Unternehmen im Markt sind, d.h. je niedriger n,
3. je höher die Konzentration der Marktanteile, d.h. je höher H.

Folglich sind $\varepsilon_{Y,p}$, n und H die wesentlichen Determinanten eines homogenen Marktes, auf dem Cournot-Mengenanpasser agieren.

Vergleich der Gewinnmaximierungsbedingungen für verschiedene n. Die Cournot-Oligopoltheorie für n Unternehmen beinhaltet das Cournot-Monopolergebnis (Kap. O) und die vollständige Konkurrenz. Dies können wir uns so überlegen. Da der Preis, der sich am Markt einstellt, für alle Unternehmen derselbe ist, folgt bei identischen Grenzkosten und aufgrund von $MR_i \overset{!}{=} MC$ zunächst $p = \frac{MC}{1 - \frac{s_1}{|\varepsilon_{Y,p}|}} = \frac{MC}{1 - \frac{s_2}{|\varepsilon_{Y,p}|}} = \ldots$ und daher die Gleichheit der Marktanteile $s_1 = \ldots = s_n = \frac{1}{n}$. Man sieht:

1. Im Monopolfall mit $n = 1$ ist $s_1 = 1$ und wir erhalten die Maximierungsbedingung „Grenzerlös gleich Grenzkosten" in der Form

$$p \overset{!}{=} \frac{MC}{1 - \frac{1}{|\varepsilon_{Y,p}|}}.$$

2. Im Dyopolfall mit $n = 2$ ist $s_1 = s_2 = \frac{1}{2}$ und die Gewinnmaximierungsbedingung lautet

$$p \stackrel{!}{=} \frac{MC}{1 - \frac{1/2}{|\varepsilon_{Y,p}|}}.$$

3. Im Fall vollkommener Konkurrenz mit $n \to \infty$ geht der Marktanteil aller Unternehmen $s_i = \frac{1}{n}$ gegen null und es ergibt sich die bekannte Gewinnmaximierungsregel

$$p \stackrel{!}{=} MC.$$

Wir haben somit in diesem und im vorigen Unterabschnitt eine theoretische partialanalytische Begründung für die wettbewerbspolitische Attraktivität der vollkommenen Konkurrenz gefunden.

Q.2 Das Stackelberg-Modell

Das Stackelberg-Modell unterscheidet sich vom Cournot-Modell durch die Information, über die das zweite Unternehmen verfügt. Im Stackelberg-Modell weiß Unternehmen 2 (der so genannte Stackelberg-Folger), welche Ausbringungsmenge Unternehmen 1 (der Stackelberg-Führer) gewählt hat. Der Leser betrachte dazu Abb. Q.1.

Um das teilspielperfekte Gleichgewicht des Stackelberg-Spiels zu ermitteln, wenden wir die Methode des „Von-hinten-Lösens" (*backward-solving*) an (siehe Kap. P). Dabei geht man entgegen dem Spielverlauf vor und beginnt mit der letzten Stufe des Spiels.

Auf der zweiten und letzten Stufe des Spiels ist es an Unternehmen 2, seine Outputentscheidung zu treffen. Da Unternehmen 2 die von Unternehmen 1 ausgebrachte Menge y_1 kennt, maximiert Unternehmen 2 seinen Gewinn durch Wahl der Ausbringungsmenge

$$y_2 = y_2^R(y_1).$$

Unternehmen 1 hat jetzt seinen Gewinn zu optimieren, wobei es die vorherzusehende Reaktion von Unternehmen 2 in sein Optimierungskalkül aufzunehmen hat. Das Optimierungsproblem für Unternehmen 1 lautet demnach:

$$\max_{y_1} p\left(y_1 + y_2^R(y_1)\right) \cdot y_1 - c_1(y_1).$$

Unter Verwendung der Kettenregel erhält man daraus die notwendige Bedingung für das Gewinnmaximum

$$MR(y_1) = p\left(y_1 + y_2^R(y_1)\right) + y_1 \frac{dp}{dY} \frac{d\left(y_1 + y_2^R(y_1)\right)}{dy_1}$$

$$= p\left(y_1 + y_2^R(y_1)\right) + y_1 \frac{dp}{dY}\left(1 + \frac{dy_2^R(y_1)}{dy_1}\right) \stackrel{!}{=} MC_1(y_1).$$

Diese Gewinnmaximierungsbedingung von Unternehmen 1 unterscheidet sich von derjenigen im Cournot-Modell dadurch, dass Unternehmen 1 sich seines Einflusses auf die Mengenentscheidung von Unternehmen 2 bewusst ist.

Übung Q.2.1. Wie hoch ist $\frac{d\left(y_1 + y_2^R(y_1)\right)}{dy_1}$ im Cournot-Modell und wie hoch ist es im Stackelberg-Modell?

Übung Q.2.2. Welche Interpretation hat $\frac{dy_2^R(y_1)}{dy_1}$ im Stackelberg-Modell? Welchen Wert hat dieser Ausdruck bei der inversen linearen Nachfragefunktion $p(Y) = a - bY$?

Wie ändert sich die insgesamt angebotene Menge, wenn Unternehmen 1 seine Menge um eine Einheit ausdehnt? Es gibt zwei Effekte. Zum einen erhöht sich die Gesamtmenge um eine Einheit (da $Y = y_1 + y_2$), zum anderen verändert sie sich gemäß dem (negativen) Einfluss, den das Angebot von Unternehmen 1 auf das Angebot von Unternehmen 2 ausübt.

Wir bezeichnen mit y_1^S die Ausbringungsmenge, die den Gewinn von Unternehmen 1 maximiert. Die Ausbringungsmenge von Unternehmen 2 ist dann $y_2^S := y_2^R\left(y_1^S\right)$.

Übung Q.2.3. Wie lautet die Reaktionsgerade des Stackelberg-Führers?

Die Abb. Q.3 gibt die Reaktionsgerade des Stackelberg-Folgers (Unternehmen 2) wieder. Die „Reaktionsgerade" von Unternehmen 1 ist gestrichelt eingezeichnet. Der Stackelberg-Punkt liegt auf der Reaktionskurve des Folgers.

Übung Q.2.4. Richtig oder falsch? Der Gewinn des Stackelberg-Führers kann nicht niedriger sein, als sein Gewinn im Cournot-Dyopol wäre.

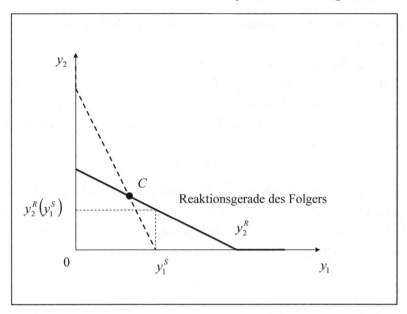

Abbildung Q.3. Der Führer sucht den Optimalpunkt auf der Reaktionskurve des Folgers

Übung Q.2.5. Die inverse Nachfragefunktion für ein homogenes Gut beträgt $p = 20 - q$. Die konstanten Stückkosten sind € 8. Wie hoch ist der Output von Stackelberg-Führer und Stackelberg-Folger?

Sie wissen nun, wie das Stackelberg-Modell gelöst wird. Wir schließen diesen Abschnitt mit einigen spieltheoretischen Bemerkungen, die vielleicht etwas diffizil sind.

1. Zum einen: Könnte der Stackelberg-Führer nicht seinen Gewinn erhöhen, indem er auf seine Reaktionskurve ausweichen würde? In der Tat wäre sein Gewinn bei

$$\left(y_1^R\left(y_2^S\right), y_2^S\right)$$

höher als im Stackelberg-Punkt. Dies folgt direkt aus der Definition der Reaktionsfunktion. Allerdings brächte die Ausbringungsmenge $y_1^R\left(y_2^S\right)$ anstelle der Ausbringungsmenge y_2^S eine andere, nämlich höhere Ausbringungsmenge durch Unternehmen 2 mit sich. Und wir hatten ja y_1^S gerade als diejenige Menge des Stackelberg-

Führers ermittelt, die den Gewinn unter Einbeziehung von y_2^R maximiert.

2. Zum anderen: Allgemein bestehen die Strategien des Folgers aus Funktionen, die jeder möglichen Ausbringungsmenge des Führers eine bestimmte Ausbringungsmenge des Folgers zuordnen. Die Reaktionsfunktion y_2^R ist ein Beispiel für eine Strategie des Folgers. Das Strategiepaar

$$\left(y_1^S, y_2^R\right)$$

ist das (teilspielperfekte) Gleichgewicht des Stackelberg-Modells. In Anbetracht von y_2^R maximiert y_1^S den Gewinn des Führers und der Folger maximiert bei y_1^S seinen Gewinn durch y_2^R; er produziert dann die Menge $y_2^R\left(y_1^S\right)$. Allerdings ist

$$\left(y_1^S, y_2^R\left(y_1^S\right)\right)$$

kein Gleichgewicht. Dabei ist $y_2^R\left(y_1^S\right)$ eine ganz bestimmte Ausbringungsmenge von Unternehmen 2. Die Strategie $y_2^R\left(y_1^S\right)$ bedeutet, dass Unternehmen 2 die Menge $y_2^R\left(y_1^S\right)$ unabhängig von der durch Unternehmen 1 gewählten Ausbringungsmenge produzieren wird. Der Führer verhält sich in Anbetracht der Ausbringungsmenge $y_2^R\left(y_1^S\right)$ nicht gewinnmaximal.

3. Schließlich: Das Strategiepaar

$$\left(y_1^C, y_2^C\right)$$

ist ein Gleichgewicht des Stackelberg-Spiels. Dabei ist $\left(y_1^C, y_2^C\right)$ das Ausbringungspaar des Cournot-Dyopols. Insbesondere kann Unternehmen 1 in Anbetracht der Strategie y_2^C seinen Gewinn nicht erhöhen. Allerdings ist dieses Gleichgewicht nicht teilspielperfekt: Würde sich Unternehmen 1 für eine Ausbringungsmenge ungleich y_1^C entscheiden, würde die obige Strategiekombination Unternehmen 2 eine nicht-optimale Aktion vorschreiben. Insofern beruht die Strategie y_2^C auf einer leeren Drohung (siehe nochmals Kap. P).

Q.3 Kartell

Q.3.1 Die Kartelllösung

Der Gewinn im Dyopol ist sowohl im Cournot-Modell als auch im Stackelberg-Modell geringer als im Monopol. Daher sind die Unternehmen versucht, ein so genanntes verbundenes Oligopol oder Kartell zu realisieren. Sie wählen also y_1 und y_2 so, dass der gemeinsame Gewinn maximiert wird.

Das Optimierungsproblem lautet also:

$$\max_{y_1, y_2} p\,(y_1 + y_2)\,(y_1 + y_2) - c_1\,(y_1) - c_2\,(y_2)$$

Hierbei sind c_1 bzw. c_2 die Kostenfunktionen von Unternehmen 1 bzw. Unternehmen 2.

Als Optimalbedingungen ergeben sich für die Wahl von y_1

$$\frac{\partial\,(\pi_1 + \pi_2)}{\partial y_1} = p\,(y_1 + y_2) + (y_1 + y_2)\,\frac{dp}{dY} \overset{!}{=} MC_1\,(y_1) \qquad \text{(Q.4)}$$

und für die Wahl von y_2

$$\frac{\partial\,(\pi_1 + \pi_2)}{\partial y_2} = p\,(y_1 + y_2) + (y_1 + y_2)\,\frac{dp}{dY} \overset{!}{=} MC_2\,(y_2). \qquad \text{(Q.5)}$$

Die Optimalbedingungen im Kartell unterscheiden sich von der Cournot-Bedingung dadurch, dass die Unternehmen den Preisdämpfungseffekt nicht nur für die eigenen, sondern zusätzlich für die Einheiten des anderen Unternehmens berücksichtigen.

Übung Q.3.1. Im Optimum sind die Grenzkosten beider Unternehmen gleich. Warum?

Gehen wir wiederum von der linearen inversen Nachfragefunktion $p = a - bY$ und identischen Grenzkosten in Höhe von MC aus, so ist eine Aufteilung optimal, die eine Gesamtproduktion von $\frac{1}{2b}\,(a - MC)$ vorsieht.

Damit liegen alle möglichen Aufteilungen der Kartellmenge auf der Geraden, die in Abb. Q.4 die Monopol-Mengen y_1^M und y_2^M miteinander verbindet. Diese Abbildung erlaubt auch einen Vergleich des Kartells (K) mit dem Cournot-Gleichgewicht (C) bzw. dem Stackelberg-Gleichgewicht (S).

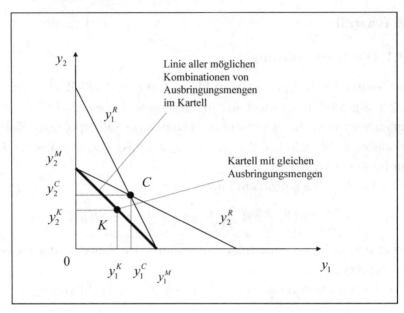

Abbildung Q.4. Symmetrisches Kartell bei eingehaltener Kartellvereinbarung

Übung Q.3.2. Die inverse Nachfragefunktion für ein homogenes Gut beträgt $p = 88 - 4Y$. Zwei Unternehmen befinden sich im Markt mit konstanten Stückkosten von € 8. Beide Unternehmen treffen eine Kartellabsprache bei der beide die gleiche Menge produzieren. Wie hoch ist der Output der Unternehmen? Wie ändert sich die Lösung, wenn die Stückkosten von Unternehmen 1 auf € 10 ansteigen?

Q.3.2 Der Bruch der Kartellabsprache

Die Monopolgewinne der kartellierten Unternehmen gehen mit einem beträchtlichen Verlust an Konsumentenrente und, schlimmer, mit Wohlfahrtsverlusten einher. Kartelle unterliegen jedoch der permanenten Gefahr, von ihren eigenen Mitgliedern gesprengt zu werden. Denn die für die einzelnen Kartellmitglieder festgelegten Outputmengen maximieren zwar den Gesamtgewinn; jedes einzelne Unternehmen kann durch einseitige Outputerhöhung den Gewinn im Allgemeinen noch steigern. Dieser Anreiz zum „Betrug" im Kartell lässt sich an den obigen Optimalbedingungen ablesen.

Dazu formen wir die Optimalbedingung Q.4 für Unternehmen 1 (beispielhaft) um:

$$\underbrace{p\left(y_1 + y_2\right) + y_1\frac{dp}{dY} - MC_1\left(y_1\right)}_{\text{Grenzgewinn bei einseitiger Mengenerhöhung}} = -y_2\frac{dp}{dY} > 0.$$

Man sieht, dass der Grenzgewinn für Unternehmen 1 im Optimum positiv ist. Das bedeutet, dass die in einer Kartellvereinbarung festgelegten Outputmengen zwar den gemeinsamen Gewinn maximieren, jedes einzelne Unternehmen aber durch einseitige Outputerhöhung seinen eigenen Gewinn noch steigern kann. Genau darin besteht der Anreiz zum Kartellbetrug. Wenn ein Kartellunternehmen also erwartet, dass es seinen Absatz erhöhen kann, ohne dass das andere Kartellunternehmen nachzieht, wird es die Kartellvereinbarung brechen. Ein der Kartellvereinbarung gemäßes Verhalten ist also kein Gleichgewicht des betrachteten Spieles.

Graphisch spiegelt sich diese Instabilität in Abb. Q.4 darin wider, dass sämtliche denkbaren Kartelllösungen (mit Ausnahme der Randpunkte) auf keiner Reaktionskurve liegen.

Die spieltheoretische Analyse des Kartells folgt dem Prinzip des Gefangenendilemmas (Kap. P). Sehr grob betrachtet haben die Unternehmen im Kartell die Wahl zwischen zwei Strategien: Sie können die festgelegte Quote einhalten, oder sie können, um den Gewinn für sich zu erhöhen, die festgelegte Quote überschreiten. Typischerweise wird dabei die Strategie „die festgelegte Quote einhalten" für jedes individuelle Unternehmen schlechter sein als die Strategie „die festgelegte Quote (ein wenig) überschreiten" – bei jeder Strategiewahl des jeweils anderen Unternehmens.

Übung Q.3.3. Wenn eine Strategie bei jeder Strategiewahl des Konkurrenten mindestens so gut oder sogar besser als alle anderen ist, wie nennt man dann eine solche Strategie?

Der Gewinn ist bei beiderseitiger Überschreitung der Kartellquote für beide Unternehmen geringer als beim verbundenen Monopol.

Übung Q.3.4. Wie nennt man eine Situation, die für alle Beteiligten schlechter ist als eine andere Situation?

Die Unternehmen befinden sich somit in einem Dilemma: Einerseits ist es für jedes Unternehmen besser, sich nicht kooperativ im Sinne der Kartellvereinbarung zu verhalten (dominante Strategie). Andererseits ergibt sich gerade durch dieses individuell rationale Verhalten eine Pareto-inferiore Situation.

Das Dilemma mag durch die mehrmalige Wiederholung der gleichen Entscheidungssituation lösbar sein. Typischerweise stehen sich nämlich dieselben Konkurrenten in einem Markt eine gewisse Zeit lang gegenüber. Sie haben dann Anreiz, sich verlässlich zu verhalten, um das verbundene Oligopol, das ihnen langfristig höhere Gewinne garantiert, nicht zu gefährden.

Q.4 Neue Begriffe

- Oligopol, Dyopol
- Cournot-Modell
- Reaktionsfunktion, Reaktionskurve
- Cournot-Nash-Gleichgewicht
- Herfindahl-Index
- Lerner'scher Monopolgrad im Oligopol
- unternehmensspezifische Elastizität
- Stackelberg-Modell
- Stackelberg-Führer, Stackelberg-Folger
- Kartell
- Instabilität des Kartells, Anreiz zum Betrug

Q.5 Literaturempfehlungen und Übungsaufgaben

Q.5.1 Literaturempfehlungen

Weiterführende Analysen zur Oligopoltheorie findet man in allen Lehrbüchern mit dem Titel „Industrieökonomik" (industrial organization, industrial economics). Die Brücke zum Marketing versucht das Lehrbuch „Unternehmensstrategien im Wettbewerb" von PFÄHLER/WIESE (1998) zu schlagen. Eher theoretisch ausgerichtet sind die Lehrbücher von SHY (1995) und TIROLE (1988), wobei letzteres für die meisten Studenten zu schwierig ist. Ebenfalls empfehlenswert, jedoch recht wenig formal, ist das Lehrbuch von MARTIN (1994).

Q.5.2 Übungsaufgaben

Übung Q.5.1. In einer Branche produzieren zwei Unternehmen bei konstanten Stückkosten von € 10. Die Nachfragekurve lautet $q = 1.000.000p^{-1}$. Wenn sich beide Unternehmen wie Cournot-Oligopolisten verhalten, wie hoch ist dann der Preis im Gleichgewicht? Suchen Sie nach einem Gleichgewicht, in dem die Unternehmen die gleiche Menge anbieten (symmetrisches Gleichgewicht).

Übung Q.5.2. In einer Stadt gibt es zwei Tageszeitungen, 1 und 2. Die Nachfrage hängt vom eigenen Preis und von dem des Kontrahenten ab. Die Nachfragefunktionen der Zeitungen lauten für Zeitung 1

$$D_1 = 21 - 2p_1 + p_2$$

und für Zeitung 2

$$D_2 = 21 - 2p_2 + p_1,$$

wobei p_1 und p_2 die Preise der Zeitungen sind. Die Grenzkosten beider Zeitungen sind null (z.B. weil die Druckkosten einer zusätzlichen Zeitung gerade durch die damit verbundene Erhöhung der Anzeigeneinnahmen kompensiert werden).
a) Berechnen Sie das Nash-Gleichgewicht in Preisen!
b) Welche Preise maximieren den Gesamtgewinn?

Übung Q.5.3. Die Preiselastizität der Nachfrage für Flüge zwischen Stadt A und Stadt B sei konstant und gleich $-1,5$. Die vier Fluglinien dieser Strecke haben die gleichen Kosten und befinden sich im Cournot-Gleichgewicht. Wie groß ist das Verhältnis von Preis und Grenzkosten?

Übung Q.5.4. An einem Markt mit der inversen Gesamtnachfrage $p(Q) = 48-Q$ agieren nur zwei Unternehmen - A und B. Dabei sei p der Preis und Q die gesamte am Markt angebotene Menge des homogenen Gutes. Die für beide Unternehmen identischen Grenzkosten seien 12.

a) Ermitteln Sie die Reaktionsfunktionen beider Oligopolisten unter der Annahme unabhängiger Mengenfestsetzung (Cournot-Lösung) und stellen Sie diese graphisch dar! Welche Mengen des Gutes werden (schließlich) produziert? Wie ist das Zustandekommen dieser Lösung erklärbar?

b) Nunmehr verhalte sich Unternehmen A als Marktführer und setze seine Menge unter der (zutreffenden) Annahme, dass B sich gewinnmaximierend an diese Menge anpasst (Stackelberg-Lösung). Bestimmen Sie wiederum die jeweils produzierten Mengen!

c) Endlich vereinbaren beide Unternehmen die Gesamtmenge so zu setzen, dass der gemeinsame Gewinn maximiert wird (Kartell-Lösung). Welche Gesamtmenge wird nun produziert? Was geschieht, wenn beide Unternehmen diese Menge herstellen?

d) Können Sie nachvollziehen, warum man die Cournot- auch Zwei-Drittel- und die Stackelberg- auch Drei-Viertel-Lösung nennt?

e) Wie ändern sich die produzierten Mengen aus a), wenn die Annahme identischer Grenzkosten aufgegeben wird und diese für Unternehmen B jetzt 18 betragen? Ermitteln Sie den Gewinn der beiden Oligopolisten unter der Annahme, dass keine Fixkosten anfallen!

Q.6 Lösungen zu den Aufgaben

Q.1.1. Die Reaktionsfunktion ist in diesem Fall eine Gerade. Der Schnittpunkt von $y_1^R(y_2)$ mit der y_1-Achse ist die optimale Monopolmenge für Unternehmen 1, der Schnittpunkt mit der y_2-Achse gibt die Menge y_2 an, die Unternehmen 2 produzieren muss, damit Unternehmen 1 die Produktion beendet. Eine analoge Betrachtung erfolgt für $y_2^R(y_1)$.

Q.1.2. Jeder der Dyopolisten produziert 4 Einheiten im Gleichgewicht. Im Monopol sind 6 Einheiten optimal.

Q.1.3. Im Cournot-Dyopol ist

$$Y = y_1^C + y_2^C = \frac{2}{3}\frac{a - MC}{b}.$$

Bei vollständiger Konkurrenz ergibt sich für den Output

$$MC \overset{!}{=} p = a - bY,$$

also ist

$$Y = \frac{a - MC}{b}.$$

Q.1.4. Befinden sich n Unternehmen auf dem Markt, von denen jedes den gleichen Marktanteil $\frac{1}{n}$ für sich beanspruchen kann, gilt $H = \sum_{i=1}^{n} \left(\frac{1}{n}\right)^2 = n \left(\frac{1}{n}\right)^2 = \frac{1}{n}$.

Q.1.5. Bei vollständiger Konkurrenz mit unendlich vielen Unternehmen am Markt ist nach Aufg. Q.1.4

$$H = \lim_{n \to \infty} \frac{1}{n} = 0.$$

Q.1.6. Es ist $H_1 = \left(\frac{1}{2}\right)^2 + \left(\frac{1}{2}\right)^2 = \frac{1}{2}$, $H_2 = 0,8^2 + 2 \cdot 0,1^2 = 0,66$, $H_3 = 0,6^2 + 2 \cdot 0,2^2 = 0,44$, also ist der Markt 2 konzentrierter als Markt 1 und dieser wiederum konzentrierter als Markt 3. Vergleichen Sie mit Ihrer Intuition!

Q.1.7. Sind alle Unternehmen gleich groß, so gilt $s_i = \frac{1}{n}$. Die unternehmensspezifische Nachfrageelastizität beträgt also $n\varepsilon_{Y,p}$, und der Grenzerlös lässt sich als $p \left[1 + \frac{1}{n\varepsilon_{Y,p}}\right]$ schreiben.

Q.2.1. Im Cournot-Modell gilt $\frac{d\left(y_1 + y_2^R(y_1)\right)}{dy_1} = 1$; $\frac{dy_2^R(y_1)}{dy_1}$ ist gleich null, weil Unternehmen 2 die Ausbringungsmenge nicht kennt und daher nicht reagieren kann. Im Stackelberg-Modell erhalten wir dagegen

$$\frac{d\left(y_1 + y_2^R(y_1)\right)}{dy_1} = \frac{dy_1}{dy_1} + \frac{dy_2^R(y_1)}{dy_1} = 1 + \frac{dy_2^R(y_1)}{dy_1},$$

im Allgemeinen ein Wert unter 1.

Q.2.2. $\frac{dy_2^R(y_1)}{dy_1}$ gibt an, wie Unternehmen 2 auf eine Erhöhung des Outputs von Unternehmen 1 reagiert. Es handelt sich also um die Steigung der Reaktionsfunktion. Im linearen Beispiel beträgt sie $-\frac{1}{2}$.

Q.2.3. Der Führer hat keine Reaktionsfunktion. Er kennt die Reaktionsfunktion des Konkurrenten und bezieht sie in seine Überlegungen ein. Er bestimmt den Punkt auf der Reaktionsgeraden des Konkurrenten, der seinen Gewinn maximiert.

Q.2.4. Richtig. Der Stackelberg-Führer kann jeden Punkt auf der Reaktionskurve des Konkurrenten wählen, insbesondere auch den Punkt, durch den seine „Reaktionskurve" verläuft.

Q.2.5. Der Führer produziert 6, der Folger 3 Einheiten. Die Gesamtmenge liegt damit über derjenigen im Cournot-Dyopol $(4 + 4)$.

Q.3.1. Einen ähnlichen Fall haben wir im Monopolkapitel O betrachtet. Dort hatten wir eine Unternehmung, die in zwei Betriebsstätten produziert. Im Optimum sind die Grenzkosten in den beiden Betriebsstätten gleich. Auch in dieser Aufgabe kann der Gesamtgewinn erhöht werden, wenn von der Unternehmung mit hohen Grenzkosten weniger und von der Unternehmung mit niedrigen Grenzkosten mehr produziert wird.

Q.3.2. Die Monopollösung stellt sich ein bei

$$MR = 88 - 8Y \overset{!}{=} 8 = MC,$$

also ist $Y = 10$ und jedes Unternehmen wird 5 Einheiten produzieren.

Wenn die Stückkosten des Unternehmens 1 auf € 10 ansteigen, wird das Unternehmen 2 den gesamten Output $Y = 10$ produzieren. Die Aufteilung des Gewinns ist dann eine Verhandlungsfrage.

Q.3.3. In der Sprache der Spieltheorie ausgedrückt dominiert die Strategie der Produktionsausdehnung die Strategie der Beschränkung auf die festgesetzte Quote.

Q.3.4. Pareto-inferior.

Q.5.1. $y_1 = y_2 = 25000$, $p = 20$.

Q.5.2. a) Nash-Gleichgewicht: $(p_1, p_2) = (7, 7)$.
b) $10, 5$.

Q.5.3. $6/5$.

Q.5.4. a) $12, 12$.
b) $18, 9$.
c) $18, 36$ - „Konkurrenz"-Lösung: $p = MC$.
d) Vergleichen Sie die jeweiligen Gesamtmengen mit der der Konkurrenzlösung!
e) $14, 8, 196, 64$.

Teil V

Externe Effekte

Bisher sind wir davon ausgegangen, dass die Interaktionen von Akteuren (Haushalte, Unternehmen) auf Tausch oder Kauf eines Gutes beschränkt sind, d.h. über Kauf und Tausch hinaus gibt es keine Wechselwirkungen zwischen diesen. Das aus dem vorangehenden Teil bekannte erste Theorem der Wohlfahrtsökonomik besagt, dass dann der Markt über den Preismechanismus Pareto-optimale Gleichgewichte erzeugt. In diesem letzten Teil des Buches wenden wir uns den Problemen zu, die mit externen Effekten verbunden sind. Von externen Effekten spricht man, wenn ein Individuum Einfluss auf den Nutzen eines anderen nimmt, ohne dass dieser Einfluss entgolten wird. So kann die Produktion eines Unternehmens bzw. der Konsum eines Haushalts die Produktion oder den Konsum eines anderen beeinflussen, ohne dass hierfür eine Gegenleistung wie bei Tausch oder Kauf erbracht bzw. empfangen wird.

Dieser Teil besteht aus zwei Kapiteln. Kap. R erläutert den Begriff der externen Effekte anhand einer Vielzahl von Beispielen und dabei geht es immer auch um die Möglichkeiten, Pareto-Effizienz herzustellen. Kap. S wendet sich speziellen externen Effekten zu, den so genannten öffentlichen Gütern.

R. Externe Effekte und Umweltökonomik

Externe Effekte sind Beeinflussungen zwischen Wirtschaftssubjekten außerhalb von Marktbeziehungen. Ein allgemeines Modell externer Effekte präsentieren wir in Abschnitt R.1. Der Coase'schen Idee, externen Effekten durch Verhandlungen beizukommen, gehen wir in Abschnitt R.2 nach. Die nächsten zwei Abschnitte greifen Bekanntes auf und betrachten das Cournot-Monopol (Abschnitt R.3) und das Cournot-Dyopol (Abschnitt R.4) aus der Sicht der Theorie externer Effekte. Anschließend wird in Abschnitt R.5 die so genannte Tragödie der Allmende erläutert. Schließlich diskutiert Abschnitt R.6 Lösungsmöglichkeiten für ein konkretes Umweltproblem.

R.1 Allgemeines Modell externer Effekte

R.1.1 Definition externer Effekte

Zur formalen Behandlung externer Effekte gehen wir von einem Individuum A aus, das Handlungen a aus einer Menge möglicher Handlungen wählen kann. Der mathematischen Handhabbarkeit wegen werden wir annehmen, dass a aus einem Intervall der reellen Zahlen wählbar ist. Eine Handlung a bringt dem Individuum A einen Nutzen in Höhe von

$$u_A(a).$$

Daneben beeinflusst die Handlung den Nutzen eines weiteren Individuums, B. Da uns die Handlung von B momentan nicht interessiert, schreiben wir den Nutzen von B lediglich als Funktion der Handlung, die das Individuum A wählt:

$$u_B(a).$$

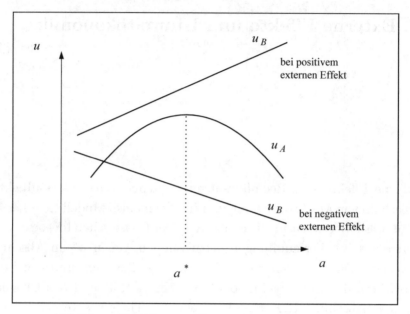

Abbildung R.1. Privates Optimum und externe Effekte

Die Handlung des Agenten übt einen positiven externen Effekt aus, falls mit der Erhöhung von a der Nutzen von B zunimmt. Setzen wir Differenzierbarkeit voraus, können wir das Vorliegen eines positiven externen Effektes durch

$$\frac{du_B(a)}{da} > 0$$

ausdrücken. Umgekehrt bedeutet

$$\frac{du_B(a)}{da} < 0,$$

dass die Handlung des Agenten A einen negativen externen Effekt auf den Agenten B ausübt. Abb. R.1 zeigt den positiven und negativen externen Effekt durch die Steigung der zwei alternativen u_B-Kurven.

Von einseitigen externen Effekten spricht man, wenn der Einfluss nur in eine Richtung geht, d.h. dass u_B von a und b abhängt, u_A aber nur von a und nicht von b oder umgekehrt. Beispiele hierfür sind die Reduktion des Fischbestandes durch die Verschmutzung eines Sees durch die Abwässer eines Chemieunternehmens, wobei der Fischbestand die Eignung des Flusses als „Kloake" nicht berührt.

positiv	Freude am gepflegten Vorgarten des Nachbarn
negativ	Rauchen.
einseitig	Reduktion des Fischbestandes durch Abwässer
wechselseitig	Gegenseitige Begünstigung von Obstbau und Bienenzucht
pekuniär	Nachfrage nach einem Gut lässt den Preis für dieses Gut (auch für andere) steigen
nicht-pekuniär	Alle anderen bisherigen Beispiele

Abbildung R.2. Klassifikation externer Effekte

Im Gegensatz dazu gibt es wechselseitige externe Effekte, wenn beide der Seiten jeweils die andere beeinflusst, also u_A und u_B von a und b abhängen. Ein Beispiel für diese Art externer Effekte ist die gegenseitige Begünstigung von Obstanbau und Bienenzucht.

Darüber hinaus können externe Effekte pekuniärer (z.B. Nachfrage, die den Preis für andere steigen lässt) oder nicht-pekuniärer (alle anderen bisherigen Beispiele) Art unterschieden werden. Abb. R.2 stellt die verschiedenen Erscheinungsformen externer Effekte zusammen.

Übung R.1.1. Finden Sie weitere Beispiele für o.g. Arten externer Effekte!

R.1.2 Verfehlung der Pareto-Effizienz

Gehen wir von einer Situation aus, in der Individuum A die Handlung a ohne Rücksicht auf das andere Individuum festlegt. Die dann aus der Sicht von A optimale Handlung bezeichnen wir mit a^* (siehe Abb. R.1). Nun können wir uns überlegen, dass sich die Individuen besser stellen könnten oder zumindest eines der Individuen sich besserstellen könnte, ohne das andere schlechter zu stellen.

	positiver	negativer
	externer Effekt der Handlung a	
Externer Effekt liegt vor, falls	$\dfrac{du_B(a)}{da} > 0$	$\dfrac{du_B(a)}{da} < 0$
Pareto-Optimalität verlangt	$a^{opt} > a^*$	$a^{opt} < a^*$
Abhilfe erfolgt z.B. durch	negative Steuer (Subvention)	Steuer

Abbildung R.3. Charakterisierung positiver und negativer externer Effekte

Denn die für A optimale Handlung a^* erfüllt

$$\left.\frac{du_A(a)}{da}\right|_{a^*} = 0,$$

an der Stelle a^* beträgt der Grenznutzen null. Verbal ausgedrückt: Der Nutzen von A ändert sich nicht, falls er die Handlung a nur „ein klein wenig" über a^* hinaus ausdehnt oder falls er die Handlung a nur „ein klein wenig" reduziert.

Übt nun die Handlung einen positiven externen Effekt aus, profitiert B von einer Ausdehnung der Handlung über a^* hinaus. Da eine kleine Ausdehnung A jedoch nicht schadet, ergibt sie eine Pareto-Verbesserung. Mit Zahlungen von B an A können sich die beiden eventuell über weitere Ausdehnungen einigen. Umgekehrt profitiert B bei negativem externen Effekt von einer Reduzierung der Handlung. Eine kleine Reduzierung ergibt eine Pareto-Verbesserung. Durch Zahlung von B an A kann sogar eine größere Reduzierung für beide lohnend sein. Ein Pareto-optimales Handlungsniveau bezeichnen wir mit a^{opt} (siehe Abb. R.3).

Allgemein gilt: So lange das soziale Optimum noch nicht erreicht ist, können die beteiligten Seiten über eine Umverteilung der Rechte (und damit die Höhe des Schadens) zum Optimum hin verhandeln und sich schließlich einigen, da derjenige, der von seinem Recht etwas abtritt, vom anderen eine Kompensation für seinen Nutzen- oder Gewinnverlust erhalten kann und so zumindest nicht schlechter gestellt wird.

Nach Coase wird bei Abwesenheit von Transaktionskosten (Kosten der Verhandlung und des Vertragsabschlusses sowie der Überwachung der Einhaltung und Durchsetzung des Vertrages) das soziale Optimum realisiert. Das Ausmaß der Umweltverschmutzung ist dabei unabhängig von der Ausgangsverteilung der Eigentumsrechte, wenn diese nur genau geregelt ist. Diese Aussagen werden gemeinhin als Coase-Theorem bezeichnet und umfassen Effizienzthese (Erreichen des sozialen Optimums) und Invarianzthese (Unabhängigkeit von der Verteilung der Eigentumsrechte). Wir werden das Coase-Theorem in Abschnitt R.2 anhand von zwei Anwendungsbeispielen näher untersuchen.

Übung R.1.2. Dass Verhandlungen zum Pareto-Optimum führen können, haben wir in diesem Buch bereits mehrmals erfahren. Beschreiben Sie kurz die Verhandlungen zwischen Konsumenten und die zwischen Handel treibenden Nationen!

R.1.3 Umweltpolitische Instrumente

Bei vielen wichtigen externen Effekten kann eine Verhandlungslösung im Sinne von Coase nicht zum Ziel führen, weil zu viele Individuen beteiligt sind. Dann mag man eine Aufgabe des Staates darin sehen, Pareto-Optimalität (näherungsweise) zu erreichen. Nehmen wir beispielsweise den Fall der Luftverschmutzung durch eine Produktionsanlage.

Zunächst mag der Staat auf direktem Wege versuchen, die optimale Verschmutzung zu erreichen. Bei der Auflagenlösung wird die Höhe der zulässigen Verschmutzung durch den Staat bestimmt und durchgesetzt. Diese kann entweder direkt durch eine Mengenfestsetzung oder über Vorschriften zu den Produktionsverfahren erfolgen. Allerdings hat dieses Vorgehen den Nachteil, dass der Staat zum einen sehr genau über die technischen Realisierungsmöglichkeiten Bescheid wissen muss und dass zum anderen die Anreize der Beteiligten, auf eventuell andere und günstigere Art das Ziel (zum Beispiel der Vermeidung negativer externer Effekte) zu erreichen, nicht aktiviert werden.

Monetäre Anreize für die Vermeidung der Luftverschmutzung scheinen eine bessere Methode zu sein. Durch eine Steuer (die so genannte

Pigou-Steuer) könnte der Staat versuchen, den resultierenden negativen Effekt zurückzudrängen (siehe auch Abb. R.3). Anhand eines konkreten Beispiels untersuchen wir in Abschnitt R.6, wie die Pigou-Steuer in idealer Weise zu berechnen ist. Die Pigou-Steuer nimmt direkten Einfluss auf den „Preis" sauberer Luft. Alternativ könnte man die Verschmutzungsmenge festlegen. Dies erfolgt über die so genannte Zertifikatslösung. Der Staat gibt Verschmutzungszertifikate aus, die dem Inhaber Verschmutzungen in einem genau bestimmten Umfang erlauben. Die Zertifikate sind nach deren Ausgabe handelbar und es kann/wird sich ein Markt und somit ein Preis für Zertifikate herausbilden.

Schließlich ist die Möglichkeit zu erwägen, bei negativen externen Effekten dem Geschädigten das generelle Recht auf Entschädigung zuzuerkennen. Wir werden in Abschnitt R.6 jedoch sehen, dass hierdurch Optimalität nicht zu garantieren ist.

Neben das soeben eingeführte allgemeine Modell externer Effekte stellen wir nun einige Anwendungsbeispiele. Wir sind in Teil IV externen Effekten begegnet, ohne sie allerdings so zu nennen: Erhöht ein Monopolist die Ausbringungsmenge, steigt die Konsumentenrente; es liegt also ein positiver externer Effekt vor (siehe Kap. O und Abschnitt R.3). Die Erhöhung der Ausbringungsmenge eines Cournot-Oligopolisten reduziert den Preis auch für die übrigen Wettbewerber und ist damit ein Beispiel eines negativen externen Effektes (siehe Kap. Q und Abschnitt R.4). Die so genannte Tragödie der Allmende ist ein sehr drängendes Problem, das wir mithilfe des Konzepts der externen Effekte in Abschnitt R.5 behandeln. Schließlich behandeln wir in Abschnitt R.6 negative externe Effekte am Beispiel eines Pharma-Unternehmens und stellen die Möglichkeiten, Pareto-Effizienz zu erreichen, in den Vordergrund der Überlegungen.

R.2 Anwendungsbeispiele zum Coase-Theorem

R.2.1 Ausgangslage

Das Coase-Theorem besagt: Bei Abwesenheit von Transaktionskosten (Kosten der Verhandlung und des Vertragsabschlusses sowie der Überwachung der Einhaltung und Durchsetzung des Vertrages) kann das soziale Optimum trotz externer Effekte durch Verhandlungen realisiert werden. Das nach den Verhandlungen erreichte Ausmaß der Umweltverschmutzung ist dabei unabhängig von der Ausgangsverteilung der Eigentumsrechte, wenn diese nur genau geregelt ist.

Man kann das Coase-Theorem am besten mit einem Beispiel aus der Unternehmenstheorie erläutern. Nehmen Sie den Fall eines Rinderzüchters und eines Getreidefarmers, die benachbartes Land bearbeiten. Die Rinder zertrampeln das Getreide und erzeugen dadurch einen negativen externen Effekt. Der Getreideverlust hängt dabei von der Anzahl der Rinder ab, die der Rinderzüchter auf seiner Weide laufen lässt. In der nachstehenden Tabelle ist der totale Getreideverlust eingetragen; er beträgt bei einem Rind 1 Einheit, bei 2 Rindern 3 Einheiten etc. Der Getreideverlust für jedes zusätzliche Rind ist ebenfalls aus der Tabelle abzulesen. Aufgrund des dritten Rindes beträgt der Verlust $3 = 6 - 3$.

Herden-größe	Grenzgewinn eines Rindes	Getreide-verlust	marginaler Getreideverlust
1	4	1	1
2	3	3	2
3	2	6	3
4	1	10	4

R.2.2 Schadensrecht mit Verhandlungen

Die Verhandlungen zwischen dem Rinderzüchter und dem Getreidebauern erfolgen auf der Basis von Eigentumsrechten; wir unterscheiden Verbot der Schädigung (der Rinderzüchter darf den Getreidebauern nur mit dessen Erlaubnis schädigen) und Schadensrecht (der Getreidebauer kann sich gegen die Schädigung nur aufgrund von Verhandlungen wehren und eine Verpflichtung zum Schadensersatz besteht nicht).

Wir beginnen mit dem Schadensrecht. Der Rinderzüchter wird aus seinem privaten Gewinnmaximierungskalkül heraus 4 Rinder auf der Weide laufen lassen. Diese Situation ist Pareto-ineffizient, weil zumindest das vierte Rind einen Grenzgewinn von 1 Geldeinheit bewirkt, während sein Schaden 4 Geldeinheiten beträgt. Der Getreidebauer könnte dem Rinderzüchter bis zu 4 Geldeinheiten anbieten, damit dieser auf das vierte Rind verzichtet. Der Rinderzüchter wird diesem Verzicht nur zustimmen, wenn er mindestens eine Geldeinheit als Gegenleistung erhält.

Übung R.2.1. Wie nennt man die 4. bzw. die 1. Geldeinheit in der Terminologie des Kap. N, Zahlungsbereitschaft oder Entschädigungsforderung, kompensatorische oder äquivalente Variation?

Übung R.2.2. Werden Rinderzüchter und Getreidebauer übereinkommen, auch das dritte Rind von der Weide zu nehmen? In welchem Bereich wird gegebenenfalls die Entschädigung, die der Getreidebauer an den Rinderzüchter zu zahlen hat, liegen? Werden sich die beiden einigen, auch das zweite Rind von der Weide zu nehmen? Wie hoch müsste die Entschädigung für den Rinderzüchter ausfallen?

R.2.3 Verbot der Schädigung mit Verhandlungen

Bei Verbot der Schädigung kann der Rinderzüchter nur mit Erlaubnis des Getreidebauern Rinderzucht betreiben. Für den Rinderzüchter lohnt es sicherlich, dem Getreidebauern die Erlaubnis abzukaufen, ein Rind auf die Weide zu treiben. Der Rinderzüchter könnte dem Getreidebauern bis zu 4 Geldeinheiten anbieten, während der Getreidebauer mindestens eine Geldeinheit benötigte, um das zertrampelte Getreide hinnehmen zu können.

Auch für das zweite Rind gibt es einen wechselseitig vorteilhaften Handel. Für das dritte Rind ist dies jedoch nicht der Fall. Der Getreidebauer hat für das dritte Rind eine Entschädigungsforderung in Höhe von 3, während der Rinderzüchter für die Erlaubnis, das dritte Rind auf die Weide treiben zu dürfen, eine Zahlungsbereitschaft von nur 2 besitzt.

In beiden Fällen, Schadensrecht und Verbot der Schädigung, wird der Rinderzüchter schließlich zwei Rinder auf die Weide treiben. Gerade dies ist die Invarianzthese von Coase: Das Ausmaß der „Umweltverschmutzung" ist unabhängig von der Verteilung der Eigentumsrechte.

R.2.4 Einkommenseffekte

Das Coase-Theorem ist nicht unumstritten. So gilt bei Einkommenseffekten die Invarianzthese nicht. Hierfür benötigen wir ein Beispiel aus der „Haushaltstheorie": Zwei Personen - A (Raucher) und B (Nichtraucher) - bewohnen ein Zimmer. Rauch ist also für A ein Gut und B ein Ungut. Die Präferenzen der beiden Personen für Rauch und Geld lassen sich in einer Edgeworth-Box (Abb. R.4) darstellen. Dabei beschreibt die Länge der Abszisse das gesamte Geldvermögen und die der Ordinate die maximal erzeugbare Menge Rauch bzw. die verfügbare Menge sauberer Luft.

Die entgegengesetzt gerichteten Ordinaten haben für die beiden Personen eine unterschiedliche Bedeutung. Für A ist in Pfeilrichtung die genossene Rauchmenge abgetragen, für B in Pfeilrichtung die noch verbleibende Menge sauberer Luft. Je mehr A raucht, desto weniger saubere Luft kann B genießen. Die Menge Rauch bzw. sauberer Luft ist für A und B gleich.

Übung R.2.3. Interpretieren Sie die Anfangsausstattungen E und E' in Abb. R.4!

Beide Verteilungen, E und E', werden im Allgemeinen nicht Pareto-optimal sein. Durch Tausch von Rauch gegen Geld sind Pareto-Verbesserungen möglich und schließlich die Pareto-Optima X bzw. X' erreichbar. Es wird deutlich, dass die optimale Menge Rauch (Höhe der Externalität) hier von der Verteilung der Eigentumsrechte abhängig ist. Die Invarianzthese des Coase-Theorems gilt also nicht. Der Grund liegt darin, dass zum einen die unterschiedliche Verteilung der Eigentumsrechte ein unterschiedliches Einkommen (in Anfangsausstattung) bedeutet und dass zum anderen die Präferenzen Einkommenseffekte aufweisen.

Bei quasilinearen Präferenzen ist die Nachfrage unabhängig vom Einkommen (kein Einkommenseffekt) und die Invarianzthese behält

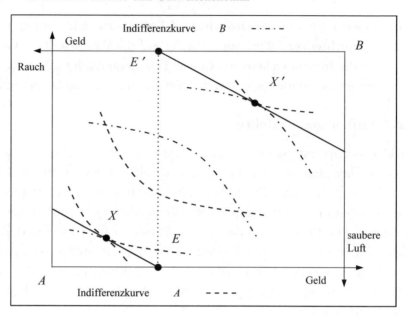

Abbildung R.4. Die pareto-optimale Rauchmenge hängt von der Einkommensverteilung ab.

in diesem Fall ihre Gültigkeit (vgl. Abb. R.5.) Alle Pareto-optimalen Verteilungen liegen dann bei derselben Rauchmenge R. Die Einkommensverteilung hat keinen Einfluss auf die optimale Höhe der Externalität.

Übung R.2.4. Zeigen Sie, dass bei $u(G, R) = G + v(R)$ die sich ergebende Rauchmenge unabhängig von der Anfangsausstattung ist!

R.3 Anwendungsbeispiel: Das Cournot-Monopol

Sie kennen das Cournot-Monopol aus Kap. O: Ein Monopolist sieht sich einer negativ geneigten Nachfragekurve $p(y)$ gegenüber. Er versucht, den Gewinn durch Festlegung der Absatzmenge y zu maximieren:

$$\max_y \left(p(y)y - c(y) \right).$$

Bekanntlich verlangt dies die Gleichsetzung von Grenzerlös und Grenzkosten,

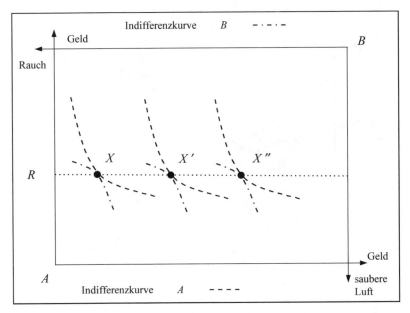

Abbildung R.5. Bei quasilinearen Präferenzen gilt die Invarianzthese.

$$p + \frac{dp}{dy}y \overset{!}{=} \frac{dc}{dy}.$$

Übung R.3.1. Wie lässt sich der Grenzerlös ökonomisch interpretieren?

Der externe Effekt einer Mengenausdehnung betrifft die Konsumentenrente (siehe Kap. N). Die Konsumentenrente (oder auch: Nettokonsumentenrente) ist die Differenz der Bruttokonsumentenrente und des Erlöses:

$$\begin{aligned}
KR(y) &= \int_0^y (p(q) - p(y))\, dq \\
&= \int_0^y p(q)\, dq - \int_0^y p(y)\, dq \\
&= \int_0^y p(q)\, dq - yp(y),
\end{aligned}$$

wobei ein Blick auf Abb. R.6 hilfreich ist. Die Ausdehnung der Ausbringungsmenge nützt den Konsumenten, denn es gilt:

$$\frac{dKR(y)}{dy} = \frac{d\left(\int_0^y p(q)\, dq\right)}{dy} - \frac{d(yp(y))}{dy}$$

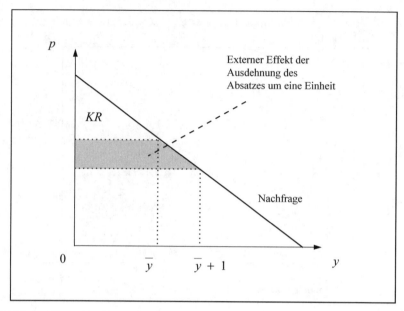

Abbildung R.6. Die Ausdehnung der Ausbringungsmenge bringt eine Erhöhung der Konsumentenrente mit sich.

$$= p\left(y\right) - \left(p\left(y\right) + \frac{dp}{dy}y\right) = -\frac{dp}{dy}y > 0.$$

Auch im Cournot-Monopolpunkt, im privaten Optimum des Monopolisten, besteht dieser positive externe Effekt; prinzipiell ist eine Ausdehnung des Absatzes über die Cournot-Menge hinaus vorteilhaft für die Beteiligten. Beispielsweise führt eine Stücksubvention (negative Mengensteuer) des Monopolisten zu einer solchen Ausdehnung.

Berücksichtigt der Monopolist den positiven externen Effekt, maximiert er

$$p(y)y - c(y) + KR\left(y\right),$$

was zur Bedingung erster Ordnung

$$p + \frac{dp}{dy}y - \frac{dc}{dy} - \frac{dp}{dy}y \overset{!}{=} 0$$

bzw.

$$p\left(y\right) \overset{!}{=} \frac{dc}{dy}$$

führt.

Übung R.3.2. Analysieren Sie den externen Effekt einer Mengenausdehnung im Monopol bei vollständiger Preisdiskriminierung!

R.4 Anwendungsbeispiel: Das Cournot-Dyopol

Wir betrachten ein Unternehmen 1 im homogenen Mengenwettbewerb. Eine Erhöhung der Menge y_1 schadet einem anderen Wettbewerber 2, der die Menge y_2 ausbringt, denn die Mengenerhöhung durch 1 reduziert den Preis und damit den Gewinn von 2.

Das schauen wir uns etwas konkreter an. Der Gewinn $\pi_1(y_1)$ von Unternehmen 1 lässt sich schreiben als Differenz von Erlös und Kosten:

$$\pi_1(y_1) = p(y_1 + y_2) y_1 - c_1(y_1).$$

Erhöht nun Unternehmen A seine Ausbringungsmenge um eine Einheit, ändert sich sein Gewinn um

$$\frac{d\pi_1}{dy_1} = p + \frac{dp}{dy_1} y_1 - \frac{dc_1}{dy_1}.$$

Übung R.4.1. Worin besteht der externe Effekt einer Mengenausdehnung durch Unternehmen 1? Beschreiben Sie ihn verbal und analytisch!

Beim vorliegenden negativen externen Effekt könnte eine Reduzierung der Ausbringungsmenge von Unternehmen 1 (eventuell bei Leistung einer Zahlung von 2 an 1) eine Pareto-Verbesserung darstellen. Berücksichtigt Unternehmen 1 den negativen externen Effekt, den es auf 2 ausübt, so würde es sich gemäß

$$p + \frac{dp}{dy_1} y_1 - \frac{dc_1}{dy_1} + \frac{dp}{dy_1} y_2 \overset{!}{=} 0$$

verhalten. Diese Bedingung ist gerade diejenige für optimale Produktion von y_1 in einem Mengenkartell der Unternehmen 1 und 2. Denn dieses müsste

$$\max_{y_1, y_2} \pi_1(y_1, y_2) + \pi_2(y_1, y_2)$$
$$= \max_{y_1, y_2} p(y_1 + y_2) y_1 - c_1(y_1) + p(y_1 + y_2) y_2 - c_2(y_2)$$

lösen.

R.5 Anwendungsbeispiel: Die Tragödie der Allmende

Die Allmende ist eine Ressource, die von mehreren Agenten gleichzeitig genutzt wird. Je mehr ein Agent sie nutzt, desto geringer ist jedoch der Nutzen für die anderen. Beispiele umfassen die Nutzung von Straßen, Schwimmbädern oder Fischgründen. Ein VARIAN (2003) entnommenes sehr bodenständiges Beispiel ist eine von allen Dorfbewohnern nutzbare Weide für Kühe.

Man kann annehmen, dass die Milchproduktion von der Anzahl der Kühe so abhängt: Die Milchproduktion $m(K)$ steigt zunächst mit zunehmender Anzahl von Kühen K, wobei jedoch der zusätzliche Ertrag einer weiteren Kuh, $\frac{dm(K)}{dK}$, abnimmt. Schließlich mag die Weide so sehr überfüllt sein, dass die Milchproduktion sogar sinkt. In Abb. R.7 sind die durchschnittliche Milchleistung einer Kuh, $\frac{m(K)}{K}$, und die marginale Milchleistung einer Kuh, $\frac{dm(K)}{dK}$, gegenübergestellt. Die durchschnittliche und marginale Milchleistung fallen für die erste Kuh zusammen (genauso wie der Durchschnittserlös (= Preis) dem Grenzerlös für die erste verkaufte Einheit oder wie die Durchschnittsproduktivität für die erste Einheit der Grenzproduktivität für die erste Einheit gleicht).

Kann nun jeder Dorfbewohner selbst entscheiden, ob er eine Kuh auf die Weide schicken möchte, so wird er die privaten Kosten der Kuh mit dem Ertrag der Kuh vergleichen. Für ihn selbst ist der durchschnittliche Ertrag wichtig. Nicht in den privaten Kalkül geht dagegen die Überlegung ein, dass mit einer weiteren Kuh die Durchschnittsproduktivität sinkt und damit alle anderen Kuhbesitzer geschädigt werden. Wir haben es also mit einem negativen externen Effekt zu tun.

Zur konkreten Berechnung des negativen externen Effekts muss man wissen, wie sehr die durchschnittliche Milchleistung aufgrund einer weiteren Kuh auf der Weide nachlässt und wie viele Kühe von dieser Minderleistung betroffen sind. Wir erhalten den negativen externen Effekt als

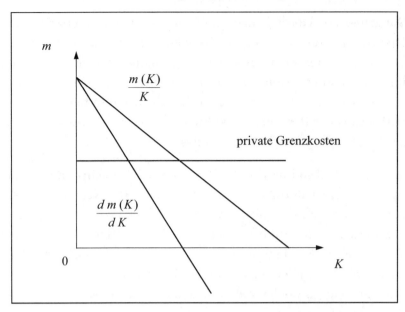

Abbildung R.7. Die privaten und sozialen Kosten einer Kuh fallen auseinander.

$$\underbrace{\frac{d\frac{m(K)}{K}}{dK}}_{\substack{\text{Milchleistungs-}\\\text{reduzierung}\\\text{pro Kuh}}} \cdot \underbrace{K}_{\substack{\text{Anzahl}\\\text{der Kühe}}} = \frac{\frac{dm(K)}{dK}K - m(K)}{K^2}K = \frac{dm(K)}{dK} - \frac{m(K)}{K} < 0.$$

$$\underbrace{\phantom{\frac{d\frac{m(K)}{K}}{dK} \cdot K}}_{\substack{\text{Gesamte Milchleistungs-}\\\text{reduzierung}}}$$

Berücksichtigt der Einzelne bei seiner Entscheidung diesen externen Effekt, so wird er den Ertrag einer weiteren Kuh nicht mehr durch

$$\frac{m(K)}{K},$$

sondern durch

$$\frac{m(K)}{K} + \left(\frac{dm(K)}{dK} - \frac{m(K)}{K}\right) = \frac{dm(K)}{dK}$$

berechnen. Dies ist jedoch gerade der soziale Ertrag einer weiteren Kuh, der aus Sicht der Pareto-Optimalität den Kosten der Kuhhaltung gegenübergestellt werden sollte.

Aufgrund der Überlegungen in Abschnitt R.1 wissen wir, dass eine Reduzierung der Nutzung der Ressource zu Pareto-Verbesserungen führen könnte. Methoden, diese Reduzierung herbeizuführen, sind Abkommen (z.B. internationaler Art für die Nutzung des Meeresgrundes), staatliche Vorschriften (z.B. Jagdverbot zu bestimmten Zeiten) oder Privatisierung der Ressource (200-Meilen-Zone zur exklusiven Nutzung durch Fischer des betreffenden Landes).

Übung R.5.1. Ein Bergdorf besitzt ein Stück Gemeindeland, auf dem alle Dorfbewohner ihre Ziegen weiden können. Die Kosten der Ziegenbesitzer für Besitz und Haltung einer Ziege betragen 4 Groschen. Alle Ziegen werden in der Stadt verkauft und der resultierende Gesamterlös (in Groschen) ist gegeben durch $f(z) = 48z - 2z^2$, wobei z die Anzahl der auf dem Gemeindeland weidenden Ziegen ist.

a) Wie viele Ziegen weiden auf dem Gemeindeland, wenn keine Lizenzgebühr erhoben wird?

b) Welche Anzahl ist gesellschaftlich optimal?

c) Wie viele Groschen sollte der Gemeinderat für eine Weidelizenz je Ziege verlangen, wenn er den Gesamtgewinn (von Ziegenhaltern und Gemeinde) maximieren will?

R.6 Anwendungsbeispiel: Pharma-Unternehmen vs. Fischer

R.6.1 Ausgangslage

Ein Pharmaunternehmen leitet seine Abwässer in einen nahegelegenen See, in dem ein Binnenfischer bereits Karpfenzucht betreibt. Mit zunehmender Verschmutzung sinkt der Fang und damit auch der Gewinn des Fischers. Anhand dieses Beispiels wollen wir die Problematik externer Effekte und die Abhilfemöglichkeiten aufzeigen.

Betrachten wir das Beispiel von Pharmaunternehmen und Fischer genauer. Beide Unternehmen nutzen das Umweltgut „sauberer See". Die Gewinnfunktion des Pharma-Unternehmens sei

$$\pi_P(x) = P(x)$$

und die des Fischers

$$\pi_F\left(y, x\right) = F\left(y\right) - S\left(x, y\right),$$

wobei x die Höhe der Pharmaproduktion, y die Intensität der Fischzucht und S den Schaden als Funktion der beiden Aktivitätsniveaus bezeichnet. Das Pharmaunternehmen verursacht beim Fischer also einen Schaden. Allerdings hängt der Schaden auch von der Aktivität y des Fischers ab. Für die Schadensfunktion treffen wir folgende Annahmen:

- $S\left(x, y\right) \geq 0$ für alle x, y,
- $S\left(0, y\right) = 0$ und
- $\frac{\partial S}{\partial x} > 0$.

R.6.2 Das soziale Optimum

Der Ansatzpunkt zur Bestimmung des sozialen Optimums ist eine (gedankliche) Fusion der beiden Unternehmen. Durch sie wird der soziale Gewinnmaximierungskalkül unmittelbar zum privaten.

Formal ergibt sich das soziale Optimum $\left(x^0, y^0\right)$ als Maximum der Summe beider Gewinne aus

$$\pi\left(x, y\right) = \pi_P\left(x\right) + \pi_F\left(y, x\right) = P\left(x\right) + F\left(y\right) - S\left(x, y\right)$$

über die Maximierungsbedingungen

$$\frac{\partial \pi}{\partial x} = \frac{dP\left(x^0\right)}{dx} - \frac{\partial S\left(x^0, y^0\right)}{\partial x} \overset{!}{=} 0$$

$$\frac{\partial \pi}{\partial y} = \frac{dF\left(x^0\right)}{dy} - \frac{\partial S\left(x^0, y^0\right)}{\partial y} \overset{!}{=} 0.$$

R.6.3 Schadensrecht (ohne Verhandlungen)

Kommen wir zunächst zur Untersuchung des sozialen Arrangements, das zumeist hinter dem Problem externer Effekte steht, der Regelung, in deren Rahmen das Pharma-Unternehmen nicht für die Schäden haftet. Das private Gewinnmaximum des Pharmaunternehmens erhalten wir über die Maximierungsbedingung

$$\frac{d\pi_P}{dx} = \frac{dP\left(x^*\right)}{dx} \overset{!}{=} 0,$$

das des Fischers über

$$\frac{\partial\pi_F}{\partial y} = \frac{dF\left(y^*\right)}{dy} - \frac{\partial S\left(x^*,y^*\right)}{\partial y} \overset{!}{=} 0.$$

Übung R.6.1. Wie lässt sich die Gewinnmaximierungsbedingung des Pharma-Unternehmens mit der bereits bekannten Bedingung „Grenzerlös gleich Grenzkosten" vereinbaren?

Wir erkennen, dass bei der Maximierung des privaten Gewinns die Schäden nicht in den Kalkül des Pharmaunternehmens eingehen, dass also die privaten Maximierungsbedingungen von den sozialen abweichen. Im Allgemeinen werden daher bei privater Gewinnmaximierung die Resultate nicht sozial optimal sein, d.h. der Gesamtgewinn ist geringer als im sozialen Optimum.

R.6.4 Schadenshaftung (ohne Verhandlungen)

In der eben beschriebenen Situation hat das Pharmaunternehmen das Recht, den Fischer zu schädigen, ohne dass sich dieser dagegen wehren kann. Dies erscheint ungerecht und wirft die Forderung nach Schadensersatz auf. Der Schädiger soll für den von ihm verursachten Schaden haften. Untersuchen wir, ob eine solche Entschädigungsregelung zu einem sozial optimalen Ergebnis führt.

Unter Berücksichtigung des Schadensersatzes erhalten wir die Gewinnfunktionen

$$\pi_F\left(y\right) = F\left(y\right)$$
$$\pi_P\left(x\right) = P\left(x\right) - S\left(x,y\right).$$

Jetzt kann der Fischer seinen Gewinn unabhängig vom Pharmaunternehmen maximieren über

$$\frac{d\pi_F}{dy} = \frac{dF\left(y^{**}\right)}{dy} \overset{!}{=} 0,$$

und das Pharma-Unternehmen reagiert entsprechend

$$\frac{\partial \pi_P}{\partial x} = \frac{dP\left(x^{**}\right)}{dx} - \frac{\partial S\left(x^{**}, y^{**}\right)}{\partial x} = 0.$$

Ein Vergleich der Maximierungsbedingungen mit denen des sozialen Optimums zeigt, dass auch die Schadensersatzregelung nicht zum sozialen Optimum führt.

Übung R.6.2. Warum, meinen Sie, ist die Schadensersatzregelung nicht sozial optimal?

Letztlich beruhen sowohl Schadensrecht als auch Schadenshaftung auf einer akzeptierten sozialen Regelung. Lässt man die Verteilungskonsequenzen außer Acht, sollte der Maßstab dafür, ob eine der anderen vorzuziehen ist, der soziale Gewinn sein.

R.6.5 Pigou-Steuer

Traditioneller Ansatz zur Lösung des Externalitätenproblems ist neben der o.g. Schadenshaftung die Pigou-Steuer, benannt nach Arthur Pigou (1877-1959), der eine solche Steuer in seinem einflussreichen Buch *The Economics of Welfare* vorschlägt. Die Steuer wird als Mengensteuer beim Schädiger abhängig vom Ausmaß der Externalität erhoben. Die Steuereinnahmen sind dann so zu verwenden, dass sie die Entscheidungen der involvierten Parteien darüber hinaus nicht beeinflussen. Hierin unterscheidet sich die Pigou-Steuer beispielsweise von der o.g. Schadenshaftung.

Vor Erhebung der Pigou-Steuer war die Umwelt (der See) für das Pharmaunternehmen ein freies Gut, ein Gut mit dem Preis 0. Durch die Steuer bekommt das Umweltgut für das Pharmaunternehmen einen Preis, der seine Entscheidung in Bezug auf die Inanspruchnahme des Umweltgutes beeinflusst. Die Steuer erzeugt also im Vergleich zur Ausgangssituation Knappheit. Der externe Effekt wird über die Steuer internalisiert.

Mit der Pigou-Steuer t (Steuersatz) erhalten wir die Gewinnfunktion des Pharma-Unternehmens als

$$\pi_P\left(x\right) = P\left(x\right) - tx$$

und die Maximierungsbedingung

$$\frac{d\pi_P}{dx} = \frac{dP\left(x^{t*}\right)}{dx} - t \overset{!}{=} 0.$$

Gewinnfunktion und Maximierungsbedingung des Fischers sind hier dieselben wie im Fall des Schadensrechtes.

Wenn man die Maximierungsbedingungen bei Pigou-Steuer mit denen des sozialen Optimums vergleicht, zeigt sich, dass diese genau dann übereinstimmen und folglich zur selben (optimalen) Nutzung des Umweltgutes führen, wenn gilt

$$t^0 \overset{!}{=} \left.\frac{\partial S\left(x,y\right)}{\partial x}\right|_{(x^o,y^o)}.$$

D.h. der Pigou-Steuersatz muss gleich dem Grenzschaden bezüglich der schädigenden Aktivität (hier der Pharmaproduktion) im sozialen Optimum sein.

Übung R.6.3. Analog zur Pigou-Steuer kann man auch eine „Pigou-Subvention" als Mengensubvention für Schadensminderungen einführen. Wie hoch muss diese Subvention sein, wenn das soziale Optimum erreicht werden soll?

Der Staat muss demzufolge, um eine optimale Pigou-Steuer setzen zu können, nicht nur die optimale Schadenshöhe kennen, sondern darüber hinaus noch über den Schadensverlauf (zur Ermittlung des Grenzschadens) informiert sein. In der Realität kann der Staat jedoch kaum alle benötigten Informationen beschaffen und adäquat verarbeiten. Außerdem eröffnen Pigou-Steuern den Weg für Lobbyismus und strategisches Verhalten, bei dem in Erwartung einer Steuer von vornherein ein höheres Aktivitätsniveau gesetzt wird.

R.7 Neue Begriffe

- externe Effekte
  - positive, negative
  - einseitige, wechselseitige
  - pekuniäre , nicht-pekuniäre
- Externalitäten

- Internalisierung
- Schadensrecht
- Schadenshaftung
- Pigou-Steuer
- Grenzschaden
- Pigou-Subvention
- Coase-Theorem
- Eigentumsrechte
- Effizienzthese
- Invarianzthese
- Zertifikatslösung
- Auflagenlösung
- Tragödie der Allmende

R.8 Literaturempfehlungen und Übungsaufgaben

R.8.1 Literaturempfehlungen

Das Hauptanwendungsgebiet externer Effekte ist die Umweltökonomik. Ein deutschsprachiges Lehrbuch ist CANSIER (1996a). Noch immer lesenswert ist der vielzitierte Aufsatz des Nobelpreisträgers COASE (1960).

R.8.2 Übungsaufgaben

Übung R.8.1. Zur Allmende eines Bergdorfes gehört ein Teich, in dem alle Dorfbewohner angeln dürfen. Die individuellen Kosten, a Stunden zu angeln, betragen $C(a) = 8a$. Wird insgesamt (von allen Dorfbewohnern) A Stunden geangelt, dann werden je Angelstunde $F(A) = 48 - 2A$ Fische gefangen, die zu einem Preis von 2 Euro pro Fisch verkauft werden.

a) Wie viele Stunden wird im privaten Optimum insgesamt (von allen Dorfbewohnern) geangelt?

b) Wie viele Stunden sind gesellschaftlich optimal, maximieren also den Gesamtgewinn des Angelns?

Übung R.8.2. Von zwei Unternehmen betreibt das eine einen Flughafen und in unmittelbarer Nähe desselben das andere eine Wohnanlage. Wenn x die Anzahl der Landungen pro Tag ist und y die der gebauten Wohnungen, dann ist der Gewinn des Flughafens durch $24x - x^2$ und der der Wohnanlage durch $18y - y^2 - xy$ gegeben.

a) Ermitteln Sie Aktivitätsniveaus und Gewinne im sozialen Optimum,

b) bei privater Gewinnmaximierung im Falle des Schadensrechtes und

c) bei privater Gewinnmaximierung im Falle der Schadenshaftung!

d) Ist Schadenshaftung gegenüber dem Schadensrecht das günstigere Arrangement? Warum?

e) In welcher Höhe muss eine Pigou-Steuer bei Schadensrecht erhoben werden, wenn das soziale Optimum erreicht werden soll?

Übung R.8.3. Ermitteln Sie für unser Flughafen-Wohnanlage-Beispiel (Aufg. R.8.2) die erreichbare Gewinnverteilung bei Schadensrecht und bei Schadenshaftung! Überlegen Sie zunächst, welche Gewinne von den Unternehmen in beiden Ausgangssituationen erzielt werden, und berücksichtigen Sie weiterhin, in welchem Umfang die Unternehmen bereit sind, für eine Reduktion bzw. eine Erhöhung des Schadens Ausgleichszahlungen zu leisten!

Übung R.8.4. Wie ändert sich die eben ermittelte Gewinnverteilung, wenn Verhandlungskosten in Höhe von 10 anfallen?

Übung R.8.5. Eine Imkerei ist nahe einer Apfelplantage gelegen. Die Kostenfunktion der Imkerei sei $C_H(H, \ddot{A}) = \frac{H^2}{2} - \ddot{A}$ und die der Apfelplantage $C_{\ddot{A}}(H, \ddot{A}) = \frac{\ddot{A}^2}{2} - H$, wobei H und $\ddot{A}$ die jeweils produzierten Einheiten Honig und Äpfel sind. Der Preis für Honig ist 4 und der für Äpfel 7.

a) Welcher Art ist die Externalität?

b) Wie hoch ist die Produktion, wenn beide 'Unternehmen' unabhängig voneinander ihren Gewinn maximieren?

c) Wie hoch ist dieselbe, wenn ein Unternehmer beide Unternehmen betreibt (Fusion)?

Übung R.8.6. Von zwei Unternehmen betreibt das eine einen Flughafen und in unmittelbarer Nähe desselben das andere eine Wohnanlage. Wenn x die Anzahl der Landungen pro Tag ist und y die der gebauten Wohnungen, dann ist der Gewinn des Flughafens mit $24x - x^2$ und der der Wohnanlage mit $18y - y^2 - 2x$ gegeben.

Wie viele Häuser werden gebaut und wie viele Landungen gibt es pro Tag,

a) wenn beide Unternehmen unabhängig voneinander den Gewinn maximieren,

b) wenn Flughafen und Wohnanlage im Besitz eines Unternehmens sind?

c) In welcher Höhe muss eine Pigousteuer auf Landungen in a) erhoben werden, wenn dasselbe Resultat wie in b) erreicht werden soll? Warum wird man ein solches Resultat anstreben?

d) Das Wohnungsunternehmen sei im Besitz der akustischen Verschmutzungsrechte, d.h. es kann über den Grad der Lärmbelästigung und damit die Anzahl der täglichen Landungen entscheiden. Die Unternehmen verhandeln nun über Anzahl der täglichen Landungen und die Entschädigung für das Wohnungsunternehmen. Zu welchem Ergebnis kommen die Unternehmen?

e) Die akustischen Verschmutzungsrechte liegen nun beim Flughafenbetreiber. Wie kommen die Unternehmen nun überein?

f) Vergleichen Sie die Ergebnisse aus b), d) und e)! Interpretieren Sie!

R.9 Lösungen zu den Aufgaben

R.1.1. Die Welt ist durchzogen von einem dichten Netz externer Effekte ...

R.1.2. Haben zwei Konsumenten Güterbündel derart, dass die Grenzraten der Substitution unterschiedlich sind, können sich beide durch Tausch besser stellen. Schließlich erreichen sie Güterbündel, von denen ausgehend Pareto-Verbesserungen nicht mehr möglich sind. In der Tausch-Edgeworth-Box nennt man den geometrischen Ort dieser Güterbündel Tausch- oder Kontraktkurve (siehe Kap. M).

Zwischen Nationen lohnt sich Handel immer dann, wenn die Grenzraten der Transformation für irgendein Güterpaar zwischen diesen Nationen unterschiedlich sind. Dieses „Theorem der komparativen Kostenvorteile" von Ricardo haben wir ebenfalls in Kap. M kennen gelernt.

R.2.1. Der Getreidebauer hat eine Zahlungsbereitschaft von 4 Geldeinheiten; diese ist eine kompensatorische Variation. Der Rinderzüchter hat eine Entschädigungsforderung in Höhe von einer Geldeinheit. Auch hier handelt es sich um eine kompensatorische Variation.

R.2.2. Der Grenzgewinn des dritten Rindes ist 2. Der Getreidebauer ist bereit für die Wegnahme des dritten Rindes maximal den Grenzverlust zu bezahlen, den das dritte Rind bei ihm bewirkt, also 3. Entschädigt der Bauer den Rinderzüchter mit einem Betrag zwischen 2 und 3, so wird dieser das dritte Rind von der Weide nehmen. Damit der Rinderzüchter auch noch das zweite Rind von der Weide nimmt, müsste er mindestens in Höhe seines Grenzgewinns von 3 entschädigt werden. Der Bauer ist aber nur bereit, maximal in Höhe des Grenzverlustes von 2 zu entschädigen. Also wird das zweite Rind auf der Weide bleiben.

R.2.3. In E ist die Anfangsausstattung an Rauch 0 bzw. an sauberer Luft maximal. Das Recht an der sauberen Luft liegt beim Nichtraucher. In E' hingegen ist die Anfangsausstattung an sauberer Luft 0 bzw. an Rauch maximal. Hier liegen die Rechte an der sauberen Luft beim Raucher, der diese seinen Präferenzen entsprechend mit Rauch füllt.

R.2.4. Für die inneren (und von denen gehen wir hier aus) Pareto-Optima gilt: $MRS_A = MRS_B$. Mit den Nutzenfunktionen $u_A = G_A + v_A(R)$ und $u_B = G_B + v_B(R)$ muss also gelten

$$\frac{1}{\frac{dv_A}{dR}} = \frac{\frac{\partial u_A}{\partial G_A}}{\frac{\partial u_A}{\partial R}} = |MRS_A| = |MRS_B| = \frac{\frac{\partial u_B}{\partial G_B}}{\frac{\partial u_B}{\partial R}} = \frac{1}{\frac{dv_B}{dR}}$$

Die optimale Menge Rauch ist also vom Geldvermögen und somit von der Anfangsausstattung unabhängig.

R.3.1. Die Ausdehnung des Absatzes um eine Einheit erhöht den Erlös um den Preis dieser letzten Einheit. Aufgrund der Ausdehnung sinkt jedoch der Preis, und die Preissenkung gilt für alle „bisher" verkauften Einheiten.

R.3.2. Interessanterweise ergibt sich gar kein externer Effekt bei vollständiger Preisdiskriminierung; die Konsumentenrente beträgt hier null. Der Monopolist maximiert durch geeignete Festlegung der Ausbringungsmenge y

$$\int_0^y p\,(q)\,dq - c\,(y)\,,$$

was ihn wiederum zu

$$p\,(y) \overset{!}{=} \frac{dc}{dy}$$

führt.

R.4.1. Es liegt ein negativer externer Effekt vor: Bei negativ geneigter Nachfragekurve führt eine Mengenausdehnung durch Unternehmen A zu einer Preissenkung, die auch auf die Einheiten von Unternehmen B anzuwenden ist:

$$\frac{d\pi_B}{dy_A} = \frac{dp}{dy_A} y_B < 0.$$

R.5.1. a) 22, über den Ansatz „Durchschnittserlös = Grenzkosten" (hier gleich den Durchschnittskosten, also $48 - 2z = 4$)

b) 11, über den Ansatz „Grenzerlös = Grenzkosten", also $48 - 4z = 4$

c) 22, über b) und den Ansatz „Durchschnittserlös = Grenzkosten + Lizenzgebühr (L)", also $z = 11$ und $48 - 2z = 4 + L$

R.6.1. Gewinn = Erlös - Kosten, also Grenzgewinn = Grenzerlös - Grenzkosten. Grenzgewinn = 0 bedeutet also Grenzerlös - Grenzkosten = 0. Umformen ergibt Grenzerlös = Grenzkosten. Beide Bedingungen sind somit identisch.

Man kann sich vorstellen, dass die Funktion F private Kosten und Erlöse beinhaltet und dass zu den privaten Kosten die externen addiert werden müssen.

R.6.2. Mit der Schadensersatzregelung entsteht eine neue Externalität. Die Fischzucht bewirkt, dass das Pharmaunternehmen Schadenersatz zahlen muss und daher sein Aktivitätsniveau senkt. Damit sinkt auch sein Gewinn. Der Fischer, der dies mitverursacht, muss aber für die Nutzung des Sees nicht bezahlen und berücksichtigt diesen Effekt in seiner Entscheidung nicht.

R.6.3. Die optimale Pigou-Subvention muss ebenso wie die optimale Pigou-Steuer gleich dem Grenzschaden bezüglich der schädigenden Aktivität im sozialen Optimum sein.

R.8.1. a) Es wird so lange geangelt bis der Durchschnittserlös gleich den individuellen Grenzkosten ist. Also gilt $2 \cdot (48 - 2A^*) \overset{!}{=} \frac{dC(a)}{da} = 8$ für die Angelzeit A^*, d.h. $A^* = 22$.

b) Der Gesamterlös bei A Angelstunden beträgt

$$2 \qquad \cdot \qquad A \qquad \cdot \qquad (48 - 2A) \, ,$$

Preis   Anzahl der Angelstunden   Durchschnittsertrag

die Gesamtkosten betragen $8A$, der Gesamtgewinn beträgt also $\pi(A) = 2A(48 - 2A) - 8A$. Über die Maximierungsbedingung $\frac{d\pi}{dA} \overset{!}{=} 0$ ist dies bei $A^{**} = 11$ der Fall.

R.8.2. a) $x^0 = 10$, $y^0 = 4$, $\pi_f = 140$, $\pi_w = 16$, $\pi = 156$

b) $x^* = 12$, $y^* = 3$, $\pi_f = 144$, $\pi_w = 9$, $\pi = 153$

c) $x^{**} = 7,5$, $y^{**} = 9$, $\pi_f = 56,25$, $\pi_w = 81$, $\pi = 137,25$

d) Nein. Der soziale Gewinn bei Schadensrecht ist größer als der bei Schadenshaftung.

e) $t^0 = 4$

R.8.3.

	Gewinn der Wohnanlage		Gewinn des Flughafens	
	min.	max.	min.	max.
Schadenshaftung	81	99,75	56,25	75
Schadensrecht	9	12	144	147

R.8.4.

	Gewinn der Wohnanlage		Gewinn des Flughafens	
	min.	max.	min.	max.
Schadenshaftung	81	89,75	56,25	65
Schadensrecht	9	9	144	144

R.8.5. a) positiv und wechselseitig

b) $H = 4$, $\ddot{A} = 7$

c) $H = 5$, $\ddot{A} = 8$

R.8.6. a) $x = 12$, $y = 9$

b) $x = 11$, $y = 9$

c) 2 - bei Fusion werden die externen Effekte von vornherein internalisiert und so das gesellschaftlich optimale Ergebnis erzielt.

d) 11, 9 - das ist die Pareto-optimale Lösung, ansonsten könnten sich die Unternehmen durch Verhandlungen noch besser stellen.

Die Entschädigung für das Wohnungsunternehmen kann höchstens so hoch sein wie der Gewinn des Flughafenbetreibers, d.h. $24 \cdot 11 - 11 \cdot 11 = 143$, da der Flughafenbetreiber bei völliger Untersagung ebenfalls keinen Gewinn erzielen würde. Die Entschädigung muss mindestens dem Schaden des Wohnungsunternehmens (Gewinndifferenz im Vergleich zur unabhängigen Gewinnmaximierung ohne Flugbetrieb) entsprechen, d.h. $(18 \cdot 9 - 9 \cdot 9) - (18 \cdot 9 - 9 \cdot 9 - 2 \cdot 11) = 22$ betragen.

e) 11, 9 - das ist die Pareto-optimale Lösung, ansonsten könnten sich die Unternehmen durch Verhandlungen noch besser stellen.

Die Entschädigung für den Flughafenbetreiber kann höchstens so hoch sein wie der Gewinnzuwachs des Wohnungsunternehmens im Vergleich zur unabhängigen Gewinnmaximierung des Flughafenbetreibers, d.h. $(18 \cdot 9 - 9 \cdot 9 - 2 \cdot 11) - (18 \cdot 9 - 9 \cdot 9 - 2 \cdot 12) = 2$. Das Angebot des Wohnungsunternehmens muss mindestens der Gewinneinbuße des Flughafenbetreibers im Vergleich zur unabhängigen Gewinnmaximierung entsprechen, d.h. $(24 \cdot 12 - 12 \cdot 12) - (24 \cdot 11 - 11 \cdot 11) = 1$ betragen.

f) Das ist die Aussage des Coase-Theorems.

S. Öffentliche Güter

Öffentliche Güter sind ein Spezialfall externer Effekte. Dass öffentliche Güter keinesfalls mit öffentlich bereitgestellten Gütern zu verwechseln sind, stellen wir in Abschnitt S.1 klar. Eine Regel für die optimale Bereitstellung eines öffentlichen Gutes entwickeln wir in Abschnitt S.2. Anschließend erläutern wir in Abschnitt S.3, wie bei öffentlichen Gütern aus individuellen Nachfragekurven aggregierte Nachfragekurven zu gewinnen sind. Eine Anwendung der Spieltheorie auf öffentliche Güter bietet schließlich Abschnitt S.4.

S.1 Öffentliche und öffentlich bereitgestellte Güter

Der zentrale Begriff dieses Kapitels ist „Nicht-Rivalität im Konsum". Wenn ein Individuum ein Gut ohne Rivalität im Konsum bereitstellt, so kann ein zweites dasselbe Gut in derselben Qualität ebenfalls konsumieren. Güter mit dieser Eigenschaft nennt man öffentliche Güter. Oftgenannte Beispiele sind die Landesverteidigung oder Straßenlampen. In der Regel geht man davon aus, dass öffentliche Güter „Nutzen stiften", es sich also bei der Nicht-Rivalität im Konsum um positive externe Effekte handelt.

Das Gegenteil von öffentlichen Gütern sind private Güter. Ein Apfel kann nur einmal gegessen werden.

Von rein öffentlichen Gütern spricht man, wenn neben der Nicht-Rivalität im Konsum zusätzlich Nicht-Ausschließbarkeit gegeben ist. Nicht-Ausschließbarkeit bedeutet, dass man den Konsum nicht auf ausgewählte Individuen beschränken kann. Wird ein Gut von einem privaten Unternehmer hergestellt, so wird dieser ein Interesse daran haben, nur diejenigen am Konsum teilhaben zu lassen, die dafür bezahlen. Bei

Nicht-Ausschließbarkeit kann es somit das Anreizproblem geben, das betroffene Gut in der richtigen Quantität und Qualität herzustellen.

Öffentlich bereitgestellte Güter sind nicht immer öffentliche Güter. Zwar wird die öffentliche Bereitstellung eines Gutes oft mit der (angeblichen) Nicht-Rivalität und Nicht-Ausschließbarkeit begründet, doch die meisten öffentlich bereitgestellten Güter sind keinesfalls öffentliche Güter.

Universitätsausbildung ist kein öffentliches Gut, denn die Rivalität im Konsum besteht beispielsweise darin, dass in der Lehre die Betreuung der Studenten mit steigender Anzahl der Studenten schlechter wird und dass sich in der Bibliothek die Überfüllung ebenfalls negativ auf die Nutzer auswirkt. Auch ist Ausschließbarkeit mit gewissen Kosten möglich. So kann die Bibliothek der privaten Handelshochschule in Leipzig von den (zahlenden!) Studenten dieser Schule genutzt werden. Eine elektronische Barriere verhindert jedoch, dass die nur wenige Meter entfernt unterrichteten Studenten der Universität Leipzig diese Bibliothek ebenfalls nutzen.

Übung S.1.1. Sind Theatervorstellungen öffentliche Güter?

Wir werden das Problem öffentlicher Güter in zwei Schritten angehen. Zunächst einmal müssen wir uns überlegen, wie die optimale Menge eines öffentlichen Gutes theoretisch zu bestimmen ist. Dann werden wir alternative Mechanismen zur Bereitstellung öffentlicher Güter betrachten.

S.2 Optimale Bereitstellung öffentlicher Güter

Wie bestimmt man das Ausmaß der optimalen Bereitstellung eines privaten Gutes? Wir hatten uns in Kap. M überlegt, dass eine notwendige Bedingung für die optimale Bereitstellung privater Güter die Gleichheit von Grenzrate der Substitution und Grenzrate der Transformation ist. Die Grenzrate der Substitution gibt an, auf wie viele Einheiten eines Gutes ein Individuum bereit ist zu verzichten, falls es eine Einheit eines anderen Gutes zusätzlich erhält. Die Grenzrate der

Transformation gibt an, wie viele Einheiten eines Gutes weniger produziert werden können, falls eine Einheit eines anderen Gutes zusätzlich produziert werden soll.

Übung S.2.1. Zeigen Sie, dass das Pareto-Optimum verfehlt wird, falls die Grenzrate der Substitution zwischen zwei privaten Gütern für irgend ein Individuum ungleich der Transformationsrate ist.

Betrachten wir zwei Individuen, A und B, die einerseits das private Gut x in den Mengen x_A und x_B konsumieren und andererseits das öffentliche Gut G.

Übung S.2.2. Warum indizieren wir das private Gut mit A und B, das öffentliche Gut jedoch nicht?

Die Grenzrate der Substitution zwischen dem privaten Gut und dem öffentlichen Gut ist für Individuum A als

$$MRS^A = \left| \frac{dx_A}{dG} \right| = \frac{MU_G}{MU_{x_A}}$$

definiert: Wenn Individuum A eine Einheit des öffentlichen Gutes G zusätzlich konsumieren kann, ist es bereit, auf bis zu MRS^A Einheiten von x zu verzichten. Analog gilt, wenn eine Einheit von Gut G zusätzlich hergestellt wird, ist Individuum B bereit, bis zu MRS^B Einheiten von x aufzugeben.

So lange die Grenzrate der Transformation zwischen dem privaten Gut x und dem öffentlichen Gut G,

$$MRT = \left| \frac{d\,(x_A + x_B)}{dG} \right|^{Transformationskurve} ,$$

kleiner als die Summe der Beträge der Grenzraten der Substitution beider Individuen ist, lohnt es sich, die Produktion des öffentlichen Gutes auszuweiten.

Übung S.2.3. Warum?

Im Optimum muss also die Grenzrate der Transformation zwischen dem (d.h. zwischen jedem) privaten Gut und dem öffentlichen Gut gleich der Summe der Grenzraten der Substitution der zwei Individuen sein:

$$\left|\frac{dx_A}{dG}\right|^{\substack{Indifferenz-\\kurve}} + \left|\frac{dx_B}{dG}\right|^{\substack{Indifferenz-\\kurve}} = \left|\frac{d(x_A + x_B)}{dG}\right|^{\substack{Transformations-\\kurve}}$$

Übung S.2.4. Wie lautet die Optimalitätsregel für das private Gut y und das öffentliche Gut G, wenn wir es mit n Individuen zu tun haben?

Übung S.2.5. Setzen Sie die Wörter „gleich" oder „verschieden" ein. Bei privaten Gütern sind die von den betrachteten Individuen konsumierten Gütermengen im Allgemeinen ..., während sie bei öffentlichen Gütern ... sind. Im Optimum sind die Grenzraten der Substitution zwischen zwei Gütern für alle Individuen ..., während die Grenzraten der Substitution zwischen einem privaten und einem öffentlichen Gut in der Regel für verschiedene Individuen ... sind.

Die angegebenen Optimalbedingungen gibt es in Varianten. So kann man bisweilen die Grenzrate der Transformation durch das Verhältnis der Preise des öffentlichen und des privaten Gutes ersetzen.

Übung S.2.6. Wenn die Preise des öffentlichen und des privaten Gutes gegeben sind, wie kann man dann die Optimalitätsregel schreiben?

Häufig betrachtet man das private Gut als Numéraire-Gut bzw. als Geld, d.h. als Gut mit dem Preis 1. Dann können wir die Optimalitätsbedingung noch auf eine andere Weise ausdrücken.

Übung S.2.7. Welche andere Bezeichnung kennen Sie für die Grenzrate der Substitution zwischen zwei Gütern, wenn das eine Gut Geld darstellt, d.h. wie kann man den Betrag der Grenzrate der Substitution

$$\left|\frac{dGeld}{dG}\right|^{Indifferenzkurve}$$

alternativ nennen?

Übung S.2.8. Wie kann man die Grenzrate der Transformation

$$\left| \frac{dGeld}{dG} \right|^{Transformationskurve}$$

alternativ nennen?

Wenn man das private Gut als Geld bezeichnet, kann man die Optimalbedingung zur Produktion des öffentlichen Gutes so ausdrücken: Die Summe der Zahlungsbereitschaften aller Individuen für das öffentliche Gut muss gleich den Grenzkosten des öffentlichen Gutes sein.

S.3 Aggregation individueller Zahlungsbereitschaften

In Kapitel H hatten wir uns Gedanken über die Aggregation individueller Zahlungsbereitschaften gemacht.

Übung S.3.1. Wie erhält man bei privaten Gütern die Marktnachfragekurve aus den individuellen Nachfragekurven?

Wir fragen uns bei privaten Gütern: Wie viel fragen die einzelnen Haushalte bei alternativen Preisen nach? Die Antworten werden (horizontal) addiert. Bei öffentlichen Güter fragen wir: Wie hoch sind die Zahlungsbereitschaften für die erste, die zweite usw. Einheit des öffentlichen Gutes? Die Antworten werden addiert. Trägt man die Menge des öffentlichen Gutes an der Abszisse ab und die Zahlungsbereitschaften an der Ordinate, so erfolgt die Addition der Zahlungsbereitschaften vertikal. Abb. S.1 zeigt die vertikale Aggregation am Beispiel zweier Individuen.

Die Optimalbedingung lässt sich nun graphisch zeigen, indem man in Abb. S.1 zusätzlich die Grenzkostenkurve einzeichnet. Wir erhalten Abb. S.2.

Die Grenzkostenkurve hat drei Schnittpunkte: den ersten mit der Zahlungsbereitschaftskurve von Individuum A, einen zweiten mit der Zahlungsbereitschaftskurve von Individuum B und einen dritten mit der Summe der Zahlungsbereitschaftskurven.

Übung S.3.2. Wie interpretieren Sie die drei Schnittpunkte A, B, C in Abb. S.2?

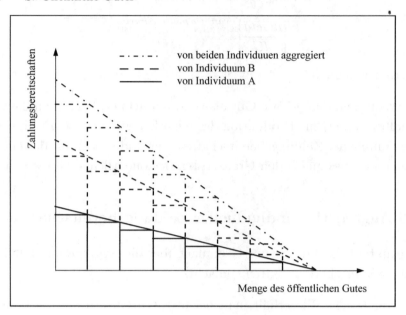

Abbildung S.1. Vertikale Aggregation der Zahlungsbereitschaften zweier Individuen

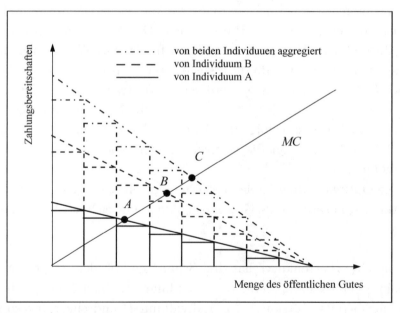

Abbildung S.2. Optimalitätsbedinungen aus Schnittpunkten von Zahlungsbereitschafts- und Grenzkostenkurven

	Private Güter	Öffentliche Güter
Definition	Rivalität im Konsum	Nicht-Rivalität im Konsum, bei rein öffentlichen Gütern zusätzlich Nicht-Ausschließbarkeit
Beispiele	Äpfel	ausgestrahlte Fernsehsendungen
Aggregation individueller Nachfrage-kurven	horizontal	vertikal
Optimalitäts-bedingung für Konsum	Für jedes Individuum müssen die MRS zwischen je zwei privaten Gütern gleich der MRT sein.	Die Summe der MRS (über alle Individuen) zwischen einem öffent-lichen und einem pri-vaten Gut muss gleich der MRT zwischen diesen beiden Gütern sein.
Optimalitäts-bedingung, falls Preise für das öffentliche Gut und die privaten Güter existieren	Für jedes Individuum müssen die MRS zwischen je zwei privaten Gütern gleich dem jeweiligen Preisverhältniss sein.	Die Summe der MRS (über alle Individuen) zwischen einem öffent-lichen und einem pri-vaten Gut muss gleich dem Preisverhältnis zwischen diesen beiden Gütern sein.
Optimalitäts-bedingung, falls eines der privaten Güter Numéraire-Gut (Preis 1) ist.	Für den marginalen Konsumenten muss die Zahlungsbereit-schaft für das pri-vate Gut gleich den Grenzkosten sein.	Die Summe der Zahlungsbereitschaften (über alle Individuen) muss für das öffentliche Gut gleich dessen Grenzkosten sein.
Konsummengen	unterschiedlich	gleich
MRS im Optimum	gleich	unterschiedlich

Abbildung S.3. Private und öffentliche Güter im Vergleich

Abb. S.3 soll private und öffentliche Güter kontrastierend darstellen.

Situation	Nutzen für Anwohner 1	Nutzen für Anwohner 2
Keiner leistet Beitrag	$u_1(w_1, 0)$	$u_2(w_2, 0)$
Anwohner 1 leistet Beitrag, Anwohner 2 nicht	$u_1(w_1 - K, 1)$	$u_2(w_2, 1)$
Anwohner 2 leistet Beitrag, Anwohner 1 nicht	$u_1(w_1, 1)$	$u_2(w_2 - K, 1)$
Beide Anwohner leisten Beitrag	$u_1\left(w_1 - \frac{1}{2}K, 1\right)$	$u_2\left(w_2 - \frac{1}{2}K, 1\right)$

Abbildung S.4. Bereitstellung öffentlicher Güter

S.4 Freiwillige Bereitstellung öffentlicher Güter

Werden öffentliche Güter auf freiwilliger Basis bereitgestellt, kann sich das Problem ergeben, dass aufgrund der positiven externen Effekte die Bereitstellung suboptimal ist. Der Grund dafür liegt im so genannten Schwarzfahrerverhalten. Alle Beteiligten hoffen, die jeweils anderen werden das öffentliche Gut bereitstellen.

Zwei Anwohner ($i = 1, 2$) überlegen die Anschaffung einer Straßenlaterne. Die Anfangsvermögen der Anwohner betragen w_1 und w_2, die Zahlungsbereitschaften $r_1 = 20$ und $r_2 = 30$. Die Kosten der Straßenlaterne bezeichnen wir mit K. Falls nur einer der beiden einen Beitrag b leistet, muss er $b = K$ aufwenden; falls beide einen Beitrag leisten, entfällt auf jeden ein Anteil von $b = \frac{1}{2}K$. Die Nutzenfunktion betrage $u_1(w_1 - b, S)$, wobei S die Werte null (es wird keine Straßenlaterne bereitgestellt) oder eins (die Straßenlaterne wird bereitgestellt) annehmen kann. Es gibt somit vier Situationen, die sich in Abb. S.4 zusammengefasst wiederfinden.

Nun liegt es nahe, die Situation als ein Spiel (vgl. Abb. S.5) zu beschreiben, in dem die beiden Spieler über die Strategien „Beitrag leisten" und „Keinen Beitrag leisten" verfügen. Dieses Spiel lässt sich

Anwohner 2

	Beitrag leisten	Keinen Bei- trag leisten
Anwohner 1 Beitrag leisten	$(u_1(w_1 - \frac{1}{2}K, 1),$ $u_2(w_2 - \frac{1}{2}K, 1))$	$(u_1(w_1 - K, 1),$ $u_2(w_2, 1))$
Keinen Beitrag leisten	$(u_1(w_1, 1),$ $u_2(w_2 - K, 1))$	$(u_1(w_1, 0),$ $u_2(w_2, 0))$

Abbildung S.5. Das Schwarzfahrerspiel bei Zahlungsbereitschaften $r_1 = 20$ und $r_2 = 30$

nun für alternative Kosten der Straßenlampe auf Gleichgewichte hin untersuchen.

Übung S.4.1. Untersuchen Sie das Spiel der Abb. S.5 auf Gleichgewichte, falls $K = 10$ gilt. Gibt es dominante Strategien? Gibt es einen Schwarzfahrer? Wird die Straßenlaterne bereitgestellt?

Übung S.4.2. Untersuchen Sie das Spiel der Abb. S.5 auf Gleichgewichte, falls $K = 25$ gilt. Gibt es dominante Strategien? Gibt es einen Schwarzfahrer? Wird die Straßenlaterne bereitgestellt?

Übung S.4.3. Untersuchen Sie das Spiel der Abb. S.5 auf Gleichgewichte hin, falls $K = 35$ gilt. Gibt es dominante Strategien? Gibt es einen Schwarzfahrer? Wird die Straßenlaterne bereitgestellt?

Das Beispiel der Bereitstellung eines diskreten öffentlichen Gutes (Straßenlaterne) zeigt, dass das Individuum mit der höheren Zahlungsbereitschaft am ehesten Gefahr läuft, das öffentliche Gut allein finanzieren zu müssen.

S.5 Neue Begriffe

- Öffentliches Gut
- Öffentlich bereitgestelltes Gut
- Privates Gut
- Nicht-Rivalität im Konsum
- Nicht-Ausschließbarkeit
- Schwarzfahrerverhalten

S.6 Übungsaufgaben

Übung S.6.1. Eine Straßengemeinschaft erwägt den Bau einer Straßenlaterne. Die Zahlungsbereitschaft von Anwohner i ($i = 1, ..., 10$) beträgt $r_i = i$. Sollte die Straßenlampe bereitgestellt werden, wenn die Kosten 40 betragen? Wenn sie 70 betragen?

Übung S.6.2. Zehn Personen leben in einer Straße und jede von ihnen ist bereit, € 2 für jede weitere Straßenlaterne zu zahlen. Die Kosten für die Aufstellung von x Laternen betragen $c(x) = x^2$. Wie groß ist die pareto-optimale Anzahl zusätzlicher Straßenlaternen?

Übung S.6.3. In einem kleinen Städtchen Bayerns leben 200 Menschen mit identischen Präferenzen. Es gibt dort nur ein öffentliches und ein privates Gut. Die Person i hat einen Nutzen von $U(x_i, y) = x_i + y^{\frac{1}{2}}$, wobei x_i die Menge des privaten Gutes und y die Menge des öffentlichen Gutes ist. Der Preis des privaten Gutes beträgt 1 und der des öffentlichen 10.

Wie groß ist die pareto-optimale Menge des öffentlichen Gutes?

S.7 Lösungen zu den Aufgaben

S.1.1. Nein. Es ist sicherlich vorstellbar, dass bei steigender Anzahl der Theaterbesucher irgendwann der Zustand der Überfüllung des Theaters erreicht ist, und der Genuss an der Theatervorstellung sinkt. Es besteht also Rivalität im Konsum. Ausschließbarkeit liegt vor und wird in der Regel auch praktiziert.

S.2.1. Nehmen wir an, die Grenzrate der Substitution für irgendein Individuum sei kleiner als die Grenzrate der Transformation:

$$MRS < MRT \Leftrightarrow \overset{Indifferenz-}{\underset{kurve}{\left| \frac{dx_2}{dx_1} \right|}} < \overset{Transformations-}{\underset{kurve}{\left| \frac{dx_2}{dx_1} \right|}}.$$

Wenn man nun eine kleine Einheit von Gut 1 weniger produziert, so kann man MRT Einheiten von Gut 2 zusätzlich herstellen. Wir wollen die Lage aller Individuen mit Ausnahme des betrachteten Individuums gleich lassen. Die Minderproduktion von Gut 1 soll also dieses Individuum treffen. Es bräuchte als Ersatz für den Minderkonsum der einen kleinen Einheit von Gut 1 mindestens $|MRS|$ Einheiten von Gut 2, um sich mindestens so gut zu stellen wie vorher. Das Ungleichheitszeichen bedeutet jedoch, dass aufgrund der Minderproduktion und des Minderkonsums von Gut 1 die Mehrproduktion von Gut 2 die minimale Entschädigungsforderung des Individuums übersteigt. Den Überschuss kann man diesem oder anderen Individuen geben. Die Ausgangslage mit der Ungleichheit von Grenzrate der Substitution und Grenzrate der Transformation war also nicht optimal.

S.2.2. Öffentliche Güter sind durch die Nicht-Rivalität im Konsum charakterisiert. Wir nehmen an, dass beide Individuen das Gut in gleicher Höhe konsumieren, nämlich in der Höhe, in der es hergestellt wird.

S.2.3. Wir nehmen also an, dass der Betrag der Grenzrate der Transformation kleiner als die Summe der Beträge der Grenzraten der Substitution ist und dass wir eine kleine Einheit des öffentlichen Gutes zusätzlich produzieren. Dann müssen wir auf die Produktion von MRT Einheiten des privaten Gutes verzichten. Die Individuen A und B sind jedoch bereit, auf $MRS^A + MRS^B$ Einheiten des privaten Gutes zu verzichten, falls ihnen die eine Einheit des öffentlichen Gutes zusätzlich zur Verfügung gestellt wird. Sie sind unter der obigen Annahme somit bereit auf mehr als den Produktionsrückgang zu verzichten. Die Erhöhung der Produktion des öffentlichen Gutes auf Kosten des privaten Gutes ist also vorteilhaft.

S.2.4. Bei dem privaten Gut y (und dem privaten Gut z und dem privaten Gut ...) und bei n Individuen, die jeweils y_i ($i = 1, ..., n$) konsumieren, lautet die Bedingung analog: Im Optimum muss die Grenzrate der Transformation zwischen dem privaten Gut y und dem öffentlichen Gut G gleich der Summe der Grenzraten der Substitution aller n Individuen sein:

$$\sum_{i=1}^{n} \left| \frac{dy_i}{dG} \right|^{Indifferenzkurve} = \left| \frac{d \left(\sum_{i=1}^{n} y_i \right)}{dG} \right|^{Transformationskurve}.$$

S.2.5. Bei privaten Gütern sind die von den betrachteten Individuen konsumierten Gütermengen im Allgemeinen **verschieden,** während sie bei öffentlichen Gütern **gleich** sind. Im Optimum sind die Grenzraten der Substitution zwischen zwei Gütern für alle Individuen **gleich,** während die Grenzraten der Substitution zwischen einem privaten und einem öffentlichen Gut in der Regel für verschiedene Individuen **verschieden** sind.

S.2.6. Wie aus Kap. B bekannt ist, gibt $\frac{p_G}{p_x}$ die Opportunitätskosten des Konsums einer Einheit von Gut G in Einheiten von Gut x an. Die Optimalitätsbedingung lässt sich daher so schreiben:

$$\sum_{i=1}^{n} MRS^i = \frac{p_G}{p_x}.$$

S.2.7. Diese Grenzrate der Substitution gibt an, auf wie viel Geld (letztlich: auf welche Güterbündel, die man mit diesem Geld kaufen kann) das Individuum für eine zusätzliche Einheit des öffentlichen Gutes zu verzichten bereit ist. Man bezeichnet diesen Ausdruck daher auch als Zahlungsbereitschaft (für eine zusätzliche Einheit des öffentlichen Gutes).

S.2.8. Diese Grenzrate der Transformation gibt an, auf wie viel Geld (letztlich: auf wie viel Produktion anderer Güter, die mit diesem Geld finanzierbar sind) man verzichten muss, wenn man eine Einheit des öffentlichen Gutes zusätzlich produzieren möchte. Dieses Geld sind die Grenzkosten (d.h. die Kosten der Produktion einer zusätzlichen Einheit des öffentlichen Gutes).

Zweite Antwort: Wir hatten uns in Kap. M überlegt, dass man die Grenzrate der Transformation zwischen zwei Gütern als

$$\left| \frac{dx}{dG} \right|^{Transformationskurve} = \frac{MC_G}{MC_x}$$

schreiben kann. Die Grenzkosten des Gutes „Geld" sind jedoch 1.

S.3.1. Man erhält die Marktnachfragekurve bei privaten Gütern, indem man die individuellen Nachfragekurven (die die Zahlungsbereitschaften wiedergeben) **horizontal addiert**.

S.3.2. Die Schnittpunkte der Grenzkostenkurve mit den individuellen Zahlungsbereitschaftskurven geben an, wie viele Einheiten des öffentlichen Gutes die Individuen A und B auf sich allein gestellt nachfragen möchten. Der Schnittpunkt der Grenzkostenkurve mit der vertikal aggregierten Zahlungsbereitschaftskurve gibt die optimal zu produzierende Gesamtmenge des öffentlichen Gutes wieder.

S.4.1. Das resultierende Spiel hat die Struktur des Hasenfußspiels.

Es ist für beide lohnend, das öffentliche Gut auch **allein** zu finanzieren - für beide ist die Zahlungsbereitschaft (20 bzw. 30) höher als die Kosten (10). Deshalb kann die Strategiekombination „beide leisten nicht" kein Nash-Gleichgewicht sein. Aber auch „beide leisten" kann kein Nash-Gleichgewicht sein, denn durch einseitiges Nichtleisten könnte sich jeder der beiden Anwohner besser stellen. Leistet nur einer der beiden, lohnt für keinen ein einseitiges Abweichen. Es gibt also zwei Nash-Gleichgewichte in reinen Strategien:

a) (Anwohner 1 leistet, Anwohner 2 leistet nicht) und

b) (Anwohner 1 leistet nicht, Anwohner 2 leistet). Keiner der Anwohner besitzt eine dominante Strategie.

S.4.2. In diesem Spiel ist Anlieger 1 ein Schwarzfahrer. Für ihn ist es nicht lohnend allein zu leisten, da seine Zahlungsbereitschaft (20) geringer als die Kosten (25) ist. Wenn Anwohner 2 nicht leistet, wird es Anwohner 1 auch nicht tun. Leistet Anwohner 2 hingegen, ist es ebenfalls für Anwohner 1 günstiger, nicht zu leisten, denn die Laterne wird ja auch ohne sein Zutun aufgestellt. Nichtleisten ist für Anwohner 1 also eine dominante Strategie. Anders stellt sich die Situation des Anwohners 2 dar. Für ihn ist es im Gegensatz zu Anwohner 1 vorteilhaft, die Laterne auch dann zu finanzieren, wenn sich Anwohner 1 nicht beteiligt, da seine Zahlungsbereitschaft (30) höher als die Kosten (25) ist. Falls Anwohner 1 jedoch leisten sollte, ist es für ihn genauso wie für Anwohner 1 günstiger, nicht zu leisten. Anwohner 2 besitzt folglich keine dominante Strategie. Einziges Nash-Gleichgewicht ist schließlich (Anwohner 1 leistet nicht, Anwohner 2 leistet).

S.4.3. Das resultierende Spiel hat die Struktur des Gefangenendilemmas. Es ist für beide von Vorteil, das öffentliche Gut **gemeinsam** zu finanzieren - die Summe der Zahlungsbereitschaften (50 = 20 + 30) ist höher als die Kosten (35). Für jeden einzelnen hingegen lohnt die Finanzierung allein nicht. In den vorherigen Aufgaben wurde bereits erörtert, dass, falls einer allein leistet, es für den jeweils anderen günstiger ist, sich nicht zu beteiligen. So ist hier für beide Anwohner Nichtleisten eine dominante Strategie. Das einzige Nash-Gleichgewicht und somit individuell rationale Resultat des Spiels liegt also bei (Anwohner 1 leistet nicht, Anwohner 2 leistet nicht). Mithin befinden sich die Anwohner in einem Dilemma zwischen kollektiver und individueller Rationalität.

S.6.1. Wenn die Straßenlampe 40 kostet, sollte sie beschafft werden, bei Kosten von 70 jedoch nicht.

S.6.2. 10.

S.6.3. 100.

Wichtige Formeln

Formel	Bedeutung
$p_1 x_1 + p_2 x_2 \leq m$	Budgetbeschränkung: Die Ausgaben für die Güter dürfen das Einkommen nicht übersteigen.
$p_1 x_1 + p_2 x_2 \leq p_1 \omega_1 + p_2 \omega_2$	Budgetbeschränkung: Die Ausgaben für die Güter dürfen den Wert der Anfangsausstattung nicht übersteigen.
$OC = \left\lvert \frac{dx_2}{dx_1} \right\rvert = \frac{p_1}{p_2}$	Die Opportunitätskosten einer zusätzlichen Einheit von Gut 1, ausgedrückt in Einheiten von Gut 2, sind gleich dem Preisverhältnis.
$(x_1, x_2) \succsim (y_1, y_2)$	Ein Individuum bevorzugt Bündel (x_1, x_2) gegenüber dem Bündel (y_1, y_2) oder ist indifferent zwischen beiden.

$MU_1 = \dfrac{du}{dx_1}$	Grenznutzen von Gut 1
$MRS = \left\| \dfrac{dx_2}{dx_1} \right\| = \dfrac{MU_1}{MU_2}$	Grenzrate der Substitution: Für den Mehrkonsum einer Einheit von Gut 1 kann das Individuum auf MRS Einheiten von Gut 2 verzichten, ohne sich besser oder schlechter zu stellen.
$MRS \overset{!}{=} \dfrac{p_1}{p_2}$	Im Haushaltsoptimum ist der Betrag des Anstiegs der Indifferenzkurven gleich dem Betrag des Anstiegs der Budgetgeraden.
$\dfrac{\partial^2 u}{(\partial x_1)^2} < 0$	1. Gossen'sches Gesetz: Der Grenznutzen nimmt mit jeder konsumierten Einheit ab.
$\dfrac{MU_1}{p_1} \overset{!}{=} \dfrac{MU_2}{p_2}$	2. Gossen'sches Gesetz: Das Verhältnis von Grenznutzen zu Preis ist für alle Güter im Haushaltsoptimum gleich.
$e(\overline{u}) := \min\limits_{\substack{x_1, x_2 \\ \overline{u}=u(x_1, x_2)}} (p_1 x_1 + p_2 x_2)$	Die Ausgabenfunktion ordnet gegebenem Nutzen die minimalen Ausgaben zu.
$\varepsilon_{x_1, m} = \dfrac{dx_1}{dm} \dfrac{m}{x_1}$	Einkommenselastizität der Nachfrage für Gut 1
$\varepsilon_{x_1, p_1} = \dfrac{dx_1}{dp_1} \dfrac{p_1}{x_1}$	individuelle Preiselastizität der Nachfrage für Gut 1

$\varepsilon_{x_1,p_2} = \dfrac{dx_1}{dp_2}\dfrac{p_2}{x_1}$	individuelle Kreuzpreis-elastizität der Nachfrage für Gut 1
$s_1\varepsilon_{x_1,m} + s_2\varepsilon_{x_2,m} = 1$	Die durchschnittliche Einkommenselastizität der Nachfrage beträgt 1.
$\dfrac{\partial x_1}{\partial p_1} = \dfrac{\partial x_1^S}{\partial p_1} - \dfrac{\partial x_1}{\partial m}x_1$	Slutsky-Gleichung bei Geldeinkommen
$\dfrac{\partial x_1}{\partial p_1} = \dfrac{\partial x_1^S}{\partial p_1} + \dfrac{\partial x_1}{\partial m}(\omega_1 - x_1)$	Slutsky-Gleichung bei Anfangsausstattung
$wF + pC = w24 + pC^u$	Budgetgleichung für die Wahl zwischen Freizeit und Konsum
$\left|\dfrac{dC}{dF}\right| \overset{!}{=} \dfrac{w}{p}$	Haushaltsoptimum für die Wahl zwischen Freizeit und Konsum
$\dfrac{\partial F}{\partial w} = \dfrac{\partial F^S}{\partial w} + \dfrac{\partial F}{\partial m}(24 - F)$	Slutsky-Gleichung für die Wahl zwischen Freizeit und Konsum
$(1 + r)c_1 + c_2 = (1 + r)m_1 + m_2$	Budgetgleichung für den intertemporalen Konsum (Zukunftswert).
$c_1 + \dfrac{c_2}{1 + r} = m_1 + \dfrac{m_2}{1 + r}$	Budgetgleichung für den intertemporalen Konsum (Barwert).

$\left\|\dfrac{dc_2}{dc_1}\right\| \overset{!}{=} 1 + r$	Haushaltsoptimum für den intertemporalen Konsum
$L = [x_1, ..., x_n; p_1, ..., p_n]$	Lotterie, die x_i mit der Wahrscheinlichkeit p_i ergibt
$E_L = p_1 x_1 + ... + p_n x_n$	Erwartungswert von L
$E_L(u) = p_1 u(x_1) + ... + p_n u(x_n)$	erwarteter Nutzen von L
$L_1 \succsim L_2 \Leftrightarrow E_{L_1}(u) > E_{L_2}(u)$	L_1 wird L_2 vorgezogen
$u(E_L) > E_L(u)$	Agent ist risikoscheu
$u(E_L) = E_L(u)$	Agent ist risikoneutral
$u(E_L) < E_L(u)$	Agent ist risikofreudig
$\dfrac{\gamma}{1-\gamma} x_1 + x_2 = \dfrac{\gamma}{1-\gamma}(A - L) + A$	Budgetgleichung für versicherten Haushalt
$RP(L) = E_L - CE(L)$	Risikoprämie als Differenz von Erwartungswert und Sicherheitsäquivalent
$q(p)$	Nachfragefunktion
$\varepsilon_{q,p} = \dfrac{dq}{dp}\dfrac{p}{q}$	Preiselastizität der Nachfrage
$p(q)$	inverse Nachfragefunktion
$MR = \dfrac{d(p(q)q)}{dq}$	Grenzerlös

$MR = p + \dfrac{dp}{dq} q$	Der Grenzerlös ist gleich dem Preis abzüglich der Erlösveränderung aufgrund der Preissenkung.
$MR = p \left(1 + \dfrac{1}{\varepsilon_{q,p}}\right)$	Amoroso-Robinson-Relation
$MR_p = \dfrac{d(pq(p))}{dp}$	Grenzerlös bezüglich des Preises
$MR_p = q + p \frac{dq}{dp}$	Der Grenzerlös bezüglich des Preises ist gleich der Menge abzüglich der Erlösveränderung aufgrund der Mengenreduzierung.
$MR_p = q(1 + \varepsilon_{q,p})$	Amoroso-Robinson-Relation für den Grenzerlös nach dem Preis
$y = f(x_1, x_2)$	Produktionsfunktion
$MP_1 = \dfrac{dy}{dx_1}$	Grenzproduktivität des Faktors 1
$AP_1 = \dfrac{y}{x_1}$	Durchschnittsproduktivität des Faktors 1
$\varepsilon_{y,x_1} = \dfrac{MP_1}{AP_1}$	Die Produktionselastizität ist gleich dem Quotient von Grenz- und Durchschnittsproduktivität.
$\varepsilon_{y,t} = \dfrac{df(tx_1, tx_2)}{dt} \dfrac{t}{f(tx_1, tx_2)}\Big|_{t=1}$	Skalenelastizität

$f\left(tx_1, tx_2\right) = tf\left(x_1, x_2\right)$, für $t \geq 1$ oder $\varepsilon_{y,t} = 1$	konstante Skalenerträge
$f\left(tx_1, tx_2\right) > tf\left(x_1, x_2\right)$, für $t \geq 1$ oder $\varepsilon_{y,t} > 1$	steigende Skalenerträge
$f\left(tx_1, tx_2\right) < tf\left(x_1, x_2\right)$, für $t \geq 1$ oder $\varepsilon_{y,t} < 1$	fallende Skalenerträge
$c = w_1 x_1 + w_2 x_2$	Gleichung der Isokostengerade
$MRTS = \left|\dfrac{dx_2}{dx_1}\right| = \dfrac{MP_1}{MP_2} \overset{!}{=} \dfrac{w_1}{w_2}$	Im Kostenminimum ist der Anstieg der Isoquanten (Grenzrate der technischen Substitution) gleich dem Anstieg der Isokostengeraden.
$c\left(y\right) := \min\limits_{\substack{x_1, x_2 \\ \text{mit } y=f(x_1,x_2)}} \left(w_1 x_1 + w_2 x_2\right)$	Kostenfunktion
$MC = \dfrac{dc}{dy}$	Grenzkosten
$AC = \dfrac{c(y)}{y}$	Durchschnittskosten
$\begin{aligned} c_s\left(y\right) &= c_{\overline{x_2}}\left(y\right) \\ &= \min\limits_{\substack{x_1 \\ \text{mit } y=f(x_1,\overline{x_2})}} \left(w_1 x_1 + w_2 \overline{x_2}\right) \end{aligned}$	kurzfristige Kostenfunktion

$c_s(y) = c_v(y) + F$	Die kurzfristigen Kosten setzen sich aus variablen und Fixkosten zusammen.
$MC_A = w + \dfrac{dw}{dA}A$	Die Grenzkosten der Beschäftigung einer zusätzlichen Arbeitseinheit sind gleich dem Lohnsatz zuzüglich der durch den gestiegenen Lohn verursachten Mehrkosten.
$MVP = p \cdot MP_1$	Das Grenzwertprodukt ist das Produkt aus Preis und Grenzproduktivität.
$MVP \overset{!}{=} w_1$	Bei optimalem Faktoreinsatz ist das Grenzwertprodukt gleich dem Faktorpreis.
$MC_1 \overset{!}{=} MR_1$	Gewinnmaximierungsbedingung für den Faktoreinsatz
$MR_1 = MR \cdot MP_1$	Das Grenzerlösprodukt ist gleich dem Grenzerlös multipliziert mit der Grenzproduktivität.
$MR_1 \overset{!}{=} w_1$	Das Grenzerlösprodukt ist im Optimum gleich Faktorpreis.

$\pi(y) = r(y) - c(y)$	Gewinn ist als Differenz von Erlös und Kosten definiert.
$MC \stackrel{!}{=} MR$	Das Gewinnoptimum wird erreicht, wenn der Grenzerlös gleich den Grenzkosten ist.
$MC \stackrel{!}{=} MR = p$	Bei vollkommener Konkurrenz ist der Grenzerlös gleich dem Preis.
$AC = p$	Bei vollkommener Konkurrenz ist der Preis gleich den Durchschnittskosten, es liegt Gewinnlosigkeit vor.
$MRS^A \stackrel{!}{=} MRS^B$	Auf der Kontraktkurve sind die Grenzraten der Substitution zweier Agenten gleich.
$CV = e\left(\overline{u}^n, p_1^h, p_2\right) - e\left(\overline{u}^n, p_1^n, p_2\right)$	die kompensatorische Variation für die Preiserhöhung
$EV = e\left(\overline{u}^n, p_1^n, p_2\right) - e\left(\overline{u}^h, p_1^n, p_2\right)$	die äquivalente Variation für die Preiserhöhung
$BKR\left(q^n\right) = \int\limits_0^{q^n} p\left(q\right) dq$	Bruttokonsumentenrente bei der Outputmenge q^n

$KR\left(q^{n}\right)=BKR\left(q^{n}\right)-r\left(q^{n}\right)$	Nettokonsumenten- rente bei der Output- menge q^{n}.
$PR\left(p_{0}\right)=p_{0}q_{0}-c_{v}\left(q_{0}\right)$	Die Produzentenrente beim Marktpreis p_{0} ist die Differenz zwischen Erlös und den variablen Kosten.
$\dfrac{p-MC}{p}$	Lerner'scher Monopolgrad
$H=\displaystyle\sum_{i=1}^{n}\left(\dfrac{y_{i}}{Y}\right)^{2}=\sum_{i=1}^{n}s_{i}^{2}$	Herfindahl-Konzentra- tionsindex H
$y_{2}=R_{2}\left(y_{1}\right)$	Reaktionsfunktion von Unternehmen 2
$MR=p+y_{1}\dfrac{dp}{dY}\left(1+\dfrac{dy_{2}}{dy_{1}}\right)$	Der Grenzerlös eines Dyopolisten ist gleich dem Preis abzüglich der Erlös- änderung aufgrund der Preissenkung: Die Mengenerhöhung von Unternehmen 1 hat bei Cournot keinen Einfluß auf Unternehmen 2 $(dy_{2}/dy_{1}=0)$; bei Stackelberg ist dy_{2}/dy_{1} typischerweise negativ.
$\dfrac{du_{B}\left(a\right)}{da}>0$	positiver externer Effekt

$t^0 \overset{!}{=} \left.\dfrac{\partial S(x,y)}{\partial x}\right|_{(x^0,y^0)}$	Die Pigou-Steuer ist gleich dem Grenzschaden im sozialen Optimum.
$\left.\left|\dfrac{dx_A}{dG}\right|\right.^{\overset{Indifferenz-}{kurve}} + \left.\left|\dfrac{dx_B}{dG}\right|\right.^{\overset{Indifferenz-}{kurve}}$ $= \left.\left|\dfrac{d(x_A+x_B)}{dG}\right|\right._{\overset{Transformations-}{kurve}}$	Bedingung für die Pareto-optimale Bereitstellung eines öffentlichen Gutes

Literaturverzeichnis

BECKER, Gary S. (1993). *Der ökonomische Ansatz zur Erklärung menschlichen Verhaltens*, 2. Aufl., J.C.B. Mohr (Paul Siebeck), Tübingen. Übersetzt von Monika und Viktor Vanberg.

BINMORE, Ken (1992). *Fun and Games*, Heath, Lexington (MA), Toronto.

BRÜMMERHOFF, Dieter (1996). *Finanzwissenschaft*, 7. Aufl., R. Oldenbourg, München et. al.

BÜLTEL, Dirk/WIESE, Harald (1996). Bernoulli-Prinzip und Nutzenaxiomatik, *das wirtschaftsstudium (wisu)* **25**, S. 781–787.

CANSIER, Dieter (1996a). *Umweltökonomie*, 2. Aufl., Fischer, Stuttgart/Jena.

CASAJUS, Andre/WIESE, Harald (2001). Pareto-Optimalität, *das wirtschaftsstudium (wisu)* **30**, S. 1541–1547.

COASE, Ronald H. (1960). The problem of social cost, *The Journal of Law and Economics* **3**, S. 1–44.

COURNOT, Augustin (1838). *Recherches sur les principes mathematiques de la theorie des richesses*, Hachette, Paris.

DIXIT, Avinash K./NALEBUFF, Barry J. (1995). *Spieltheorie für Einsteiger*, Schäffer-Poeschel, Stuttgart.

FANDEL, Günter (1996). *Produktions- und Kostentheorie*, 5. Aufl., Springer, Berlin et al.

FRIEDMAN, David (1989). *The Machinery of Freedom*, 2. Aufl., Open Court, La Salle, Illinois.

FRIEDMAN, David (1996b). *The Hidden Order*, Harper Business.

GIBBONS, Robert (1992). *A Primer in Game Theory*, Harvester Wheatsheaf, New York et al.

HILDENBRANDT, W./KIRMAN, A. P. (1988). *Equilibrium Analysis: Variations on Themes by Edgeworth and Walras*, North-Holland, Amsterdam et al.

HOLLER, Manfred J./ILLING, Gerhard (2000). *Einführung in die Spieltheorie*, 4. Aufl., Springer-Verlag, Berlin et al.

JEVONS, Marshall (1993). *Murder at the Margin*, Princeton University Press, Princeton.

LANDSBURG, Steven E. (1993). *The Armchair Economist*, The Free Press, New York et al.

LAUX, Helmut (1998). *Entscheidungstheorie*, 4. Aufl., Springer, Berlin et al.

LINDE, Robert (1996). *Einführung in die Mikroökonomie*, 3. Aufl., Verlag W. Kohlhammer, Stuttgart et al.

MARTIN, Stephen (1994). *Industrial Economics*, Macmillan Publishing Company, New York.

MAS-COLELL, Andreu, WHINSTON, Michael D./GREEN, Jerry R. (1995). *Microeconomic Theory*, Oxford University Press, New York/Oxford.

NIESCHLAG, Robert, DICHTL, Erwin/HÖRSCHGEN, Hans (1997).   *Marketing*, 18. Aufl., Duncker & Humblot, Berlin.

PFÄHLER, Wilhelm/WIESE, Harald (1998). *Unternehmensstrategien im Wettbewerb*, Springer, Heidelberg et al.

SAVAGE, Leonard J. (1972). *The Foundations of Statistics*, 2. Aufl., Dover Publications, New York.

SCHELLING, Thomas C. (1960). *The Strategy of Conflict*, Harvard University Press, Cambridge (MA)/London.

SHY, Oz (1995). *Industrial Organization*, MIT Press, Cambridge (MA), London.

SIMON, Hermann (1992). *Preismanagement*, Gabler Verlag, Wiesbaden.

TIETZEL, Manfred (1993).   Die Ökonomie der Natur, *in:* RAMB, Bernd-Thomas/TIETZEL, Manfred (Hrsg.), *Ökonomische Verhaltenstheorie*, Verlag Vahlen, München, Kap. 14, S. 387–413.

TIROLE, Jean (1988). *The Theory of Industrial Organization*, MIT Press, Cambrige (MA)/London.

VARIAN, Hal (1994). *Mikroökonomie*, 3. Aufl., R. Oldenbourg Verlag, München.

VARIAN, Hal (2003). *Grundzüge der Mikroökonomie*, 6. Aufl., R. Oldenbourg, München.

VARIAN, Hal R. (1992). *Microeconomic Analysis*, 3. Aufl., Norton, New York.

VARIAN, Hal R. (2004). *Intermediate Microeconomics*, 6. Aufl., W. W. Norton & Company, New York/London.

WEIMANN, Joachim (2001). *Wirtschaftspolitik*, 2. Aufl., Springer, Berlin et al.

WIESE, Harald (2002). *Entscheidungs- und Spieltheorie*, Springer-Verlag, Berlin et al.

Index